Historiography:
An
Introduction

姜义华　瞿林东　著

史学导论

（第三版）

复旦大学出版社

目 录
CONTENTS

引言：史学导论的对象与任务 / 1

第一章　历史学的起源与目标 / 1

第一节　人类的存在是历史的存在 / 3

1. 物质生产、精神生产、交往关系生产的历史连续性 / 3
2. 历史是人类充满矛盾的活动与成长过程 / 7

第二节　历史学：对客观历史的主观认知 / 11

1. 族类记忆的产生 / 11
2. 作为国家记忆的古代史学 / 13
3. 族类记忆、国家记忆的提升与世界记忆、公众记忆的成长 / 18

第三节　历史学的学科体系与学科群 / 23

1. 古代中国历史学学科体系的形成 / 23
2. 近代西方历史学学科体系的构成 / 25
3. 现代历史学学科群 / 26

第四节　历史学在科学发展中的地位及其社会功能 / 30

1. 一切科学都是历史科学 / 31
2. 历史学发展在主客观世界改造中的功能 / 35

第五节　20世纪历史学概论性著述概观 / 43

1. 关于历史学概论性著述的目的 / 46

2. 关于历史学概论性著述的内容 / 48

3. 可贵的探索 / 51

第二章　历史认识的基本特征 / 63

第一节　历史认识活动的结构与过程 / 64

1. 历史认识的三极能动统一结构 / 64

2. 历史认识的感性、知性与理性认知过程 / 71

第二节　历史思维的方式与范围 / 79

1. 历史思维中的形象思维、逻辑思维与直觉思维 / 79

2. 微观、中观、宏观的历史考察 / 85

第三节　历史认识的真理性及其检验 / 90

1. 历史真理的相对性与绝对性 / 90

2. 历史认识的真理性在史料、科学认识总体及社会实践三个层面上接受检验 / 96

第三章　研究历史的主要方法 / 103

第一节　历史事实的清洗与再现 / 104

1. 历史事实的客观存在与主观认定 / 104

2. 史料的搜集、阅读与理解 / 108

3. 历史资料的辑录、辨伪、训诂与考据 / 115

4. 史实的编次与整列 / 122

第二节　历史过程的分析与解释 / 126

1. 历史分析与解释的可能及其性质 / 126

2. 历史定量分析与定性分析 / 128

3. 逻辑方法在认识历史过程中的合理运用 / 132

4. 结构分析与整体研究 / 136

5. 大数据催生史学大变革 / 141

第三节　历史比较研究和跨学科研究 / 143

1. 历史比较研究方法与比较历史学 / 143
2. 历史比较研究的历史认识功能 / 146
3. 历史比较研究的可比性原则、类型选择与运用程序 / 148
4. 跨学科研究下历史学的新拓展 / 150

第四章　历史实际的本体论探究 / 157

第一节　探索历史本质的艰难历程 / 159

1. 古代社会对于历史本质的探究 / 159
2. 近代世界对于历史本质的反思 / 165

第二节　马克思主义对历史本质的追寻 / 179

1. 在积极扬弃人的异化中认识历史本质 / 179
2. 掌握历史全面本质的主要范畴 / 182
3. 历史全面本质的认识是一个持续的过程 / 192

第三节　史学理论多元发展中历史全面本质认识的深化 / 202

1. 马克斯·韦伯的宗教社会学研究 / 203
2. 汤因比的文明史研究 / 205
3. 年鉴学派的"三时段"理论与实践 / 207
4. 西方马克思主义的历史理论 / 210
5. 后现代主义思潮的当代挑战 / 214

第五章　历史研究成果的社会表现形态 / 220

第一节　历史研究成果的社会性与多样性 / 220

1. 历史撰述的社会性及多层次性 / 220
2. 历史编撰构架的多样性 / 224

第二节 历史撰述的根本原则与具体要求 / 235

1. 客观主义、先验主义倾向与信史原则 / 235
2. 历史主义与当代意识 / 241
3. 语言表述的审美要求 / 246

第三节 历史撰述内容与史家撰述旨趣的统一 / 253

1. 讲求史法以利于史书对历史内容的合理表现 / 253
2. 强调史意以显示史家的撰述旨趣及独到见解 / 255
3. 历史撰述内容与史家撰述旨趣的辩证关系 / 257

第六章 历史学家的基本素养与时代使命 / 260

第一节 历史学家的优良传统与现代素养 / 260

1. 历史学家的知识结构与研究能力 / 260
2. 历史学家的社会责任与献身精神 / 269
3. 历史学家的忧患意识与现实社会的历史前途 / 276

第二节 历史学家个体与群体 / 284

1. 历史学家的独断之学 / 284
2. 历史学家的群体之学 / 288

第三节 历史科学的时代使命 / 293

1. 全球化现代化进程中史学发展的新趋向 / 293
2. 当代中国历史科学的时代使命 / 297

参考书目 / 310

后　记 / 321

修订本后记 / 323

第三版后记 / 324

引言：史学导论的对象与任务

史学导论，即一般所说的史学概论，是史学中一个新兴的分支学科。它不是直接考察客观的历史过程，而是以人类认识历史的主体活动特别是历史学家认识历史的活动为研究对象。

历史，包括自然史与人类史。历史学，研究的是自然界和人类社会活动的变迁过程。随着史学的发展，历史认识的深化，历史研究的多元化和方法的多样化，以及史学在社会生活与科学进步中的功能日益扩大，地位日益重要，人们开始对人类认识历史的主体活动专门进行审视，于是形成了史料学、历史文献学、历史编纂学、史学方法论、历史认识论、历史本体论（历史哲学）、史学史等许多个分支学科。史学导论或史学概论，与这些分支学科既互相联系，又互相区别，它涵盖所有这些分支学科，有着为这些学科所不能替代的独立地位。

史料学、历史文献学与历史编纂学，主要考察各种史料和各种历史文献如何产生、发展、鉴别、利用，以及史书编纂的各种体例、方法和原则，着重点在历史研究活动的直接依据和主要成果上。史学方法论与历史认识论，集中叙述和分析历史认识的基本特征和认识过程中所使用的各种方法，着重点在历史认识活动的主体认识能力及其限度的科学估价，以及提高这种能力的正确途径、必要手段的探寻上。历史本体论（历史哲学），从哲学高度考察历史运动的客观规律和人们对历史运动本质如何认知、如何把握。史学史，采用纵向考察方式，系统研讨历史意识、历史学和史学思想发生、发展和演变过程，关注的中心是古今中外史学沿革的具体历程及其内在规律。它们都是史学导论或史学概论的相关学科，史学导论在形成自己的学科体系时，必须吸收和利用它们的研究成果，但是，史学导论并不是这些学科的简单综合。

史学导论的任务,是从历史学发展的历史与现状出发,充分利用现代科学成就,将人类认识历史的主体活动作为客观存在,系统地研究它的一般过程、主要特征、基本规律,确定现代史学发展的途径,推动历史研究活动和整个历史学进一步科学化与社会化,更加有效地发挥其积极的社会功能。为此,史学导论需要认真总结和概括国内外以往的与现今的史学理论研究成果与史学实践经验,将历史认识论、史学方法论、历史本体论、史学形态学及历史认识主体自身的素质作为一个统一的整体,系统而全面地揭示历史认识的基本特征,分析史学研究中所运用的各类方法,权衡古往今来对于历史本体及历史规律的探究,考察历史研究成果的各种社会表现形态,明确历史学家为提高自身的素养、肩负时代使命所应走的必由之路,高屋建瓴,推动历史学与时代的发展、科学的进步一起前进。

史学导论或史学概论,是一门相当年轻的新兴学科,它还正处在建设过程中。中国与世界史学发展的丰富的实践,传统的与现代的、东方的与西方的史学理论与史学方法的五光十色的开拓、创新与发展,给史学导论的创建、成长提供了良好的条件。整个中国乃至整个世界,都正处在一个改革与开放、变化与发展的时代,这一宏观的环境需要史学导论内容的更新,也有利于将史学导论建设成为一个开放性体系,使它能够不断地从现代社会与现代科学的发展中,特别是在现代史学发展的理论与实践中吸取有益的养分,充实自己的内容,使之不断地丰富、发展、提高。这也正是我们编写这部导论的宗旨与努力的目标。

第一章 历史学的起源与目标

历史是什么？古往今来，有着千百个答案。绝大多数答案，都将客观的历史与人们主观意识中的历史混为一谈，或径直以人们对于历史的记述和价值评定为历史。

就语源学而言，汉语中的"史"字，《说文解字》解释作："史，记事者也。从又持中。中，正也。"历史在这里被诠释为记事，以客观公正的立场记录事实。清代学者江永《周礼疑义举要》将"中"释作"簿书"，将"史"释作"以手持簿书"。史字，在甲骨文中已多次出现，作豈或㕜。王国维认为，古文中正之"中"作㕦或㕧，不作甴，且中正为"无形之物德，非可手持"，甴应为"盛筴之器"，"史之义，不取诸持筭，而取诸持筴……古者书筴皆史掌之……史之职掌，专以藏书、读书、作书为事，其字所从之中，自当为盛筴之器"①。其后，马叙伦将史字里的"甴"释作"筆"（笔），认为"从又持中，是会记事的意思"②，"史字是拿笔向对面写的样子"③。无论何种解释，史字都被视为对于往事的记录。

被称作西方"历史之父"的希罗多德所撰写的古代希腊波斯战争史，以History为书名，其本义就是"调查和探究"，是对于过去事件的记述以及这些事件相互关系的探索④。

---

① 王国维：《释史》，见《观堂集林》卷六，商务印书馆，1940年。
② 见《马叙伦学术论文集》，北京科学出版社，1958年，第200页。
③ 《中国文字之源流与研究方法之新倾向》，见《马叙伦学术论文集》，第12页。
④ 在希罗多德那里，historia 一词的意义是调查、访问和询问事件的目击者。自荷马起的古希腊诗文中，historia 一词有三个意义：研究和研究报道；诗体纪事；事实的精确描述。在古拉丁语中，historia 一词，重点仍在直接观察、探究以及作出记录上。参见 J. 托波尔斯基：《历史学方法论》，张家哲等译，华夏出版社，1990年，第44～45页。

中国史学发展中,坚持历史记载的真实性,被称作"直笔",而与"曲笔"相对立。这说明,人们早已了解到,历史记录有可能真实反映客观事实,也有可能歪曲客观事实。

西方历史学发展中,19世纪被称作"尊重事实的伟大时代",那时,人们普遍认为,"历史包括一个确定了的事实的主体。历史学家可以从文献、碑文等获得事实,就像获得鱼贩案板上的鱼一样。历史学家搜集它们,把它们拿回家,按他们所喜爱的方式加以烹调,摆上餐桌"①。19世纪末,德国哲学家威廉·狄尔泰已对这种观念提出挑战。他认为,事实根本不能游离于历史学家的意识而独立存在,历史完全属于历史学家内在经历"再体验"范围,无论是它的起源,还是它所凭借的资料,与自然界"外部世界"有原则性的区别②。20世纪,这一观点为许多人所发挥。1949年德国存在主义代表人物卡尔·雅斯贝斯在《论历史的起源与目的》中说:"历史乃是回忆,这种回忆不仅是我们谙熟的,而且我们也是从那里生活过来的。倘若我们不想把我们自己消失在虚无迷惘之乡,而要为人性争得一席地位,那末这种对历史的回忆便是构成我们自身的一种基本成分。历史观给我们提供了场所,我们有关人的存在的意识就是从那里来的。"③美国"现在主义"史学流派代表卡尔·贝克尔在《什么是历史事实》中说:"过去事件的印象和观念之结合就是历史,就是我掌握的活的历史……知识或历史……会用我们个人经历以外的事件、地点、人物、观念和感情的不断积累的印象,使我们的头脑丰富起来,并通过我们对社会、国家、民族的经历的回忆,而使我们的经验丰富起来。"④爱德华·卡尔企图从上述两种观念的互相对立中摆脱出来,提出了一个新的答案:"历史是历史学家跟他的事实之间相互作用的连续不断的过程,是现在跟过去之间的永无止境的问答交谈。"而这种对话,"并不是一些抽象的孤立的个人之间的对话,而是今天的社会跟昨天的社会之间的对话"。他认为,历史这个词具有双重意义:一是指"历史学家所进行的探究";二是指"他所探究的过去的事实"。历史是一个社会进程,它是一个时代在另一个时代里发现的值得注意的那些东西的记录,"只有借助于现在,我们才能理解过去;也只有借助于过去,我们才能充分理解现在。使人理解过去的社会,使人增加掌握现在社会的能力,这就是历史的双重作用"⑤。

---

① 爱德华·卡尔:《历史是什么?》,吴柱存译,商务印书馆,1981年,第4页。
② 威廉·狄尔泰:《对他人及其生命表现的理解》,见何兆武主编:《历史理论与史学理论》,商务印书馆,1999年,第330页。
③ 见《现代西方历史哲学译文集》,张文杰等译,上海译文出版社,1984年,第40页。
④ 同上书,第239页。
⑤ 爱德华·卡尔:《历史是什么?》,第28、57页。

在近代中国,究竟什么是历史,人们同样众说纷纭。

梁启超在《中国历史研究法》中说:"史者何?记述人类社会赓续活动之体相,校其总成绩,求得其因果关系,以为现代一般人活动之资鉴者也。"[①]他心目中的历史,是对于人类活动的记录、评价,以及因果关系的追寻,偏重于人们主观精神的活动。而强调历史是独立存在系统的是胡适,他将历史视作客观存在的天然的系统,在《国学季刊发刊宣言》中说:"过去种种,上自思想学术之大,下至一个字、一只山歌之细,都是历史。"[②]傅斯年则将历史归结为史料,他说:"近代的历史,只是史料学,利用自然科学供我们的一切工具,整理一切可逢着的史料。"[③]

所以有这类尖锐的分歧,究其根本原因,是因为没有将客观存在的历史联系和人们对于历史的主观认知正确区别开来。

第一节　人类的存在是历史的存在

人类之所以要认识历史,历史学家之所以要搜集和整理历史资料来撰写历史著作,归根到底,是因为人类的存在本来就是一种历史的存在,宇宙的存在也是一种历史的存在。现实的人类,是由历史的联系、历史的发展、历史的积淀构成的存在。

1. 物质生产、精神生产、交往关系生产的历史连续性

近代自然科学的成就已充分证明,自然界的存在,是一种历史的存在。无机物也好,有机物也好,都处在永恒的运动、变化和发展之中。已知的包含着数以百亿计与银河系一样的星系,有其起源与演化的历史;包含着数以千亿计的太阳这一类恒星,有其起源与演化的历史;人类所生活的地球及其地质与地理,也有着形成和发展的历史。生物变异性的发现,生存竞争、自然淘汰学说的创立,使有机物的产生、动植物物种的变迁、生命的进化,也就是生物形成和发展的历史,获得了不可动摇的佐证。所有这些自然物的存在,包含它们的产生、演变和灭

---

① 梁启超:《饮冰室合集》专集,第 16 册,中华书局,1936 年,第 1 页。
② 见《胡适文存·二集》卷一,上海亚东图书馆,1924 年,第 14 页。
③ 傅斯年:《历史语言研究所工作之旨趣》,见《历史语言研究所集刊》创刊号,1928 年;并见《民族与古代中国史》附录,河北教育出版社,2002 年,第 467 页。

亡,通过它们的连续性与变异性共同构成了历史联系。当然,天体运动也好,地质和地理运动也好,生物运动也好,作为一种历史的存在,它们的历史联系具有极强的自在性质,可以说,完全为自然规律所支配。因此,除去专门研究宇宙演化史、天体发生史、地质史、地理环境变迁史及生物进化史者外,一般研究自然物者,如物理学家、化学家、生物学家,可以专注于自然物较为恒定的本质,而将历史的联系搁置于一边。

人类是灵长类动物的一部分,当然具有和其他生物相同的自在性质。但是,人类的活动又具有一系列新的特征,正是这些特征,使人类和其他生物的活动区别开来。这些新的特征之所以形成,就是因为历史的联系、历史的发展、历史的积淀在人类现实存在中具有决定性的意义。正是基于这种历史的存在,人类方能不断超越现状,从自在走向自为。

人类作为历史的存在,首先根源于人类能够借助制造和使用生产工具,延长和扩展自己的各种器官,将人类的现实存在确立在物质生产持续进行和不断扩大这一基础上。正如马克思所说:"人们为了能够'创造历史',必须能够生活。但是为了生活,首先就需要衣、食、住以及其他东西。因此第一个历史活动就是生产满足这些需要的资料,即生产物质生活本身。同时这也是人们仅仅为了能够生活就必须每日每时都要进行的(现在也和几千年前一样)一种历史活动,即一切历史的一种基本条件。"①根据考古发掘所发现的远古资料,240万年前产生了最初的石器工具;而按照分子生物学家对人类基因的分析,也正是这一时候,人走完了从猿到人的过渡期。两者互相叠合,并不是偶然的巧合。正是基于这两者之间内在的必然联系,工具制造被视作人类形成的主要标志。

人类的生产活动,有赖于生产工具、生产技术、生产方式世世代代的连续与传承,有赖于劳动者与管理者知识、技能、经验的不断积累与改进。一代又一代,都不是从头开始,先前世代的成就为后来者提供了基础与前提,人类生产活动由此得以在发展的基础上变革,在变革中实现新的发展。这种历史的联系,使人类从旧石器时代前进到新石器时代,再一步步前进到青铜器时代、铁器时代、机器生产时代,从采集渔猎经济逐步发展到畜牧与农耕经济,再到工业经济,从而脱离了原始与半原始状态。而当生产技术一旦失传、生产活动一旦中断时,社会就将严重倒退,文明甚至因此而毁灭与消失。

马克思、恩格斯指出:"历史不外是各个世代的依次交替。每一代都利用以前各代遗留下来的材料、资金和生产力;由于这个缘故,每一代一方面在完全改变了的条件下继续从事先辈的活动,另一方面又通过完全改变了的活动来改变

---

① 马克思、恩格斯:《德意志意识形态》,人民出版社,1961年,第21~22页。

旧的条件。"①古代人类的存在是这样,近代以来人类的存在也是这样。蒸汽机的发明和机器的广泛使用所代表的工业革命,使人类的存在确立在一个全新的基础之上;随后,电力的发明与普遍推广,使人类的存在产生新的飞跃,新兴的工商文明无可动摇地取代了传统的农耕文明。当今正在勃兴的信息革命,以及科学技术各领域的新成就被迅速应用于生产实际及人们的日常生活,又在将人类的存在导向一个新的发展阶段。蒸汽机的发明,电力的发明,现代信息技术的发明,以及它们的应用与推广,无一不是历史积累、历史发展的结果。人类对先前世代创造的一切加以继承,同时对这些遗存加以改变,而先前历史创造的这些东西又预先规定了新一代人的生活条件,使他们的发展和改变无法逾越一定的限度。这种物质生产的历史连续性,决定了人类的存在必然是历史的存在。

人类作为历史的存在,还根源于人类除去从事物质生产以保障自身生存和繁衍后代外,还从事精神生产以满足人自身真、善、美、健等精神的文化的追求。这种精神的生产与文化的追求,也有赖于世世代代的积累,有赖于在一代又一代的传承、变革与发展中,不断超越原先的自在状态而走向自为。每一代人的精神生产与文化追求,也都不是从零开始。正是在一代又一代历史演进中,人们发现了自身精神生产与文化活动中的不足,要求改变现状以及造成现状的各种外在环境,在变革中实现新的发展。

语言文字符号系统是精神生产与文化活动的基本要素,它似乎可以超越时间、空间和族类各种局限,在不同个体、不同群体、不同地域、不同世代之间完成巨量的信息传递、信息碰撞与信息积累,但它同样是历史积累、历史变革与历史发展的产物。5 000多年前,在古埃及和古巴比伦出现了象形文字、楔形文字,4 000年前,古代印度和古代中国也出现了象形文字。后来,文字形体逐步由繁到简,书写逐步由难到易,语言表达能力逐步由弱到强,人类的活动、思想、经验由此得以在广大范围内传布交流,并一代代传承下来。文字的形成与发展促进了远古时代辉煌的文化与文明的形成。1000多年前,印刷术的发明,使信息的传播与传承实现了一次新的大飞跃,推动了欧洲文艺复兴和工业革命的出现。从电讯的发明到电影、电视的普及,再到当今电脑、数据库、数码化的风行,人类可以用先前无法想象的速度和容量,通过文字与形象的充分结合进行信息的传播、积累与交流,它预示着符号信息系统正在爆发一场前所未有的新的革命,人类的文化与文明也正在孕育着一次新的更大的飞跃。

精神生产与文化活动包含着知识、思维、道德、审美、抒情等众多层面。无论哪一个层面,都同样是历史的连续、历史的积累、历史的发展、历史的变革过程。

---

① 马克思、恩格斯:《德意志意识形态》,第41页。

精神生产的这种历史连续性,再一次决定了人类的存在必定是历史的存在。

人类作为历史的存在,还根源于人类在进行物质生产和精神生产的同时,也在进行着社会关系的生产。与物质生产和精神生产是历史的过程一样,社会关系的生产也是世世代代不断积累、不断变革、不断发展的历史过程。

人类在初始阶段,以采集渔猎为其物质生产方式,以口耳相传、结绳记事、图腾崇拜为其精神生产方式,形成了以血缘相联系的原始群、氏族、部落等群体。农业与手工业相结合的农耕经济和草原地区的游牧经济取代了原始的采集渔猎经济以后,出现了专业的精神生产者和公共事务管理者,致力于生产统一的思想、统一的信仰、统一的道德和公共事务的专门管理,社会关系从原始的血缘群体转变为家庭、家族、宗族、等级、邦国、大一统国家等多层次的复合型关系,人们在新的血缘联系、地域联系、等级联系中确定了自己的社会本质。近代以来,当自由竞争、世界市场、机器大工业和生产资料私有制支配了物质生产与精神生产时,人们突破了原先的地域性联系和等级秩序局限,建立起广泛的直接的世界性联系,阶级分化与阶级对立、民族压迫与民族解放、人的自由与人的异化,赋予人的社会关系、社会本质以新的内涵。当今,信息革命和全球化进程,正在推动物质生产和精神生产实现一次历史性的飞跃,人们由此开始逐步转变为超越国家、民族、阶级的局限而成为新型的世界人,他们同世界范围物质生产和精神生产直接关联,一种以每个人自由而全面发展为最高目标,由个人、公众、社会、国家、全球化组成的新型社会关系,正引导人们形成一种全新的社会本质。

马克思在《关于费尔巴哈的提纲》中对于人的本质有一段为人们所熟知的论述:"人的本质不是单个人所固有的抽象物,在其现实性上,它是一切社会关系的总和。"①人的社会化,或者说,社会化了的人,方才是真实的、有血有肉的、活生生的、具体的人。而人的社会化,则正是一代又一代历史演进的产物。社会关系的生产与再生产这种历史连续性,和物质生产与精神生产过程一样,充分证明人类的存在必然是历史的存在。

上述事实充分表明,自然界的存在,是历史的存在。而对于人类说来,历史的存在更具有决定性意义。德国著名历史哲学家李凯尔特指出:"我们人既是自然界,又是历史,我们的本性表现在继承中,我们的历史表现在传统中。"②继承也好,传统也好,都表现了历史的连续性在人类形成与发展中无可替代的特殊地位。从这里就不难了解,历史究竟是什么。

---

① 《马克思恩格斯选集》第1卷,人民出版社,1995年,第56页。
② 亨利希·李凯尔特:《论历史的意义》,见《现代西方历史哲学》,上海人民出版社,1984年,第43页。

2. 历史是人类充满矛盾的活动与成长过程

马克思指出:"人类史同自然史的区别在于,人类史是我们自己创造的,而自然史不是我们自己创造的。"①不少人抓住人类史是我们自己创造的这一点,利用人的活动的主观性、主体性,利用历史发展进程中的多样性、变异性,以及历史发展进程的突然中断,否定人类的存在是历史的存在,或尽量削弱历史的存在对于人类的特殊意义。

"历史不过是追求着自己目的的人的活动而已。"②人具有情感,具有欲望,具有思想,具有意志。人的活动,无论个人的活动,还是群体的活动,都出自他们各别的特殊动机、特殊追求。人类活动的这种主观性、主体性或自主能动性,使人们不是被动地顺应外界环境,而是积极地利用外界环境,主动地改造外在环境,并在这一进程中不断调节、提升和实现自己的生活目标。恩格斯指出,社会发展史与自然发展史根本不同之处,就在于在自然界中,"全是没有意识的、盲目的动力,这些动力彼此发生作用",而"在社会历史领域内进行活动的,是具有意识的、经过思虑或凭激情行动的、追求某种目的的人;任何事情的发生都不是没有自觉的意图,没有预期的目的的"③。人类活动的这种主观性、主体性或自主能动性,是否足以动摇人类的存在是历史的存在这一本质特征呢?

每个人都在追求自己的目标,都在努力实现自己的愿望。但是,这并不表示他们可以超越历史的联系而随心所欲地行动。实践表明,在大多数情况下,人们很难按照原先的期待而圆满实现自己所追求的目标。结局甚至与原定目标南辕而北辙,恰好相反。哪些目标可以实现,哪些目标可以部分实现,哪些目标完全不可能实现,都得看人类先前的历史给他们提供了什么样的既有条件,以及他们在历史所提供的有限时间、空间范围内如何活动。

"历史的每一阶段都遇到有一定的物质结果、一定数量的生产力总和,人和自然以及人与人之间在历史上形成的关系,都遇到有前一代传给后一代的大量生产力、资金和环境,尽管一方面这些生产力、资金和环境为新的一代所改变,但另一方面,它们也预先规定新的一代的生活条件,使它得到一定的发展和具有特殊的性质。"④每个人和每一代当作现成东西继承下来的全部生产力、资金和社

---

① 马克思:《资本论》第 1 卷,《马克思恩格斯全集》第 23 卷,人民出版社,1972 年,第 409~410 页注。
② 马克思:《神圣家族》,《马克思恩格斯全集》第 2 卷,人民出版社,1957 年,第 118~119 页。
③ 恩格斯:《路德维希·费尔巴哈和德国古典哲学的终结》,《马克思恩格斯选集》第 4 卷,人民出版社,1995 年,第 247 页。
④ 马克思、恩格斯:《德意志意识形态》,第 33 页。

会交往关系的总和,以及全部精神的文化的遗产,从各个不同角度用各种不同方式制约着人们。人们的自主能动性,只能在与先前历史所提供的所有条件的互动关系中发挥作用。

事实上,人们的思想、情感、动机、追求等精神活动,人的能动性、主体性,无一不是历史连续性的产物,无时无处不存在于历史的连续性之中。正如意大利历史哲学家克罗齐(Benedetto Croce,1866—1952年)所说:"精神即历史,在历史存在的每个时刻,精神就是历史的创造者,同时精神也是一切历史的结果。"① 人们所有精神活动,不能脱离先前各个世代精神生产的积累和积聚而孤立地存在,还不可避免地要受到世代积累起来的物质生产、人们的社会关系的制约。人们的价值取向、思维方式、审美方式、抒情方式、行为方式,渊源于传统的资源,受制于传统的惯性作用,同时体现着现实社会发展的水准。当以血缘关系为联系纽带的家族宗法制度占据支配地位时,唯家长独尊的孝的观念和唯君主独尊的忠的观念成为普遍的统治思想;当地域性联系及世界性联系占据支配地位时,个性解放、个性独立、个性自由则成为人们的普遍诉求。当农业和手工业相结合的自给自足自然经济占据支配地位时,人们崇尚的是少知寡欲,陈规祖礼;而当机器大工业与市场经济占据支配地位时,人们则转而崇尚争新竞智,率作兴智。道德、宗教、形而上学和其他意识形态,无一不是历史与社会的产物。

精神世界的冲突,经常是现实社会冲突的升华。它们非但不能否定人类的存在是历史的存在,反而更有力地证明了历史的存在对于人类发展来说,具有多么重要的决定作用。可以说,正因为存在着每个人单独的意图、心理、精神,存在着人的主观能动性、人的主体性,人类的存在方才超越简单重复与机械性的延续,而充满矛盾、冲突、变迁,因此特别丰富多彩,能在方向各异的错综复杂的运动中实现自身的发展。人类存在的连续性因此便不同于宇宙和自然界活动的连续性,而形成人类独有的历史。

每个人如何确定自己的奋斗目标,为实现自己的目标如何奋斗,会为形形色色的偶然因素所制约,这就是人类活动的偶然性。每一个活生生的个人,每一桩历史事件,都必然具有自己独特性,任何两个个人或两桩历史事件不可能完全相同,这就是人类活动的个别性。人类活动的这种偶然性和个别性,常常被用作否定人类的存在是历史的存在的口实。他们认为,既然每个人的活动充满了偶然性,甚至完全为偶然性所支配,既然所有这些活动都是独一无二的个别现象,那么,历史的连续性便纯然是人们主观的臆造。

偶然性,对于单个人或单一事件来说,确实可以说是无时不在,无处不在。

---

① 见田汝康、金重远主编:《现代西方史学流派文选》,上海人民出版社,1982年,第345页。

然而，所有偶然性的东西，其实都同样处于历史的联系之中，处于历史形成的因果关系之中。事物的联系是多方面的。事物的形成，有其远因，有其近因，有其主因，有其助因。偶然性，无非是包罗万象的外在世界中为人们所不太了解的那些联系。恩格斯指出："历史事件似乎总的说来同样是由偶然性支配着的。但是，在表面上是偶然性在起作用的地方，这种偶然性始终是受内部的隐蔽着的规律支配的，而问题只是在于发现这些规律。"①这里说的规律，即指的就是事物之间历史形成的广度不同、深度不同的各种联系，尤其是那些具有决定性意义的本质性的联系。

个别性，即每个人、每件事都有其个性或特殊性。但是，就个人而言，只要放在特定时代、特定空间和特定的阶级、阶层、群体关系之中，不同个人之间便会显露出共同性。就事件而言，只要放在特定的社会经济形态、特定的社会政治形态与特定的社会文化形态中，放在物质生产、精神生产与社会关系、社会制度生产的过程中，不同事件之间便会呈现出重复性。任何个人，任何事件，都不是孤立的存在，它们的特点之所以形成，是因为纷繁复杂的历史联系在这里形成了特殊的组合。尽管人们很难把握住全部历史联系，但抓住最基本的一些历史联系，仍可大致了解这些个别性、独特性由以形成的主要原因。因之，偶然性也好，个别性也好，它们的存在和人的主观能动性、人的主体性一样，只是进一步说明了人类活动为什么如此多样、如此多变，历史连续性或继承性具有多么丰富的内涵。

人类存在、人类活动的连续性表明，世代之间决不是简单的传承、传播和扩散，稍后的世代比之先前的世代，总会发生这样或那样的变异。人类形成之初，自然环境的影响力特别显著，人们血缘、语言、种族以及生产活动、生活方式的许多差异都与此直接相关。随后，生产力发展水准和生产方式的影响逐渐增大，人们的社会交往、社会关系逐渐复杂，他们的需要、利益、意志、感情、价值取向以及行为方式的分歧越来越大。诚然，人们很难认知多样性发展变化中的每一细节，了解历史联系中的每一线索。许多历史细节可能已完全消失，不少历史联系的线索可能已完全湮灭。但是，只要把握住人类存在的本质特征，从人类的自然存在和社会存在，特别是人类的物质生产方式、精神生产方式以及社会交往方式去观察人类的活动、人类的发展，便能透过多样性与变异性，了解历史连续性或继承性的客观存在。

不少文明的发展，曾经突然断裂。古埃及文明，在延续了 3 000 年之后，为古马其顿国王亚历山大大帝发动的远征所打断，并就此而夭折，无法继续其历史进程。古巴比伦文明、古印度文明、古玛雅文明、古印加文明，都有过类似的遭

---

① 恩格斯：《路德维希·费尔巴哈和德国古典哲学的终结》，《马克思恩格斯选集》第 4 卷，第 247 页。

遇。历史的车轮常常会非常无情地将一个个帝国碾为废墟,毫不惋惜地毁灭整整一代人。一些王国的兴盛与灭亡,一些民族的产生与存在,可能已完全不再为人们所知晓,因为它们只留下零星的遗址与残骸,甚至连遗址与残骸也未能留下,或未被人们所发现。但是,仍然不能就此否定或动摇历史连续性的客观存在。依靠大量考古发现,人们逐步了解了古巴比伦、古埃及、古印度、古玛雅、古印加的辉煌文明。公元4世纪至6世纪,以日耳曼人为主的"蛮族"部落涌入罗马帝国,汪达尔人攻入罗马城以后,全面毁灭罗马文化,而人们仍然可以从保留下来的文献、文物、遗址、遗迹中,复原古罗马文明。当然,很多细节已不可能恢复,但罗马文明客观存在不容置疑。

历史的发展,很少是一帆风顺的。有曲折,有变异,有断裂,是经常的情况。人类的存在是历史的存在,不仅包含不同世代之间的传承,而且包含与传承相伴的变异;不仅包含历史的持续发展或短暂倒退,而且包含历史发展进程中的各种断裂。这一切,都是人类作为历史的存在的应有之义。

确认人类的存在是历史的存在,人们的活动因历史的连续性而必然受制于由历史形成的各种内外因素,与神学家所信奉的命定论毫无共同之处。充满矛盾的历史运动,在特定历史条件下,具有沿着不同道路、朝着不同方向前进的多种可能性。历史终究是人们自己创造的,人们作出的选择和努力,常常直接关系着哪一种可能性将变为现实性。环境造就了人,人又改造与创造着环境。人在社会实践中,将自己的意志、感情、品行、性格、能力,转化为外在于人的各种物质的、精神的以及制度化了的产品,转化为新的外在环境。人们在社会实践中逐步由被动转变为主动。人最初主要依赖自然环境,稍后发展到主要依赖人力与自然力的直接交换,再后发展到自然力的巨大开发,以及在全新的基础上重建人与自然力的和谐。外在环境制约着人的活动,而人类根本区别于一般自然物包含其他动物的地方,就是人类能够积极地改变外在环境。这就是确认人的存在是历史的存在与形形色色的命定论根本区别之所在。经由历史的发展,人在确定和实现自己的理想与目标时,变得越来越自觉,在强化自己的知识与能力时,变得越来越有效,这样,人类便在人与自然的矛盾统一中,在个人与群体、群体与群体的矛盾统一中,在人自身精神与肉体以及精神与精神的矛盾统一中,逐步确立了自己的主体性。

人类的存在,是历史的存在。历史就是人类存在的连续性。因之,历史就是人类的活动过程,人类的成长过程。李大钊在《史学要论》中指出:"历史不是只纪过去事实的纪录,亦不是只纪过去的政治事实的纪录。历史是亘过去、现在、未来的整个的全人类生活。换句话说,历史是社会的变革。再换句话说,历史是在不断的变革中的人生及其产物的文化。""历史这样东西,是人类生活的行程,是人类生活的联续,是人类生活的变迁,是人类生活的传演,是有生命的东西,是活的东西,是进步的东西,是发展的东西,是周流变动的东西;他不是些陈编,不是些故纸,不是僵石,不是枯骨,不是死的东西,不是印成呆板的东西。我们所研究的,应该是活的历史,不是死的历史;活的历史,只能在人的生活里去得,不能在故纸堆里去寻。"①这里所说的"历史是亘过去、现在、未来的整个的全人类的生活","历史是社会的变革",是人类生活的行程,是人类生活的变迁,是人类生活的传演,都表明历史与人类同在,与人类同步发展,历史就是人类进步,文明成长,人类活动延续、变迁与发展的客观过程。

第二节　历史学:对客观历史的主观认知

人类所生活的外部世界是历史的存在,人类的存在更是历史的存在。人类为了生存,为了发展,必须认识自身,认识周围的世界,这就必须努力认识历史。于是,历史记忆,历史诠释,历史反思,对于历史资源自觉与不自觉的利用,由此诞生,历史学亦由此源起。

1. 族类记忆的产生

综观中外历史学发展历程,就包括历史记录、历史诠释、历史反思在内的历史记忆而言,大致都经历了族类记忆、国家记忆、世界记忆与公众记忆四个阶段;就专职治史而言,大致经历了巫史、史官、史家与公众自我参与四个阶段。

在文字产生之前,传递历史记忆与生活经验的主要方法是口耳相传。为了辅助记忆,人们还采用过结绳记事以及刻木、刻骨、刻石、磨制贝珠等多种方法。《易·系辞下》便说过:"上古结绳而治,后世圣人易之以书契,百官以治,万民以察。"当时,若有大事,则结之以大绳;若有小事,则结之以小绳;不同类型的事件,用不同形态的结表现。古代埃及、古代波斯、古代秘鲁,都采用过类似的方法。印第安人则运用在地上掘穴的方法,记录部落大事。这些方法可以协助历史记忆,提示和印证各种口头传说。

研究古代非洲口头传说的一位著名专家发现:"在世界各民族中,不会书写的人的记忆力最发达。"他在非洲记录了至少一千人讲述的传说,发现"整个说来,这一千位陈述人尊重了事实真相。历史的主线处处相同。分歧仅涉及一些

---

① 见《李大钊文集》第4卷,中国李大钊研究会编注,人民出版社,1999年,第384、378页。

无关紧要的细节,这主要是由于陈述者的记忆或特殊的心理";"陈述者不允许自己改变事实,因为在他身边总会有伙伴或长者,他们会立即指出错误,当面骂他是说谎者——一条严重违法的罪状"①。非洲人在文字产生以前,通过存在于集体记忆之中的历史故事和各种传说,保存了历史环境、历史人物和重大历史事件的许多资料。

现存很多古代著作,便是先前口头传说的笔录。《旧约圣经》,过去多以为是神话汇集。20世纪人们利用考古学的各种成就,对它重新加以解读,发现它原是古希伯来人历史传说的记录,尽管在记录整理过程中有不少增补与加工。《创世记》《出埃及记》《利未记》《民数记》《申命记》,即所谓《摩西五经》,记录了闪族的远古历史,记录了希伯来族长亚伯拉罕、以撒、雅各、约瑟和摩西的传说,关于摩西的传说尤为详细。《约书亚记》《士师记》,记录了摩西逝世后约书亚领导希伯来人征服迦南人,以及大小士师率部征战的事迹。那个时代的环境变迁、政治冲突、种族交汇、宗教信仰、生产与生活状况、语言、音乐、美术成就等,在这些传说中都有生动的反映。

世界上许多民族都有类似的远古传说和史诗。两河流域有描写早期城邦英雄人物的苏美尔史诗,其中最著名的是《吉尔伽美什史诗》;古代印度有包含大量古代传说和英雄故事的《梨俱吠陀》《罗摩衍那》和《摩诃婆罗多》;古代希腊有盲诗人荷马所传诵的《伊利亚特》和《奥德赛》。它们的性质与《摩西五经》《约书亚记》及《士师记》非常相近。大量传说之所以采取史诗形式,是因为韵文更便于传诵。在这些传说中,历史事件发生的时间与地点常常含混不清或自相抵牾,掺杂有不少想象的或虚拟的东西,但是,结合考古材料,参照众多原始、半原始民族的人类学田野调查资料,便不难发现,这些传说包含着丰富的真实历史。那些和历史真相混合在一起的神的启示或奇迹,正是这些远古民族对于历史的诠释。

在中国古代,史官必须记诵大量历史故事。《国语·周语》:"故天子听政,使……史献书……瞽史教诲……而后王斟酌焉,是以事行而不悖。"《国语·楚语上》:"临事有瞽史之导,宴居有师工之诵。史不失书,矇不失诵,以训御之。"这里所说的瞽史,便是专门记诵历史传说与历史故事者。先秦典籍中,记录有许多远古传说。《庄子·盗跖》中说:"古者禽兽多而民少,于是民皆巢居以避之,昼拾橡栗,暮栖木上,故命之曰有巢氏之民。古者民不知衣服,夏多积薪,冬则炀之,故命之曰知生之民。神农之世,卧则居居,起则于于,民知其母,不知其父,与麋鹿

---

① 这位学者即马里的 A. 哈姆帕特·巴(A. Hampaté Bâ)。他撰写的《非洲通史》第1卷第8章《逼真的传说》对此有详细论述。引文见联合国教科文组织编:《非洲通史》第1卷《编史方法及非洲史前史》,中文本,中国对外翻译出版公司,1985年,第122页。

共处,耕而食,织而衣,无有相害之心,此至德之隆也。"《韩非子·五蠹》中说:"上古之时,人民少而禽兽众,人民不胜禽兽虫蛇。有圣人作,构木为巢,以避群害,而民悦之,使王天下,号之曰有巢氏。民食果蓏蚌蛤,腥臊恶臭而伤害腹胃,民多疾病。有圣人作,钻燧取火,以化腥臊,而民悦之,使王天下,号之曰燧人氏。"《礼记·礼运》中说:"昔者先王未有宫室,冬则居营窟,夏则居橧巢。未有火化,食草木之实,鸟兽之肉,饮其血,茹其毛,未有麻丝,衣其羽皮。后圣有作,然后修火之利,范金合土,以为台榭宫室牖户,以炮以燔,以烹以炙,以为醴酪,治其麻丝,以为布帛,以养生送死,以事鬼神上帝,皆从其朔。"这些传说描述了古人从采集渔猎到用火、建筑、居处、制作、衣服,和从原始群居而进至母系氏族社会的历史过程,那些最先发明了这些新的生产方式与生活方式的氏族和部落,因此成为部族酋长而统率周围部落。

汉代《越绝书》记有春秋末年楚国风胡子的一段话:"轩辕、神农、赫胥之时,以石为兵,断树木为宫室,死而龙臧,夫神圣主使然。至黄帝之时,以玉为兵,以伐树木为宫室,凿地,夫玉亦神物也,又遇圣主使然,死而龙臧。禹穴之时,以铜为兵,以凿伊阙,通龙门,决江导河,东注于东海,天下通平,治为宫室,岂非圣主之力哉!当此之时,作铁兵,威服三军,天下闻之,莫敢不服。此亦铁兵之神,大王有圣德。"①这一段话,具体生动地叙述了从旧石器时代向新石器时代、从铜器时代向铁器时代推进的过程。古人将这些新的工具的发明推崇为神物,将发明和最先使用这些工具的部落推崇为圣主,是古人的历史意识使然。

古代这些传说所反映的,主要属于族类记忆,是关于氏族与部族起源及其所经历的重大事件的历史记忆。被奉为族类英雄而加以讴歌者,都是对族类发展作出重大贡献者。文字产生之初的历史记录,也多属于这种族类记忆。而随着从酋邦逐步演变为古代国家,历史记忆便渐次演变为国家记忆。这时,被记述的所有人物,都属于与国家命运休戚相关者。

2. 作为国家记忆的古代史学

文字的发明和使用,产生了正式的历史记录,大量文献、文书成为了解历史过程的第一手资料,于是,出现了记述和诠释历史过程、总结历史经验的专门著作。

目前所知,人类最古老的文字系统是古代美索不达米亚的楔形文字。公元前第四千纪后期,在神庙建筑和陶制圆筒印章上已有象形文字,已有用黏土制成

---

① 袁康、吴平:《越绝书》卷十一《越绝外传记宝剑第十三》。

的泥版文书。公元前第三千纪初,演变为楔形文字,运用拼音表达意义。公元前第三千纪中期,这种文字在神庙管理记录、国王碑文制作和个人契约书写中被广泛运用。古巴伦马里王朝王宫遗址发现的 26 000 多块泥版文书,其中 1 600 多块为宫廷管理记录,其余 24 000 多块记录了该王朝社会与政治状况。乌尔第三王朝时代编纂的《王名表》,成稿于公元前 21 世纪,是世界上最早的年代记,它最终结束了神话与传说之王的历史,而代之以人间之王的历史。其后,这一地区相更迭而起的巴比伦、赫梯、亚述等王朝与帝国,一一留下了数量可观的历史文书和年代表、王名表、编年史等作为国家记忆的历史著作。

古代埃及文字也是从起初的象形表意文字演变为后来的表音文字。文字的书写,包含圣刻书体、神官书体、民众书体三类。历史记录出现很早,至少从古王朝第四、五、六王朝开始,国王、王后、重臣、部将的墓碑上,就已镌刻了他们的生平传记。随着纸草的发明,文字书写方便了不少,各类文书日渐普遍,各类历史著作随之出现。公元前 3 世纪神官曼内托的《埃及志》,将埃及古代历史三十一个王朝划分为早王朝、古王朝、中王朝、新王朝、后王朝等几个不同的时代,给人们了解古代埃及提供了基本历史线索。这一划分方法为后世考古发现不断证实,表明埃及作为国家记忆的历史年代学已经发展到相当高的水准。

公元前 16 世纪,希伯来陶器、金属器具及石块上已有镌刻了不少字母。随后,经过几百年发展,形成拼音文字系统。文字产生以后,希伯来人不仅将各种古代传说笔录成文,而且出现了专职的史官,为君王作传,编纂国家编年史,产生了《撒母尔记》《列王纪》《历代志》等一系列史著,作为国家记忆,与先前作为族类记忆的各种作品一道,后来被编入《圣经》。

中国,至迟在商代,文字已经相当成熟。刻在甲骨上的大量占卜文辞,生动地反映了商王朝如何注重国家记忆。《尚书·多士》称:"惟殷先人,有册有典。"卜辞和许多青铜器铭文中多次叙述遣"史"作"册",表明当时已建立了记录重大事件与保存重要文书的制度。西周时,周王朝的国史称作《周书》,各诸侯国的国史或称作"书",或称作"乘",或称作"梼杌",更多称作"春秋"。孔子派子夏等访求周室史记,"得百二十国宝书",墨子也曾"见百国春秋",说明当时各诸侯国都为保存国家记忆而编有国史。

文字产生之后,有了用文字记载的历史。但是,口耳相传的历史资料,长时间中仍具有重要的历史认知价值。孔子就说过:"夏礼,吾能言之,杞不足征也;殷礼,吾能言之,宋不足征也;文献不足故也。"孔子修治《春秋》,于专职史官之外开私人修史之先河。这部著作,广泛搜集了他所见、所闻、所传闻的各种资料,结合文献记录,经过比较、清理、辨析、考订,重现了春秋时期鲁国、周王室和相关各诸侯国的历史活动。这部著作,首尾共 240 多年,按照年、月、日系事,以正名分、辨是非、克己复礼等为衡定是非的坐标体系,利用遣词用字,对重要历史人物和历史事件作出评价。杜预《春秋经传集解序》说:《春秋》"一字之褒,荣于华衮;一字之贬,严于斧钺"。表明这部史书虽是私人修治,仍然属于国家记忆,是为治国者总结历史经验,给统治者提供借鉴与警戒。

中国古代史学,特别是官修的史书以及被视作"正史"的各种史著,是作为国家记忆形成与发展的。当这些史著以帝王将相为中心,甚至被视为帝王将相家谱时,国家记忆与族类记忆实际上混合为一体。从春秋末年到战国时期,出现了一系列以记事为主而以年代为顺序的编年体史书,如《左传》《竹书纪年》等,一批以记言为主而以地区为中心的记言体史书,如《国语》《战国策》等,一些以记述制度、制作为主的著作,如《世本》等,适应于当时各诸侯国争霸称雄的需要。秦、汉以后,史学适应大一统中央集权国家的需要,而得到国家的大力扶植。大批出土的秦简,印证文献中所存留的秦代史家名录与图籍目录,显示秦代非常重视史学。汉代,司马迁所撰纪传体通史《史记》与班固所撰纪传体断代史《汉书》,为后来历代王朝编纂国史提供了范本。魏晋南北朝时期,400多年间统一和分裂、割据一直进行着激烈的斗争,几乎每一政权都力图通过撰述本朝国史,及时总结历史经验,为自身的存在提供合法性基础,争取正统地位,而贬斥自己的竞争者。以纪传体或编年体的国史为中心,出现了起居注、实录、家谱、杂传、方志等多种体裁的史著,南朝吴均还受梁武帝之命撰成《通史》620卷,上自太初,下终齐、梁,作为其补充。唐代重新统一后,史学更为繁荣。唐高祖李渊要求组织力量编著六代史书时明确指出,修史是为"考论得失,究尽变通,所以裁成义类,惩恶劝善,多识前古,贻鉴将来"①。唐太宗李世民更明确地将史书的使命确定为"览前王之得失,为在身之龟镜"②。唐代统治者除了照例修撰前朝纪传体断代史外,特别着意于通史撰述,李延寿主持编撰的《南史》《北史》,综合了南北朝时期各国各朝历史;此外还有杜佑的《通典》成为典制体通史的典范;裴潾的《通选》、姚康《统史》等文征体、编年体通史,纵贯古今。唐代还特别重视当代史的撰述,产生了《贞观政要》《唐六典》等名著。作为唐代史学发展突出标志的,还有对史著编撰进行综合总结与反省的理论性著作《史通》。宋、元时期,作为国家记忆的史学又有了新的发展。继承给前朝修史的传统,宋、元王朝设馆修撰了《旧五代史》《新五代史》《宋史》《辽史》《金史》,并编撰了一批带总结性的通史著作,突出的代表作是司马光编年体的《资治通鉴》、郑樵纪传体的《通志》、马端临文献总汇体的《文献通考》、袁枢的纪事本末体《通鉴纪事本末》。明、清时期,除了明代修撰《元

---

① 《命萧瑀等修六代史诏》,见《唐大诏令集》卷八一。
② 《册府元龟》卷五五四《国史部·恩奖》。

史》、清代修撰《明史》，保持了为前朝修史传统外，还出现一系列新的特点：其一是明代编成《永乐大典》、清代编成《四库全书》，对历代史书作了总汇；其二是私人修撰野史，以填补国史修撰的不足，盛极一时；其三是或依据经世致用原则，或基于实事求是精神，通过史论、史评与史考，对先前史学著作的批评、责疑、考据，从价值评定扩展到史实本身，产生李贽的《藏书》《续藏书》《焚书》《续焚书》，王夫之的《读通鉴论》《宋论》，黄宗羲的《明儒学案》，顾炎武的《天下郡国利病书》与《日知录》，崔述的《考信录》，赵翼的《廿二史札记》，钱大昕的《廿二史考异》，王鸣盛的《十七史商榷》，章学诚的《文史通义》等一系列名著。

古代中国留下了极为丰富的史著。《四库全书》所收录的史部著作十五类520种，21 000卷，《四库全书总目提要》著录存目者约1 120部，12 400卷，加上被禁毁的书籍及本部类至晚清的史书，总数至少在5 000种以上，卷数至少9万卷以上。从中可以看出，作为国家记忆，它们具有以下一些重要特征：

（1）治史是重要的国家行为，由国家任命的太史令、著作郎、起居郎等史官和专门设置的修史局、史馆总负其责。为前代修史则多由宰相监修。所修之史被定位为"正史"，以区别于各类别史、野史。私人修史，基本上是国家修史的补充。

（2）治史的目的，是维护和强化国家的统治秩序。对于统治者来说，治史是为了以古为镜，这就是周王所说的"我不可不监于有夏，亦不可不监于有殷"①。李翰在《通典序》中说："君子致用在乎经邦，经邦在乎立事，立事在乎师古，师古在乎随时。必参古今之宜，穷始终之要，始可以度其古，终可以行于今。"②司马光主编《资治通鉴》，"专取关国家盛衰，系生民休戚，善可为法，恶可为戒者，为编年一书"，为的是通过"鉴前世之兴衰，考当今之得失，穷探治乱之迹"，可以"有资于治道"③。王夫之认为，"得可资，失亦可资也；同可资，异亦可资也。故治之所资，惟在一心，而史特其鉴也"④。对于广大被统治者来说，史书被用于进行社会教化，这就是《三国志》作者陈寿所说的"辞多劝戒，明乎得失，有益风化"⑤，《后汉纪》作者袁宏所说的"史学之兴，所以通古今而笃名教也"⑥，《史通》作者刘知幾所说的"史之为务，申以劝诫，树之风声"⑦。

（3）修史所关注的内容，主要是关系王朝兴亡盛衰的政治、经济、社会、文化

---

① 《尚书·召诰》。
② 李翰：《通典序》。
③ 司马光：《资治通鉴·进书表》。
④ 王夫之：《读通鉴论·叙论四》。
⑤ 见《晋书·陈寿传》。
⑥ 袁宏：《后汉纪·序》。
⑦ 刘知幾：《史通·直书》。

活动。这就是司马迁所说"网罗天下,放失旧闻,王迹所兴,原始察终,见盛观衰"与"究天人之际,通古今之变"①。修史所关注的历史人物,无论视为圣贤豪杰者,还是视为奸佞邪恶者,都以是否有利于国家兴盛为取舍扬抑的标准。

(4) 修史所使用的方法,虽一直倡导"据事直书",反对"曲笔",要求不掩恶,不虚美,治史者因此被要求兼具史德、史学、史识与史才。但是,在很长一段时间中,史学虽然最具政治实践性,其指导思想或理论基础仍是传统经学;判断善恶美丑的标准,虽常常受到道家、法家、阴阳家等思想的影响,但占支配地位的,仍是儒家伦理道德。这样,史实的采集和取舍,史料的鉴别与删汰,便都不能不完全从属于以君王为代表的国家利益。历史的诠释,历史的反思,也不能逾越这一界限。

在欧洲,作为国家记忆的史学在古希腊与古罗马时已达到相当高的水准。被称作西方"历史学之父"的希罗多德(Herodotus,约前484—约前424年)撰著的《历史》一书,记述了希波战争过程。他坦率地表白,撰写此书,就是"为了保存人类的功业……使希腊人和异邦人的那些值得赞叹的丰功伟绩不致失去它们的光彩,特别是为了把他们发生纷争的原因给记载下来"②。修昔底德(Thucydides,约前460—约前400年)撰写的《伯罗奔尼撒战争史》,记述了这场战争的过程,要让人们由此了解"过去所发生的事件和将来也会发生的类似的事件",而使他这部著作"垂诸永远"③。他们的著作和稍后色诺芬(Xenophon,约前430—约前355或前354年)所撰写的《万人远征记》与《希腊史》,都突出地表现了希腊中心主义。古罗马史学的鼻祖是老加图(Cato the Elder,前234—前149年),代表作是《起源论》;其后的代表人物与代表作为:萨鲁斯特(Sallust,前86—前34年)所著《喀提林阴谋》《朱古达战争》;恺撒(Julius Caesar,前100—前44年)所著《高卢战纪》;李维(Livy,前59—后17年)所著《建城以来罗马史》;塔西佗(Tacitus,55—120年)所著《阿格里古拉传》《日耳曼尼亚志》《罗马史》。这些历史学家都明确意识到作为国家记忆的历史著作所特具的功能,李维便毫不隐晦地说:历史提供的"各种教训尤为鲜明地刻在纪念碑上,从这些教训中,你可以替你自己和替你的国家选择需要模仿的东西,从这些教训中还可以注意避免那些可耻的思想和后果"④。塔西佗说:"我认为,历史之最高职能就在于保存人们所建立的功业,并把后世的责难,悬为对奸言劣行的一种惩戒。"⑤

欧洲中世纪,基督教在意识形态领域占据了绝对支配地位,并与政治权力紧

---

① 《史记·太史公自序》。
② 希罗多德:《历史》上册,王以铸译,商务印书馆,1985年,第1页。
③ 修昔底德:《伯罗奔尼撒战争史》,谢德风译,商务印书馆,1960年,第18页。
④ 见汤普森:《历史著作史》上卷第一分册,谢德风译,商务印书馆,1988年,第107页注④。
⑤ 塔西佗:《编年史》,王以铸译,商务印书馆,1981年,第185页。

密结合,对国家政治生活形成渗透到各个领域的全面影响。作为国家记忆的史学,为基督教传教士们所控制和主导。在这期间,大量修道院和宫廷编年史、年代记,各种教会史与圣徒、主教传记充斥于史坛。即有一些通史性世界史与世界编年史著作,亦多从创世记写起,处于极为浓厚的神学史观的笼罩之下。《圣经》成为判断事实正误的标准,各地区、各民族、各时期的历史运动,被视为实现上帝旨意的统一体系的一部分。耶稣诞生之年,成为单一的世界历史纪元方法。神学史观覆盖了世俗的国家记忆、国家诠释和国家反思,在漫长的数百年中,虽不乏一些有价值的史著,但从总体上说,欧洲中世纪的史学未能在希腊、罗马时代史学基础上继续发展,相反,在不少方面实际上倒退了。

3. 族类记忆、国家记忆的提升与世界记忆、公众记忆的成长

15世纪、16世纪意大利文艺复兴运动,以人本主义起而与宗教神学相对抗,它标志着作为公众自身记忆的新史学已初现端倪。正如汤普森在《历史著作史》中所说,当时,在佛罗伦萨、威尼斯、伦巴第、皮埃蒙特、托斯卡纳"这些地区,大多数城市是独立的共和国,或者说具有共和政体的自由城市。在社会上占支配地位的是资产阶级;公职是选举产生的;地方争端和党派纠纷异常激烈,这使有思想的公民关心自己的城市的历史,因此地方史的编写就受到巨大推动"①。这方面代表性著作如利奥尔多·布鲁尼(1368—1444年)的12卷本《佛罗伦萨史》,"把附着在佛罗伦萨历史上犹如乱麻一般纠缠在一起的传说剔除出去的第一位历史家就是他……他也是第一位理解佛罗伦萨各种文化之间的相互关系的人。第一位体察到佛罗伦萨是一个伟大的文化中心并把这种丰富多彩的文化生活和全城公民的城市生活联系起来的第一位佛罗伦萨人也是他。他还是冲破过去对历史的解释、强调人性和心理解释的第一位历史家"②。在意大利文艺复兴的影响与推动下,以关注市民或公民世俗生活为主要特征的人文主义史学在欧洲许多国家形成和发展起来,取代了以教会、寺院、王宫和官员为中心的传统史学。

欧洲资本主义的发展,现代民族国家的建立,使作为族类记忆和国家记忆的传统史学进一步强化和发展,并有了新的突破、新的提升。它突出地表现为史学领域的扩大、批判精神的树立、史学研究方法的重视与历史真相的努力追寻。

史学领域的扩大,指历史学家不仅仅像过去那样主要关注战争、政治、外交、宗教等君王、教会的大事,而是举凡人类社会生活的一切方面,包括人口、科学、文艺、风俗习惯、农业、工业、商业、生产技术的演进,饮食起居以及人类社会积累

---

①② 汤普森:《历史著作史》上卷第二分册,第 678、686 页。

起来的全部经验、全部知识,都被纳入历史考察的范围。这是因为人们已越来越意识到,所有这些方面,对于族类和国家的存在与发展,都十分重要。于是,文化史、社会史、经济史等等各类专门史蓬勃兴起。

批判精神的树立,指历史学家进一步摆脱了超自然的神秘力量主宰人类命运的传统观念,努力用怀疑的态度、批判的精神,从人类活动本身解释人类历史发展。以《关于各民族共同性与新科学的原则》(即《新科学》)一书著称于世的意大利历史学家维柯,在这部著作中便立志发现没有神的历史系统。他认定:"人类世界确实是由人类自己创造出来的。"①人类被他视为历史发展的主要推动者。法国启蒙思想家代表人物伏尔泰以其历史著作《路易十四时代》及《论世界各国的风俗与精神》而著称,他说:"我几乎到处只看到国王们的历史,而我要写大众的历史。"他"提出了人类社会进步发展的思想来代替神的意志控制人类命运的思想"②,与其他启蒙思想家一样非常崇尚理性,将历史视为理性不断进步的过程,视为人类智慧不断战胜愚昧、黑暗的过程。法国启蒙思想家的另一突出代表卢梭,更坚持认为过去的时代作为一种社会存在所具有的价值,终将由于为后来更高的文明所取代而丧失。19世纪前期,法国历史学家梯叶里、米涅、基佐发现了社会各阶级之间物质利益的冲突贯穿人类全部历史,财产关系(特别是土地关系)是历史发展的基础。基佐宣称,历史学家身负三项任务,"他必须收集事实,并知道它们是怎样连结起来的——这可以叫作历史解剖学。他必须发现各种社会的组织和生活以及那些支配事态发展的法则——也就是历史的生理学"。其三是"重新创造过去","复制它们的形式与运动"③。与他们同时的另一位历史学家密芝勒撰写了卷帙浩繁的巨著《法国通史》和极为著名的《法国大革命史》,他认为人民群众是历史的主人,撰写历史,就是要写人民群众的历史,而要写出这样的一部历史,就必须研究那些民间传说、稗官野史、民歌民谣、碑铭、绘画、服饰、工艺品、建筑物以及其他各色各样的史料④。但是,这时,这种呼吁大多还只是对族类记忆和国家记忆的充实和补充。

史学研究方法的重视与历史真相的努力追寻,最著名的代表是德国的尼布尔和兰克。古奇在《十九世纪历史学与历史学家》中称尼布尔是"近代史学史中第一个有权威的人物",评价他"把处于从属地位的史学提高为一门尊严的独立

---

① 维柯:《新科学》,朱光潜译,人民文学出版社,1986年,第573页。
② 见瓦·索柯洛夫:《伏尔泰》,上海人民出版社,1960年,第207、39页。
③ 见乔治·皮博迪·古奇:《十九世纪历史学与历史学家》上册,耿淡如译,商务印书馆,1989年,第337页。
④ 参见郭圣铭:《西方史学史概要》,上海人民出版社,1983年,第148页。

科学"①。尼布尔研究罗马史,建立了对于历史资料及其可信程度进行辨析与考核,以及如何从矛盾的记述中恢复历史真相的方法。他说:"我是一个历史家,因为我能把不相连贯的片断拼成一幅完整的图画;我知道哪里遗失了材料,也知道怎样来填补它们。谁都不会相信竟能有这么多似乎已经遗失的东西能够得到恢复。"②正是运用了这些方法,他对罗马的制度,无论政治的、法律的和经济的,都探本溯源,力求弄清其沿革和变化。由此,他发现:"每个国家的早期历史必然是关于制度而非事件,关于阶级而非个人,关于风俗而非法律的历史。"③兰克被古奇评定为"近代时期最伟大的历史学家",说"正是这位史学界中的歌德,使德国在欧洲赢得了学术上的至高无上地位"。兰克对于历史学所作的贡献,被古奇归纳为三个方面,其一,"他尽最大可能把研究过去同当时的感情分别开来,并描写事情的实际状况";其二,"他建立了论述历史事件必须严格依据同时代的资料的原则",成为"第一个善于使用档案的人",正是他,使第一手资料,即当事者本人以及同事件有过直接接触的人的文件和通讯成为最高权威性的历史资料;其三,"他按照权威资料的作者的品质、交往和获得知识的机会,通过以他们来同其他作家的证据对比,来分析权威性资料(不论它是当代的也好,不是当代的也好),从而创立了考证的科学"④。

美洲和东印度航路的开辟,大工业所创造的交通工具和现代生产力,使各地域的互相交往越来越具有世界性质。贸易迅速高涨,市场扩展到整个地球,把一切民族都卷入商业竞争,并由此而引发空前广泛而残酷的各种征服、战争、掠夺、殖民。一切国家与民族的生产和消费都具有了世界性,"各个相互影响的活动范围,在这个发展进程中愈来愈扩大,各民族的原始闭关自守状态则由于日益完善的生产方式、交往以及因此自发地发展起来的各民族之间的分工而消灭得愈来愈彻底,历史就在愈来愈大的程度上成为全世界的历史"⑤。狭隘地域性的个人越来越为世界历史性的个人所代替,各个单独的个人逐步摆脱各种不同的民族局限和地域局限,而同整个世界的物质生产与精神生产发生实际联系,这时,世界记忆成为历史学发展新阶段的显著特征。它不仅表现为真正具有世界性的世界史著作大批问世,而且表现为在各种族类史、国别史、专门史中,都具有了强烈的世界意识、世界眼光。这是因为在这一时代,民族和国家仍是构成普遍世界交往的主体。

伏尔泰的《论各民族的精神与风俗以及自查理至路易十三的历史》一书出版于1756年,被后来研究者评价为"第一本以世界历史观点来写的世界史"⑥。这

---

① ② ③ ④ 古奇:《十九世纪历史学与历史学家》上册,第92、99、98、214~215页。
⑤ 马克思、恩格斯:《德意志意识形态》,第41页。
⑥ 瓦·索柯洛夫:《伏尔泰》,第38页。

部著作力图说明人类是通过哪些阶段,从过去的原始野蛮状态走向现代文明的。与先前世界史著作只注重希腊、罗马和欧洲的历史不同,伏尔泰将眼光扩展到阿拉伯、中国、印度、波斯和美洲广大世界。汤普森在《历史著作史》中指出:"伏尔泰在历史写作上有两大贡献。首先,他是第一位把历史作为一个整体进行观察的学者,把全世界各大文化中心的大事联系起来,而且包括人类生活各个重要方面。其次,他把历史理解为人类一切活动表现诸如艺术、学术、科学、风俗、习惯、食物、技术、娱乐和日常生活等方面的记录。"[1]

编写能够深刻而全面地反映世界联系与世界发展统一性的通史著作,成为人们普遍的要求。但是,究竟什么才是世界历史发展自身的多样性与统一性,则众说纷纭。睿智如康德,他在1784年发表的《世界公民观点之下的普遍历史观念》一文中,强调了人类"是要由自己本身来创造一切的",并发现人类"生产出自己的食物、建造自己的蔽护所、自己对外的安全与防御、一切能使生活感到悦意的欢乐,还有他的见识和睿智乃至他那意志的善良——这一切完完全全都是他自身的产品";但同时他认为,"大自然迫使人类去加以解决的最大问题,就是建立起一个普遍法治的公民社会","在我们这部分由于它那贸易而如此紧密地联系在一起的世界里,国家每动荡一次都会对所有其余的国家造成那样显著的影响……并且它们大家就都这样在遥远地准备着一个未来的为此前的世界所从未显示过先例的、伟大的国家共同体"[2]。他要求以此为轴心,来编写具有普遍意义的世界历史。世界记忆在他这里,显然注入了太多主观意愿。兰克在撰写和出版了德国史、法国史、英国史等著作后,在其晚年撰写和出版多卷本《世界史》,力图阐明历史的统一性。然而,在他的这部著作中,所证明的只是世界上不可能存在着一种把人类从一点引导到另一点的指导意志,或一种把人类推向另一个目的地的无所不在的力量。所有世代都同样可以在上帝面前说明它的发展是有其道理的。他最后的结论是:"仅仅是一般的趋势还不能决定一切;要使这些趋势发生效力,历来需要伟大的人物"[3],最后仍不免陷入神秘主义。

标志着世界记忆完全超越基于传统地域性联系的族类记忆与国家记忆,而使世界历史的认识与撰写真正具有客观、全面性质并深入其内在本质的,是与马克思的名字紧密联系在一起的历史唯物主义的诞生。历史唯物主义从人类由自己的活动所创造出来的物质生活条件出发,揭示了有生命的个人的存在、物质生产方式、分工与所有制关系、精神生产方式以及人们的生活方式在人类历史发展

---

[1] 汤普森:《历史著作史》下卷第三分册,谢德风译,商务印书馆,1988年,第90页。
[2] 康德:《历史理性批判文集》,何兆武译,商务印书馆,1990年,第5、8、16~17页。
[3] 引自古奇:《十九世纪历史学与历史学家》上册,第212页。

中的决定性作用,从而为了解世界历史发展的本质特征,从总体上把握世界历史联系及其统一性提供了一把钥匙。

历史唯物主义的诞生,还标志着历史学一个新的发展阶段,即公众自我参与的公众记忆阶段的真正开始。先前,也不乏公众记忆。但是,所关注者多是对族类或对国家发展作出了特殊贡献的英雄人物,或在族类及国家生活中具有特殊地位掌握特殊权力的阶层,对于他们,所关注的重点也只在族类与国家的发展。真正的公众自我记忆,确立在历史唯物主义诞生之后。既然坚持生产活动是人类最基本的活动,坚持物质资料的生产是社会生活和其他一切关系的基础,坚持正是生产力自身的发展,形成了人们的历史联系,那么,就必然要承认没有一个生产者阶级,社会就不能生存,必然要承认历史活动是群众的事业,随着人们的历史创造活动的扩大和深入,作为自觉的历史创造者的人民群众的数量必定会不断扩大,参与程度必定会不断加深。这样,历史唯物主义便帮助千千万万普通的公众找回了他们已经丢失的历史记忆。在先前历史著作中被置于视野之外的芸芸众生,从被当作历史活动中可有可无、无足轻重的边缘,逐步走到了历史记忆的中心。摩尔根《古代社会》和马克思晚年在《人类学笔记》中所开始的人类学研究,马克斯·韦伯和其他社会学家所展开的社会史研究,以及20世纪法国年鉴学派史学、结构主义史学、计量史学的勃兴,使作为公众记忆的新史学从理论上的呼唤变成了成绩斐然的实际。

20世纪,中国以一个世纪左右的时间,历史学从传统的族类记忆、国家记忆走到新型的族类与国家记忆,并形成世界记忆与公众记忆。

闭关自守的中国大门是在19世纪中叶被列强用鸦片、大炮和商品强行打开的。在缺乏内部必要基础的情况下,中国被仓促卷入资本主义世界市场,一个自己完全不熟悉的世界体系。从魏源《海国图志》开始,了解各资本主义强国的历史,了解沦为殖民地诸国的历史,成为中国历史学关注的热点。边疆危机,直接推动了中国边疆史研究的开展。当戊戌维新与辛亥革命运动兴起时,了解别国改革与革命的经验,重新认识中国历史特别是明清以来的历史,与政治斗争、意识形态紧密结合在一起,成为政治运动的有机构成部分。正因为如此,中国新史学从形成开始,就与争取民族和国家的独立、自主、富强而确立自身的主体地位联系在一起,在其中占据支配地位的,自然仍是族类记忆和国家记忆。

五四运动前后,马克思主义传入中国,诞生了中国的马克思主义史学。族类记忆与国家记忆的呼唤与重构,仍是人们关注的中心。至于世界记忆和公众自我记忆,则和正在激烈进行的民族斗争与阶级斗争相配合,集中于寻找早已被人们所遗忘的历史上的农民战争、农民暴动以及国际上反对帝国主义、殖民主义、资本主义的阶级斗争与民族斗争,而很少顾及其他。非马克思主义或反马克思主义的各派史学,也未游离于现实斗争之外,它们只是和政治上不同的派别联系在一起。所有这些历史记忆的发现与重构,选择性极强,功利性也极明显。

20世纪最后20多年,中国实行改革开放,积极主动地参与包括经济全球化、政治多极化、文化多元化在内的世界新秩序的构建,广大民众越来越直接地同世界物质生产、精神生产以及交往方式的生产联系在一起,较为客观而全面的世界历史记忆越来越为人们所重视。同时,由于公众的权利和公众的自由全面发展越来越得到尊重,公众自我记忆在历史学研究中也取得了从未有过的突出地位。国外已取得的各种相关成功例子的广泛介绍,更使中国新史学这一阶段的发展五光十色,流派纷呈。

从中外历史学发展的历程可以看出,人们在对客观存在的历史联系进行认知时,固然离不开客观的历史进程,同时,也无时无处不受制约于自身的现实存在。正是人们的现实存在及其现实追求,引导人们去追寻已经失去或者已被遗忘的记忆,重构自己过去。人们或者比较正确地重构了昔日的氏族、部落、家族、宗教、族群、国家、社会的历史,或者包含着大量虚幻与假象地重构了自己的往昔,都主要受制于自身现实的存在处于何种状况,除去认知历史的工具与方法是否足够先进外,更为重要的在于他们是逆时代潮流而动,还是顺应历史发展的客观趋势,前者必然要走向曲解历史,后者则力图认清历史的本来面目。从主要关注族类记忆到重构国家记忆,再到追寻世界记忆,直到越来越关注社会大众自身的历史记忆,大体上反映了人类曲折成长的过程。

第三节　历史学的学科体系与学科群

从最初记事、记言开始,经过一个世代又一个世代的积累与演进,历史学已经发展成为宏大的学科体系。

1. 古代中国历史学学科体系的形成

以中国而论,《汉书·艺文志》中著录史籍36家,868卷,但未独立分部,它们分别被著录入"六艺略"《春秋》类、"诸子略"儒家类等。魏郑默作《中经》,晋荀勖作《中经新簿》,将图书分作甲乙丙丁四部著录,甲部为六艺、小学,乙部为诸子,丙部为史记、旧事、皇览簿、杂事,丁部为诗赋、图谶、汲冢书;史籍单独编列,并分成四类。梁阮孝绪作《七录》,将图书分作经典、纪传、子兵、文集、技术、佛、道七类,纪传录为第二部,即史部,著录史籍1 020种,14 888卷。这些史籍又被分为12类:国史、注历、旧事、职官、仪典、法制、伪史、杂传、鬼神、土地、谱状、簿录。唐初由魏徵主持完成的《隋书·经籍志》,著录隋代及此前图书共14 466种,89 666卷,其中史籍达874种,16 558卷。全部图书被分作经、史、子、集四大部类,史部有了正式名称,并被提升到子部与集部之前,于经部之后列第二位。史部全部著作又被划分为十三类,分别为正史、古史、杂史、霸史、起居注、旧事、职官、仪注、刑法、杂传、地理、谱系、簿录。《隋书·经籍志》就为什么要将史部专门列出并置于第二部类作了如下说明:"夫史官者,必求博闻强识、疏通知远之士,使居其位,百官众职,咸所贰焉。是故前言往行,无不识也;天文地理,无不察也;人事之纪,无不达也。内掌八柄,以诏王治;外执六典,以逆官政;书美以彰善,纪恶以垂戒……今开其事类,凡三十种(应为十三种),别为史部。"其后,唐、宋、辽、金、元、明等各代正史经籍志或艺文志史部类目大体沿袭《隋书·经籍志》,略有增删。清代《四库全书》史部类目订定为正史、编年、纪事本末、别史、杂史、诏令、奏议、传记、史钞、载记、时令、地理、职官、政书、目录、史评十五类。《四库全书》史部共著录书籍2 053种,309 009卷。《四库全书》史部未收录的史籍,据《贩书偶记》及《贩书偶记续编》统计,有2 938种,45 363卷。两者累计,共4 991种,84 372卷。集部中还有大量传记、碑铭、史论、史评等,未收录在内。章学诚《史籍考总目》,将全部史籍分作十二类五十七目,为制书(指"列圣宝训,五朝实录,巡幸盛典,荡平方略"),纪传(含正史、国史、史稿三目)、编年(含通史、断代、记注、图表四目)、史学(含考订、义例、评论、蒙求四目)、稗史(含杂史、霸史二目)、星历(含天文、历律、五行、时令四目)、谱牒(含专家、总类、年谱、别谱四目)、地理部(含总载、分载、方志、水道、外裔五目)、故事(含训典、章奏、典要、吏书、户书、礼书、兵书、刑书、工书、官曹十目)、目录(含总目、经史、诗文、图书、金石、丛书、释道七目)、传记(含记事、杂事、类考、法鉴、言行、人物、别传、内行、名姓、谱录十目)、小说部(含琐语、异闻二目)。

数量如此庞大的史籍,以及类目如此详细的划分,都表明历史学的学科体系已经成形。纪传体正史类、编年史类、纪事本末体史类,以及别史、霸史、载记等类,大抵都是一代王朝或某一邦国的综合性史著;传记、杂史类,多为个人或个别事件的史记;诏令奏议、职官政书等类,分述王朝或邦国中某一方面政务。时令类,关注的是帝王如何本天道之宜以立人事之节。地理类,首宫殿,"尊宸居";次总志,"大一统也";次都会郡县,"辨方域也";次河渠、边防,"崇实用也";次山川、古迹、杂记、游记,"备考核也";次外纪,"广见闻也";也是以保持和巩固王朝统治为其最高宗旨。目录类,史评类,史钞类,属于史学史,对于历史人物和历史事件的事实评判与价值评判,以及对于历史研究方法的审视和反思。历史学的这一学科体系,充分满足了以大一统中央王朝为中心的国家记忆的需要。当然,其中显然还保留着族类记忆的浓厚遗存。

2. 近代西方历史学学科体系的构成

在近代西方，历史学作为一个相当宏大的学科体系，在培根所勾画的人类知识体系中已有非常引人注目的表现。1605年，培根在《论学术的进展》一书中，提出了知识分类新的标准。他认为依据记忆、想象、理性这三种人类理性能力，人类的知识应划分为历史、诗歌、哲学三个系统。随后，他将这部著作扩展成9卷本《论学术的发展和价值》，译成拉丁文于1623年出版。在他所勾画的这个人类知识体系中，历史属于记忆的科学，它包含自然史、政治史、教会史、学术史四个部分。自然史，又分作动植物史、怪异史、机械技术史三类。政治史，则分成纪事杂录、完全历史、古史零简三类。纪事杂录包括纪事册、法规、议会命令、公文、要人演说等原始档案；古史零简指对碑碣、古迹、传说等进行考订；完全历史，按陈述对象分成编年正史、个人传记、纪事本末，编年正史记叙伟大事迹，个人传记较为精细，纪事本末则更为确凿。教会史分为普通教会史、预言史。学术史，除记述各种学术的学派、作者、著作外，还应说明学术的起源、研究程序、兴衰原因、得失缘由及变迁之迹①。培根在阐述编撰百科全书要求与计划的著名论文《自然与实验历史的准备》中，列出了130个专门史题目，将自然界与人类活动的各个方面都囊括其中：关于自然史的题目有40个，从天体史或天文学史、天体形成史或宇宙史、各种天象史、海陆扰动、山崩地裂史，直到金属、矿物化学、蔬菜化学、鱼类构造发育、鸟类构造发育等物种史；关于人本身的历史题目有18个，包括人体四肢、容貌姿态及种族气候变迁史、人体构造史、病患变异史、人类生育史、人类食物史等；关于人利用和改造自然的历史的题目有72个，如外科医学史、绘画雕刻造象史、音乐史、快乐与痛苦的历史、智力如自觉幻想记忆推理的历史、羊毛制造史、丝绸制造史、苎麻纱布制造史、纺织工艺史、制革工艺史、金器制造史、铁工史、陶器史、水泥史、玻璃器物制造史、建筑通史、农村畜牧史、园艺史、渔猎史、盐史、军械制造史、航海术史、各种机器动作杂史等，关于数之性质能力史、形之性质能力史等纯粹数学的历史也被列在这一类中②。这130个专门史题目表明，在培根这里，历史记忆的重点已从帝王将相英雄豪杰和教会的功勋业绩，转到对于人类及其所生活的自然环境的普遍关怀，也正因为如此，历史研究

---

① 参见余丽嫦：《培根及其哲学》，人民出版社，1987年，第137～140页，及第156～157页附《培根的人类知识体系图表》。
② 同上书，第161～166页。

已经成为一个包罗外在环境、生产活动以及社会生活方方面面的庞大学科体系。

18世纪法国启蒙思想家狄德罗、达朗贝尔在他们主编的《百科全书》里，沿用了培根人类知识体系的分类原则，将人类知识按照记忆、理性、想象三大能力分成历史、哲学、诗歌三大部分。在他们所编制的《人类知识体系详解》中，历史包括宗教的、世俗的（或平民的）、自然的三大部分。宗教的历史分作教会的（专门的）历史和预言史两类；世俗的历史分作通俗的（专门的）历史和文字史（含回忆录、古文献、通史）两类；自然的历史分作自然的统一性（含天体史、气象史、陆地和海洋史、矿物史、植物史、动物史）、自然的特殊性（含天文异象、非常气象、陆海异象、怪异矿物、怪异动物、怪异植物、原素异象）、对自然的利用（含艺术、工艺、制造业）三类；而在制造业项下，又分作金银、宝石、玻璃、皮革、石头、丝、羊毛的制作和使用等多项①。在伏尔泰为《百科全书》所写的"历史"条目中，强调历史"是对事实的真实的叙述"，并指出："工艺史可能是历史中最有用的，在记载它们的发明和进步时，还加上对其技术的说明。"②对于工艺史的重视，同样表明，法国启蒙思想家们已经强烈地意识到必须重视平民历史的研究，族类记忆、国家记忆、世界记忆必须向公众记忆前进。历史学因此终于走出先前的线形的或平面的单调状态而走向立体化，成为一个非常丰满充实的学科体系。

3. 现代历史学学科群

从《四库全书》和《史籍考》所代表的中国历史学学科体系，以及培根与狄德罗《百科全书》知识体系所展示的近代历史学学科体系发展至今，又已两三百年。在这一段时期，中外各国历史学都得到前所未有的发展，在此基础上，逐步形成了历史学的现代学科体系。

历史学的现代学科体系，实际上已经成为一个宏大的学科群。

首先是关于史料的发掘、搜集、清理及考辨的学说。

史料，是历史研究得以进行的直接前提，如梁启超《中国历史研究法》中所言："史料为史之组织细胞，史料不具或不确，则无复史之可言。"③随着历史本身的发展，历史研究的进步，旧的史料虽有不少损毁，但总的趋势是在不断扩大，不断增加，不断复杂化。文字资料可利用的范围迅速扩展，除去旧的史著继续为人们所重视外，前人不太注意或根本未予注意的公文案牍、报章杂志、书札日记、各

---

① 见斯·坚吉尔：《丹尼·狄德罗的〈百科全书〉》，梁从诫译，辽宁人民出版社，1992年，第99页。
② 同上书，第216页。
③ 梁启超：《中国历史研究法》，上海古籍出版社，1987年，第40页。

类杂记、回忆录,乃至账册、笔记、便条等与人们生活相关的一切文字资料,都陆续进入了史料范围。非文字资料,如各类古代遗址、遗迹、遗物,在历史研究中的作用越来越大。近代以来新产生的各种音像资料,使史料更为丰富。现实生活中保留下来的各种有形的或无形的生活遗存,包括语言、文字、风俗、习惯、信仰、传说、口碑,也成为史料的一部分。为了更有效地发掘史料、掌握史料、利用史料,产生了综合性的史料学和研究、分析史料的各种专门学问。环绕着文字资料,出现了文献学、档案学、目录学、版本学、校勘学、辑佚学、收藏学等。环绕着各类遗址、遗迹、遗物,产生了考古学、文物学、金石学、古器物学、陶瓷学、印章学、古钱币学、古建筑学等。

搜集了史料,对史料作出鉴别和清理,只是历史研究的起步。要恢复历史原貌,必须从各种互相矛盾的历史记录中清理出真实的历史事实,从错综复杂的各种关系各种互相作用中寻找出主要的历史线索,从众多非常零碎、片断、残缺的遗存中复原历史的本来面貌。为了辨明史料中哪些部分可靠,哪些部分完全不可靠,产生了辨伪学、训诂学、考据学。这种考辨、训诂经过世代积累,一一成为专门学问。对史料作出新的判断与新的诠释时,必须对这些专门学问有较为系统、较为全面的了解,方能避免许多低级错误。要研究古埃及史料,需要了解埃及学。要研究古巴比伦历史,要掌握古巴比伦学。发现甲骨文之后,产生了甲骨学。发现简帛后,产生了简帛学。发现敦煌文书后,产生了敦煌学。而尚书学、春秋学、左传学、古亚述学、古赫梯学、古波斯学等,都已蔚为大观。

历史学科的主体部分,是历史学家陈述历史发展过程的各种著作。按照时间划分,有通史、断代史乃至特定年月日的历史;按照空间划分,有世界史、区域史、国别史、地方史;按照族群划分,有人类史、民族史、阶级史、社团史、政党史;按照内容划分,有综合史、专门史、人物史;按照著作形式划分,有纪传体、编年体、纪事本末体、章节体、典志体、图表体、音像体。还可按照其他标准,作出各种划分。

历史学科主体部分现代发展的一个极为重要的特征,就是随着历史学与其他各种学科分野愈来愈明晰,历史学的专业性愈来愈强。如梁启超论及中国史学发展时所说:"中国古代,史外无学,举凡人类智识之记录,无不丛纳之于史。厥后经二千年分化之结果,各科次第析出,例如天文、历法、官制、典礼、乐律、刑法等,畴昔认为史中重要部分,其后则渐渐与史分离矣。"[①]梁启超还将"今日所需之史"分为"专门史与普遍史之两途",认为"治专门史者,不惟须有史学的素养,更须有各该专门学的素养。此种事业,与其责望诸史学家,毋宁责望诸各该

[①] 梁启超:《中国历史研究法》,第 32 页。

专门学者"①。但是,历史学科越来越专门化,与其他学科分野越来越明晰,只是现代历史学科发展趋向的一个侧面。与这一侧面紧密相结合的还有另一面,即历史学科的进步越来越自觉地从其他学科的进步中汲取生命力。历史研究不仅从社会科学、人文科学和其他科学中吸取一系列新的范畴、新的概念、新的话语系统、新的思维方式、新的研究方法,而且,通过与哲学、心理学、宗教学、人类学、人种学、人口学、社会学、经济学、政治学、法学、管理学、地理学、物理学、生物学等学科的直接结合,形成一系列交叉学科、边缘学科,孕育整个历史研究的一场新的飞跃。正因为如此,历史学科和这些学科互相渗透、互相结合,形成了一个宏大的学科群。

对此,许多历史学家已经作了非常有说服力的论说。英国著名历史学家杰弗里·巴勒克拉夫为联合国教科文组织主持的《社会科学和人文科学研究主要趋势》系列丛书中《当代史学主要趋势》一书,便专门讨论了社会学、人类学、心理学、经济学、人口学等的发展对历史学进步的重大作用。以人类学与社会学而论,它们与历史学相结合,不仅使文化史、社会史为历史学开辟了一大片新的研究领域,成果累累,而且有力地推动了整个历史学的研究。巴勒克拉夫指出,人类学和社会学对历史学最主要的贡献,是"恢复历史学家(至少马克思主义历史学家)在19世纪、20世纪之交已经抛弃的那种对科学精确性的理想",这些历史学家由于"把制约人类历史发展进程的客观规律当作无法摸摸的东西,从而丧失了发现客观规律的希望",人类学和社会学的成就使历史学家重新"坚信科学的态度和方法有可能应用于人类社会的研究"②。因为社会学证明,人们的自由意志或自由选择并不纯粹是任意的因素,它们是可以加以理性分析甚至可用数学公式表示的;人类学关注家庭关系和社会关系,社会学关注社会常规结构,引导历史学家去注意历史上的社会结构因素、结构模式、社会现实,去关注普通人及其日常生活,并使其研究具有更高的思维精确性,在传统的叙述或描述之外更多注意系统分析。

经济学与历史学相结合,不仅使社会经济史的研究从冷门一跃而为显学,工业史,农业史,商贸史,金融史,城市史,以及所有产业中各行各业的历史,众多工厂、企业、银行、公司的历史,如雨后春笋地涌现,而且使得整个历史研究得以名副其实地确立在历史唯物主义的基础之上,使历史唯物主义从抽象的哲学原则上升为具体,推动了政治史、思想史、文化史等专门史及通史研究与经济史研究的有机结合。新经济史学的兴起,是当代经济学与历史学互相结合的一项重要

---

① 梁启超:《中国历史研究法》,第38页。
② 杰弗里·巴勒克拉夫:《当代史学主要趋势》,杨豫译,上海译文出版社,1987年,第78~79页。

成果。对于定量分析的充分重视,使历史学家不仅在经济史领域,而且在其他历史研究领域中,都认识到"建立在系统组织的资料基础上的严谨的统计分析是不可取代的"[①]。在传统的描述性或叙事性史学之外,一种以广泛的计量及在此基础上的理论分析、理论概括为鲜明特征的新史学吸引了越来越多的研究者,于是,与新经济史学相应,新政治史学、新社会史学、新人口史学、新城市史学等——勃兴。

哲学与历史学相结合,使历史学家能够从长时段全过程来考察历史发展的主要趋势,了解隐蔽于大量现象内部的客观规律,并由此而使历史哲学独立起来成为专门学科;同时,也使哲学史研究能够被置于历史发展的整体背景之中,观念与思辨的演变,作为整个历史运动中的一个有机构成部分被加以考察。哲学的当代发展,包含历史唯物主义哲学的现代发展,分析哲学、现象学、人文主义哲学、解释学、结构主义哲学的兴起,它们的核心观念与研究方法,被不少人引入历史学研究,丰富了历史研究的内涵,扩大了历史观察的视野,提供了历史研究的新的方法,有力推动了历史学科的多元化发展。

自然科学与历史学相结合,成为当代历史学科发展的又一重要特征。其中,地理学与历史学相结合而产生的历史地理学,更是硕果累累。现代自然科学发展的最新成果信息革命,电子计算机的广泛运用,数据库的大量建立,网络的普及化,为历史学科的发展开辟了一个全新的前景。因为这不仅可以便利地贮存空前大量的资料以及检索这些资料,使研究精确化、清晰化成为可能,而且使多种不同学科综合起来,发现其中的连贯性与统一性的研究,具有了更为坚实的基础。

各种专门史中所体现的跨学科的综合研究,反过来又深刻影响和推动了通史与断代史、世界史与国别史、地方史乃至个人史的研究,使所有这些研究都能更为充分地吸收和引进其他学科的新成就。这样,就历史学科的整个主体部分而言,实际上,便都具有了广泛地跨学科的学科群特点。

历史学的现代学科体系,还有一个非常重要的构成部分,这就是对于历史学自身发展过程的全面反思,对于历史本体论、历史认识论、历史方法论、历史编纂学的重新审视,对于历史学家和各类史学群体及其史学成就的批判性总结,对于历史教育、历史学科成果社会化的新探索,以及对于历史学科科学地位和社会功能的准确估定。与此相应,古今中外史学史、各派史学理论、历史编纂学、历史教育学等学科,都作为独立的学科迅速发展起来。

通观历史学科的整个现代学科体系,可以看出,无论在历史学科与其他学科

[①] 杰弗里·巴勒克拉夫:《当代史学主要趋势》,第121页。

之间,还是在历史学科内部各种二级学科或三级学科之间,分工已越来越细密,学科的专业化程度已越来越高,单个历史学家穷毕生之力,往往只能在某一个或数个二级学科、三级学科乃至四级学科之内有所成就,而很难通达整个历史学科,在每一领域内都卓有建树。但是,与此同时,无论在历史学科与其他学科之间,还是在历史学科内部各分支学科之间,彼此互相渗透,互相结合,学科的综合化程度也越来越高。历史学家的学术活动已无法游离于其他各学科发展之外,而其他各学科的学者为深入了解本学科的过去、现在和将来,也必然会涉足历史学科,历史学科不再单纯由历史学家所垄断。

通观历史学科的整个现代学科体系,还可看出,历史学科作为现代人类独特的记忆科学,已经和狄德罗《百科全书》知识体系中所说的理性与想象无法截然分割。描述性、叙事性的记忆,已无法离开理性的深入分析和形象思维的重构与再现而独立地存在。历史记忆本身,也不再满足于先前的模糊状态或概览式的水准,而要求精细化、精确化、明晰化乃至数据化,达到或接近于其他学科作为现代科学所应具备的科学标准。历史学成为一门现代科学,因此便不再只是一种信念、一种信仰或一种宣示,而是可以运用现代科学的各种工具、各种方法去加以实现的实际目标。

通观历史学科的现代学科体系,又可看出,人类的记忆有赖于历史学家个人锲而不舍的精心研究,更有赖于历史学家宏大群体的共同努力。历史学家不仅要纵向地继承、接受与批判、扬弃前辈的史学遗产,而且要横向地,通过不同分支学科之间以及同一分支学科内不同视角、不同层面之间互相配合和互相切磋来充实自身。历史学家中的通才,过去有过,现在仍有,将来也会继续有,他们的长处是善于会通、综合,而构成其通才的基础,仍将是在某个或某几个分支学科中有很深的造诣。历史学家中大量成员将属于在各分支学科中辛勤耕耘的各类专才,但是,他们要取得突破性的成就,必定要突破自己专业的局限,擅长从其他分支学科以及历史学科之外各学科中吸取知识与思维资源。这就是说,历史学家的劳动既是一种个人的劳动,更是一种社会的劳动,个人的劳动与社会的劳动结合得愈紧密,个人劳动所包容的社会劳动范围愈广、数量愈大,就愈能激发出创造力,造就最富于创造性的成果。

第四节　历史学在科学发展中的地位及其社会功能

马克思和恩格斯在《德意志意识形态》手稿中曾写过这样一段话:"我们仅仅知道一门唯一的科学,即历史科学。历史可以从两方面来考察,可以把它划分为自然史和人类史。但这两方面是密切相联的。"①这段话虽然终于被他们自己删去,但是,这却是对于历史学在科学发展中地位的精辟概括。这段话,是培根与法国《百科全书》知识体系中将人类记忆分成自然史与人类史两大部分观点的继续,又是对上述知识体系的重大发展,因为培根和法国《百科全书》所奠定的记忆、诗歌、哲理或记忆、理性、想象三分法知识体系,在这里由历史科学的存在而被综合为一个统一的知识体系。

1. 一切科学都是历史科学

研究自然界与人类存在的科学,包括自然科学、人文科学、社会科学、思维科学、管理科学等各有其特殊研究对象的诸多科学。历史科学之所以被视为一门唯一的科学,是因为所有其他科学,毫无例外地,所研究的都是事物的发展、变异、转化、更新的过程,以及各不同事物相互之间的关系;所研究的无论是长时段的还是短时段的,是宏观的还是微观的,是综合性的还是专门性的,是运动状态的还是静止状态的,事实上,都离不开历史学的时间概念。

历史学特别关注事物存在的不同时间所具有的相同的以及不同的意义。历史学的时间概念,突出了自然界与人类的存在的过去、现在和未来,不仅在时间次序上有区别,而且在其存在的构成、本质与意义上有差异。自然科学所研究的基本上是事物的相对静止状态,但是,随着对于自然界研究的深入,宇宙发展史、地质发展史、物种演化史、生态发展史、体质演进史等一一兴起,自然科学由此而分门别类地一一被历史化。而人和自然的关系,人类运用现代科学技术越来越广泛地利用自然、改造自然乃至破坏自然、重造自然,对于自然界的研究,已经不可阻挡地和哲学、社会学、经济学乃至政治问题的研究结合到一起。对于自然界的认识,便不可能不比先前任何时候都更注重其作为历史的存在这一方面。

人文科学、社会科学、思维科学、管理科学等,直接研究人类和人类社会,所研究的无论是其物质的,还是精神方面或制度方面,当然更要关注其作为历史的存在这一方面。甚至可以说,这一切研究对于历史的存在的特别关注,正是这些科学得以存在、得以保持其生命力的关键之所在。

列宁在论述一般社会科学的发展时,特别强调指出:"在社会科学问题上有一种最可靠的方法,它是真正养成正确分析这个问题的本领而不致淹没在一大堆细节或大量争执意见之中所必需的,对于用科学眼光分析这个问题来说是最重要的,那就是不要忘记基本的历史联系,考察每个问题都要看某种现象在历史

---

① 见《马克思恩格斯全集》第 3 卷,人民出版社,1960 年,第 20 页注①。

上怎样产生、在发展中经过了哪些主要阶段,并根据它的这种发展去考察这一事物现在是怎样的。"①这段论述,显然同样适用于人文科学、思维科学、管理科学等研究人类社会的所有科学。对于当代社会科学、人文科学等的发展,增强这种历史时间感具有特别重要的意义。巴勒克拉夫在《当代史学主要趋势》结语中指出:"社会科学当前最明显的缺点是缺乏时间元,缺乏深度,这种深度不可能产生于对社会作静止的研究。只有研究社会在连续不断的变化中呈现自己的各种力量的动态格局,才有可能达到一定的深度。"他并引用马克·布洛赫的论述指出:"如果没有历史学——也就是说,如果仅仅简单地从现在的状况去对人类进行思考……社会科学就不完整。只有历史学才能为我们提供理解各个时期的社会进程和社会制度如何发挥作用所需要的认识能力。"②

美国学者乔治·伯恩施泰特在《过去二十五年来的社会科学方法论》一文中,把社会科学的研究越来越成熟地从静态模式向动态模式的发展,视为近年来社会科学诸学科在方法论方面所取得的突破性进步之一。例如,社会学和政治学家研究某个人或社会集团、社会阶层时,按年代次序搜集有关个人或集团的材料,包括出生史、职业变动、婚变、改组等——这种研究工作被称为"记事史"。

历史思维、历史感对于哲学、文学艺术、法学等各门学科的发展都有很大启迪作用,马克思和恩格斯指出:"对现实的描述会使独立的哲学失去生存环境,能够取而代之的充其量不过是从对人类历史发展的观察中抽象出来的最一般的结果的综合。这些抽象本身离开了现实的历史就没有任何价值。"③苏联科学院院士哈利契夫在《历史——真理的母亲》一文中说:"历史不仅是真理的母亲,而且是对艺术作品作艺术欣赏的起点",因而"在所有形式中——从作品原文的历史、生活的历史、文学的历史,一般的历史到所讨论的问题本身的历史——历史的态度是我们科学的'精神',作为文学批评来说,也是我们的科学的论据的根源和独立的美的根源。"④历史学之所以被定位为一门唯一的科学,其根本意义当即在这里。

在现代学科体系分类中,历史学被归属于人文科学。与人文科学中其他所属学科语言学、哲学、中国与外国文学等相较,历史学的重要特征,一是时序性,二是整体性,三是实证性。正是这三大特征,使历史学取得其他学科无可取代的特殊地位;也正是这三大特征,使历史学在推动人文科学其他学科的发展中,在

---

① 列宁:《论国家》,《列宁选集》第 4 卷,人民出版社,1995 年,第 26 页。
② 见巴勒克拉夫:《当代史学主要趋势》,第 342 页。
③ 《马克思恩格斯全集》第 3 卷,第 31 页。
④ 哈利契夫:《历史——真理的母亲》,中译文,见《国外社会科学》1978 年第 5 期。

推动人文科学之外社会科学、思维科学以及管理科学等的发展中,具有不可或缺的独特作用。因为没有历史学自身的不断发展,没有历史学使时序化、整体化、实证化从一般的、笼统的要求变为深入而具体的现实,所有其他学科历史内涵的发掘,就会缺失它们依以存在与确立的坐标,以及使这种发掘不断深化的动力。这种作用,主要表现于以下几个方面:

首先,历史学自身的时序性,为各门科学提供了一种以时序为基准的参照系,一种对于事物或对象按其发展方向作顺时态纵向考察,以把握其演进全过程的研究范式。经济学领域的重大突破,以《资本论》为代表的马克思主义经济学的诞生,便是基于对商品、市场、资本及资本主义历史的系统深入考察,使逻辑的研究、辩证法的研究与历史的研究统一起来的杰出成果。马克斯·韦伯在社会学领域的重大突破,如果对于基督教新教、中国儒教与道教、印度宗教等历史及其与资本主义产生的关系没有系统、认真的研究,便不可能实现。当将历史考察的眼光局限于王朝本身的更迭时,王朝的兴衰更迭、帝王的承袭传递,成为历史活动的时序坐标,经济学必然会满足于低水准的必需经济,而排斥高水准经济,社会学必然将家族宗法和地域性联系视为终极价值,而将对这种联系的破坏与超越视为大逆不道。而一旦冲破传统的王朝体系,将目光转向全球竞争与人的普遍发展时,历史学的时序将转而以世界普遍认同的纪元为坐标,这时,经济学将发现低水准的必需经济的局限,而给予不断增长的经济以积极评价,社会学将发现家族宗法与地域性联系的不足,而给予广泛的直至全球性联系的积极评价。

其次,历史学的整体性,弥补了各学科分工越来越细、研究越来越专门而综合不足的弊端,可以有力地保证各学科正确认定自身的学术地位,并促进一系列交叉学科、边缘学科的诞生。一般说来,各门人文科学、社会科学、思维科学及管理科学,都是以人类社会人类生活的某一侧面为研究对象的,而历史学则以整个人类社会的发展过程及其内在规律为其研究对象。历史学因此被说成"应当是政治、法律、哲学、神学,总之,一切属于社会而不是单纯属于自然界的领域的简单概括"①。历史学所具有的这种广泛的包容性,使它在各个科学领域间具有一种黏合的作用,甚至处于一种主导的地位。

历史学的研究成果对各门人文科学、社会科学、思维科学及管理科学具有广泛的借鉴作用,因为每一门科学都需要历史的依据。"在实践中政治家、新闻工作者,以及其他一些社会科学家,往往惯于把历史根据作为启发自己研究的模式和反模式。历史学的研究方法蕴含着变革、转化与相互影响的因素,因而,它对

---

① 恩格斯:《致弗·梅林(1893 年 7 月 14 日)》,《马克思恩格斯选集》第 4 卷,第 726~727 页。

于社会科学的其他分支具有十分重大而深远的意义。"①这样,历史学便以其整体性而不可或缺。历史学的理论、方法与体系会给其他各门科学以很大的启迪。很难设想社会学、民族学、政治学、文学、艺术等,能脱离历史学而孤立地存在。

历史学的整体性有力地推动了诸学科的相互影响、渗透和发展,促进了有关的边缘学科的形成和发展。

20世纪科学发展的趋势与19世纪有所不同:19世纪主要是向专门化发展,20世纪则主要向综合发展。历史科学的发展方向与一般科学的发展方向基本上是一致的。19世纪中叶到20世纪初,历史学越来越专门化:一方面与其他人文科学,如哲学、文学、社会学等相距越来越远;另一方面,历史学本身也不断分化出许多分支学科。这种专业化趋向使课题越来越微小,思想越来越狭窄。结果,对人类的过去和现状的研究被人为地分割成范围窄小有限的领域。这固然有利于专家深耕细作,但过分的专业化却不利于对整个社会作出宏观的、动态的综合。因此,从20世纪初起就有许多学者呼吁历史学家和其他社会科学家携手合作,共同解决某些范围内的问题。森严的学科界线切断了人文科学各学科之间的联系,而综合则是各学科之间的桥梁。

年鉴派的奠基人费弗尔(L. Febrre)说,如果在不同的集团间的智能交换能更经常一些,则对于在方法运用和事实解释所能够取得的丰富而可贵的暗示方面,在文化成果的收获方面,在直觉的进步方面都将大有裨益。历史(不仅是过去的事件)也是对于那些明天就成为历史的事件的理解。它反对那些会使自己落于陷坑中的分门别类的研究办法。随着历史学研究范围的不断扩大,历史学逐渐汇入到科学整体化的潮流中,涌现了一些新的边缘学科。历史学与人类学结合产生了历史人类学。它通过对不同历史时期的家庭、婚姻与亲姻关系,人们的年龄结构、性别关系、群体心理,生产与分配、政治、法律制度,宗教和传说,文化的发展,乡村与都市社会化的考察,研究人类文化的演进。历史与地理学相结合,产生了历史地理学。该学科主要研究人类历史上各个时期的地理要素及其演变的客观规律。历史地理按研究的内容不同又分为历史自然地理、历史经济地理、历史政治地理、历史人文地理。历史自然地理的任务是研究人类历史上各个时期的地理环境的变迁,如海岸的推移,火山、地震的爆发,河流、湖泊的变化等。自然环境的差异还可以使不同国家或地区的经济生活各具特点,这是历史经济地理的研究对象。历史政治地理与历史人文地理研究各个历史时期政权和民族的分布、疆域范围、行政区划和地域文化特征等。历史人口学是处在历史学和人口学衔接点上的边缘学科。它主要研究人口再生产的历史过程(人口的自

---

① E.霍布斯鲍姆:《历史学对社会科学的贡献》,载联合国《国际社会科学杂志》1981年第4期。

然变动);研究人口发展的历史规律和人口政策史。历史学与文学、哲学相结合产生了观念史。此外,还涌现出历史心理学、社会历史学、人种历史学、历史医学、历史统计学等。

再次,历史学所倚以为生命的实证性,使之成为一种最为有效的尺度,其他科学中各种学派、各种学说、各种研究方法、各种结论,在这里受到检测。它们究竟是否包含真理性,或者包含多少真理性,都将由历史给予证明。正如马克思、恩格斯在《德意志意识形态》中所说:"思辨终止的地方,即在现实生活面前,正是描述人们的实践活动和实际发展过程的真正实证的科学开始的地方。关于意识的空话将销声匿迹,它们一定为真正的知识所代替。对现实的描述会使独立的哲学失去生存环境,能够取而代之的充其量不过是从对人类历史发展的观察中抽象出来的最一般的结果的综合。这些抽象本身离开了现实的历史就没有任何价值。"①形而上学如此,经济学、政治学、社会学等,无不如此。历史本身就是最铁面无私的审判官。历史学作为描述人们实践活动和实践过程的真正实证的科学,在各种学说面前,同样是一位公正的审判官,在它面前,那些伪科学、非科学都将难以容身。

2. 历史学发展在主客观世界改造中的功能

历史学推动它以外各门科学的功能,是历史学社会功能的一个非常重要的部分。既然历史学是径直以人为主体的科学,如法国历史学家库朗治(Fustel de Coulanges)所说的"历史不是过去发生的各种事件的堆积,而是关于人类社会的科学",或如法国年鉴派大师布洛赫(Marc Bloch)所说的历史是"人类的科学",是"社会的人的科学",从历史学的产生和发展来看,人类总是出自对于现实和未来的需要而回顾自己的过去、而研究历史,用以为现实和未来服务。因此,历史学就具有这样一个特点:它以研究人类过去的社会为起点,而以服务于当今的时代为归宿。这就是通常所说的历史学的社会功能。所谓不食人间烟火的"纯学术",完全单纯的为历史而历史,如果不是故意隐瞒或掩饰自己研究历史的真实目的,那就是自我迷失,不明白自己在社会运动中扮演的究竟是什么角色。

历史学的社会功能,除去上述推动历史学以外各种科学发展的功能之外,更直接表现于它有助于人类认识自身以及由先前世代积累和沿革给现今人类所提供的全部主客观条件,有助于人类从先前历史活动中吸取必要的经验与教训,有

---

① 马克思、恩格斯:《德意志意识形态》,第20~21页。

助于人类了解历史发展的内在规律和必然趋势,有助于人类精神的培育、制度的革新和对于未来世界的创造。

认识历史,是认识人类自身以及人类所拥有的全部主客观条件的重要途径。人们越是关注现实的生活条件、现实的社会环境,了解人类自身,就越是需要了解历史。换言之,人们只有真正了解了历史,才能深刻地认识到人类自身和他们所遇到的生活条件、社会环境为什么是这个样子而不是另外的样子,以及这样的人、这样的生活条件和社会环境是怎样形成的,又是怎样被保留下来的,应当如何去改变它。人们为了利用自然和改造自然,必须了解自然的历史以及人与自然之间的关系的历史;为了推动科学技术的前进,不能不了解科学技术的历史;为了发展社会生产力,不能不了解生产力的发展史以及生产力同科学技术关系的历史;为了繁荣当前的文学艺术和社会科学,不能不涉足于它们各个领域的历史及其各个分支学科的历史。总之,人们为了今天的社会实践,即为了正确地认识现实和按照更高的目标与要求改造现实,不能不了解历史,不能不了解人类究竟在历史形成的什么条件之下生活和创造,生活和创造能够达到什么样的限度,这就是不能不重视"历史的启示"。

马克思主义者尤其重视历史研究。恩格斯这样说:"我们根本没有想到要怀疑或轻视'历史的启示';历史就是我们的一切,我们比任何一个哲学学派,甚至比黑格尔,都更重视历史。"为了认识人类本质的伟大,了解人类在历史上的发展,了解人类一往直前的进步,了解人类对个人的非理性的胜利,了解人类战胜似乎超人的事物,了解人类同大自然进行的残酷而又顺利的斗争,直到具备自由的人的自觉,明确认识到人和大自然的统一,自由地、独立地创造新世界,所有这一切,都离不开对于历史的了解,为此,恩格斯呼吁要"把历史的内容还给历史",并明确指出:"我们认为历史不是'神'的启示,而是人的启示,并且只能是人的启示。"①

"以史为鉴。"人们认识历史,可以从历史中吸取丰富的经验与教训作为借鉴。"借鉴"一词,指人们在决定如何处理当前或将来发生的事件时,参照以前处理类似事件的经验,把历史当作现实的镜子。两三千年前,我们的先人就懂得这个道理。所谓"殷鉴不远,在夏后之世"②,"我不可不监(鉴)于有夏,亦不可不监于有殷"③,就是这个意思。后来,人们所谓"览前王之得失,为在身之龟镜"④;

---

① 恩格斯:《英国状况,评托马斯·卡莱尔的〈过去和现在〉》,《马克思恩格斯全集》第1卷,人民出版社,1956年,第650页。
② 《诗经·大雅·荡》。
③ 《尚书·召诰》。
④ 李世民语,见《册府元龟》卷五五四《国史部·恩奖》。

"得可资,失亦可资也;同可资,异亦可资也。故治之所资,惟在一心,而史特其鉴也"①等,也都是从这个意思发展来的。在古代,世界最大的有目共睹的公共活动就是政治上的大变动,所以史学家撰史也着重表现这方面。汉初最高统治者为免蹈亡秦之覆辙,必须总结历史教训,刘邦对大臣陆贾说:"试为我著秦所以失天下,吾所以得天下者何? 及古成败之国。"②陆贾的《新语》、贾谊的名作《过秦论》等都是适应这一时代要求的产物。贾谊总结历史经验的政论文章,其取向就是"验之往古,按之当今之务"③。司马迁作《史记》,目的在于"网罗天下放失旧闻,王迹所兴,原始察终,见盛观衰",通古今之变,以"述往事,思来者"④。唐太宗对房玄龄说:"以铜为镜可以正衣冠,以古为镜可以知兴替,以人为镜可以明得失。"⑤宋代司马光编纂的《资治通鉴》,从纷繁的历史现象中"专取关国家盛衰,系生民休戚,善可为法,恶可为戒者",其目即在于"鉴于往事,有资于治道","鉴前世之兴衰,考当今之得失","穷探治乱之迹,上助圣明之鉴"⑥。我国从三代到明清,在王朝的兴亡更替中,见盛观衰、鉴往知来成为传统史学的一项主要功能。

人们认识历史,还包含着丰富的知识和道德启迪的渴求。黑格尔说:"人们常常从历史中希望求得道德的教训;因为历史家治史常常要给人以道德的教训。不消说,贤良方正的实例足以提高人类的心灵,又可以做儿童的道德教材,以灌输善良的品质。"⑦黑格尔把这种历史称为"道德反思的历史",用西方学者常用的话来表述,就是"把历史当作伦理学的直观教学"。

孔子重视史"义"⑧;司马迁称"《春秋》以道义"。这里的"义"是什么? 刘知幾说"《春秋》之义也,以惩恶劝善为先"⑨,又说"略外别内,掩恶扬善,《春秋》之义也"⑩。他进而指出:"史之为务,申以劝诫,树之风声。"⑪这就把史学的"劝诫"作用,即道德的反思或道德的借鉴作了很明确的概括。人们往往是从这样的反思或借鉴中来认识自己、确定自己的道德标准和行为规范。尽管不同时代的历

---

① 王夫之:《读通鉴论·叙论四》。
② 《史记·郦生陆贾列传》。
③ 贾谊:《过秦论》。
④ 《汉书·司马迁传》。
⑤ 吴兢:《贞观政要·任贤》。
⑥ 司马光:《资治通鉴·进书表》。
⑦ 黑格尔:《历史哲学》,王造时译,生活·读书·新知三联书店,1956年,第44页。
⑧ 《孟子·离娄下》。
⑨ 刘知幾:《史通·忤时》。
⑩ 《史通·曲笔》。
⑪ 《史通·直书》。

史学向人们展示的道德标准和行为规范不尽相同,但人们从历史学中仍然可以观察到:激越的热情、英雄的气概、献身的精神等,总是受到人们的赞扬而彪炳于史册。

> 吾人浏览史乘,读到英雄豪杰为国家为民族舍身效命以为牺牲的地方,亦能认识出来这一班所谓英雄所谓豪杰的人物,并非有与常人有何殊异,只是他们感觉到这社会的要求敏锐些,想要满足这社会的要求的情绪热烈些,所以挺身而起为社会献身,在历史上留下可歌可哭的悲剧,壮剧。我们后世读史者不觉对之感奋兴起,自然而然的发生一种敬仰心,引起"有为者亦若是"的情绪,愿为社会先驱的决心亦于是乎油然而起了。[①]

上述事实表明,人类社会历史发展所积累的经验是极其丰富的,历史学为现实提供的借鉴,可以是政治的借鉴,也可以是道德的借鉴,或者多方面兼而有之。这是人们重视历史,了解历史,努力以之服务于现实的一个重要动力。

历史学在人类认识活动中的重要作用,在于它可以帮助人们认识历史发展的规律,了解历史发展的趋势。人们为准确解释过去,深刻认识现在,科学预见未来,以更自觉地创造新的历史,必须了解社会发展的内在的客观规律性。在马克思和恩格斯看来,历史学的最重要的任务"就是要发现那些作为支配规律在人类社会的历史上起作用的一般运动规律"[②]。根据这种规律,我们就能对以往的历史作出科学的诠释,从中吸取有益的经验,并对历史发展的趋势和前途作出科学的预见,了解自己努力的方向和目标可能实现的程度。

人类很早就隐约地意识到历史发展中似乎存在着一种必然的力量。我们可以在修昔底德和波里比阿那里发现有关历史过程规律性的思想萌芽。司马迁写《史记》是想要考察历史上的"成败兴坏之理"[③],因而重视对"事势"的分析。后来,杜佑讲"事理",柳宗元讲"势",王夫之则提出"顺必然之势者,理也"[④]。胡三省说:"夫'道'无不在,散于事为之间。因事之得失成败,可以知'道'之万世亡弊,史可少欤?"[⑤]龚自珍也认为:"出乎史,入乎道,欲知道者,必先为史。"[⑥]这里所说的"道""势""事理",都是前人对事物的内在必然性的一种简单的表述。

---

① 《李大钊史学论集》,河北人民出版社,1984年,第247页。
② 恩格斯:《路德维希·费尔巴哈和德国古典哲学的终结》,《马克思恩格斯选集》第4卷,第247页。
③ 《汉书·司马迁传》。
④ 王夫之:《宋论》卷七。
⑤ 胡三省:《新注〈资治通鉴〉序》。
⑥ 《尊史》,见《龚自珍全集》,上海人民出版社,1975年,第81页。

到了近代，西方许多思想家致力于历史规律的探究。他们认为既然自然科学已成功地发现了各种事实之间的相互联系，历史学也应力求用同一种方法去发现联系事物的因果法则。孟德斯鸠认为："规律这个词的最广泛意义就是事物本质中所产生的必然关系；在这个意义上说，一切存在着的事物都有自己的规律。"① 从意大利的历史哲学家维科、德国的古典哲学大师康德及其高足赫尔德、法国的启蒙思想家康多塞，直到古典哲学的集大成者黑格尔，他们在论证历史规律方面都做了许多开创性工作。马克思发现了唯物主义历史观，对社会历史发展的规律作了更为科学的概括，进一步打开了历史认识科学化的大门。苏联历史学家茹科夫对了解历史发展的内在规律或必然趋势在人们认识历史的活动中的意义，作了专门阐述：

> 社会发展客观规律的存在，开辟着对历史过程进行有根据的预测的前景。人类的过去越来越清楚地表明不是杂乱无章的一大堆彼此孤立的事实和事件，而是前进的运动。这一运动有其内在矛盾因而异常复杂，但毕竟是可以说明的，这就使我们能够架设一座从过去通向现在的桥梁，并且把今天看成是昨天的继续。这样，作为一门科学的历史，便有可能越出把它和现实生活隔开的禁区线，在这样一些学科中间取得自己的地位；这些学科的使命是帮助加强社会积极性，促使人们不仅对今天的，而且对明天的任务有所了解。②

波兰著名历史学家托波尔斯基在阐述认识历史发展内在规律对于人们现实生活的意义和作用时，更指出：

> 历史研究的基本功能是对发现社会生活中的规律性作出贡献……如果我们没有认识支配社会发展的规律，不管是那些只适用于短时期的规律还是对许多时代都一直在起作用的规律，那么我们就不可能通过控制社会生活的各种因素来组织社会生活。我们只有掌握了预见我们有意识行动的后果的根据，才能控制社会生活。③

人们通过历史学而认识历史发展过程及其规律，目的在于更好地认识现实世界和改造现实世界；而认识现实世界和改造现实世界，又必然包含着对于未来的关注。历史学因集中反映了历史发展的连续性，所以能够比其他学科更多地满足人们在这方面的要求。从这个意义上讲，如果一个民族、一个国家愈是关注

---

① 《沙利·孟德斯鸠著作选》，俄文版，莫斯科，1955年，第163页。
② E. M. 茹科夫：《历史方法论大纲》，王瓅译，上海译文出版社，1988年，第83页。
③ J. 托波尔斯基：《历史学方法论》，第664～665页。

自己的现实状况和未来的命运,就必定会有愈益强烈的历史意识。著名的国际事务活动家基辛格在其所著《重建世界》一书中指出:

> 如果我们不能通晓历史背景,那么对外交事务的研究,即对整体的国家的研究,就不可能得出有意义的结论。因为社会与其说存在于空间,倒不如说存在于时间……一个国家的成就只有通过共同的历史意识来鉴定。这是各个国家仅有的"经验",也是它唯一能从自身学到的经验。历史是国家的回忆。

这是关于历史与现实之关系的极其深刻的认识。当然,历史不仅仅是"国家的回忆",它也是民族的回忆、人民的回忆乃至整个人类的回忆。失去这种回忆的国家、民族、人民,将是不健全的,将难以把握自己的命运。

中国共产党人对于学习历史、认识历史予以高度重视。毛泽东、邓小平、江泽民等领导人曾多次反复强调,全党干部尤其是领导干部要重视学习历史,特别是中国历史,从中汲取宝贵的经验教训。毛泽东在抗日战争后期,就要求全党读读郭沫若的《甲申三百年祭》,不要犯骄傲自满的错误。他说:"我们是马克思主义的历史主义者,我们不应当割断历史。从孔夫子到孙中山,我们应当给以总结,承继这一份珍贵的遗产。这对于指导当前的伟大的运动,是有重要的帮助的。"[1]邓小平也告诫全党:"要懂得些中国历史,这是中国发展的一个精神动力。"[2]江泽民多次谈到要加强学习历史,在《努力建设高素质的干部队伍》一文中指出:"一个民族如果忘记了自己的历史,就不可能深刻地了解现在和正确地走向未来。"[3]他在给著名历史学家白寿彝的信中指出:"几千年来,中华文明得以不断传承和光大,一个重要原因就是我们的先人懂得从总结历史经验中不断开拓前进。我国的历史,浩森博大,蕴含着丰富的治国安邦的历史经验,也记载了先人们在追求社会进步中遭遇的种种曲折和苦痛。对这个历史宝库,我们应该运用历史唯物主义的观点不断加以发掘,在前人研究的基础上不断作出新的总结。这对我们推进今天祖国的建设事业,更好地迈向未来,具有重要的意义。"[4]

当把历史与现实联系起来进行考察时,既要重视发展过程中的连续性,又要研究发展过程的变化和中断。社会历史的发展过程是连续与中断的统一,是渐进与突变(飞跃)的统一。历史的连续性表现为生产力的不断发展,表现为前一

---

[1] 《毛泽东选集》第2卷,人民出版社,1991年,第534页。
[2] 《邓小平文选》第3卷,人民出版社,1993年,第358页。
[3] 见《十四大以来重要文献选编》下册,人民出版社,1999年,第1962页。
[4] 见《史学史研究》1999年第3期。

社会结构中的残留或征兆在后一社会结构中的保留或充分发展。历史的中断性,表现为前一社会形式和后一社会形式的本质的历史差别。连续性是社会获得内聚、稳定和平衡的方式。而连续性的中断,则是突变、危机或者革命。关注历史,既要把注意力放在历史的连续性方面,更要重视历史的中断、破裂、革新和革命时期。

人们如何自觉地积极利用历史学的成就,来推进对于主客观世界的改造?大要说来,主要从以下三个方面进行:

其一,积极参与国家的、地方的或群体的重大决策。南宋思想家朱熹说过:"凡读史不徒要记事迹,须要识其治乱安危兴废存亡之理。"①他又说:"读史当观大伦理、大机会、大治乱得失。"②大伦理,指通过读史,了解历史发展的大趋势、大是大非;大机会,指通过读史,了解人们当怎样认清和正确应对历史所提供的各种机遇;大治乱得失,指通过读史,了解历史所提供的关系国家治乱大局的各种深刻的经验与教训。这一切,将成为国家决策、地方决策、群体决策的重要参考乃至主要依据。大自制定正确的世界发展战略、国家发展战略,小至制定正确的地域发展战略、企业发展战略,都需要审时度势。这既需要对现实状况作周密的、深入的调查,更需要对历史有宏观的、全局的了解。读史可致会通,可达通识,正如王夫之论及《资治通鉴》时所说,史书中,"君道在焉,国是在焉,民情在焉,边防在焉,臣谊在焉,臣节在焉,士之行己以无辱者在焉,学之守正而不陂者在焉。虽跧穷独处,而可以自淑,可以诲人,可以知道而乐,故曰通也"③。只有在对历史有通盘了解时,方能在一个较长时段内较广范围内对现实状况作出恰如其分的估量。

其二,积极参与知识的、道德的、意志的、感情的社会教育,通过灿烂而悠久的历史遗产,培育人们的民族自豪感、自信心,激发人们的爱国热诚,使人们更加坚定更加自觉地认同自己的国家、自己的民族和自己的文明,从而增强国家和民族的凝聚力。正如一位历史学家所说:伟大的历史作品"把读者从孤独的小天地带到一个复杂的大千世界,让他从单纯而朴实的生命游棹到混沌而几乎没有层次或秩序的时间洪流去"④,"伟大的历史作品必然要把读者提升到一个足以看见他自己以及自己在时间定位的高峰。从这个高峰,读者可以通过文化眼光找到自己要认同的历史人物和文化原素"⑤。历史著作,通过钱穆所说的"学术系

---

① 朱熹:《近思录》卷三。
② 《朱子语类》卷十一。
③ 王夫之:《读通鉴论·叙论四》。
④⑤ 李弘祺:《读史的乐趣》,台北,1991年,第159~160页。

统、思想派别、文学流变、艺术境界、社会形态、政治组织、时代背景、文化精神等",使读史者能够"晓事、知人、识时"①,从而培育起民族精神、国家传统。与此同时,也只有通过历史才能克服历史,即通过读史,了解历史的弊端,从而超越传统。江泽民论述中国在自己发展的长河中形成了优良的历史文化传统,他列举了团结统一的传统、独立自主的传统、爱好和平的传统、自强不息的传统,指出:"这些传统,随着时代变迁和社会进步获得扬弃和发展,对今天中国人的价值观念、生活方式和中国的发展道路,具有深刻的影响。"②这些传统,就是中华民族的民族精神,它们是历史地形成的,而深入到各个方面的历史教育在民族精神的形成与发展中的作用,则也是毋庸置疑的。

其三,参与引导人们发现自身的价值、自身的意义,推动自己日臻完善。在中世纪,一个人除非他从属于种族、民族、派系、行会、家庭或其他团体,作为其一分子,否则便毫无价值可言。意大利文艺复兴运动以来,人们方才开始有主观的意识,人们方才变成有精神、有个性的人。李大钊指出,正是历史学的发展,使人们逐步意识到人是历史发展的主体,马克思主义史学发展的一大功绩就是"导引我们在历史中发见了我们的世界,发见了我们的自己,使我们自觉我们自己的权威,知道过去的历史,就是我们这样的人人共同造出来的,现在乃至将来的历史,亦还是如此"③。英国史学家R. G. 柯林武德在回答"历史学是作什么用的"这个根本问题时写道:

> 我的答案是:历史学是"为了"人类的自我认识。大家都认为对于人类至关重要的就是,他应该认识自己;这里,认识自己意味着不仅仅是认识个人的特点,他与其他人的区别所在,而且也要认识他之作为人的本性。认识你自己就意味着,首先,认识成其为一个人的是什么;第二,认识成为你那种人的是什么;第三,认识成为你这个人而不是别的人的是什么。认识你自己就意味着你能做什么;而且既然没有谁在尝试之前就知道他能做什么,所以人能做什么的唯一线索就是人已经做过什么。因而历史学的价值就在于,它告诉我们人已经做过什么,因此就告诉我们人是什么。④

历史使人了解自己的利益之所在,了解如何从无权到如何维护自己的权利,从没有尊严到享有必需的尊严,如何一步步克服异化而走向每个人自由而全面

---

① 钱穆:《论中国历史教学问题》,见《民主评论》第8卷第8期,1957年,第2~3页。
② 江泽民:《大力弘扬中华民族的优秀历史文化》,见《中华文化通志·总目提要》,上海人民出版社,1999年,第4页。
③ 《史学要论》,见《李大钊史学论集》,第247页。
④ 柯林武德:《历史的观念》,何兆武、张文杰译,中国社会科学出版社,1986年,第10~11页。

的发展。

历史学的社会功能还可以从其他许多方面加以论列。而仅就以上这些已足以说明,历史学家负担着怎样重大的社会责任,他们的研究工作及研究成果在社会发展中具有何种不可替代的作用。对于历史的任何轻视、漠视,都将不可避免地要受到历史的惩罚。汤因比的一段话可以作为本节的结论:

> 人类的生活是生活在时间的深度上的;现在行动的发生不仅在预示将来,而且也是根据了过去。假如你随意忽视、不去思考甚或损伤过去,那么你就妨碍自己在现在去采取有理智的行动。①

第五节　20世纪历史学概论性著述概观

应该说,作为现代历史科学组成部分的历史学概论性著作,就中国而言,是20世纪的产物。因此了解20世纪这类研究的发展变化,实际上就是了解20世纪中国史学史的一项重要内容。

一般说来,历史学的概论性著述是在这样的情况下应运而生的,即历史研究或历史编纂已成为一个体系比较严谨、方法比较成熟的学科,同时历史学家也成熟到可以对历史编纂即史学的自身优劣进行反思。在中国古代的史学史上,也有像刘知幾《史通》和章学诚《文史通义》这样的纵论性或概论性著作,它们对历史编纂、历史认识、史学批评等历史学科本身的问题进行总结,而非对客观历史事件、人物、过程进行描述和分析。因此从史学理论和历史理论的角度说,上述著作无疑是后来的史学概论性著述的前驱。

但严格地说,在整个世界的史学史上,历史学的概论性著作为人们所需,是历史学学科科学化的产物,对历史学的基本问题有所认识、有所思考,是职业历史学家必备的首要条件。《史通》和《文史通义》等著作都是从史学批评的角度切入,而非从正面进行论述,系统性也不足,特别是两者以分析批判历史研究作品为主,对历史学本身问题的论述比较间接。其原因一方面在于史学家当时面临和思考的问题与以后多有不同;另一方面它们毕竟是个人的专论,而非用于指导史学研究入门者的教科书。

19世纪,西方的史学开始制度化和专门化,这是历史学科学化努力的必然结果。一些学者受自然科学探索规律成功的鼓舞,认为历史学通过严格地检验

---

① 《汤因比论汤因比》,见《现代西方史学流派文选》,第142页。

史料和客观中立的态度,也能够上升到科学的行列之中。特别是它仿效自然科学,把自己同其他一些以前经常纠缠不清的学科分离出来,在大学或研究机构中有了自己独特的一席之地。为了使自己确实配得上"科学"的称号,为了使自己在学科的理论和研究的方法等方面的确有别于其他学科,历史学就必须对自己的历史、性质、对象、特征、内容、功能、方法等许多问题进行系统的思考和回答。也就是说,出于历史学的职业化和专门化的需要,出于对后代学人的培养的需要,这种概论性的著作便应运而生了,比如德国史学家伯恩海姆的《历史方法教程》(1889年)、法国史学家朗格鲁瓦和瑟诺博斯的《历史研究导论》(1898年)等便是①。

19世纪末20世纪初,中国的史学也在酝酿一场翻天覆地的革命。一方面,伴随着民族民主革命的深入展开,资产阶级民主派的代表人物如梁启超等也号召进行"史界革命",其《中国史叙论》批判旧的"君史",号召改造中国历史的编纂。在这方面率先出现的成果是夏曾佑、刘师培各自撰著的《中国历史教科书》。修史观念的彻底改变,造就了人们对于历史观念、史家思想的重视,人们开始重视历史学的主体部分的问题。比如梁启超的《新史学》就已经开始探讨"史学之界说"和什么是历史,在其他著作中也涉及历史研究的目的、方法等等。另一方面,戊戌变法后建立起来的京师大学堂,以及由此而陆续出现的新式高等院校,确立了包括历史学在内的新式学科教育体系,需要把什么思想或什么知识教给学生,通过专业教育和职业训练培养出什么样的史家,而要做到这一切需要借助什么手段、采用什么方式,都成为具有新思想的历史学家面对的重要课题。

但是,对于人类在认识历史过程中出现的种种重要问题,而在这些问题中,又有哪些是最基本的问题,需要历史学研究的入门者去把握,在当时的中国,就多数人来说,还是思考较少的一些新问题。于是,从国外已有的成果中引进,便成为一条有效的捷径。如梁启超所说:"壬寅、癸卯间,译述之业特盛,定期出版之杂志不下数十种。日本每一新书出,译者动数家。新思想之输入,如火如荼矣。"②在这股浪潮中,在翻译介绍的史学作品中,除了某些具体的历史研究作品,比如某某文明史以外,最普及、也最有影响的就是这类史学概论性的著作了。

1902年,留日学生汪荣宝在《译书汇编》的"历史"栏目中,发表编译的《史学概论》。其中自称:"本论以坪井九马三《史学研究法》为粉本,复参以浮田和民、

---

① 关于西方史学这方面的情况,可参阅伊格尔斯:《欧洲史学新方向》,赵世玲等译,华夏出版社,1989年,第11~29页。
② 梁启超:《清代学术概论》,东方出版社,1996年,第89页。

久米邦武诸氏之著述及其他杂志论文辑译而成,所采皆最近史学界之界说,与本邦从来之习惯大异其趣,聊绍介于吾同嗜者,以为他日新史学界之先河焉。"①而坪井九马三这本《史学研究法》的序中则称:"史学之研究法,其由来已久,而成书者甚少。在英国有弗里曼氏……继之,德国有伯伦汉氏出,人称穷尽研究法。法国之塞诺波氏等祖述之,每每在我国人间流传。"其中坪井提到的伯伦汉和塞诺波,就是我们前面提及的伯恩海姆、瑟诺博斯及其著作②。

除了坪井的《史学研究法》以外,汪荣宝还提到浮田和民的著作,那就是后来有很多译本的《史学原论》。该书分8章,分述历史学的性质、范围、定义价值,以及历史与国家、地理、人种等之关系,历史大势及研究方法。它在1897年尚属日本国内的讲义,但在1902到1903年之间,竟有6种译本问世。当时日本学者把西方刚刚推出不久的史学概论性著作迅速转介入日本,受到中国留日学生的注意,于是又迅速译介到中国。虽然经过间接的介绍翻译,又被介绍者加以编辑修改,但西方历史学界的最新成果,其学术专门化和职业化的最初结晶,能在数年或十数年被辗转引进中国,速度之快也是惊人的。这无非说明,处在剧烈变革之中的中国思想界急需新的养料,刚刚呱呱坠地的中国新式历史教育体制也嗷嗷待哺。

正是在这种情况下,自20世纪初开始,中国史学界就出现了许多历史学的概论性著作。在辛亥革命之前,这类文章或著作就有1902年邓实的《史学通论》③,有1903年横阳翼天氏(曾鲲化)的《中国历史·首篇》④,有1907年吕瑞庭、赵征璧的《新体中国历史·叙论》⑤。更重要的是,这类著作已经登堂入室,成为历史教学中的课本,如1904年屠寄编有《中国史学通论一编》,陈黼宸编有《中国史学通论续编》和《三编》,其中颇有史学概论性的内容,被作为京师大学堂史学科的讲义,由京师学务处官书局印行;又如1909年曹佐熙的《史学通论》,也是作者在湖南中路师范的历史选修课上的教材。

于是,这类著作不仅作为宣传进步民主和科学的历史观以及作为改造旧史学、建设新的史学思想的武器而登上历史舞台,而且成为培养新式历史学家所需

---

① 汪荣宝:《史学概论》,见《译书汇编》第9、10期,1902年12月10日、27日。关于此书情况,参见俞旦初:《20世纪初年中国的新史学思潮初考》,载《史学史研究》1982年第3期。
② 朗格鲁瓦、瑟诺博斯:《史学原论》,李思纯译,商务印书馆,1926年。
③ 载《政艺通报》第12、13期,1902年8月18日、9月2日。
④ 其中包括历史大势、历史要旨、地理、人种等概论性内容,见俞旦初:《20世纪初年中国的新史学思潮初考》。
⑤ 其中包括历史的范围、种类,与国家、地理、人种之关系等内容,见俞旦初:《20世纪初年中国的新史学思潮初考》。

要学习的重要内容和职业训练的必备"技艺",这时,历史学概论性著述的撰写和出版,便一发不可收拾,而且取得了相当不俗的成就。

1. 关于历史学概论性著述的目的

从一开始,历史学的概论性著作就具有两个目的:一是讲述关于历史学本身的和关于客观历史的基本理论问题,其中又以前者为主,这是史学概论中"史学"和"论"的意义;二是给初学历史的人一个基本的指南,让他们了解什么是历史和历史学,学历史有何意义等,这则是史学概论中"概"的意义。目前所知最早的此类著作,应是曹佐熙于1909年出版的《史学通论》,其宗旨在于"究心史道,探赜索隐,原始要终,陶冶古近中外百家之言,以自成科学",意思当然是以前一个目的为主。

讲第二个目的的如卢绍稷的《史学概要》①。作者在序中说:"大凡研究一种学问,必先知门径……吾人研究史学,若不先知门径,何能承先启后乎?此现今学校(指高中与大学)之所以皆有'史学概要''历史研究入门',或'中国历史研究法'一类学程之开设也。""唯关于此类著作,今尚寥若晨星,目下沪上各书局所出版之史学书籍,大都是仅论史学中研究法或与科学之关系一部分,均不能使初学者得一史学之概念。作者鉴于中文史学教本之缺乏,一般学子修习不便,为史学发达之障碍,乃编著是书,以应学术界之需要。其主旨在灌输读者以史学之常识,并指示研究历史之门径。"

但无论是以哪个目的为主,这一时期的同类著作都以谈"史学"为主要研究或介绍对象,这是这些著述的最大共性。1924年,李大钊出版了《史学要论》一书,这是中国史学史上以唯物史观为指导撰写的第一部历史学概论性著作。该书次第论述了"什么是历史""什么是历史学""历史学的系统""史学在科学中的位置""史学与其相关学问的关系""现代史学的研究及于人生态度的影响"等问题②,集中探讨史学理论的基本问题。

1925年,上海大东书局出版了徐敬修编著的《史学常识》一书③。从书名来看,这显然是为初学者提供的入门书,共68页,约2.2万字。作者在提要中明确指出:"而所谓史学者,则尤在能区其种类,辨其体裁,明其法则,揭其旨归,以及推究历代变迁之故,而会通其精神。"其书首章"总说"中述及"史学之意义""历史

---

① 卢绍稷:《史学概要》,史地小丛书,商务印书馆,1929年。
② 《史学要论》,见《李大钊史学论集》,第194~247页。
③ 该书1928年出版第5版,可见其受欢迎的程度。

之范围""历史之种类"和"史学之变迁"。以后各章分述中国历代史学史、分体裁介绍中国古代之史书以及治史的方法。虽其内容侧重中国史学实践,观念略嫌传统,但着眼点仍在史学上。其他同类各书,概皆如此。

为什么在这样一个时代,史学(而非历史)的问题得到了空前的重视呢？为什么传授基本知识的教科书也都要涉及这方面内容呢？或者说,在历史教育中,为什么要凸显史学的地位呢？

胡哲敷所著《史学概论》为上海中华书局的"中华百科丛书"之一种,该丛书主编舒新城明确地说,"我们发刊此丛书之目的,原为供中等学生课外阅读,或失学青年自修研究之用"。要求丛书作者把握"日常习见现象之学理的说明","取材不与教科书雷同而又能与之相发明","行文生动,易于了解,务期能启发读者自动研究之兴趣"。就是在这样一种通俗或启蒙读物中,胡著《史学概论》也明确提出："史学的研究,至今日颇受一般学者的重视：旧史如何整理,新史如何创制,都要待史学家的研究与指导。这件事可算是新时代的一个要求。"我们常说中国史学的自觉,其实当人们逐渐把目光从"客观"的历史转移到史学上的时候,便是史学自觉的重要标志。

"从前总以为历史不过是过去的账簿,读历史亦不过是增加若干文章材料,不然便是拿过去的事,来做现在的模范。读史的人,编史的人,都差不多一代一代的因袭规模,无多更进。一般学者亦泰半只知注意史的本身,而鲜注意及史学。史,是过去成绩的记载；史学,是指导如何记载此成绩的方向路径,使之生动切实,以指导人生,指导社会,使过去的成绩与未来的世运,同在进化圈上长足进展,这才是人类所以要有史的意义。"① 当人们从注意史转移到注意史学的时候,史学的功能就可能从传统的"资治通鉴"扩大为对社会和人生的指导,就会从帝王术变为人类个体和集体健康进化的启迪书。因此,重视史学,使学史的人从懂得史学开始,是科学与民主的思想普及,剥开旧史愚民伪装的结果。

李则纲的《史学通论》是在他1931年在中国公学、1932年在安徽大学教授同名课程时的讲稿基础上改就的。在该书的"序"中,他严肃地说出一段似乎与讲史学不直接相关的话：

> 我们知道,历史这件东西,曾做过上帝和僧侣的傀儡,曾充过帝王和贵族的侍役,曾被颂为帝国主义者的护符。然而时代的转轮,已准备把历史学过去的一切劳绩和光荣吞噬下去了。历史学旧有的产业和荣誉,既势难持

---

① 胡哲敷：《史学概论·自序》,中华书局,1935年,第1~2页。

续,就历史学本身讲,也应和转形期的时代协调,另辟新的局面,肩起人类最大任务,为社会作学术的前锋。①

这实际上是在说,了解史学是为了改造史学。对于面临启蒙的青年来说,历史是同样的,但它的被利用则是不同的,我们如果不懂史学,只知历史,那么我们的历史研究被当作傀儡、侍役或护符也许还懵然不知;我们的新史学要肩负人类的重大使命,就必须以史学上的自觉指导我们对历史的审视和思考。我们从了解史学的基本问题入手去学习和研究历史,就不会是盲人骑瞎马,就具备了在黑暗中照明的火把。

2. 关于历史学概论性著述的内容

我们从上述李大钊的《史学要论》和徐敬修的《史学常识》二书,已基本上可以知道,这一时期此类著作关注的主要问题大体上是相同的。1909 年曹佐熙的《史学通论》则由七篇组成。第一篇为《史学之源流》,第二篇为《史学之经纬》,包括"史之定义""史之内容""史学之内容""史学之经纬"。第三篇为《史学之繁难》,第四篇为《史学之关系》(即历史与政治、宗教、种族、学术等方面的关系),第五篇为《史学之研究》,第六篇为《史学之通旁》(即史学与其他学科的关系),第七篇为《史学之未来》。由于出版时间较早,所以内容略显庞杂,但基本上包括了史学的基本概念以及史学史、史学与其他学科关系等方面。

卢绍稷的《史学概要》的各章为"绪论""中国史学界之回顾""西洋史学界之回顾""现代史学之发达""史学与科学""历史研究法"和"历史教学法"。用作者自己的话说,其绪论是"先论何谓历史,次论何谓史学",涉及历史的定义、目的、起源、进化、分期、性质、种类,及史学之定义和目的,思考不可谓不细。其后五章分述中外史学史、史学与其他学科之关系和历史方法,为各书共有,唯"历史教学法"是本书的独特设置,是作者考虑到该书的读者很可能是历史老师。虽说这部分内容与严格的历史认识活动有距离,但如果把它放大到历史认识活动及其方式和成果的传授与接受,则也是颇有新意、而至今少人问津之处。

吴贯因的《史之梯》(又称《史学概论》)各章依次是:"导言",探讨历史定义等;"史学与其他科学之关系",涉及史学与统计学、考证学、年代学、天文学、语言文字学、考古学、生理学、社会学、医学的关系;"历史进化之历程",通过"神话时代""诗歌时代""小说时代""资鉴时代"和"科学时代",仿佛在讲客观历史进程,

---

① 李则纲:《史学通论·序》,史地小丛书,商务印书馆,1935 年,第 1~2 页。

实际上是说史学史的分期和各时期史学的不同特点;"史家地位的变迁",则是史学史的另一面,把史家的地位分为"侍臣时代""方技时代""代表君主时代"和"代表国民时代";其后为"史学与史料""读史与论史"①。其中最有特点的是讲史学史的两章,一方面,把历史上的史学作品和史学家分开来讲,是非常有意义的,因为两者虽联系密切,却也还是有区别的,一个是历史认识的主体,另一个是历史认识的结果,各自有其规律;所以另一方面,作者把历史作品和史学家按照不同的原则进行了分期,无论这种划分是否确当,却是对史学、史家自身发展规律的一种把握,在史学史的研究者中至今还很少有人如此去做,可以说是本书的创举。

罗元鲲的《史学概要》也是"应湖南省立第一中学高级选科之用",全书语言文白相参,内容上也是新旧中外互证,与同类书相比颇为不同,明显看出新旧史学变化过渡的痕迹②。比如讲史的意义,则举许慎、吴大澂、王国维的说法;史学的定义则举了梁启超、李泰棻、萧一山、陈训慈等说;讲到史和史学的内容,则沿用孟子的事、义、文并改造之;讲到史书体裁,也既讲六家三体,也讲通史、专史、断代与国别史。虽力图融合中西,但未能找到一个很好的结合点,以致显得冗杂多枝。全书分为上下两编,上编为"史学之性质、内容及研究方法",下编为"中西史学演进之大概及教学方法"。从比例安排上看,前者是主要的,共列 20 章;后者讲史学史等是次要的,共 11 章,这种安排似乎要比其他著作把史学史内容置于相当显著位置要合适一些。

周容的《史学通论》各章依次为:"历史与史学""中外史学史""各派史观以及历史研究法"。在第一章中,分别论述了"什么是历史""什么是史学""史学的体系"和"历史与各科学之关系",其中分析比较严密,结构也比较完整。像讲史学体系时,一讲史书体裁分类的标准,二讲史学理论的分类。在前者中并非以中国传统史书体裁进行分类,而是综合各类史书,提出以地域、性质或时间三种分类标准,即国别史、专门史及通史与断代史;在后者中提出形而上学、一元论、多元论三种分类,标准的确定比较现代,概括性强。其最有特色的是"各派史观"一章,介绍了"史观的意义""史观与社会主义""中国哲学家的史观""神学史观""历史哲学""唯物史观"和"社会史观"③。其重要性在于,自彼时至今,讲史学者通常少及史观,而史观既不完全等于历史理论,也不见得反映在历史作品之中;除了哲学家、史学家等学者外,贩夫走卒也可以有自己的史观,小说戏曲、歌谣故事

---

① 吴贯因:《史之梯》,上海联合书店,1930 年。
② 罗元鲲:《史学概要》,武昌亚新地学社,1931 年。
③ 周容:《史学通论》,开明书店,1933 年。

中也可以反映出特定的史观。史观就是对历史的看法和解释，这种看法和解释可以是基于某种哲学或世界观的（比如神学史观、唯物史观等），也可以是基于生活经验和实践态度的，它虽在严格的意义上不属于"史学"的范围，但却肯定属于历史认识活动之列，因此，如果史学概论以探讨历史认识活动为主旨，史观则不可不述。

胡哲敷的《史学概论》与李则纲的《史学通论》同出版于1935年，二书也有一些相同的特点。李著虽也有中外史学史、历史学与其他学科关系的内容，但却加强了对历史编纂、新史学与旧史学在若干问题上的比较、历史学与现代人生、如何读史、论史与著史等方面的探讨。胡著则完全超出了当时编撰史学概论性著作的一般写法，或把史学史、史学与其他学科关系等问题放在某些章节中重新认识，形成"史学的意义及范围""中国的旧史学""史学革命的必要""新史学的特质""新史学与各科学""历史与人生""史家的天职""史学的进化"等章，实际上是以号召新史学取代旧史学为主线，把史学的各重要问题穿插其中。它与其说是本教科书性质的读物，不如说是个人观点很鲜明的专著。二书的共同之处不仅在于增加了关于史学实践和史学功能的篇章，更在于它们已经可以比较熟练地运用中外史学的理论实践材料来说明自己的问题，而不像有些著作比较生硬地利用，甚至经常是中、外两张皮，各谈一点，无法融会贯通。

与此类似的还有用作大学教材的杨鸿烈著《史学通论》[①]。本书以"导言"论述历史与史学的本义，然后分论史学是否科学、史学的今昔、史学的目的、史学的功能、史学的分类、史学与各门学科的关系，无论从结构的严整还是从分析的细密来说，都更加成熟。其论史学是否科学的问题，是当时世界上比较领先的历史哲学话题。在论及史学与各学科关系这样的"老"问题时，将其置于史学的多学科研究的意义上——强调"博学淹通""凡百学问无绝对独立者"，颇见新意；而且在论及具体学科时，也多涉及具体的理论问题，如讲到与地理学的关系时，涉及对地理环境决定论等历史理论问题的看法，而并不在史学概论性著作中单独列出若干历史理论问题，从而既保持其论述的一致性，又未全然放弃对一些历史理论问题的讨论。其结构安排还是颇具匠心的。

其他类似的著作还有朱希祖的《中国史学通论》[②]、蒋祖怡的《史学纂要》[③]等书，此二书均以中国史学发展为基本叙述线索，与前述各书有所不同，这里不再

[①] 杨鸿烈：《史学通论》，商务印书馆，1939年。
[②] 朱希祖：《中国史学通论》，独立出版社（重庆），1943年。
[③] 蒋祖怡：《史学纂要》，正中书局（重庆），1944年。

赘述,但由此仍可见史学界对"史学"问题的高度重视,这是在旧的历史编纂传统下从未有过的新现象。

3. 可贵的探索

历史学概论性著述在中国的大量出现,应该说是 20 世纪以后的新生事物,是五四运动以来各种新的学术思潮涌入、意识形态领域比较开放的结果,因此它们所反映的学术思想是基本上与国际学术发展同步的,即使有些生吞活剥,有些不完整、不系统,但与前后的一段时间相比,还是出现了一些值得称道的可贵探索;又由于这类著述的建设处在草创阶段,许多认识还比较粗浅,对国外理论的了解和判断也有相当的错讹,需要我们加以认真总结。

探讨历史学的问题,首先就应该回答"历史是什么"(同时回答"历史学是什么")以及"历史学是一门科学吗"这两个问题,而这两个问题实际上是历史学科的基本问题。不能对此提供答案的,历史学习的成绩就不合格,尤其不能称为史学家。这里,我们便以此为例,对此时期历史学概论性著作的成就与不足做一番审视。

实际上,中国的传统史学对这些问题并非完全没有答案,《孟子·离娄下》说:"晋之《乘》、楚之《梼杌》、鲁之《春秋》,一也。其事则齐桓、晋文,其文则史。孔子曰:'其义则丘窃取之矣。'"意思是说,各国的史书名目虽不同,但都是同样的东西,说到齐桓公、晋文公等的事迹,就是"事",也就是客观存在过的历史;用文字把"事"记述下来的,就是"史",也就是史书;而"义",即孔子使乱臣贼子惧的关键,便是史学家赋予历史的一种意义,或价值观,是比较主观的部分,也即史观。所以说,孟子称客观历史为"事",称史书为"史",称史观为"义",可见历史与史学是有区别的。

不过一般的史家对历史与史学的区别是不很在意的,因为在他们看来,自己写的史书是绝对如实地记录了客观的历史的,因此历史与史学是完全统一的,读史书的人也确信他们通过史书所了解到的就是真实完整的历史。20 世纪初的思想革命浪潮,极大地动摇了此种认识,曾鲲化便大胆指陈:"所谓二十四史、《资治通鉴》等书,皆数千年王家年谱、军人战纪,非我国民全部历代竞争进化之国史也。"[①]许多人开始认识到,"吾国旧学界思想,视历史为传古信今之述作,而不知

---

① 横阳翼天氏:《中国历史》"总叙"第一章"历史之要质",东新译社,1903 年。

为现在社会生活之原因;研究历史者,亦不过出于钩稽史实、发明体例二途,而不知考求民族进化之原则"①。

因此,此时期历史学概论性著作的最有价值之处,在于它们大多开宗明义,对历史和史学的概念问题进行了探索。从今天的眼光看,当时的一些解释还是很粗浅、不完善的,传统的认识上的模糊也依然存在。徐敬修《史学常识》说到"史"的发展阶段,是"自口碑而史歌而说部而史鉴,惟史学最为晚出",这里的"史"还是指历史认识活动,而非客观历史事实。"盖史学者,于群史之中,抽其条理,以示法则者也。如辨其体统,别其旨归,殚明其因果,会通其精神,皆史学之事也。"这实际是说,"史学"是历史认识活动(即"史")中的高级层次,即理论层次,或可称为历史理论,或即指历史"科学"②。

这样的认识在当时相当普遍。罗元鲲《史学概要》认为,"史"有两层意思,一是指史官或修史者,二是指史书或历史记载,这基本上也是历史认识层面上的东西;"史学"则是重在阐明历史发展的因果关系③。前引胡哲敷《史学概论》说:"史,是过去成绩的记载,史学,是指导如何记载此成绩的方向路径",基本上也是此意④。杨鸿烈《史学通论》深感"中外一般的学者们都很随便的把'历史'和'史学'两个名词混为一谈",因此着力对此两者进行梳理,认为"'历史'为文章(广义的)的一种,'史学'为学问的一种";"'历史'尚不过成为'史学'研究的对象或材料,并非可以说史籍的自身即成为史学"。具体的定义是:"历史是一种很客观而有系统的叙述人类在过去所有的行动的记录。"同时,"研究与'历史'有关系的种种'理论'和搜辑鉴别整理史料的最可靠的'方法'与必需的学问,就叫做'史学'。"⑤在这里,历史是史料或史籍,史学则是历史理论和历史研究法。

造成这种认识的,在于当时相当一些人相信史料或史籍如实地记录了客观的历史事实,因此两者相等。另一些人开始意识到客观史实与历史的差别,但思想一时还无法理清。如卢绍稷参考诸说,认同历史的定义为:"历史是一种人类社会继续活动之重要事实及状况之记忆,而为吾人明了现代问题及推测将来所必需之知识。"这里说的还是对客观历史事实的"记忆",即历史认识活动;而"史学者,研究人类社会继续活动之迹象,以寻求其因果关系之学也"。在他说到"历史之目的"在于增进知识、提高修养、认识现实等时,实际上是在说"史学"的功能;在讲"历史之起源"时,从古代史官记言记事讲起,也是在讲

---

①②③④⑤　见《游学译编》第 4 册,1903 年。

"史学";而讲到"历史之进化""历史之分期"时,这个"历史"又是在指客观历史了①。

可喜的是,还是有一些作者对此有更深层的认识。周容《史学通论》认为,指着二十四史、《希腊史》这些史书说,这就是历史,是极端错误的。那些"不过是历史的有系统的记述,却不是历史的本身。历史的本身是宇宙间的无数事实的推移变化的连续历程,这种历程的遗迹的记录与叙述,即是历史的著作",这就把客观历史进程与历史认识成果区分开来了。至于史学,"即是历史科学,即是历史的理论。历史学的最初的目的,本在于搜集历史的事实加以记载、整理与考证,这是纯粹的记述的历史";但这"仍旧是记忆的,并且是散漫的,决不能使我们对于历史的全部分有一个有系统的一贯的了解","不能够使了解某些事实的发生与演进的原因以及许多个别的事实之间的相互关系"。所以,"史学是综合整个的历史的历程的事实,发现历史本身的演进与变化因果关系及其一般的原则的科学"②。不过,作者也注意到客观历史与历史记述之间的关系,因为从理论上说两者虽然不同,但历史记述是人们了解客观历史的主要、甚至是唯一的途径;客观历史是比较抽象的,过分一点说,是可望不可即的,而历史记述是比较实在的,容易把握的,因此作者认为,历史是客观历史与历史记述之和,而史学则是更"高级"的历史认识活动。

李则纲的《史学通论》与周容的看法大体一致,认为"历史是事迹的制造者与事迹的关联,及事迹本身的发展之记录",这样,他把历史记述也置于"历史"的范畴之中。不过,"有许多人仅把所记录的当作历史学,殊不知这只是历史学的一半,因为历史学的要义,于记录之外:一,须就实际发生的事件,——寻究证据和原因,以明人事发展的真相;二,须考察每个时代的经过状态和人事的变化推移;三,须于全般的历史事实的中间,寻求一个普遍的理法,以明事实与事实间的相互影响与感应"③。这又把历史记述置于史学的范畴中。其原因在于,历史的记述本身并非客观历史,却又是人们可以知道的那部分客观历史;同时,它非高度思辨的结果,却又是经过人们主观认知的结果。对这个问题的认识应该说反映了当时学者的认识水平。

其实最值得一提的是李大钊的《史学要论》,这不仅是因为此书出版较早,也不仅是因为它是以唯物史观作为指导,而且也是在于在这个问题的回答上的真知灼见。"从前许多人为历史下定义,都是为历史的纪录下定义,不是为历史下

---

①②③ 见《游学译编》第 4 册。

定义;这种定义,只能告我们以什么构成历史的纪录、历史的典籍,不能告我们以什么是历史。我当于此类纪录以外,另找真实的历史,生活的历史。"①他的结论是:"历史不是只纪过去事实的纪录……历史是在不断的变革中的人生及为其产物的文化。那些只纪过去事实的纪录,必欲称之为历史,只能称为记述历史,决不是那生活的历史。"这样就把历史记录干净地排除在客观历史之外。至于史学,"就是研究社会的变革的学问,即是研究在不断的变革中的人生及为其产物的文化的学问";"史学的主要目的,本在专取历史的事实而整理之,记述之;嗣又更进一步,而为一般关于史的事实之理论的研究,于已有的记述历史以外,建立历史的一般理论"②。

尤为重要的是,李大钊充分认识到了历史认识的主体性及其在历史概念问题上的投影。他认为,真实的、活的历史之所以不同于记述的历史,不仅在于记述的历史只是局部的,而真实的历史是确曾存在过的全部,而且在于人们对历史的认识也是在不断变动的。所谓"实在的事实,虽是一趟过去,不可复返的,但是吾人对于那个事实的解喻,是生动无已的、随时变迁的,这样子成了历史的事实。所谓历史的事实,便是解喻中的事实……只有充分的纪录,不算历史的真实;必有充分的解喻,才算历史的真实。历史的真实,亦只是暂时的,要时时定的,要时时变的;不是一成不变的"③。李大钊对历史认识相对性的看法,对历史是史料以及史学家对它的解读的集合的观点,不要说在当时,就是在近百年后的今天,也是曲高和寡的。我们看到,见识较深的周容和李则纲的著作,明显受到李大钊此书的影响,说明其观点的深刻性和说服力。

我们从诸书对"史学"的定义中,也可以看出19世纪科学主义思想的巨大影响。多数人满怀信心地相信历史学可以是一门探索历史发展规律的科学,史学不同于历史记录的地方就在于此。如杨鸿烈专章讨论史学的"科学"性质,可以看出,他对当时西方学术界对此问题的关注是毫不陌生的。按他的看法,从科学的本义来看,史学都具备"科学"的资格,并基本同意鲁宾逊《新史学》的观点,认为"我们现在都承认世界是一个变化的东西——即大家都有人类进步的观念,各种制度统是多年进步的结果,历史的继续是一个科学的真理,研究变化的程序是一个科学的问题,这就是'史学'可升为'科学'的缘故"。他认为,史学与自然科

---

① 见《李大钊文集》第4卷,第379页。
② 同上书,第384、388页。
③ 同上书,第382页。

学在材料和方法上并没有本质上的差异①。

可贵的是,他们与此同时又大多指出历史学与自然科学、甚至某些社会科学的区别。李大钊认为,史学家的任务是在确定史实之后还要探求其因果,说明其发展趋势;同时应该综合各种史实,在进行比较研究之后,得出"一般的解释"和"普遍的理法",这样,"史学之当为一种科学,在今日已无疑义"。但史学的研究对象在性质上与自然科学不同,有许多偶然性、多样性和主观性,因此总结出一般理论也不容易。这样的说法"亦未尝无几分真理","人事科学与自然科学不可全然同视"。尽管如此,李大钊认为,"此理法的普遍的存在,固毫不容疑,不过在人事关系错综复杂之中,不易考察罢了"②。

卢绍稷认为,20世纪对史学来说也是"科学式历史时代",但与自然科学相比,在研究时的观察点、事实性质、研究方法和史料提供的信息上都有不同③。胡哲敷指出:"历史上的因果意义,自然是很重要的;不过它的性质,是与自然科学中所应用的因果律同名异实。"他赞同梁启超的看法,认为自然现象是可以反复观察的,而历史现象是一次性的;自然现象往往是普遍的,而历史想象是个别的和偶然的;自然科学现象可以是超时空的,而历史是必发生在一定时空中的。因此"历史上的因果,断不能如自然科学之有必然性,如二加二之必为四,氢二氧一之必为水","盖社会是活的,人事是活的,万不能拿一个篦锄,规律世事……治史者须是把眼光放宽些远些,才能得整个的轨迹"④。

对"历史是什么""历史学是否科学"这类问题的探讨,其重要意义不仅在于涉及了历史学的基本问题,还在于对这些问题的回答必然引申到对历史认识论领域的涉足。胡哲敷是相信史学的科学性质的,但他也说到:"我有时乃不敢相信过去的历史有真实性的存在,凡成功者都是圣帝明王,失败者都是盗贼流寇。究竟当时人民的趋向如何,便无从得知了。谁愿意暴露自己的弱点?而有权威在手,谁又敢不惜生命暴露其弱点?即暴露矣,又何术可以传达后世?这是人事上不容易有精确的信史。再看现在的报纸,不就是未来的历史资料?同一事实,而各报所载不同,孰真孰伪,当前已无法辨明,后世安知其详?"这些问题,已经提得相当尖锐,说明时人思考问题的深度,同时也说明当时的理论思考是紧踵国际学术界之后的。

除了上述问题之外,1949年以前的此类著作在其他一些方面也颇有新见,

---

① ③ ④ 见《游学译编》第4册。
② 见《李大钊文集》第4卷,第389、391~392页。

比如各书多在对传统史学进行批判的基础上,对新史学进行了积极的评价。正如李大钊热情地宣扬了马克思主义的唯物史观一样,他们对欧美史学的新动向也颇多注意,对具体的历史研究的改造起了积极的推动作用,显示出思想空前活跃的局面。此外,李大钊、胡哲敷、李则纲、杨鸿烈诸书,都突出强调了史学功能中对人生的价值,专章进行论证,其继承了中国传统史学功能意识的传统,对通常关注的"资治"功能加以淡化,显示了史学发展的民主化趋向。

从此类著作的结构来说,由于它们大多是大学或高中的教科书,所以虽然各有侧重,但基本上偏重于史学问题,而不涉及历史理论问题,这一点比较统一。从今天看起来,文字和内容不可谓不深,既广征中国传统史学之例,又博引国外史家各说,但它们多是讲了多年该课程的讲稿加工而成,因此应该是考虑到了学生的接受能力的。就此而论,当时学生的历史学习水平还是很高的;也许,由于这类著作成为宣传新的史学观念的标志,故而在当时渴望寻求新知的青年当中,引起了浓厚的学习兴趣。

1949年以后的30年间,少有史学概论性著述出版。其主要原因在于,此类著作涉及的是史学理论问题,而当时的形势是,除了历史唯物论以外,不需要再有什么史学理论。其实很多史学家意识到编纂此类书籍的重要性,但大多格于形势而未果。白寿彝曾回忆说:

> 在五十年代,同志们在一起谈天,提起史学概论来,都认为应该在马克思主义基本原理指导下,写这么一本书;同时也认为,在高等学校历史系应该开设这门课程。至于这本书应该怎么写,这门课程应该讲些什么,大家一时想不出办法来。一年一年过去了,对这个问题一直没有认真讨论过。后来,我在北京师范大学历史系开了这门课程,主要讲的是历史唯物主义。但我并不认为这种讲法是对的。因为我觉得,如果只讲历史唯物主义,这门课就应该叫历史唯物主义,不应该叫史学概论。①

这样的想法,应该说是很大胆、很解放的,在当时的形势下,自然是不容易实现。20世纪60年代,由黎澍主持,胡绳武、宁可、李时岳等共同编撰《史学概论》,但很快就在政治运动的影响下夭折。

直到1977年,由于恢复高考制度,各项课程的讲授逐渐系统化和规范化,历史学概论性著述的编撰便又重新提到日程上来。教育部首先委托在此前有过经

---

① 白寿彝:《史学概论·题记》,宁夏人民出版社,1983年,第1页。

验和资料积累的山东大学历史系和云南大学历史系,合作编写《历史科学概论》,作为高等院校历史系的基础理论课教材,该书于 1983 年出版。同时,自 1981 年起,白寿彝也着手组织力量编写《史学概论》一书,最终也是在 1983 年出版。最早出版的两部此类著作,都是早有想法,并多少有些基础,才能在条件成熟的时候迅速问世。此后,又有多种同类著作出版,在史学理论界和高等学校有过广泛的学习和讨论①。

总体来说,由于这一时期历史学概论性著述主要是作为教科书编写和使用的,因此相对统一和规范,不那么具有多样性。1990 年和 1991 年,原国家教委先后在山西太原和云南昆明召开会议,准备编写《史学概论》的教学指导纲要。这虽表明此类课程及其教材得到重视,但仍体现出对此类著述多样化尝试的某种程度的限定性。相比之下,学者们以论文的形式,对史学概论的体系、内容等方面进行了大量讨论,在一定程度上弥补了教科书编写中存在的单一化和程式化②。

在上述讨论中,葛懋春、项观奇认为,"史学概论"的任务是扼要地说明历史学是怎样的一门社会科学,应该怎样研究,怎样写作。概括来说,其任务就是研究历史认识论和方法论。姜义华认为,当时已出版的几部《史学概论》,大多零碎而不完整,散乱而不系统,没有形成一个严密的体系。它应该把古往今来全部史学研究活动视为一个有机整体,以揭示历史研究活动的规律。赵俪生的看法是,"史学概论"只能是拼盘,问题只是在于拼得是否好坏。这种说法看怎么理解,拼

---

① 这方面著作,有田昌五、居建文的《历史学概论》,河南人民出版社,1984 年;吴泽等主编的《史学概论》,安徽教育出版社,1985 年;赵吉惠的《历史学概论》,三秦出版社,1986 年,及《史学概论》,陕西师范大学出版社,1990 年;姜义华等的《史学导论》,陕西人民教育出版社,1989 年;杜经国、庞卓恒、陈高华的《历史学概论》,高等教育出版社,1990 年;贾东海等主编的《史学概论》,中央民族大学出版社,1992 年;陈光前的《史学概论》曾作为东北师范大学函授教材内部印行,等等。此外,李振宏的《历史学的理论与方法》,河南大学出版社,1989 年;宁可、汪征鲁的《史学理论与方法》,中央广播电视大学出版社,1991 年。此二书虽无史学概论之名,但却是为讲授史学概论课所用的教材,因此一并列于此处。
② 这一时期对史学概论问题讨论比较热烈,代表性的文章有:黄元起:《论马克思主义哲学历史科学与史学概论研究的关系》,《河南师大学报》1984 年第 1 期;葛懋春、项观奇:《浅论历史学概论的对象和体系》,《文史哲》1985 年第 2 期;赵俪生:《我对"史学概论"的一些看法》,同上刊;姜义华:《用现代思维科学武装历史研究工作(论史学概论的核心与时代使命)》,《复旦学报》1985 年第 1 期;江海波:《略论"史学概论"的逻辑结构》,《历史教学问题》1985 年第 3 期;曹伯言:《"史学概论"三题》,《学术月刊》1987 年第 6 期;张耕华:《近年来史学概论研究中若干问题讨论述评》,《历史教学问题》1987 年第 5 期;徐万发:《史学主体与〈史学概论〉研究对象》,《青海师大学报》1988 年第 4 期;孙厚生:《史学概论是关于历史科学的一般性学科》,《东疆学刊》1991 年第 1 期;庞卓恒:《唯物史观与〈史学概论〉教学》,《史学理论研究》1992 年第 1 期;张艳国:《论"史学概论"学科体系的确定》,《学习与探索》1996 年第 3 期,等等。

盘就不是整体,但如果拼好了,是否也可以是"有机整体"呢?

这些不同的看法说明对史学概论的定位还存在认识上的差异,而且这种差异直到今天也还没有完全得到解决。"史学概论"究竟是一个独特的研究领域呢,还只是一门课程以及为这门课程所编写的教科书而已呢?它是为初入历史学习门径的学生提供的一个入门指南呢,还是一门讲授史学理论或者历史科学理论的基本课程呢?张艳国是同意"史学概论"具有"学科体系"的,为此,这个学科体系应该由历史过程论、历史主体论、史家主体论、史学发展论、史学理论和方法论等五论构成。相应地,孙厚生认为,把史学概论简单地看成是历史学的分支学科,既不符合史学概论的研究实际,也不符合具体的教学实践。史学概论包括所有与历史科学相关的、可以归属于许多不同学科研究范围的重大内容,带有多学科的概括和综合的性质。这两种说法的大前提不同,对能否存在学科体系有分歧,但从内容上看都是主张多线索而反对单一主线的。

实际上,史学概论究竟应该是多线索的拼盘呢,还是应该具有一条主线呢?杜经国等《历史学概论》、李振宏《历史学的理论与方法》和宁可等《史学理论与方法》,基本上把握住了"史学"或"历史认识活动"这条主线,但在某些历史学概论性著作中,似乎还存在认识和实践的脱节。就是说,各书都强调研究"史学"诸问题,但有些著作也还大量论述了"社会基本矛盾""民族关系""人物评价"等历史理论问题。

此外,即使是以"历史认识活动"为主要线索,但这里仍包含着丰富的内容,具有很广阔的范围。正如孙厚生所说,这里包含许多不同学科分支研究范围的内容,它们之间既有联系,又有区别。而史学概论要在一个"概"字,如何能避免四处出击、避免出现"拼盘"的现象呢?也就是说,如何使它围绕着历史认识活动这条主线、使各部分结成有机的整体呢?对此,如果我们没有能够很好地把握,在撰写或讲授"史学概论"时,就很容易把其中的各个有机组成部分扩充为一个个学科分支,比如变成了史学史简论、历史文献学简论等,或者把一些历史唯物论和历史理论中的重要课题,比如阶级斗争理论、统一性与多样性、必然性与偶然性、动力问题、人物评价问题等与其他问题并列齐观,便不免在结构上引起混乱。

要做到这一点,就必须首先明确,史学概论并不是历史学习和研究的入门指南,不是"历史研究入门课程"或者"历史学常识教科书",它并不试图面面俱到,从先秦的史学一直讲到辨伪、辑佚等考据方法,甚至讲到封谥、避讳等,那样的内容可以是另外一门课程的任务。史学概论也不是历史学中的某一个分支,那个分支应该是史学理论,而史学概论不过是通过概括和浓缩的办法把史学理论讲授给学生的一种形式,它只是一种课程名称和该课程的同名教科书。从体系到内容上，它不应该与"史学理论"有什么差别，只不过是"概论"史学理论而已。因此，史学概论性著述的一个重要课题，就是把握一个原则，去粗取精，删繁就简，使其既涉及了历史认识活动的各个重要侧面，又使它们始终是一个互有内部关联的有机整体。比如对中外史学史，我们可以不去正面表述，可以把它视为历史认识从初步向复杂的发展历程，甚至可以把它加以分解，作为分析历史认识活动各方面的不同时期或地区的例证。

按照这样的理解，史学概论性著述的涉及范围，便应包括历史认识活动的一些基本概念，历史认识活动发展历程及其规律，历史认识的特征、方法、过程、范围、表现形式、检验，历史认识的作用或功能，历史认识主体（史学家）与历史认识客体之间的相互关系，等等。当然，从什么样的角度切入这些问题，从哪些方面去分析这些问题，对不同问题表述到何种程度，以及具体的结论和观点如何，则可以见仁见智，具有较大的开放性和灵活性，本书的做法也是如此。其实，通过前面对 1949 年以前同类著述的介绍，我们已经知道，这样的认识在当时的学者那里已经基本上成为一种可以认同的模式。

由于各书对史学概论的认识有所不同，所以对一些问题的安排和处理就各有区别。比如对于"什么是历史""什么是史学""历史学是否一门科学"等问题，在今天还不只是对史学基本问题的解答，还是对当代分析批判的历史哲学加以回应的需要。今本白著、葛著、赵著等虽均在开篇涉及之，但从内容上和章节安排上看，还不如 1949 年以前各书那么重视，对国际史学提出的挑战也未及回答，其他诸书，除李振宏本等外，大多没有涉及。实际上"历史是什么"这个问题，回答起来并不像表面上看起来那样简单，它包含着"有没有真实历史""历史有没有历史编纂者的参与""真实客观的历史能否得到"等许多问题，否则英国史学家卡尔也就不会为回答这个问题而专门写一本书了。

既然历史学是一门科学，这门科学又是逐渐形成并且不断完善发展的，那么这门科学必然应该容纳不同的真理性历史认识的追求者的贡献。就是说，不仅马克思、恩格斯的历史唯物论，而且中外传统史学理论、现当代中外历史学与哲学所提出的重要课题，都可以在史学概论中找到一席之地，只要它们是有关历史认识活动的。因此，就史学概论所要求的内容而言，它应包括迄今所能认识到的、历史认识活动应该具有的各重要部分；它的出发点应是该学科的性质，而不是什么别的，否则的话，它就将被迫放弃本该具有的一些内容，而补充上一些与该学科无关的内容。从另一方面说，尽管从组成部分或内容上说它涉及历史认识活动之一般，但其指导性哲学观的不同，必会使同样的内容或部分得出不同或极端对立的观点或结论。这也并不可怕，因为学术认识的多元化是正常的，而多元的背景是健康的讨论的前提，也是学术进步的前提。

据此，正如赵俪生所说，史学概论是一个具有较大容量的、不断发展变化的开放体系，关于历史认识活动的各种有价值的新见，应该及时地被吸纳到教材和教学之中。比如近年来中国史学理论家对历史学学科性质的讨论具有了相当的深度，何兆武关于历史学Ⅰ（对史实和史料的认识，这在人们认识一致时可以是客观的和不变的）与历史学Ⅱ（对上一层次的理解和诠释，这是随着人们的思想变化而改变的）两个层次的区分，引发了一系列有意义的讨论，这些讨论至少包括三个层次的问题："一，对历史事实的认定是不是一种科学；二，对历史规律的概括能不能成为一种科学；三，对历史的理解和评介能不能成为一种科学。"①在这些探讨中出现的许多精彩认识，就应该在著述和讲授中得到反映，使新的学术研究成果能够尽快得以传播，并指导具体的研究实践。

过去的历史学概论性著述值得改进和重新探讨的地方还有许多，我们不妨再举史学方法论的例子，也就是历史认识方法论的问题。史学方法论究竟是作为历史研究宏观指导性方法的哲学理论呢，还是对各种历史研究方法的理论总结？有些著述不太提方法或方法论的问题，要提也只提阶级分析的方法，有的书谈得比较具体，从阶级分析方法到历史人物评价方法、比较研究方法，一直到运用史料的方法等，但这些只是"论方法"（on methods），并非方法论（methodology）。相对而言，宁著《史学理论与方法》倒是在方法论问题上做了较多的理论阐述，可在具体论述时，其分类又并非按照方法论的逻辑进行，比如"传统的方法"并不是一种方法论，这里面可能有多种方法论的指导，也可能从中可以概括出某种方法论来。

以马克思主义的辩证唯物主义和历史唯物主义来说（后者以前者为方法论基础），它们既是本体论、认识论，也是一种科学方法论，其特征就是"辩证唯物"四字。由于这个原则特征，强调"唯物"就会强调物质生产基础，强调生产力，强调社会经济状况，阶级的观点亦由此而来；强调"辩证"就要强调发展变化，强调事物的整体与个别的关系，强调历史主义的观点等。它为历史认识提供了多种科学方法的理论基础，因此我们可以称之为辩证唯物的史学方法论。有人说，拿一定的世界观来观察、分析和解决问题的便是方法论，此其谓也。

我们知道，史学方法论并非只有一种，而且如果几种都属科学方法论，那么即使侧重之处不同，也不见得是截然对立的，往往是可以相互补充的。比如实证主义的史学方法论就不见得与辩证唯物的史学方法论根本对立，因为前者的原

---

① 参见何兆武：《对历史学的若干反思》，《史学理论研究》1996年第2期；庞卓恒：《历史学是不是科学》，同上刊1997年第3期；何兆武：《历史学两重性片议》，同上刊1998年第1期；张耕华：《从怀疑论、配景论说到历史学Ⅱ的普遍性问题》，同上刊1999年第1期。

则是通过对史料的严格批判以确定实证史实,而且同样主张发现规律,这些原则对今天的历史科学来说,也还是基本的和必要的。所以像传统考据方法如校勘、辑佚、辨伪,甚至比较法、心理法、计量法等,都可以归为实证主义方法论指导下的具体方法。此外众所周知的是,结构主义理论虽然肇始于人类学和哲学,并将存在主义赶下历史舞台,但它分别与社会学、人类学、心理学、文学、艺术和史学等结合而造成结构主义某某学的时候,也是被当作一般科学方法论来应用的。阐释学或释义学(hermeneutics)也自狄尔泰开始被发展为社会科学的方法论,分别应用于各学科。因此,它们是作为一种一般而非特殊的"角度"理论,是在各分支学科研究需要独辟蹊径才能打破研究僵局或开辟研究新局面时,被后者借用的。因此,我们的这些论著,如果是谈史学方法论,则应该在这个层次上展开,具体的方法应归入不同的方法论,作为一个个说明问题的实例。

现在历史学概论性著述在结构框架和内容繁简、涉及深浅等方面,还是颇有一些差异的,这主要是由于对它的作用和学习它的对象有不同的认识。在一些教学实践活动中,此课程被作为入门课被放在大学一年级开设,这样,史学概论中关于史学本体和历史认识论的许多相对抽象的问题就不容易被学生理解,同时兼及文献学、史学史甚至考古学、史料学等方面的内容,也就是"拼盘"之嫌不容易避免。实际上,在某些教学规划中,对非常必要的"史学入门"课程未做安排,却不得已用"史学概论"来代行其职能,结果难免顾此失彼。

根据前述,近年来多数历史学概论性著述都是以阐述历史认识活动为主线的,书中也举了大量中外历史实例来说明抽象的理论,但对于缺乏一般历史知识的人来说,接受起来还是有难度的。这说明它在严格的意义上不是"历史研究入门",而是"史学理论概要"。这种定位又不是一成不变的。此种课程本是为了使学生加深对历史学及历史学家自身的自觉认识,但对于了解史学的真谛而言,也还只是"概论"。从现阶段的教学实践来看,我们一方面需要"历史研究入门"课程;另一方面,应该同时建设"历史概论"的课程,讲述人类历史发展外部条件及环境的理论,人类社会发展运动的理论(包括历史必然性与偶然性、统一性与多样性、社会形态、历史发展动力等),历史发展主体的理论(包括历史人物评价、创造者问题等)等,与"史学概论"成为互相配套的姊妹课程。

20世纪80年代以来出版的历史学概论性著述虽然各有不同的特点,但总体上为新时期史学理论知识的普及起到了巨大的推动作用。由于编著者的特点和考虑的不同,所以如葛著以第一章"历史和历史科学"为全书总纲,风格上夹叙夹议;白著的"历史观""历史文学""当前的主要任务"诸章为各书所无,是自己的特色;吴著"历史编纂学"一章之设颇为必要;赵著则十分强调方法的部分;宁著独一无二地论述了方法论问题;杜著、李著等在全书整体结构上比较齐整。特别是围绕这些问题而展开的学术讨论,深化了我们对史学理论体系的认识,学生除了学习具体的历史知识之外,还能具备一定的史学理论素养,用以指导自己的历史认识,其潜移默化的作用是不可低估的。

当然,摆在此类著述及其编著者面前最艰巨的任务是,随着国内、国际学术的发展,相当一些史学理论问题得到了新的探讨,有了新的认识成果,同时又涌现出一些新的史学理论问题。而我们的著述大多出版了10年甚至更长的时间,而且一直在教学中使用,因此无论从结构、内容、观点和编纂方法上,都需要做较大的调整和补充,这不仅显示学术的进步,也有利于知识的更新。人们对于客观事物的认识是无止境的,理论认识尤其如此。

上个世纪80年代以来出版的历史学概论性著述的最大意义,是在与该世纪初期出版的同类著述相比较之后才凸显出来的。它们同样都是打破原有的思想僵局,大胆吸收外来的有价值的学术思想的产物。没有这样一种时代氛围,历史学概论性著述的大量问世并通过课堂而广泛地传播是完全没有可能的。正像历史唯物论的史观通过李大钊的《史学要论》在20世纪初横空出世一样,新世纪国际上的各种历史科学知识也能为人们所知,推动中国历史学发展,进一步促进学术的成熟和思想的解放。

第二章 历史认识的基本特征

为了探索历史研究与历史认识实践活动的发生、发展、变化过程,探索个体的历史认识、群体的历史认识以及社会的历史认识各具特色的结构、形态、方式、规律,在此基础上探寻历史认识实践活动科学化、有效化的各种条件与实现机制,更加自觉地发挥历史研究与历史认识在人类知识体系和社会活动体系中的功能,有必要首先从认识论的角度对历史研究与历史认识活动进行全面的批判性的考察。

历史认识的本质,是认识主体对历史实际所提供的各种信息,依据特定的目的,通过特定的认识结构和特定的方法进行处理。这是一个包括信息获取、储存、加工、变换、反馈等众多环节在内的完整的思维操作过程。它除去一般认识所共具的性质外,还有历史研究与历史认识所独有的特征。因此,必须通过历史认识论,对这种特殊的认识实践活动进行批判性反省,以识别与纠正各种反科学的或非合理的活动,使它有足够保证地确立在科学的基础上,确立在现代科学的基础上。

现代社会与现代科学的发展,正在推进人类的整个认识实践活动从往昔线性的或平面的反映模式前进到立体化的历史文化网络系统。同人类整个认识活动一样,历史研究与历史认识今天有必要使自己的实践活动更紧密地与自然科学、社会科学、人文科学等其他各学科结合起来,与数学、逻辑学、语言学等形式科学结合起来,与认知科学、脑科学、智能模拟结合起来,在这种结合之中,运用现代认识手段,改善自己的认识方法,充实自己的认识形态,提高自己的认识能力。这正是使历史研究与历史认识实践活动确立在现代科学基础上的一项重要内容。正因为如此,有必要首先从历史认识论的高度对历史认识的基本特征和主要过程作一扼要的总体分析。

第一节 历史认识活动的结构与过程

1. 历史认识的三极能动统一结构

历史认识论的专门研究,大约兴起于 19 世纪末 20 世纪初。在此以前,虽然有不少伪史、秽史,但人们很少怀疑历史的记载与传述是否就是客观的真实的历史,很少怀疑历史学家客观而正确地认识历史实际的能力。

中国古代史家崇尚的最高学术境界是"实录"与"直书"。尽管要做到这一点困难很多,甚至要冒很大的风险,作出很大的牺牲,但是,正直的历史学家并不认为这可望而不可即。鲁宣公二年(前 607 年)赵穿杀死晋灵公,事先曾因劝谏灵公不果而出亡于郊野的赵盾被赵穿迎回辅佐朝政,史官董狐于是在史籍上记述:"赵盾弑其君。"鲁襄公二十五年(前 548 年)齐崔杼弑其君,史官据实书写被杀,他的两个弟弟照样书写又先后被杀,第三个仍然不改。董狐等人于是被树立为中国古代直书的典型。实录的典型是司马迁的《史记》。班固《汉书·司马迁传》述刘向、扬雄皆称迁有良史之材:"服其善序事理,辨而不华,质而不俚,其文直,其事核,不虚美,不隐恶,故谓之实录。"孔子作《春秋》,根据"道名分"之义即"君君、臣臣、父父、子子"之义对史事进行"笔削",吴楚之君自称王,《春秋》贬之曰"子",周天子赴践土之会本是被胁迫而行,《春秋》为之讳而述为"天王狩于河阳"。这是按照作者固守的"义"来剪裁史事,但人们照样以为这是正确反映了历史实际,而且可使后世天下乱臣贼子为之畏惧。

在西方,直到 19 世纪中叶以前,无论是按照理性或自由意志发展演变所确定模式去勾画历史发展的进程,还是像德国史学界泰斗兰克所宣布的那样,"有一分史料说一分话",历史学能够而且必须依靠史料"弄清历史事实发生的真相,按照历史的本来面目来写历史",使所写出的历史"如其实在所发生的情形一样"。严肃而认真的西方史学家们也同中国古代史家一样,从不怀疑他们历史认识的客观实在性。当然,为他们所嗤之以鼻的那些秽史、伪史除外。

可是,人们终于产生了怀疑。只要不知疲倦地无止境地搜集史料,弄清事实,历史实际便自然而然地会大白于天下吗?或者,只要掌握了宇宙真谛,就可以凭借自己所构造的历史哲学来对历史实际作一番笔削或裁剪,使历史实际一丝不挂地把自己的身躯横陈于人们眼前吗?

18 世纪康德已指出,人类对于过去历史的概念不是一成不变的,它随着文化水平的变化而不断地变化;实际上,过去决定我们对于现在的态度者少,而现在决定我们对于过去的态度者多①。19世纪末,德国哲学家狄尔泰、齐美尔、李凯尔特等人沿着康德的思路,对上述传统的信念进一步提出了挑战。他们都着重强调研究者在考察历史事实时的主体能动作用。狄尔泰(Wilhelm Dilthy,1833—1911年)怀疑历史事实能够游离于历史学家的意识而独立存在,认为历史资料与历史观念的产生都不能超越历史学家内在经历范围,同自然界这类外部世界有着原则的区别②。齐美尔(G. Simmel,1858—1918年)认为,历史学家对于他所考察的对象是永远不得而知的,因为这个对象乃是过去,已不可能再在同一处所以其原先的形态被观察到。历史学家面前所有的一切只是文献和遗迹,历史学家设法从中构造出历史事实,这种事实只能是一种主观的精神构造③。李凯尔特(Henrich Rickert,1863—1936年)强调历史研究是一门现实的科学,因为它仅仅把那些同某种一般价值相联系的个别事物看作重要的与本质的事物,作为自己考察与表述的对象④。20世纪以来,不少人坚持与发展了这些论点,美国历史学家卡尔·贝克尔(Carl Becker,1873—1945年)便是他们中的一员。他说,客观的过去已经一去不复返了,历史只是形象地被再创造而再现于我们的头脑中。我们形成关于历史的概念,部分是出于当前的目的和需要。过去就像一块银幕,我们在它上面投下了对未来的幻想⑤。所有这些论点,突出了历史学家本身的内在经历、主观精神、价值取向、现实需要对于历史认识的制约作用,这种作用甚至被判断为决定性的作用。英国哲学家柯林武德的《历史哲学的性质和目的》对此说得更加有力:"历史就其基本形式来说,就是知觉。知觉是最简单的历史思维的形式;它是对事实的最基本的确定……历史学家所了解的世界就是知觉中所形成的世界的充实而已。正如艺术是最强化了的想象,历史

---

① 柯林武德在《历史的观念》中指出:康德的功绩是"他说明了为什么应该有像历史这样一种东西的存在;他说明,这是因为人是一种有理性的生物,因此他的智能的充分发展就需要有一个历史过程……于是,历史就是朝着合理性的一场进步",而"成为那一过程的主要来源的力量……是激情、思想上的愚昧和道德上的卑鄙"(见中译本,第112、116页)。
② 狄尔泰:《历史中的意义》,艾彦、逸飞译,中国城市出版社,2002年,第103~104、105~106页。
③ 齐美尔:《历史哲学问题》,转引自柯林武德:《历史的观念》,第193~194页。
④ 李凯尔特:《历史上的个体》:"从逻辑上讲,历史这个概念,可以这样来表述:只要历史所研究的是那些一次性的、个别的现实事物本身,而它们又是独特的现实事物,我们对它们确有所知,那么历史就是现实科学;只要它所采取的是对众人均为有效的纯观察立场,只要它仅仅把那些因为和某种一般价值相联系才成为重要的或本质性的个别现实事物或历史的不可分个体作为自己表述的对象,那么历史就是现实科学。"(见《现代西方历史哲学译文集》,第37页)
⑤ 贝克尔:《什么是历史事实?》,见《现代西方历史哲学译文集》,第233、238页。他强调:历史学家个人因素必不可免地要掺杂到想象中的事实和它们的意义之中,因而,"任何一个事件的历史,对两个不同的人来说绝不会是完全一样的;而且人所共知,每一代人都用一种新的方法来写同一个历史事件,并给它一种新的解释"(同前书,第237页)。

是最强化了的知觉。""历史学家所阐明的过去的事件,是由他的思维所揭示的,而且仅仅是当他的思维在试图了解他感官面前的这个世界时所揭示的;在他的感觉世界中没有留下痕迹的任何一个过去的事件,他是不可能知道的。"①历史学家在历史认识中的主体作用在这里得到了极为充分的强调。人们可以简单地斥责这是主观唯心主义,但是,它确实提出了一个非常严肃的问题,即并非过去所有的事实都会成为历史事实,或者都会被历史学家当作历史事实而加以考察和处理。历史事实本是独立于主体之外的事件本身,但是,历史学家的工作并不是仅仅集合这些事实和诠释这些事实。历史事实不仅仅属于本体论的范畴,而且属于认识论范畴。因为哪些事实能够成为历史事实,这些事实在多大程度、什么层次上展开它的外延与内涵,都离不开历史学家对它知觉的情况以及对所知觉的情况采取的态度。对这一切采取不承认的态度,显然是不足取的。

怀疑还产生于另一端,即历史事实、历史实际本身是否一堆僵硬的尸骸与完全凝固化了的各类遗物的堆积。提出"一切真历史都是当代史"著名命题的意大利历史哲学家克罗齐便强调,当代性不是某一类历史的特征,而是一切历史的内在特征,应当把历史跟生活的关系看作一种统一的关系,一种综合意义的统一,"也就是既包含着区别又包含着联系的同一性"②。当代一词表明,精神的存在每一瞬刻都是历史的创造者,同时也是全部过去历史的结果,精神含有它的全部历史,历史和它本身是一致的③。柯林武德提出了与此相类似的见解。他认为,史家所研究的过去并非已经死去的过去,而是在某种意义上目前依然活着的过去,因此,史学所研究的对象就不是事件,而是在不断转化中演进的历程。今天由昨天而来,今天里面包含着昨天,过去的历史并没有死去,它仍然存在于现今仍在持续的历程中。历史知识是对囊缩于现今思想结构之中的过去思想的重演,现今思想与过去思想相对照并把它限定在另一个层次上④。克罗齐与柯林武德虽然主要从精神与思想的角度立论,但是不容否认他们表现了相当深刻的洞察力。他们注意到了一个长期为人们所忽视的事实,即已经成为过去陈迹的历史实际上仍然存在于现实生活之中,参与着现实生活的创造与维系,从这个意

---

① 见《现代西方历史哲学译文集》,第 163~164 页。柯林武德在《历史的观念》中强调:"历史的过去并不像是自然的过去,它是一种活着的过去,是历史思维活动的本身使之活着的过去","历史过程之中,过去只要它在历史上是已知的,就存在活在现在之中"(见中译本,第 256 页)。
② 克罗齐:《历史与编年史》,见《现代西方历史哲学译文集》,第 294 页。参见克罗齐:《历史学的理论和实际》,傅任敢译,商务印书馆,1982 年,第 3~4 页。
③ 克罗齐:《历史学的理论和实际》,第 13 页。
④ 见《现代西方历史哲学译文集》,第 161~162、163~164 页。参见柯林武德:《历史的观念》,第 256 页,译文有较大差异。

义上说,它仍然是活的即继续保持着生命力继续发挥其影响展现其作用的运动。不同的时代不同的历史学家对历史的认识千差万别,不仅因为他们主观条件不一样,还因为客观的历史本身在不同的时代不同的场所起着不相同的实际作用。

为了在将历史视为客观地编辑事实与将历史视为历史学家重构历史事实这样两种相悖的见解之间找到衔接点,不少哲学家与历史学家从不同视角作了努力。英国著名史家爱德华·霍列特·卡尔(Edward Hallett Carr,生于1892年)的"对话"论,便是其中较有影响的一种。他主张"航行"于以过去为重心及以现在为重心这两大历史观之间,将历史解释为历史学家跟他的事实之间相互作用的连续不断的过程,是现在跟过去之间的永无止境的问答交谈,是过去的事件跟前进中出现的将来的目标之间的对话。历史学家所做的工作,就是连续不断地把他的事实放进自己解释的模型中加以塑造,又把他的解释放进自己的事实的模型中加以塑造①。形式上,他力图避免传统的历史认识论与19世纪末以来新近形成的历史认识论各自的偏颇,而又综合两者之所长,但是,还不能说他已解决了两者如何在实践中真正统一起来的问题,因此,"对话"论便往往难于避免陷于某种进退失据的折中论或二元论。

然而,无论各派的观点各有什么短长,他们的探索与思考以及他们相互之间的争论无疑有力地推动了历史认识论的研究。在迄今为止既有的研究成果基础上,今天已有条件更全面地考察历史认识区别于一般认识的主要特征。

往昔阐述历史认识的特点,无论以过去或历史资料所记载的事实为重心,还是以现在或历史学家对历史事实的重构及重新诠释为重心,抑或调和这两种不同的观点,他们其实都基于一个共同的思维模式,这就是以思维与存在、精神与物质、意识与自然为对立两极的两极思维模式。

以过去或历史资料所记载的各种事实为重心者,大多数以过去留下的史料所反映的历史事实与客观存在的历史实际为一体,认为人们对历史的认识就是对于真实史料或史料中的真实记录的复写、反映。傅斯年承袭兰克所确定的信条,说:"近代的历史,只是史料学,利用自然科学供给我们的一切工具,整理一切可逢着的史料。"②他的这一观点,成为历史语言研究所工作的基本信条。这就是通过将史料等同于历史实际来将历史认识划定为两极思维。

以现在或历史学家对历史事实的重构及重新诠释为重心者,注意到反映或记述历史过程的各种文献、资料原就是特定历史认识的产物,是先前世代历史学家主体活动的结果。持这一观点者,认为所有历史资料,无论是当时所见、所闻、

---

① 参见爱德华·卡尔:《历史是什么?》,第28页。
② 傅斯年:《历史语言研究所工作之旨趣》。

所感的实录,还是事后的追述、回忆、评论,都必然会注入认识者的主观因素,其结果,所表述的事实便会因人、因事、因主客观条件不同而相异。规模宏大、性质复杂的事物被认知时如此,极为简单而细微的事物被认知时也常常不免如此。这一观点,是通过使史料充分主体化而使之等同于历史学家主观活动而将历史认识过程归结为两极思维过程。

历史实际与历史学家"对话"论者,同样不能比较全面地了解历史实际及历史学家所固有的主要特征,不了解历史资料在历史认识过程中的特殊地位与特殊作用,因而这一理论实际上同时保留了以上两种立论的弱点。

其实,历史认识本质上乃是一种三极思维活动。它是历史认识的主体人(包括历史学家、社会精英层与全体社会成员等不同层次)和历史认识的客体历史实际(包括个别的历史事实、完整的历史过程、历史发展的客观规律等不同层次)经由中介质历史资料(包括文献、文物、传说、现实生活中蕴涵的历史因素等不同方面)在社会实践及历史研究科学实践基础上能动的统一。

历史认识之所以是一种三极思维而不是两极思维,首先因为历史认识的客体、主体与中介都是相对独立的实体,是各自具有独立品格的客观存在。

历史实际是已经发生了的事变、过程,它一经发生,就成了不可能更改的既定存在。孔子与亚里士多德,秦始皇与恺撒,后人可以给他们涂抹上各种不同的色彩,作出截然相反的价值评判,但他们自己的言与行,他们的精神与功业,无论有无记录、有无遗迹,一经发生,便成了客观的历史实际的一部分,不再以他人的意志为转移。当然,孔子与亚里士多德,秦始皇与恺撒,以及其他历史人物与历史事变,并没有因为他们的去世或事变的告一段落而结束对于整个历史进程的影响。汤因比在分析文明在时间上的接触时,将过去与现在的接触概括为几种不同的类型:一是过去将它的一部分传递给现在,这一部分在现在得到生长;二是过去垂死,但孕育产生了胎儿,形成了"亲体—子体"的关系;三是复兴,一个成长了的文明和它的久已死去的亲体的"阴魂"接触;四是复古,一个社会企图回到自己发展过程中的早先阶段。这一分析可以用来考察各种历史人物、历史事变在漫长历史进程中实际的历史作用和历史影响。孔子与亚里士多德,秦始皇与恺撒,他们的所作所为,或者以肯定的形式,或者以否定的形式,或者以肯定—否定的形式或否定之否定的形式,或者以规范的形式,或者以扭曲的形式,作用于后世,影响着和制约着后世的历史创造者以及这些人所从事的历史创造活动,这一切,成为孔子与亚里士多德,秦始皇与恺撒历史实际的一个有机的构成部分。就这一部分而言,他们仍在参与着历史的变迁、历史的发展,仍处在生长与变更之中。但是,所有这一切,既然已成为历史实际的一部分,就成了客观的社会存在，人们可以正确地对之加以认识，也可以加以歪曲，但推翻不了他们自身的客观实在性，却是毫无疑问的。

历史认识者本身也是一个各具独立性格的客观存在。有思想、有感情、有意识、有性格的、活生生的人不可能只是一面镜子，只是机械地反映外在的事物。人作为历史发展的一定阶段的产物，作为特定的社会关系的总和，作为一个有生命的现实的个人，他们认识历史的活动，不能不受到他们的社会地位、价值取向、知识结构、思维方式、行为环境、工作方法以及利益驱动的直接影响。社会地位与价值取向，经常决定着历史认识者认识历史的目的要求、需求的方向与强烈程度、价值评判的标准及追求科学结论的基本态度。知识结构与思维方法，是人们接受先前世代与同时代知识成果的结晶，不同的知识结构与不同的思维方法，将为人们提供不同的参照系统、理论构架、规范程式、观念体系，提供不同的工作与认识的能力。行为环境与工作方法，是历史认识者实际地认识历史的操作系统，它们直接关系着人们的认识能力能否顺利地得到施展，人们认识历史的活动能否健康地进行。人作为历史认识的主体所有这些主观的因素，也是客观历史发展的结果，也必定受到社会生产力发展程度、科学技术发展总水平、社会阶级与集团利益互相冲突的状态、社会文化与政治制度的成熟情况等客观条件的影响，但是，所有这些主观因素一旦形成，便不可避免地要对整个历史认识活动产生积极的影响。

历史资料范围极为广泛。前人曾将它分作传说与遗物两大类，或分作文字与非文字两大类，也有人将它分作原料与次料、直接史料与间接史料两大类。按照资料的性质，大体上可以分成四大类：(1)各种历史文献、文书、档案及其他文字资料，现代又加入大量音像资料；(2)各种口述历史，包括各种回忆、口碑、传说；(3)各种遗址、遗物，包括各类石器、陶器、瓷器、金属器物、书画与其他文物；(4)各种非物质历史遗迹，包括语言、风俗、习惯、制度、规范、伦理、道德、宗教、歌谣、成语及其他传统。历史资料是客观存在的历史实际遗留下来的各式各样的信息、痕迹、遗产，是历史实际的副产品，就这一点而言，它缺乏独立性。但是，历史资料一经产生，便成了不以人们意志为转移的具有独立性的客观的存在。历史资料不等于历史实际，却是历史认识者借以了解历史实际不可或缺的中介。诚然，历史资料在时间的流逝中会有所流失或有新的发现，随着历史本身的发展，许多原先为人们所忽略甚至一直熟视无睹的材料会进入历史资料的范围，同样的历史资料会显现出先前所未曾暴露的新的内涵、新的价值，这就是说，历史资料也会变化，它自身也将是一个运动中的过程，但这一切仍然不能改变历史资料的独立存在的性质。

历史实际、历史资料、历史认识者构成了各具独立的三极，它们之中的每一极都积极地、能动地作用于其他两极。历史实际为历史资料之本，历史认识之源。它决定着历史资料的成毁、增减、范围、性质、数量,决定着历史认识者的时代水准与个人水准,决定着他们的价值取向、思维方式、研究方法、工作条件、外在环境。历史资料是历史实际依以显现的主要形式,是历史认识者借以把握历史真实情况的主要依据,它的真伪存亡常常直接关系着历史实际能否如实地被认识,决定着历史认识者的研究活动能否取得应有的成果。历史认识者本身作为整个历史认识活动的主体,他们的研究能力、研究方向、研究水准、研究投入程度,常常直接决定着他们愿不愿及能不能正确清理各种历史资料和正确面对历史实际。历史实际、历史资料、历史认识者所同具的这种相对独立而又积极作用于其他两极的能动性,使三者相互之间形成了一种充满活力的动态结构,使历史认识超越了两极思维的一般模式,而成为具有自身特征的三极思维活动。

历史认识、历史思维离不开社会实践与历史学家的科学实践。历史认识中的三极只有在实践中才能达到统一。

历史认识三极的统一只有在一定的社会实践基础上才能实现。这不仅因为历史实际本质上就是实践的,历史资料与历史认识者都离不开社会实践,更重要的是社会实践的发展水准,决定着历史实际显现的程度,决定着历史资料存留的情况及范围的大小,决定着历史认识者思维方式及研究手段的时代水平,决定三者互相作用的总方向、总水平、总限度。历史学家认识历史,不仅要从历史资料中清洗出往昔的社会实践状况,而且要敢于正视自己所处的时代与国家社会实践的状况。不了解现实社会,不参与活生生的社会实践,就很难甚至可以说就不可能真正理解历史发展的内在联系,真正理解历史资料同社会实际的关系,真正理解自己的认识能力与认识限度,这样,便不可能自觉地使历史认识的三极达到统一。而三者不能实现自觉的统一,则不可避免地要在历史认识中产生很大的偏差或片面性。

历史认识中历史实际、历史资料、历史认识者三极自觉的统一,主要实现于历史学家或历史认识者的科学实践中。历史认识三极离开了研究者不畏艰险勇于登攀的科学实践,便不可能互相能动地达到统一。一旦三者互相脱节或互相敌对,历史认识将不可避免地会为曲解、迷惑与谬误所充斥。然而,每一个历史学家或历史认识者个人的实践又毕竟是有限的,所以,三极的统一还有赖于历史学家总体的科学实践,这一方面是指同时代众多历史学家分别进行或协作进行的研究活动,另一方面是指不同时代历史学家科学研究活动的不断积累。同时代众多历史学家的科学实践,方向或一致或不一致,方法与成果或相同或相异,不同时代历史学家的科学实践也是如此,他们的工作一部分会互相冲突甚至会互相抵消,但是另一部分会互相补充、互相订正、互相启发、互相推进。正是这种科学实践的总体,使历史认识的三极互相能动的统一有了坚实的直接保证。

历史,从本质上讲,无非是追求着自己目的的人的活动。历史认识或历史学,因而也就是一门人的活动学,一门自我发现、自我创造、自我维护、自我变更的综合实践科学。人是自身历史的创造者和行动者。人从必然状态走向自由状态,最终脱离动物状态而成为名副其实的人,本质上就是在持续不断改变现存状况的现实运动中实现自我超越。从这个意义上说,历史学名副其实地是一门社会实践科学。历史认识,无论是对先前历史的回顾和重新诠释,还是对当前现实的剖析,无论是透过矛盾的历史资料查寻历史真实状况,还是培养与训练提高历史学家自身的认识能力,都离不开社会实践与科学实践。可见,历史认识活动中历史实际、历史资料、历史认识者这三极的统一,归根结蒂,依存于历史活动及历史认识的这种实践性。

掌握了历史认识中历史实际、历史资料、历史认识者这样一些共同的特征,就有可能进一步了解历史认识活动中主体、客体与中介物三极能动地达到统一的具体过程。

2. 历史认识的感性、知性与理性认知过程

纵观人类认识历史的全部进程,可以看出,历史认识者同历史资料、历史实际三极的统一,大体上都得经历一个从感性到知性再到理性的依次推进历程。

原始时代,人还处于蒙昧与野蛮状态,人的思维还处于感性直观占据支配性地位的阶段。历史意识这时已经萌芽,它表现为人的记忆能力的非凡发展,"刻木为契,结绳记事"等简单而质朴的记忆工具的运用,口头传说的广泛传布,各种现象之间神秘主义的联想与猜测,神话与图腾信仰的世代相袭。随后,出现了文字。文字的发明,被视为人类从野蛮状态走向文明的一个重要标志,而它的发明,与历史记录的需要有着直接的关系。甲骨文中"史"字已频繁出现,字形的构成,就是以手持刀在甲骨版上刻画文字。清代学者龚自珍《古史钩沉论二》称:"周之世官,大者史。史之外无有语言焉,史之外无有文字焉,史之外无人伦品目焉。"[①]他的论述虽然不很准确,但是,他所说的历史记录与文字的关系,历史记录同随后产生的各种思想学术文化的关系,却大体反映了人类始初的实际情况。这一阶段的历史意识,相当于黑格尔《历史哲学》中所说的"原始的历史"[②],历史

---

① 《古史钩沉论二》,见《龚自珍全集》,上海古籍出版社,1975年,第21页。
② 黑格尔:《历史哲学》,王造时译,第39页。李秋零的《德国哲人视野中的历史》(中国人民大学出版社,1994年)据霍夫麦斯特编《历史哲学讲演录》最新版本绪论部分《历史中的理性》,译作"原初的历史",其特点为:"他们所描述的主要只是自己亲眼目睹、身历其境、生活于其中并自始至终经历的行动、事件和情况;他们与这些事件及其精神甚至休戚相关。"(见该书第269~270页)

认识者将他们所熟知的各种行动、事变变为一种观念的作品,随后又变为文字的作品,这些作品着重描绘短暂的时期内有限范围中人和事变的个别形态,表现若干单独的、无反省的特征,具有明显的感性直观性质。历史认识者、历史资料、历史实际三极及其统一,基本上都处于这样的水准。历史认识者满足于亲身经历或口耳相传事实的记述,历史资料基本上是一鳞半爪的流水账式的片断记录,历史实际只显示了若干个别的表象的方面。这就是历史认识总进程中的感性阶段。

历史认识总进程中的知性阶段,人们对于历史已不满足于先前的感性直观的了解,而要求比较完整地了解历史沿革的全过程,了解历史事件之间的因果关系,对历史活动作出价值判断,从历史的经验与教训中获得鉴戒。黑格尔将这一时期的历史认识称作"反省的历史"①。他将反省的历史分作四类:(1)普遍的历史,综览一个民族、一个国家或整个地区、整个世界的历史;(2)实验的历史,通过对于历史事变所作的道德上的反省,提高人的心灵与品质,将历史的经验与教训介绍给各个君主、政治家和各民族国家;(3)批评的历史,对各种历史记述的真实性、可靠性作检查,对这些记述所贯穿的精神、道德、信仰、观念进行审定;(4)分类的历史,即艺术、法律、宗教等各种专门史,通过这些侧面,探索历史发展过程中内在因素的作用,使历史认识从现象向本质深化。这一阶段历史认识的总体特征,很集中地反映在中国文字"史"的新诠释中。史原是以手持刻具向甲骨版作记录,东汉文字学家许慎《说文解字》中史的含义已有了很大变化:"史,记事者也,从又持中。中,正也。"虽然仍强调记事,但突出了以中正的尺度来记事。宋代徐锴《说文系辞》便直率地说,史的本义就是"记事当立于中正也"。清代段玉裁《说文解字注》更具体地说,"从又持中"就是"君举必书,良史书法不隐"。对史字所作的新解释,反映了历史认识的新要求、新水准。历史认识的这一阶段的基本特征,就是把感性直观材料组织起来,使之构成有条有理的知识。它将历史看成一代复一代互相类似的活动的循环或反复重演,反映了当时社会结构本身的稳定甚至可以说是凝滞,社会历史确乎近于同样生活现象的不断重现。这种历史认识,主要是通过先前生活秩序的梳理与评介,为人们提供榜样、例证与鉴戒。司马光《资治通鉴》宣布,史著的目的就是"叙国家之兴衰,著生民之休戚,使观者择其善恶得失,以为劝戒",这是具有充分代表性的。

历史认识发展的一个新的阶段,人们对于历史的认识不满足于感性直观的

---

① 黑格尔:《历史哲学》,第42~46页。李秋零的《德国哲人视野中的历史》译作"反思的历史",其特点为:"它的叙述超越了作者本人身历其境的东西,不是作为在时间上、在生动性上身历其境,而是作为在精神上身历其境来对待真正的全部过去的。"(见该书第270~271页)

了解，也不满足于知性的了解，而力图在此基础上达到内在本质联系的认识。这就是历史认识的理性阶段，历史认识者与历史实际经由历史资料在更高的层次上实现统一。

在人类认识历史的总进程中，历史认识发展的这一新的阶段，可以说，发端于欧洲的文艺复兴及继之而起的启蒙运动。美洲的发现及广大地域的殖民地化，资本主义商品经济的广泛发展和工业革命的胜利实现，世界市场的开拓，自然力的被征服，航运和陆路交通的发达与便利，巨大生产力的创造，科学技术的接二连三划时代的发明，改变了整个世界，也改变了历史活动本身的面貌。历史第一次发展成为真正的世界史，人们首次真正将自己的历史与整个世界的活动直接联系在一起。人们所接触的世界，无论在时间的轴线上，还是在空间的范围上，都空前扩展了；他们同历史的联系，比之往昔空前地纷繁复杂化了。他们对于历史的认识，不再满足于往日知性的了解，不再满足于记述过程、对历史活动作出道德评判及用作鉴戒，而要求对历史的内在联系、内在规律作深入的了解。历史资料比之先前范围大大扩展，无数新的资料、新的发现给重新认识历史、较为深入而全面地认识历史提供了可能。于是，历史认识上升到了黑格尔所说的"哲学的历史"①阶段。

柯林武德《历史的观念》将历史认识的这个新阶段，称作"科学历史学的滥觞"及"科学历史学"阶段。他将前一时期的历史认识称之为"剪刀加浆糊的历史学"②。其时，历史学家们为了解某一问题，着手寻找、摘录和编排各种不同的权威们的证词。这种历史认识，在本质上，只是重复别人在他以前所已经做过的陈述。这种剪刀加浆糊的认识方法乃是晚期希腊—罗马世界和中世纪所知道的唯一的历史方法。柯林武德认为，只是到了 17 世纪，当自然科学的后中世纪改革获得完成的时候，历史方法上方才开始了两种新运动，一是对权威们作有系统的检验，以便确定他们相对的可靠性；二是通过使用非文字材料来开阔历史学的基础，在此基础上，形成了"批判的历史学"，成为"科学历史学"的滥觞。在科学历史学中，任何东西都是证据，世界上的每一件事物对于任何一种主题都是潜在的证据。剪刀加浆糊的历史学家是以一种简单的接受性精神来处理这些历史资料的，科学历史学家则努力从历史资料中提炼出某种与原先的陈述完全不同的东西。在科学历史学中，历史学家的认识活动表现出鲜明的自律性与创造性，他们

---

① 黑格尔：《历史哲学》，第 46~47 页。李秋零的《德国哲人视野中的历史》指出：黑格尔 1822 年的讲演没有对"哲学的世界历史"更多地展开讨论，1830 年讲演则明确地把"哲学的世界历史"称作"历史哲学"，这就是确认"世界历史的进程是合理性的，它是世界精神的合理性的、必然的进程"（见该书第 274~276 页）。

② 参见柯林武德：《历史的观念》，第 292~293、316~320、348~349 页。

的思想渊源于他全部经验的有机统一体，成为他那时代的产儿，他们感兴趣的东西因而也是他同时代人感兴趣的东西。历史思维总是反思，就是总思维着思维的行动，而研究历史正是为了认识人类自我。柯林武德的这些分析，实际上正表现了历史认识发展到理性阶段的历史实际、历史资料、历史学家新的特点，这三者在新的社会实践基础上的统一，以及与先前阶段的区别。尽管他本人并没有清楚地意识到这一点。

人类认识历史的总进程，可以说，大体上经历了上述感性的、知性的、理性的三个依次推进的阶段。就认识每一个重大的历史事变、每一阶段历史进程、每一重要历史人物而言，一个完整的认识过程，通常也要经历这样三个阶段。一般说来，从相互矛盾的各种历史资料中清洗出一个个历史事实，相当于历史认识的感性阶段；集合相关的若干被清洗出来的历史事实，以复原历史过程，相当于历史认识的知性阶段；透过历史事实与历史过程探索历史发展的内在联系与内在规律，提高人们在历史所提供的现实基础上创造新的生活的自觉性，相当于历史认识的理性阶段。

历史认识很少始于直接的感性经验。即便是身历其境的当代史，自己亲身经历的也只是极小一个范围、一个片断，要了解较为完整的过程，非依靠大量资料不可。研究已经成为过去的各段历史，当然更要依靠各种历史资料。以史料的搜集、辨析与抉择为历史认识的感性阶段，并不是借此直接感知历史事实，而是确认历史事实的清洗为整个历史认识的出发点。从矛盾的历史资料中清洗出历史事实，实际上也是一个历史实际、历史资料、历史学家三极互相摩擦、互相冲突、互相渗透、互相统一的复杂过程。

历史资料，按照它反映历史实际的程度和状况，有真伪、偏全、精粗、聚散、存佚等之分，因之，在清洗历史事实时，必须做大量的博采、钩沉、辨析、选择、确证、核定工作。历史资料之中最根本的矛盾，就是它所反映的客观因素与资料制作者、提供者、整理者主观因素之间的矛盾。卡尔·波普尔（Karl Popper，生于1902年）《历史有意义吗？》说过："所谓历史'资料'只是记载那些被认为具有相当意义而值得记录的事实。因此，一般地说，历史资料只包括那些符合于一种预先设想的理论的事实。"[1]历史资料本身的这一特征，决定了即使记录者极为忠实地面对事实，它也免不了要受到各种局限。要通过对史料的广泛考察，把其中包含的各种点滴真相精选出来，就必须审慎地剖析历史资料自身所包含的这些矛盾，审慎地研究资料制作者、提供者、整理者的处境、心态、水平，要像法庭审查

---

[1] 见《现代西方历史哲学译文集》，第183页。

刑事案件一样，对于各种人证、物证，按照它们同事件的密切程度及内在关系，逐一审核。

历史学家在处理历史资料时，同样有一个处境、心态、水平问题。首先，是不是敢于本着实事求是的精神，对历史资料及其所反映的情况深入追究？这常常直接决定于认识者同历史实际千丝万缕的或虽然隐蔽却实际存在着的利害关系，当然，有时也有许多感情因素或其他因素掺杂其中。其次，是不是善于针对历史资料质疑解惑，这更多地取决于人们的知识结构、知识基础、思想水准与工作能力，取决于是混乱还是清醒，肤浅还是深刻，愚蠢还是卓智。当人们权衡历史资料所提供的各种证据时，由于水准参差不齐，甚至高下悬殊，必然会带来非常不同的后果。历史学家自身发展的限度，与历史实际发展的总水准联系在一起，它又反过来限制了对于历史资料的处理，大量的伪史、秽史的存在，客观与偏见的冲突，歪曲事实与坦诚正直的较量，创造性的发现与无病呻吟的人云亦云，这些都表明，历史事实的清洗并不是通常意义上的感性认识，它是一个很严格、很复杂的思维过程。

审核历史资料和清洗历史事实所经常使用的内证法、旁证法、反证法、理证法等，主要是通过大量的比较，发现矛盾，进一步剖析源流，确定是非取舍，这中间事实上不仅有感性认识，也有知性的与理性的思维活动。因为按照什么标准来搜集与整理资料，确定哪些事实属于清洗的范围，在核对事实和检验结论时应遵循什么样的一以贯之的准则，如是等等，都属于知性与理性活动的范围；内证、他证、补证、反证、理证等，更是非常周密的推理过程。但是，就认识历史事变、历史沿革总体而言，各个个别事实的清洗，毕竟只是一个个分散而孤立的素材，它们本身非但不能说明历史的完整过程和历史发展的本质，甚至还不足以构成一个系统的知识。它们甚至可能沦为一堆互不相干的遗闻轶事。因此，清理出这些史实，只能说历史认识的完整活动方才开始。认识必须深化，必须升华到一个更高的层次。正因为如此，审核历史资料、清洗历史事实仍应视为历史认识的感性阶段。

历史认识的知性阶段，是感性认识的延伸与升华。人们分别按照时间、空间范围及事实自身的相关相类，整列和编次已被清洗出来的诸历史事实，以大致复原业已过去的历史过程。各种编年史、年谱、日志、大事记、年表、实录，都是按照时间先后整列史实的形式。各种方志、地区史、国别史、世界史，都是按照空间位置的不同整列史实的形式。各种志、典、专门史，都是按照事实自身相关联或相类似整列史实的形式。也有综合时间、空间及事实内容于一体整列史实的，如各种通史、断代史。凡此种种，都既反映了客观历史运动自身的内在联系，又表现了历史认识者在特定时代环境中形成的范畴、模式在认识历史中的制约作用,表明历史认识的知性阶段是较之清理历史事实远为复杂的一种更高层次的思维活动过程。

按照时间先后编次史事,无疑是人类最早,也最基本、最广泛使用的一种整列历史事实的形式。自古以来,有着各种不同的时间观。古代占支配地位的是一种循环论的时间观。《吕氏春秋·大乐》:"天地车轮,终则复始,极则复反,莫不咸当。"时间的顺序,因此只在很小的范围内有意义,在大多数场合,它只是一个象征性的符号。董仲舒《举贤良对策》说:"古之天下,亦今之天下;今之天下,亦古之天下。""道者,万世亡弊。"这是认定时间的流衍对历史实际的发展变化没有什么决定性意义的代表性论点。古希腊、古罗马人将世界从降生到灭亡和再生的时间称作"大年",认为人类历史就是一个又一个"大年"的重复,每一个"大年"大约1.8万年,是一个循环的大周期。古代印度称这个周期为"劫数",每劫之中,包含成、住、坏、空四个时期,世界历史就是这样周期性地毁灭与重新开始。从基本方面看,同中国古代循环论时间观如出一辙。近代以来,这种循环论的时间观渐次为绝对论的时间观与进化论的时间观所取代。牛顿《自然哲学的数理原理》提出了绝对时间与相对时间两个概念,认为绝对时间就是与外界任何事物无关、独立、万古不变、持续地均匀流逝着的时间,相对时间就是人们可感觉的外部的可以用年月日时来量度与表示的时间。其后,人们在此基础上,进一步提出时间是物体存在的先后次序,时间的流逝与进化的历程紧密结合在一起,时间就是生命,时间就是价值,时间的积累就意味着发展与进步。在这种新的时间观的支配下,在史实的整列中,时间观念便越来越强烈,时间的要求也越来越严格,越来越精确。当然,也有对于这种时间观持异议者。汤因比《我的历史观》便说:"一切叫做文明的各种人类社会的历史,在某种意义上说都是平行的和同时代的。"①人类文明出现不过五六千年,与生命生存的年代、地球与太阳系及银河系生存的年代相比,只是非常短暂的一瞬,因此,"从称为文明的人类社会史的意义上说,历史显然是一种新的艰巨复杂的冒险事业中的一组平行的、同时代的和新近的试验"②。

其实,时间观的不同,也正是历史实际本身发展的不同速度、不同节奏的曲折结果。相对论产生以后,人们对时间的本质已经有了新的认识。狭义相对论发现,时间的流逝随着物体运动速度的加快而延缓,比如,在以每秒8千米速度行驶的宇宙飞船上,时间比地球上延缓2‰。古代,农业文明速率与节奏缓慢,

---

① 见《现代西方历史哲学译文集》,第177页。
② 同上书,第176页。

原来的生产方式、生活方式以同一规模、同一面貌不断重复地再生,时间的流逝在那里除了几百年一次周期性危机爆发时显得较为急迫外,确乎近于停滞,或仅仅平静而均匀地默默自行运转着,历史在时间上便显得没有发展,没有突破,充其量只有同样类型历史变故的循环往复。近代以来,工业文明速率与节奏大大加快。原封不动地保持旧的生产方式,是过去农业文明存在的首要条件;而工业文明则要求生产的不断变革、一切社会关系不停的运动。时间在这里的流逝,不再是意义不大,而是至关重要,因为它意味着各种旧的固定的东西不断破坏,各种新的处于永远不安定状态中的东西不断产生,意味着历史的不断前进。绝对论与进化论的时间观之所以会取循环论的时间观而代之,正因为不如此不足以整列新的历史条件下涌现出来的各种史实,不足以使历史面目得到复原。

按照空间位置整列史实,也有与此相类似的情形。最初,占据支配地位的是大一统的空间观,将窄小的地域范围内的狭隘联系夸大为一统天下,对周围地域茫然无知或视而不见。其后,取而代之的是中心论的空间观,看到了周围的地域,但只将它们看成自己的附属物。再后,形成真正的世界性联系,产生了世界意义上的空间观。在这种种不同的空间观下,人们整列史实的空间范围在一步步扩大,史实所处的空间位置也一步步给放到较为恰当的地方。

按照事实内容的相关与相类来整列史实,体现了历史实际多侧面、多层次性同人的认识的有限性的统一。历史上的政治、经济、社会、文化以及它们内部的各种不同的成分,从古到今有一个发展变化过程;人们的政治观、经济观、社会观、文化观从古到今同样有一个发展变化过程。各类专门史对史实的整列,也就必然有着极大的差别。在这一类史实整列中,人们用以观察历史的模式结构,常常起着直接的决定性作用。以近代现代中国社会历史的变迁而言,人们可以用帝国主义侵略与中华民族反侵略、封建主义压迫与人民大众反封建的模式去整列历史事实;可以用中国从传统社会逐步走向现代社会的模式去整列历史事实;可以用西方发动冲击和中国产生反应的模式去整列历史事实;还可以用既有传统社会自身周期性的运动又有现代化运动,两者既相矛盾又相渗透,因而形成激烈撞击与动荡的模式去整列历史事实。历史实际是客观存在的,但不同模式下复原的历史过程则有着重大差别,它们反映历史实际的水准也就大不一样。当然,这些模式也表现了认识者自身的不同处境、不同取向、不同思维方式、不同观察能力。

所有这些事实说明,当一个个历史事实被从互相矛盾着的历史资料中清洗出来之后,人们就必须借助时间、空间及各种范畴各种模式对这些史实加以整列,否则,将无法见到历史过程的全貌。时间观、空间观及各种模式范畴也是历史的产物,但是,它们毕竟不是人们随心所欲制造出来的,历史实际自身的发展状况、发展水准经由各种途径制约着时间观、空间观与各种模式范畴的变化。正因为如此,按照时间、空间及各种模式范畴来整列史实,复原历史过程,代表了历史认识中较之感性认识为高的一个新的认识阶段,即知性阶段。

从现象的认识升华为本质的认识,是历史认识的理性阶段。

人们认识历史伊始,便努力窥探历史运动的内在奥秘。最初,人们只有简单而朴素的感性直观及其记忆,没有丰富的历史事实,更没有比较系统的史实整列,于是,历史本质的猜测表现为大量神话世界的描绘与神秘主义的联想。神话世界在古老风俗习惯掩盖下成为过去时代的想象,并支配着人们现实的生活观念;神秘主义的联想成了人们对各种不解的历史现象最合理的解释。

评判与借鉴式的历史形成与发展起来以后,史学家也曾试图了解历史现象背后隐蔽的力量,司马迁"究天人之际,通古今之变,成一家之言"因之成为千古名言。但是,其时,历史发展的实际本身还没有把自己的本质比较清楚地显露出来,而人们的理性思维也还没有足够的发展,因此,当时对历史的理性认识虽然有感性认识与知性认识为其基础,却并没有健全地发展起来。将历史说成土、木、金、火、水五德循环往复的"五德终始"说,黑统、白统和赤统依次更迭而改朝换代的"三统"说,据乱世、升平世、太平世三世递进的"三世"说,以及重点关注人与自然关系的天人感应、天人合一说,天下大势分久必合合久必分说等,保留了浓厚神秘主义色彩的解释,在相当一段时间中支配了大批历史著作,支配了人们对于历史的理解。

对于历史实际内在本质的认识,必须以感性的与知性的认识作基础,同时,还有待历史认识者自身的理性思维能力有必要的发展,而这又有待社会本身从神学统治下的中世纪走向与理性和科学结合在一起的近现代,有待自然科学、社会科学、人文科学、思维科学等各种科学的普遍发展。在欧洲,从文艺复兴时代开始,人文主义史学的勃兴,开始排除了原先弥漫于历史认识中的神恩说、定命论、神话、神迹、上帝因素。17世纪、18世纪唯理主义史学兴起,崇拜理性,相信进化,而排除了史学中的教条主义、信仰主义及权威主义。18世纪后期起,浪漫主义、实证主义史学又相继出现,渐次演化而为现代史学中人文主义与科学主义两大思潮。人类对于历史的认识终于在了解到发生了什么事件之后,能够深入到历史进程的内部,减少蒙昧,排除阴霾,达到对于历史的真正理解。

在发掘历史实际的内在因素时,历史认识者主观条件及其作用的发挥程度比之感性、知性阶段要更为重要。在这主观的条件中,最经常起作用的就是美国科学哲学家托马斯·库恩(Thomas S. Kuhn)所说的"范式"。库恩在《科学革命的结构》与《必要的张力》中说明,科学认识活动的主体是由科学专业工作者组成的科学共同体，科学认识活动的工具是"范式"，即特定的理论、观念体系，它包括世界观、信念、理论、方法、仪器等。科学认识活动的客体是自然，是客观世界，但客观世界广阔无边，科学只能透过范式的眼镜去在它所限定的有限范围内了解客观世界，解决客观世界所提出的诸问题。范式的作用是二重的，它解放了思想，又束缚思想，打开了新的思路，又把人们的思路限制在一定方向上。它给科学家提供了他们可信赖的观念工具和实用工具，使科学研究成为一种高度自觉的理性活动。库恩所说的范式的功能，显然也适用于历史认识，特别是历史认识的理性认识阶段。现代各种科学发展构成的科学总体系，给打开历史奥秘的大门提供了超越先前所有时代的有力工具，要求人们更自觉地去掌握现代科学的成就，当然，它也在相当大程度上划定了或规范了人们了解历史奥秘的总界限。

历史认识的感性、知性、理性阶段构成一个完整的认识过程。这一认识，不可能一次性完成。历史实际、历史资料、历史认识者三极不断变化，对于历史的感性、知性、理性的认识，便不可避免地要不断在新的基础上重新进行。后来的认识将对先前的认识重新加以审视，并在对先前感性的、知性的、理性的认识成果、认知方法进行批判与扬弃的基础上开始自己新的认识活动。而历史实际、历史资料与历史认识者三极也正是在这一过程中实现了统一，尽管这种统一也只是相对的。

第二节　历史思维的方式与范围

1. 历史思维中的形象思维、逻辑思维与直觉思维

历史思维的方式具有自己的独特性。科学家们通常主要借助于逻辑思维方式来进行思维活动，艺术家们通常主要借助于形象思维方式来进行思维活动。历史思维的独特之处就在于它既不是一般的逻辑思维活动，又不是一般的形象思维活动，而是统摄形象思维、逻辑思维与直觉思维这三种主要思维方式于一体的综合性思维。

伯特兰·罗素（Bertrand Russel，1872—1970年）在1954年所作的《历史作为一种艺术》演讲中指出，历史既是科学又是艺术。在他看来，历史是一门科学，主要是指历史学家在尽最大的努力来保持对事实的忠实，并力求用曾在自然科学与其他科学中成功地运用了的方法去发现联络各种事实的因果律。历史同时又是一门艺术，主要是指历史学家对他所叙述的事件和他所描写的人物应该怀有感情，应当用丰富的想象力将事实像一出戏似地组成一个统一体，再用十分个

人化的优美文体表现出来,以便使历史认识成为广大的非历史学家精神生活的一部分。罗素在这里所触及的实际上就是形象思维、逻辑思维乃至直觉思维在历史思维中的不同地位与不同作用问题,不过,他没有正面说明这一点,更没有系统而全面地展开他的论点。

说历史是一门艺术,并不是指历史认识完全等同于艺术创作。历史是艺术的真正含义,是指历史思维由于它固有的性质,同艺术一样离不开形象思维。

黑格尔将艺术的、哲学的、宗教的思维看作三种不同的思维形式。他在《美学》中说:"艺术美是诉之于感觉、感情、知觉和想象的,它就不属于思考的范围,对于艺术活动和艺术产品的了解就需要不同于科学思考的一种功能。"①他认为,理智所探求的是对象的普遍性、规律、思想和概念,所以,它不仅把个别事物丢在后面,而且把这些事物从感性的具体的东西转化为一种抽象的思考的东西。艺术则不然,它对于对象的个体存在感兴趣,不把它转化为普遍的思想和概念。后来,许多学者都表述过类似的观点。

历史思维的对象是客观存在过的历史实际。历史是人的有意识、有目标、有情感的、具体而生动的活动,是活生生的各个个人、各种群体在具体的时间、具体的地点进行的具体的活动。正是历史的这种具体性、个别性、多样性,才使得它有血有肉、绚丽多彩。舍弃了人类活动的这种具体性、个别性、多样性,历史就将不成其为历史。正是历史实际自身的这一性质,决定了历史的思维像艺术活动一样离不了形象思维,离不了对于具体、个别、多样的认识对象的形象的思维。没有形象思维,历史认识将无法栩栩如生地把握和再现历史舞台上面目、性格各异的主角与配角合演的那一出出悲剧、喜剧或闹剧。

历史思维中形象思维的作用,不仅表现于能够整体性或者说立体化地把握与再现历史上各种个别的人和事,而且更表现于它能借助于残缺不全的有限资料去复原历史形象,能借助于精神的沟通与感情的共鸣去理解历史实际。

历史遗留下来的资料总是极不完整的,甚至是有许多虚假的。刑警在侦破复杂的案件时,常常需要利用一只足印、一根发丝或一个模糊的身影去复原作案者的形象。历史思维也经常如此。要使《史记·项羽本纪》中简略的记载变成叱咤风云的项羽活生生的形象,没有发达的形象思维便不可能。面对大量过去的遗迹、遗物、遗风,窥探先辈们生活的实际,不依靠形象思维更不行。

更重要的当然还是今天同昨天、前天精神上的沟通,感情上的共鸣。在这方面,形象思维以对象整体的形象在认识者这里引起强烈的震撼与冲动所发挥的作用,常常是逻辑的推衍、概念的演绎做不到的。形象是完整的,分解以后的形

---

① 黑格尔:《美学》第 1 卷,朱光潜译,商务印书馆,1979 年,第 8 页。

象就失去了它的灵气,即使每一分解的部分都剖析得非常仔细,加起来仍不能构成原先活蹦乱跳有思想有感情的活人。整个人类历史活动都是如此。越是能够完整地把握历史的个别性、具体性、多样性,往往越能接近历史的本质。也正因为如此,形象思维不仅帮助认识历史的诸多现象,而且帮助认识历史的本质特征。

除此之外,在历史认识中,正如罗素所强调的,形象思维还有一个重要的作用,这就是通过具体形象的历史画面本身展示历史的实际、历史的真理,使历史思维更容易为一般社会成员所接受,从而变成普遍的精神财富。比之干巴巴的概念化的说教,这样做的社会效果要大得多。

形象思维是历史思维活动中不可缺少的一种思维方式,但是,历史又毕竟不是艺术。与在艺术活动中形象思维的地位和作用相比,历史思维中形象思维的活动有着不可逾越的限度。在艺术创作中,可以集中各种特征塑造典型,可以在不违反社会总趋向的条件下进行虚构,它所要求达到的目标是艺术的真实。在历史认识中则不行。这里所要求达到的目标是历史的真实,因此,形象思维可以作出联想、想象,用以补充资料的缺漏与空隙,却不容许虚构;可以对各种个别性作出选择,却不容许通过集中的手法去塑造典型。它更不能取消或取代严密的逻辑思维与直觉思维,而必须同这两种思维方式结合在一起,相辅而相成。

逻辑思维或抽象思维,与形象思维不同,它不是直接用具体的形象进行思维,而是用从事物中抽象出来的概念、理论、数字等材料进行思维。形象是形象思维的细胞,逻辑思维的细胞则是语言、概念。包括形式逻辑、辩证逻辑、数理逻辑等在内的逻辑思维方式,在清洗历史事实、复原历史过程、探求历史内在联系与内在规律等历史认识的不同阶段,都是一种基本的思维方式。在历史思维中,它同形象思维一样不可或缺,其运用比之形象思维的范围实际上更加广泛。

逻辑思维对于历史思维来说之所以十分必要,在于历史作为人的有意识的行为,鲜明的具体性、个别性、多样性是其固有的特征。人在先辈提供的条件下开始自己创造历史的活动,创造者本人、创造活动的工具和资源、创造活动所能达到的限度,都同先前的历史密切联系在一起。正因为如此,具体性之中蕴含着常规性,个别性之中蕴含着重复性,多样性之中蕴含着统一性,各个独特的历史事实之间蕴含着复杂的因缘关系。而要从具体性之中把握常规性,从个别性之中发现重复性,从多样性之中认识统一性,从各个独特的历史事物中寻找到因缘关系,就必须借助于逻辑思维,借助于概念、判断、推理,经过抽象与比较、归纳与演绎、分析与综合。事实上,要真正把握历史的具体性、个别性、多样性、独特性,也得通过与常规性、重复性、统一性、因缘关系的比较,而这一切同样不能离开逻辑思维。

在历史思维活动中，逻辑思维的功能首先表现在通过一系列基础学科和层次较高的学说体系的训练、熏陶，给历史认识者提供认识历史的一整套概念、命题、原理、范式，一整套话语系统。每一个时代都有自己的独特的概念、命题、原理、范式、话语体系，在同一时代、同一范式之下，也会有多种多样的概念、命题、原理构架，它们使历史认识者在面向自己的对象时，凸现自己实实在在而不是空空洞洞的主体性。这些概念、命题、原理、范式、话语体系，对于历史认识者来说，常常是不言而喻的。一旦冲破原先的概念、命题、原理、范式、话语体系，而建立起新的体系，整个历史认识就会发生一次重大的变化。但是，新的体系一旦建立，它又会成为一种稳定的结构，支配一个时代或一个时期，支配相当大的一批人的历史认识。而概念、命题、原理、范式、话语体系的形成及其转化为历史认识者的主体认识结构，则正是逻辑思维活动的结果。每一个自觉的历史认识者在认识自己的对象时，理所当然地便要先审视一下自身，审视一下自己用以观察历史的概念、命题、原理、范式、话语体系是否科学，审视一下这一体系是在什么样的科学水平、科学基础上产生，它是否集中了现代科学的成就。这个自我审视，无论是个人的还是群体的，同样主要由逻辑思维来承担。

要再现历史的形象，从一个孤立的历史人物、一件孤立的历史事件，到众多的人物、众多的事件构成的历史洪流，必须以逻辑思维为其必不可缺少的前提。这是因为历史形象的恢复，离不开历史资料的汇集与整理，离不开史料的考证与辨析。而汇集、排比、辨伪、考订、批判、扬弃、判断等，都必须充分运用逻辑思维。只有梳理出经受得起各种辩驳的可靠素材，形象思维才能据以复原历史本来的形象，否则，只能成为臆想和虚构。

要找到历史活动自身的内部联系，对历史行为的产生和演变作出恰当的解释，更离不开归纳和演绎、分析和综合等逻辑思维。对历史实际计量的分析和概括，通过抽象的数量概念与数量关系展示历史事物之间的复杂关系，这当然是逻辑思维。利用社会的、经济的、政治的、文化的、宗教的、心理的等因素去说明历史行为发生和变化的内部原因与外部原因、直接原因与间接原因、根本原因与表面原因，利用阶级分析方法、精神分析方法、结构主义方法、解释学方法等揭示历史事物的性质，更无一不有赖于逻辑思维。

历史思维中逻辑思维的功能还突出地表现于历史认识从具体上升到抽象，再从抽象上升到具体的思维活动中。历史事物同自然界一样，既是具体的又是抽象的，既是现象又是本质，既是瞬间又是关系。历史事物的具体性，外在的表现就是多面性与统一性；抽象性，外在的表现则是多面性的破坏与统一性的割裂。人们为了对历史事物进行分析，从中作出新的概括，形成新的概念、新的观点、新的理论，就必须从对象的各种特性中抽取出一部分具有必然性的本质的东西，舍弃其余具有偶然性的非本质的东西，使感性的具体转化为抽象的规定，并通过探究各种抽象规定的内在联系和逻辑顺序，深化对历史的认识。这就是从具体上升为抽象的逻辑思维过程。在获得新的概念、观点、理论的基础上，人们重新认识具体的历史过程、历史事件、历史人物，使对于历史事物的具体性或多面性与统一性获得更深的认识，这就是从抽象上升到具体的逻辑思维过程。从完整表象蒸发为抽象的规定，再由抽象的规定在思维行程中导向具体的再现，同样是具体，但前一个具体是感性直观的具体，后一个具体却是逻辑思维的具体，认识的这种升华正是逻辑思维在历史思维中充分发挥了作用的结果。

在历史思维中，逻辑思维的活动与自然科学及一般社会科学领域中逻辑思维的活动相比，有一个极为重要的特征，这就是它必须严格地将自己的活动范围限定于已经发生的各种历史事件。逻辑的分析与综合、归纳与演绎、抽象与具体，都必须在已经发生的各种历史事件内部进行。已经发生的所有历史事件，都是不以人们意志为转移、不容篡改修正的客观存在，无论如何抽取其中一部分而舍弃另一部分，都不能变更具体、个别、多样的历史实际。这也就是说，在历史思维中，逻辑思维的整个活动最终还是以具体而生动的形象思维为其保证的。

直觉思维，俗称灵感、顿悟，是人类进行创造性思维活动的一种思维方式，也是构成历史思维的思维方式之一。人们长期运用形象思维、逻辑思维所难以解开的秘密，突然之间豁然开朗，就是直觉思维在起作用。在历史思维中，由于历史实际处于持续的发展过程之中，它的潜在力量、潜在影响的释放无有已时，历史资料残缺不全，历史实际原本就不可能原封不动完美无缺地展现它的本来面目，人们在认识历史时，仅仅靠形象思维与逻辑思维便难以把握历史实际全体及其潜在的所有方面。同样，历史认识者自身也处在发展过程之中，他们自身的认识能力也不可能已经穷尽。为他们自己所尚未掌握、尚未了解其真谛的潜在认识能力客观存在着。直觉思维，或顿悟思维，或灵感，往往便是在形象思维、逻辑思维活动似已山穷水尽，秘密尚未解开，因而形成巨大精神压力之时，历史认识者的潜在认识能力与历史实际的潜在能量互相撞击释放出来的一种新的认识能力。它不可能经常地、普遍地起作用，但却是历史思维不可或缺的一个组成部分。当然，直觉思维必须以形象思维与逻辑思维的长期活动和不断积累为其基础，同时，直觉思维所获得的认识，又有待于形象思维、逻辑思维的后续活动去修正、去补充、去证实。

历史思维的思维方式，发展为现今由形象思维、逻辑思维、直觉思维等方式综合而成的多维性思维或立体性思维，经历了一个漫长的发展变化过程。

在原始社会，即历史意识初生之时，人们的思维方式被称作原始思维。文化人类学者或者称这种原始思维是一种原始逻辑思维,是一种和逻辑思维有着质的区别的思维方式,或者反对这种说法,认为原始人同后来文明人有着同样的思考方式、情感方式和行为方式。他们的意见虽然不同,有一个事实却不容否认,即原始时代人们经常通过各种图腾、符号、神话、巫术及各种原始艺术等表象的世代相传,使这些表象所代表的族类记忆在集体中每个成员身上留下烙印,引起他们对有关客体产生尊敬、恐惧、崇拜等感情。实际上,这就是最初的形象思维。人类最初的历史意识,很大程度上是借助这种形象思维而逐步形成的。

当作为国家记忆、族类记忆的评判与鉴戒式的历史认识形成并日趋成熟时,人们的历史思维方式,除了继续保持了形象思维传统之外,已广泛地运用逻辑思维,当然,主要还是形式逻辑的逻辑思维方式。由于当时整个科学发展水准还很低,世界本身许多复杂的内在互相联系互相制衡的关系尚未为人们所了解,人们的逻辑思维能力也就相当有限。人们也曾试图通过直觉思维去把握历史的本质,但是,由于形象思维与逻辑思维发展都还未达到较高水平,这种直觉往往陷入神秘主义或主观臆想。

近代科学兴起以后,出现了异常发达的形而上学的思维方式,这种思维方式重视对于客观事物细致的解剖与分析,通过细胞与脉络的解析,加深对事物的认识。在这一条件下,人们有可能从历史资料中发现更多的信息与线索,也有可能通过已经得到很大发展的形象思维、逻辑思维方式去复原历史、解释历史,并使直觉思维有比较深厚的基础,从而不仅使族类记忆、国家记忆提升到一个全新的阶段,而且使普遍的公众记忆成为可能。

现代历史思维中的系统的、多维的、立体的思维方式,可以说还处在兴起阶段之中。这是因为现代世界历史本身的发展,已经越来越清楚地显示出它的系统性、多维性、立体性,而现代自然科学、技术科学、人文科学、社会科学、管理科学与思维科学的发展,也为形象思维、逻辑思维、直觉思维方式的进步及其融合为一体提供了现实的知识基础及操作手段。随着历史自身的继续发展与科学的继续进步,随着历史学家越来越自觉地注意改进自己的历史思维方式,新的、系统的、多维的、立体的、综合性的思维方式必然会进一步成熟,促进历史认识新的飞跃。

不同的民族、不同的文化区域,由于经济、政治、社会、文化及人口、语言、地理环境等现实条件的不同,人们的历史思维方式也会产生明显的差异。有的民族历史思维中形象思维更发达,另一些民族历史思维中逻辑思维则更重要,还有一些民族历史思维中常常直觉思维特别活跃。对于这些特点,在考察历史思维的方式时,也必须兼顾到。

2. 微观、中观、宏观的历史考察

历史认识按照认识范围的不同,大体形成微观、中观、宏观等几种类型。一般说来,微观研究将个别的历史事件和情节作为自己的研究对象,以就事论事弄清事实真相为自己的任务;中观研究将一组历史事件和历史过程作为自己的研究对象,以根据时间、空间、内容等弄清它们之间的内外部联系为自己的任务;宏观研究将历史发展的全局与整体作为自己的研究对象,以发掘历史的内在联系、掌握历史发展的客观规律与发展趋向为自己的任务。三种类型近似于历史认识的感性、知性、理性三个不同的阶段。

微观、中观、宏观研究的区别,同时间及空间跨度的大小有一定关系,但它们的区别主要还在于内涵,时、空跨度的大小本身原就是相对的。一个字的考辨,是微观研究;一个字在漫长的岁月中语义的演变,各种歧义的解释互相纷争的复杂历程,这一历史过程的清理,则可以说是中观研究;透过一个字的语义演变,进而深入考察社会发展的众多方面的关系与深层的联系,应该说已属宏观研究的范围。反之,考订众多王朝的年号,列为详表,尽管时空跨度很大,却属微观研究范围;如果进而探究每一年号的含义,对这些年号作分类、分层剖析,再联系中国古代社会的经济、政治秩序及人们的心理、精神,借助年号的确定与演变去揭示中国传统文化的若干重要特征,那就进入了中观与宏观研究的范围。

对历史作微观的、中观的、宏观的不同层次研究,从本质上说,是基于历史实际本身在微观、中观与宏观的范围内有着各自的特征,是由于历史发展的偶然性与必然性、局部性与整体性、个别性与联系性、静止性与运动性等特征在微观、中观、宏观等不同范围内有着不同的表现。在这不同的范围不同层次内,各自有着特定的彼此不能替代的研究任务,同时,又各自有着既互相联系、互相贯通又有着明显区别的认识方法、认识途径。

历史是人的有意识的活动。人们的行为,受到他们的理想、希望、情绪、精神、欲望的驱动和制约,受到各式各样外界条件与外部联系的干预和影响。这一切因素的形成及其作用,都有其必然性,但它们却是以各种偶然的形式表现出来。整个历史的发展都是如此,必然性寓于各种偶然性之中,并透过各种偶然性来为自己开辟道路。历史实际遗留下来的各类文字的、实物的、音像的资料,不会自动地将必然性从大量的偶然性中分离出来,它们的存毁正误更受到各种偶然因素的作用。人们在通过历史资料认识历史时,所直接面对的常常就是这些偶然性因素。要将必然性从偶然性中抽象出来,历史学家的第一步工作就是考察这些偶然性因素,微观研究因此便成为中观与宏观研究的基础。中观与宏观的研究,包括法国年鉴学派所说的总体历史、长时段历史、深层历史,即囊括人们在特定时间、空间中一切方面活动的包罗万象的总体史,借助于人类学、人种学、民族学、生态学将人的活动放到更为广阔的范围中去考察的长时段史,以及对社会上流行的情绪、意见、情感、习俗、服饰、婚姻形式、宗教信仰等等状态作深入解析的深层史,这些研究在一个相当广阔的范围内探究历史的活动,经过反复比较、分析、归纳,就有可能将必然性从各种偶然性中抽象出来,并了解必然性与偶然性如何既相矛盾又相统一地积极互动。

微观历史研究,通常是从小的角度对历史进行具体的考察,它的视野基本上限于局部范围。宏观历史研究,则通常从大的角度对历史作全面的考察,它的视野几乎都属于整体史范围。中观历史研究介于两者之间,具有明显的承上启下的过渡性质。历史运动中的整体并不是各个局部简单相加,组成整体的各个局部相互之间具有复杂的关系。由于这些局部并不处于同一地位、向同一方向作用,整体便不可能等于各局部之和。众多的微观研究之和,也就不可能取代中观或宏观的研究。在整体结构中,各个局部由于所处地位不同,作用方向不同,作用力量大小、强弱不同,它们的作用或相互抵消,或相互汇合,并因相互结合而产生新的结合能、动能、自动调节能等,这就使整体史具有新的性质,大大超过各局部史之和。中观研究与宏观研究的特殊任务,就是研究整体的总体结构与内在机制,研究整体结构内部的层次联系、横向联系、纵向联系及其他多向联系,研究整体结构的运动同外部环境的关系。中观与宏观研究突破了从局部到整体的传统研究方法,直接面向整体,并从整体及其中各个局部之间的各种联系、各种互动状况来认识各个局部。

历史的微观、中观与宏观的考察,可以说,它们依次是以历史发展中各个个别事物之间线性的、平面的、立体的联系为自己研究的对象,它们所使用的研究方法,常常分别为一维的、二维的、多维的思维方法。

历史上各个个别事物之间存在着复杂的相互联系的关系,这就是事物的普遍联系性。但是,在很长一段时间中,人们所注意的主要还是这些事物相互之间机械性的联系:原因与结果,决定与被决定,作用力与反作用力,等等。这是一种线状联系模式。一个人的历史,一个历史事件的演进,直至人类整个历史,都被看成线状的发展,无论是直线式的、曲线式的,还是分歧式、盘旋式、摆动式的。然而,历史事物之间的联系并不如此单一化。现代社会与现代科学的发展,已使人们有可能比较清晰地了解历史事物内外联系的多种形式,明了人类全部历史并非单纯的线性运动。以文化史研究而言,俄国学者达尼莱夫斯基1869年发表的《俄国与欧洲》,研究了埃及文明、古闪族文明、中国文明、印度文明、伊朗文明、希伯来文明、希腊文明、罗马文明、阿拉伯文明、日耳曼—罗马文明（或欧洲文明）等十种历史文化类型，认为它们都独立发生，各自独立地发展其自身的形态与价值，人类整个文明史便是由多种不同趋向的运动所构成。他认为，一种历史文化类型，就其全体言，不能传导于他种类型的人民。希腊化时代希腊文明曾广泛传播于近东，但终究不能使当地民众皈依于希腊文化。英国近代君临于印度，推广英国式的教育、文化、科学事业，但印度仍属印度历史文化类型，而非欧洲类型。但是，彼此相异的历史文化类型并不因此而完全不相干，因为各种不同类型的文化可以通过移植、接枝、异体交感等方式互相传播，虽然这种传播改变不了历史文化类型本身。其后，德国学者施宾格勒在其名著《西方的没落》中，研究了埃及、巴比伦、印度、中国、古典或"阿波罗型"、阿拉伯或"祭司型"、墨西哥、西方或"浮士德型"等八大文化，认为每一文化存在的前提与基本表征都与其他文化相异，形成了不同的科学与哲学、心智倾向、艺术、生活与行动方式。但是，他也指出，各种文化都会吸收外来因素，取以为使用的原料，或依自身的形象加以模制，或赋予一种与其原来完全不同的意义；而一种文化渗入他种文化，亦必然会助长或扼阻另一文化生命历程的自我展开，虽不可能改变他种文化而皈依于己，正如不能改变一只飞鸟为一头耕牛。每一种文化本身，则犹如一有机的生物体，在其发展演变中，从外部吸收着各种营养，以经历其萌芽、少年、成长、衰老、死亡等阶段。继他们之后，马克斯·韦伯、汤因比等人也从宏观的角度考察了世界上各大文化体系发生、发展、演变的过程，考察了这些文化体系的内部联系以及它们的外部联系。凡此种种，尽管研究结论可商榷之处甚多，但是，这些研究者都注意到了人类历史的发展与有机体的发展一样，不能简单化地用机械论的线性联系来取代其他一切联系方式。

历史事物经常通过辐射将自己的触角伸向四面八方其他历史实体，再经由这些实体将自己的影响一层层传递给其他事物；同时，又经常通过辐射，将周围各历史实体的触角集中到自己身上，并经由这些历史实体，接受更广阔范围内其他事物的影响。每一事物都是一个开放的系统，如各种生命现象、各种有机体一样都处在积极活动中，成为具有高度主动性的活动中心。各事物之间由此结成极其复杂的平面的网络与高密度的立体结构，而这一网络与立体结构一旦形成，便成为区别于原先各事物的新的运动发展系统。人类历史的发展，就是自然系统、社会系统、人造系统、符号系统、行为系统等不同的子系统构成的大系统，各子系统之间既相对立又相渗透，既相冲突又相协调，形成互存互补的一体关系。要把握历史事物内部以及它们相互之间这种普遍联系，仅靠微观研究将认识局限于对线性联系的逐个了解显然不行，必须利用中观的与宏观的研究，从平面的网络与立体结构的总体去了解历史发展中各种错综复杂千变万化的关系。

从历史发展过程中静止性与运动性的关系看,微观的历史研究主要用于历史事物静态的分别审核,中观的历史研究主要用于历史动态过程的综合梳理,而宏观的历史研究则主要考察历史事变总运动的功能作用以及历史发展进程中静止性与运动性如何相统一。

历史过程本身是动与静的统一。它处于变动不居状态中,但历史事件一经发生,发生的时间、地点,参与事件的主要人物,事件的主要经过和主要状况,便成了固态化了的或静态化了的既成事实。对于这些事实,就必须相应地运用静态的审核方法来加以考辨与确定。一场战争,它的起讫时间,战场所在地,双方指挥者,所包括的各主要战役,参战的军队人数,如是等等,一旦成为历史,便成了确定无疑的客观事实。静态研究的要求,便是确凿无疑地弄清这些事实。尽管由于历史资料的歧异与残缺,在若干点上可以有不同的结论,但是,这与对同一历史事实可以见仁见智作出不同解释与不同评价,性质截然不同。微观的历史研究正是依据它所研究的对象以及它所负担的任务,具备了这种静态研究的性质。

历史的静态是历史发展过程中的一种态势,它同历史过程中的另一种态势——动态其实总是既互相对峙又互相依赖而存在着。要了解历史的演化、冲突、渗透、交融、突变等运动状态,了解历史事物内部及内外之间的矛盾运动过程,仅仅凭借静态的微观研究显然是不够的。中观研究就是要将不同的事物联系起来,了解事物演变发展的过程,这种研究是与静态研究不相同的动态研究。研究同样一场战争,要了解战争双方战略、战术决策的实施过程及其实际后果,了解战争双方军队的素质、士兵的士气、民众态度及其对官兵的影响,了解战争与外交、政事、财政、经济、气候、地理环境等因素的关系,由于所有这些情况自身就处在不断的运动变化之中,具有很大的伸缩性与模糊性,很难得出异常明确而清晰的结论。为了认识历史过程内部这种复杂的动态的关系,便需要有动态的研究方法,通过对立两极之间一系列中介与过渡的状态,把握其中各个中间环节、各不同层次、各不同阶段,把握历史事物之间相互渗透、相互贯通的过程。历史的中观研究与微观研究的一个重要区别也正在这里。

历史的宏观研究,需要对历史发展过程的静止性及运动性从更高的视角来加以把握。对于战争历史作更深入的研究,便要追究战争发生的深刻的社会与历史原因,探究战争给社会、经济、政治、外交、文化及人的感情、思想变化带来的影响,这就需要对特定历史时代的各方面情况包括民族、宗教、法律、风尚、习俗、传统等情况作综合研究。静态的研究,静止地观察事物,易于得到精确的结论;静态与动态的研究相结合,在事物动态的功能作用中把握历史的运动与发展,结论必然不可能非常精确,但这却可以将对于历史的认识引向一个更高的阶段。

历史的微观、中观及宏观的研究,还适应了人们认知历史发展从量的变化到质的飞跃演化过程的客观需要。

历史的重大发展,表现为旧的社会历史系统逐步为新的社会历史系统所取代。每一个社会历史系统,无论是经济活动系统、政治活动系统、文化活动系统,还是比较次一级的各类活动系统,都既是先前历史演化的结果,又是新的演化的起点。这种演化发展的过程,是一个稳定态变迁的过程,演化的程序是稳定态变为过渡态,再变为新稳定态,原来的系统经过内部各种力量的消长等变化,达到一定积点时产生飞跃,形成具有异质的新的系统。微观的历史研究,更多地应用于历史系统运动的量变阶段,包括标量、向量、序量变化状况的研究。所谓标量,即通常所说的可以用数值大小表示的数量,标明历史事物的大小、多寡、距离的远近、历经时间的久暂;所谓向量亦称矢量,不仅显示大小,而且标示方向,如力量的强弱、位移的程度、进退的速度;所谓序量,标示事物由以构成的各个部分之间排列的层次、顺序;凡此等等,都有赖历史的微观研究准确地加以把握。中观的历史研究,比之微观研究前进了一步,需要较为系统地研究这些量的关系所构成的总体结构以及它的局部范围内的变化。从量变到质变的演化来看,历史的宏观研究阶段就是全面把握量变与质变的统一及从旧质向新质飞跃的阶段。人们在研究各类书籍出版情况时,需要作分类统计,对一定时间这些类别书籍出版的数量增减情况作出准确的结论,这基本上属于微观研究范围。不同书籍类别、数量、传播方向等客观上形成了一定的结构,根据这一结构去分析这一时期人们一般的知识结构构成的状况以及这一段时间中知识结构局部变化的动向,这就使历史认识推进到了中观研究的范围。由此再前进一步,将这一时期书籍构成状况与先前各历史阶段书籍出版及构成状况作一系统的比较,将这一时期知识结构的特征联系社会、经济、政治、文化等方面的情况综合加以分析,发现它们同先前时代的不同,揭示它们所蕴涵的现实矛盾,了解它们的发展趋向及为新的书籍出版、传播结构及新的知识结构所取代的必然性,对它们作出全面的评价,历史认识便进入了宏观研究的范围。

事实充分表明,微观、中观、宏观的历史考察,代表了历史认识、历史思维发展的不同层次、不同阶段。事实同时又表明,无论是微观的历史考察、中观的历史考察,还是宏观的历史考察,毕竟都只是有限的思维。历史考察的对象历史实际具有无限性,但当它被具体考察时,终究是有限的;历史考察所借助的中介物历史资料不会被穷尽,但当它被实际利用时,又始终是有限的;历史考察者本身,认识能力具有无穷的潜力,但是,每一个时代、每一个具体的人,认识能力又不可避免地要受到各种因素的限制;正因为如此,微观、中观、宏观的历史考察,都只能在一个又一个、一代又一代有限的历史思维中得到充实、修正与发展。

第三节　历史认识的真理性及其检验

1. 历史真理的相对性与绝对性

人们的历史认识究竟能否具有真理性? 如能,则所具有的真理性可以达到多大的程度? 或者更明确地说,人的历史认识能否正确地认识客观的历史实际? 如能,则可以在多大程度上如实地认识客观的历史实际? 在掌握了历史认识活动是一种三极思维活动这一本质特征,并了解到历史思维的过程、方式与范围之后,这个问题就不难迎刃而解。

那种极度自信,自以为已经掌握了或者行将掌握颠扑不破的绝对真理、永恒真理,因而对历史认识的真理性无丝毫怀疑者,显然是把极为复杂的问题简单化了。他们忽视了认识者自身历史认识能力的有限性及历史认识活动无可避免的主观性,忽略了历史资料所固有的残缺性与不完善性,也忽略了历史实际自身运动发展的未完成性。

人们的历史认识永远不可能达到永恒真理、绝对真理,这首先决定于人自身认识能力的有限性与认识的主观性。这种认识能力的有限性与认识的主观性,可以说,贯穿于历史研究工作的始终。

历史研究工作始于选题。每个时代有每个时代所关注的课题,每个学派、每个学者所关注的课题也不相同。崇尚政治权力支配一切的时代,政治史、政治权力更迭史被历史研究放到最重要的地位。当经济生活在历史发展过程中的决定作用逐渐为人们所认知时,经济史成了历史研究中的热门课题。社会史、文化史、战争史等,不同条件下也会成为历史研究的热点。即使是研究世界史,研究通史,选题的实际内容也必然会千差万别。人们不可能毫无主观意图、毫无动机、毫无选择地去面对无限的历史实际;当人们带着一定的主观意图、一定的动机、一定的选择标准在无限的历史实际中确定其中某一部分为自己的研究对象时,他们认识能力的有限性与认识的主观性就已规定了他们不可能绝对完整而全面地再现有限与无限结合于一体的历史实际。

选题确定之后,便要搜集与清理历史资料。首先要确定哪些文献、实物、遗迹或其他材料可以进入历史资料的范围;在标准确定后,要看凭借什么条件实际地集中和处理了多少历史资料;在对历史资料进行整理、辨析、审定时,又要看所凭借的知识基础、工作环境与所使用的工具和手段；所有这些环节，同样没有一个不受到认识能力有限性与认识者主观性的制约。以研究商代历史而论，在甲骨卜辞被纳入历史资料范围之前与之后，在殷墟被发掘之前与之后，在广汉三星堆遗址被发现之前与之后，由于大量珍贵资料的发现，人们的认识发生了极大的变化。然而，即使有了大量新的资料，没有坚实的古文字学、古器物学、文化人类学、古生物学等知识，也很难对这些新的资料作出恰当的处理。商代的历史资料的搜集、整理和利用已经有了极大进展，但显然没有到达极限，也不可能到达极限。近些年来许多考古发掘新的成就，正在继续改变人们对商代历史的认识。这一情况恰好说明，历史认识从来没有也永远不可能达到绝对的永恒的真理境界。

在从各种互相矛盾着的历史资料中清洗出历史事实之后，要复原历史过程，对历史演变作出解释，探寻历史过程的内部联系与客观规律，给历史人物、历史事件、历史发展以一定评价，所有这些工作，受到认识者知识结构、价值取向、思维方法、个人素质乃至时代风尚、群众情绪、个人或集体利益等因素的制约，更不言而喻。即使是一再宣称自己价值中立、取完全客观主义立场者，认识者的主观性及其认识能力的有限性其实也同样无可避免。在这种情况下，宣称已经掌握了颠扑不破的历史绝对真理，那如果不是故意欺骗世人，至少也是缺乏自知之明。

人们的历史认识不可能达到永恒真理、绝对真理，还与历史资料所固有的残缺性、不完善性直接有关。以档案与文献资料而论，保存的困难，定期的淘汰，自然的损毁，已经使它难以完璧而供历史学家使用。因与实际利益冲突，它被篡改及被大量销毁的事件，更是屡见不鲜。第二次世界大战结束时，日本陆军参谋本部、海军军令部、日本政府陆军省、海军省为了不让机密档案落入占领军手中，下令中央各机关和各地部队将档案尽数烧毁，连侍从武官府保管的奏疏也被烧毁，致使日本陆海军最重要的一大批档案从此丧失，就是一件人所周知的事实。历史遗留下来的遗址、遗物、遗风等，残缺而不完整，更不待言。恩格斯在《反杜林论》中批驳杜林"永恒真理"说时便指出过，人对人类历史的认识，"由于历史材料不足，甚至永远是有缺陷的和不完善的，而谁要以真正的、不变的、最后的终极的真理的标准来衡量它，那么，他只是证明他自己的无知与荒谬"①，这是非常中肯的。

人们的历史认识不可能达到永恒真理、绝对真理，更决定于历史实际自身的未完成性。世界不是一成不变的事物的集合体，而是过程的集合体，各个似乎稳

---

① 恩格斯：《反杜林论》，《马克思恩格斯选集》第3卷，人民出版社，1995年，第431页。

定的事物实际上都处在生成与灭亡的不断变化中,它们的本质、作用与影响将在历史全过程中逐步从正面、反面、侧面等各个不同方面显露出来。历史过程没有完结,历史事物也就不会宣告它已达到终结形态,因而人们可以对它作出终结认识。历史实际在矛盾中不断演进的这种本性,决定了今天被认为是合乎真理的认识以后可能被认为是错误的,而今天被认为是错误的认识往后倒可能是被认为合乎真理的。正如恩格斯所指出的那样:"在社会的历史中情况则相反,自从我们脱离人类的原始状态即所谓石器时代以来,情况的重复是例外而不是通例;即使在某个地方发生这样的重复,也决不是在完全同样的状况下发生的……在这里认识在本质上是相对的,因为它只限于了解只存在于一定时代和一定民族中的,而且按其本性来说是暂时的一定社会形式和国家形式的联系和结果。因此,谁要在这里猎取最后的终极的真理,猎取真正的、根本不变的真理,那么他是不会有什么收获的。"①

历史认识的主观性、有限性,历史资料的残缺性、不完善性,历史过程自身的未完成性,决定了真理与谬误对立的相对性。那么,能不能就因此而否定历史认识的客观性与真理性呢?

香港《现代学术季刊》一卷一期所载《杜威论历史判断》,是杜威《致知论》的摘译。杜威便不愿承认历史认识可能达到客观性与真理性的彼岸,理由是:

> 史家不能把所有记载混堆起来而可以成史的,史家须选定变迁的线索,依着界定该线索的变动方向而将史料按着时序贯穿起来。所以历史或为民族史,或为朝代史,或为政治、社会、经济、美术、宗教、哲学等专史……如果我们认清选事作史这一事实为元始而基本的,我们便不得不接受另一结论,就是:从一种不可避免的意义说来,一切历史系从现在的观点写成的,所以历史不但是现在的往事,而且系当写史时认为对现在有重要关系的往事。

杜威(John Dewey,1859—1952年)是以历史认识的主观性在从选题到成史全过程中的积极作用为理由,排斥了历史认识的客观性与真理性的。这也就是胡适在《实验主义》中介绍到中国来的詹姆士的一个著名观点:"实在是我们自己改造过的实在。这个实在里面含有无数人造的分子。实在是一个很服从的女孩子,他百依百顺的由我们替他涂抹起来,装扮起来。"②不过詹姆士说得更加形象罢了。

柯林武德在《历史哲学的性质和目的》一文中也谈到历史认识者的主观性问

---

① 恩格斯:《反杜林论》,《马克思恩格斯选集》第3卷,第429~430页。
② 见《胡适文存·一集》卷二,上海亚东图书馆,1928年,第106页。

题,但是,他更多地是从认识能力的有限性来否定历史学家可以达到真理性的认识。他认为,每个历史学家的世界都受其知识范围的限制,每个历史学家都以自己为中心,根据他自己的角度、自己特有的观点和他的"直接知觉材料"来观察历史,所以,一个历史学家只能看到事实真相的一个方面,而有无数方面他未看到。而且,由于历史学家所感知的世界是一个变化着的世界,所以从来没有一个历史问题得到过最终的解决。据此,柯林武德便断言:

> 所有历史充其量也只不过是对某个问题的一种暂时的、试验性的解答,而实际上这个问题始终没有得到解答。现实与理想确实在靠拢;历史学家确实越来越接近于真正了解这个漫无边际的事实世界;但它们是逐渐靠拢的。现实越接近理想,由此产生的阻力就越大。历史学家知道的事情越多,他就越敏锐地意识到自己决不能真正知道任何事情,他自己的一切所谓知识在相当大程度上都是不正确的。其实,事实是不可知的。[①]

杜威与柯林武德的这两段论述,在现代史学理论界有很大的代表性。他们认识中所包含的片面性和绝对性,是导致他们走向否定历史可知性及历史认识真理性的重要思想根源。

杜威在人的主观性问题上的偏差,首先在于他未注意到人的认识活动中主观性并不都是消极的因素。人正是由于积极发挥了自己的主观能动精神,方才有可能去认识客观世界。这种主观能动性固然会使认识活动带有来自主观方面的各种局限,但同时又会给人们认识客观世界、接近客观真理带来强大的动力。如果没有这种主观能动精神,整个历史认识活动便不可能产生,不可能进行,人也就不可能创造自己的历史,在对客观世界及主观世界的不断认识、不断改造中使自己和整个世界得到发展。

杜威在人的主观性问题上的又一偏差,是他无视人们在自己的认识活动中,正在不断用各种办法防止自己的主观能动作用走向主观主义。人们越是能够自觉地在社会实践与科学实践中使历史实际、历史资料与历史学家三极能动地达到统一,就越能限制认识中的主观随意性,而向客观真理接近。对于历史实际从感性认识到知性认识再到理性认识的依次推进,在历史认识过程中形象思维、逻辑思维、直觉思维方式的综合运用,微观考察、中观考察、宏观考察的依次推进,都正是为了使人的认识的主观性和历史实际的客观性能够从对立走向统一。这种统一尽管是相对的而不是绝对的,但却是不可否认的。如果没有这种相对的统一,人们的整个认识活动就将丧失存在的价值而变得毫无意义,现实的人类社

[①] 见《现代西方历史哲学译文集》,第168页。

会、人类历史便将不可能作为人类有意识的活动而存在与发展。

杜威在人的主观性问题上的第三个偏差,是他无视人的历史认识活动既是一项个人的认识活动,同时又是一项社会的认识活动,作为一种社会的认识活动,各种不同的个人认识互相制约、互相渗透,正有效地发挥着人的认识的主观能动精神的积极作用,克服着人们所难以避免的主观局限性,使历史认识的客观性获得保障。一个时代的总认识尽管也不免于主观的局限,但正是由于主观与客观矛盾的现实存在,方才推动了认识运动的深化与发展,推动了一个时代的总的认识为另一个新的时代的总认识所取代,使一个又一个时代的认识汇合而成一股历史认识的洪流,使人对历史的认识越来越广,越来越深,越来越接近于历史的实际,因而也越来越能自觉地利用历史留给自己的各种主客观条件推动社会不断进步,走向自由。

柯林武德在人的认识能力与认识活动的有限性问题上的失误,同杜威在人的认识的主观性问题上的失误相类似。

柯林武德忽视了事物本身就是无限性与有限性的对立统一,事物的无限性正寓于有限性之中。历史实际从它的全部影响和作用的延伸来讲,始终处于未完成状态,但从另一个意义上讲,历史实际之所以成为历史,又正因为它已经完成。孔子与秦始皇之后漫长的岁月,他们的影响,无论是正面的,还是负面的,至今还留在现实生活中,这些影响还将继续下去,参与着现实的和未来的生活创造。在考察孔子与秦始皇的历史地位、历史作用时,不能不考虑这一切,这便体现了这段历史所包含的无限性、未完成性。但是,孔子毕竟就是孔子,秦始皇毕竟就是秦始皇,他们自身都早已作古,他们对每一历史阶段所产生的影响也已成了客观的历史存在,这一切,又都是有限的、已经完成了的。历史实际无不如此,因此,人们便有可能通过有限的认识去把握历史实际,并从历史的有限性、已完成性中去体察它的无限性、未完成性。

柯林武德的另一失误,是忽视了人们的认识能力及人们有限的认识,都处在不断的发展变化、不断的进步之中。历史实际本身在发展,人自身的认识能力也在提高,而且,历史的发展正是人的思维能力不断进步、更自觉地进行历史创造活动的结果。从总的趋势、总的水平上来看,人认识历史的广度与深度,同实际历史本身从地域性联系渐次扩大为世界性联系、从表层的变化激荡渐次深化到深层的变革,大体上是同步发展的。现代社会生产力与现代科学技术的发展,人工智能的突飞猛进的发展,推动了人类认识的重心从认识客体、认识主客体关系转到了深入认识主体本身,转到积极地、全面地利用、改善、提高人类自身的思维能力;同时,也推动了人类认识的方法从直观的、笼统的认识和对事物细致的分析与解剖,发展到对事物作整体化、系统化的认识,推动了人类认识的内容从物质、能量扩展到信息;并用人工智能模拟和代替人脑的部分思维活动,延伸和扩展了人的感觉器官和思维器官的功能,增加了人加工和处理信息的速度、记忆贮存信息的容量及精确度。这一切成果,正在被利用于历史认识。认识当然还是有限的,但是,它却展现了人的认识能力不断发展、不断提高的无限潜力与广阔前景。这一事实,也表明柯林武德对人们认识历史真实的能力持不信任的怀疑态度乃至悲观态度,其实是没有必要的。

忽视历史认识是一个社会性的行动,是柯林武德同杜威相同的一个失误。柯林武德以一百个人看同一棵树为例,说这一百个人的感知愈有理智,愈充满思维,就愈有把握说他们看到了别人所看不到的东西,他们都不仅看到了外观的树,而且还看到了真正的树,但他们决不可能使自己脱离各自感知的出发点。据此,他断言:"历史学家们'观察问题的各种角度'分布于观察的空间之中;每个历史学家都是从一个观点出发来反映宇宙的一个单子,而这个观点永远也不可能是其他任何人的观点。"①在这里,柯林武德无视这一百个人的观察并非彼此毫不相干。他们观察的东西不可能完全重合,但既然是同一棵树,便不可避免地要有许多地方重合。除去部分重合外,一个人的观察可以纠正另一个的认识,第三个人的认识又可以作补充。经过彼此交汇、冲突、互补,虽然每一个人对这棵树的认识有许多不足,但集合一百个人的观察于一体,升华为对这棵树的总认识,这棵树恐怕就不可能算是不可知了。对于历史的认识尽管有许多困难,但集合整个认识群体、整个社会的考察,积累一代又一代的观察,人们正在认清越来越多的实际问题。因为历史还有若干层面、若干奥秘还未为人们所认识,因为人们的认识还有不足之处,便否定历史的整个可知性,这不能不说是过于武断。

在历史认识真理性问题上一直存在互相对立的两种倾向,一是绝对主义,一是绝对的相对主义。前者认为可以或者已经掌握了绝对真理,后者认为人类永远不可能掌握绝对真理,两者都不承认历史认识的绝对真理寓于相对之中,人们可以而且只能掌握相对真理。前者不了解历史认识真理的相对性,最终将会自觉或不自觉地阻碍历史认识的不断发展、不断深化,在批判与扬弃中继续前进。后者不了解人们沿着实证科学和利用辩证思维去处理各种中介材料的途径去追求,可以达到相对真理,可以不断接近于客观实在,使主观与客观能动地统一,而完全否认历史认识的客观性与真理性,结果,最终只能导致完全取消历史研究、历史认识,把历史研究当成一种可以凭人任意编排摆布的游戏。而历史发展的无数实践早已证明,凡是颠倒历史、轻侮历史或玩弄历史而不尊重历史实际、历史发展客观规律者,都将不可避免地要受到历史本身无情的惩罚。正因为如此,

---

① 见《现代西方历史哲学译文集》,第 167~168 页。

在历史认识的真理性问题上,必须毫不迟疑、毫不动摇地克服两种倾向:一是以为可以在这里一劳永逸地猎取最后的、终极的、根本不变的永恒真理;二是以为在这里只能无所作为,走向取消主义。人们只要能坚定不移地努力,提高自己的思维能力,勇于实践,就能够使自己的历史认识具有真理性,并能不断地前进,因为真理包含在认识过程本身中,包含在科学的长期历史发展中,包含在整个世界历史进步中。

2. 历史认识的真理性在史料、科学认识总体及社会实践三个层面上接受检验

由于历史认识的三极都处在发展变化之中,三极的能动统一是一个不断曲折上升而又永无止境的过程,从感性、知性到理性的认识,微观、中观与宏观的认识也是这样一个过程,任何一个时代的历史认识,无论是各个个人的认识,各个学派的认识,还是社会的总认识,便不可避免地会正确与错误并存,真理性与非真理性互相交织。既然如此,对于它们究竟应当怎样进行鉴别与检验呢?

逻辑实证主义最著名的代表人物卡尔纳普(Rudolf Carrnap,1891—1970年)1934年在他的《哲学和逻辑句法》中将真理分成两种类型:一是综合真理,二是分析真理。他说,综合真理是表述经验事实的命题,来自经验事实的归纳,由于归纳是从个别推知一般,从有限推知无限,只能给人以或然知识,综合真理因而只能是或然真理。分析真理是逻辑句法关系方面的命题,它们的本质是同义反复,没有告诉人们任何新的经验内容,它所依据的是为社会所约定的逻辑规则,这种规则一经约定,人们就必须严格遵守,分析真理因而是必然真理。这两类真理性质不同,检验方法也就不同。综合真理能以经验事实判别其真伪,凡是被经验事实证实了的便属于综合真理;分析真理与经验事实无关,仅凭逻辑规则就能判明其真伪,凡是符合逻辑句法的便属于分析真理①。按照卡尔纳普这种划分方法,历史认识所获得的真理性认识应属由经验事实归纳而获得的综合真理、或然真理,不属于依据逻辑规则获得的分析真理、必然真理,检验的方法是用经验事实来判别它的真伪。但是,历史的事实、历史的实际只能经由历史考证、历史解释、历史抽象去获得,而要做到这一点,便不仅仅需要运用归纳的方法,而且需要大量地同时运用演绎的方法。历史的真理性认识因此便不仅仅是综合真理,而且也是分析真理,两者结合为一体,无法分割。而要检验这一认识是否正

---

① 参见卡尔纳普:《哲学和逻辑句法》,傅季重译,上海人民出版社,1984年;卡尔纳普等:《科学哲学和科学方法论》,江天骥主编,华夏出版社,1990年。

确，由于历史过程自身的特征，人们无法直接取得历史的经验事实。而通过历史考证、历史解释、历史抽象所获知的历史事实、历史经验，在主观与客观相符合的同时免不了会有主观与客观的错位。这就决定了鉴别与检验历史认识的真理性，必须有自己的特殊的途径、特殊的标准。

批判理性主义、证伪主义的倡导者波普尔针对卡尔纳普理论的弱点，提出了一种新的检验方法。他认为，所谓真理，就是命题与客观事实相一致，既然一致，也就不应有必然真理与或然真理之分。用归纳的方法事实上不可能发现真理，因为归纳方法所归纳的经验事实只代表过去所已发生的情况，它不能确保未来必定发生同样的事情。真理的发现是人们充分发挥自己主体能动作用的结果。科学研究就是人们通过自由创造、自由猜测、自由想象，提出一个个假说，然后设法尽其所能反复地严格检查它们，设法推翻它们，找到使它们不能成立的事实，淘汰掉这些已被证伪的假说，而保留那些尚未被证伪的假说。这种检验假说能否站得住的方法就是证伪方法。波普尔认为，即使经受住了各种证伪，这种假说也不能被认为已经达到了真理，充其量只能说它们具有较大的似真性，逐步趋向于真理[①]。

波普尔首次说明了在鉴别和检验认识的真理性中，证伪比证实更重要，更有价值。但是，他却同时宣称，这种证伪方法不适用于历史认识。他在《历史主义贫困论》一书中说，历史学只是以事先构想的选择性的观点来写使自己感兴趣的历史，历史事实是无穷的，任何一种选择性的观点和历史兴趣都可以在历史事实中找到自己所需要的东西，因此，这些选择性的观点与历史兴趣不会成为一种可检验的科学假说，人们也就不可能对它们加以证伪。波普尔并因此断言，不可能有一部真正如实表现过去的历史，只有历史的解释，人们可以作出像天上的星辰一样繁多的解释。历史真理虽然是客观存在，却因此而终不可知[②]。

波普尔否认历史认识可以证伪，并因此而断言历史真理不可知，实际上也是出于对历史实际及历史认识基本特征的不了解。他和卡尔纳普一样，不了解历史的实际与现实的实际之间的内在联系，不了解历史认识的不同阶段、不同深度与广度，经受着不同于一般社会科学、人文科学及自然科学鉴别与检验方法的检查。

实际上，历史认识的真理性毫无例外地都要在史料、科学认识总体及社会实践三个层面上依次接受严格的检验。

由于历史认识的对象是已经成为过去的集个别性、具体性、多样性于一身的

[①] 参见波普尔：《科学发现的逻辑》，科学出版社，1986年。
[②] 参见波普尔：《历史主义贫困论》，何林、赵平译，中国社会科学出版社，1998年，第166～168页。

历史实际,这一历史实际只能凭借历史资料去再现,离开了历史资料,历史实际将无从复原,历史资料于是便成为检验历史认识真理性的第一个层面。

在这一个层面上,首先要检查与课题相关的直接史料搜集和利用是否比较完备,重要的史料有无明显缺漏。直接史料的范围具有模糊性,而且会有变动,但在一段时间中它具有一定的稳定性与确定性。举凡有关档案、文献记录、遗迹、遗物、口述资料、影像资料,如果有严重缺漏,那么历史认识就会缺乏原始的基础。

在史料层面上,进一步就要检查与课题相关的间接资料结构是否比较合理,数量与质量是否符合研究的基本要求。任何一个具体的历史事件都不是孤立的,它处在极为错综复杂的广泛联系之中,许许多多因素伸出了自己的触角制约着事件的发生、发展、变化及其影响的传布、扩展。要深入了解这一历史事件,就必须越出直接史料的范围,对各种间接史料作适度的汇集与积极的利用。

史料层面上的检查,第三步是审核史料的可用度与可信度,审定对史料所记述和表现的内容进行的考证辨析是否严密可靠,对史料中相异乃至互相矛盾的各种内容是否作了应有的注意与交代。资料汇集起来以后,需要对资料的价值作出科学的判断,对资料的内容进行考证,这种判断与考证都有严密的规则与程序;在一定的范式确立起来以后,人们就必须严格遵守。科学哲学的历史主义学派奠基者库恩(Thomas S. Kuhn)认为,科学研究中始终有具备批判性、革命性的发散式思维与具备保守性、教条性的收敛式思维的矛盾冲突。科学发展的常态时期本质上是一个保守时期,收敛式思维占据支配地位。这是范式专制时期,研究者必须服从范式的权威,固守范式的规程。随后,由于科学研究中发现与范式相悖的反常现象越来越多,越来越频繁,科学研究进入一个危机时期,发散式思维上升到支配地位,最终导致科学家形成新的范式。于是,新的常规时期开始,人们转而服从新的范式[①]。人们在考订与辨析有关史料及其内容时,举凡进行归纳与演绎、综合与分析所袭用的逻辑思维方式,与这种范式紧密相连。史料层面上对于历史认识所作的第三步检验,正是考核在一定范式之下这种归纳与演绎、综合与分析是否得到正确的运用。

在史料层面上检验历史认识真理性的又一步工作,是充分利用各相关学科的知识,审核对史料的诠释是否准确、是否深刻。要审核对原始时代遗物、遗迹的诠释,就必须对进行这种诠释所凭借的地质学、地貌学、古生物学、考古学等学科知识一并进行检查。要审核对古代文献的诠释,就必须了解古文字学、训诂学、校勘学、古文献学等学科的沿革与发展。要审核近现代有关史料的诠

---

① 参见库恩:《科学革命的结构》,李宝恒、纪树立译,上海科学技术出版社,1980年。

释,那就需要更加广泛的各种专门学科的系统知识,并对这些知识采取审慎的批评态度。全部历史认识都是以对史料实事求是、准确深入的诠释为其出发点的,出发点如果有了偏差,其后的推理、抽象、判断、评价便将不免于失之毫厘,谬以千里。

史料层面的检验本身就是一个逐步发展的过程。随着历史本身的发展,历史实际在更多的方面展示自己的庐山真面,史料范围将会扩大,史料种类将会更加丰富。而随着科学的发展,人自身认识能力的提高,人们就能够从史料中发掘出更加深刻的内容,对史料作出新的诠释与新的概括。这一事实反过来也正说明了由于史料本身的不完整、不充分,以及对史料作鉴别、考核、诠释、概括难以避免的局限性,仅仅从史料层面上来检验历史认识的真理性是不够的。必须由此前进一步,从科学认识的总体来对历史认识的真理性作鉴别与检验。

以科学认识总体为尺度有三重含义:一是指历史认识活动是科学共同体的群体活动;二是指历史认识活动是同时代科学总活动的一个有机部分;三是指历史认识活动是人类科学发展历史总链条中的一个环节。

历史认识活动是个人的思维活动,同时,也是科学共同体的群体思维活动。科学共同体,用首先系统地注意了这个问题的库恩《科学革命的结构》的话来说,是由一群经历了相同的教育和业务的传授,吸收了相同的技术文献,获得了相同的科学训练的科学专业的从事者所组成的。他们由于理解问题的观念、思考问题和解决问题的方式相同,探索的目标相同,形成了一个科学家集团或群体[①]。这个科学共同体,不仅指同一个时期历史学科中持有共同的基本观点、基本理论与基本方法的科学家集团,而且指同一时期包括社会科学、人文科学、自然科学等众多学科在内的具有相同思维模式和理论上、方法上共同信念的科学家群体。正因为历史认识活动是这样一种群体思维活动,每一个人的思维都不是孤立地进行的,它受到群体思维活动的培养、熏陶、砥砺、推动,也受到群体思维活动的规范、约束、监督、检查、制约。个人的思维活动的成果,就历史认识活动而言,从史料范围的选择与确定、史事的考订到历史过程的复原、历史规律的探究,都和群体思维活动密切联系在一起。卓有建树的新成就,经过争论、交流,会为群体所承认;反之,就会为群体所鄙弃、淘汰。正因为如此,要检验历史认识的真理性,就必须将这一认识放到该时代科学共同体的总思维、总认识中去,看它能否经受得了这个总思维、总认识的考核,看它在这个总思维、总认识中处于什么地位。真理是在自由争论中确立的,而不是自封的。

科学共同体的群体活动,从横向联系来说,是同时代科学家集团的总活动的

---

① 参见库恩:《科学革命的结构》。

一部分,从纵向联系来说,则是人类科学发展总过程中的一个阶段,一个承上启下的环节。因此,要鉴定和检验人们的历史认识是否具有真理性,还必须将这一认识放到人类认识发展总过程中去,看它如何在前一时代所已取得的成就基础上有所前进、有所提高,解决了前人所面临的哪些矛盾、哪些难题,它所完成的新的突破、新的发现如何为后来的发展奠定了新的基础,提供了较高的起点。这里所说的人类认识发展的总进程,首先当然是历史认识总进程,但又不止于此,同样重要的还有科学发展总进程、思维发展总进程,因为所有这一切构成了历史认识由以进行的总规范、总前提及总后果。

史料层面的检验,科学认识总体的检验,基本上都属于逻辑证明,是理论思维自身的验证。对于历史发展过程中的各种个别性的、不再重现的具体事实的认识,也只能用这样的方式去检验它们是否具有真理性。但是,对于历史认识来说,特别是对于具有较大的普遍意义的历史问题的认识来说,仅仅有史料层面和科学认识总体层面的检验还是不足的,它们还必须像人类其他认识一样,接受当前的及今后的社会实践的检验。这是检验历史认识是否具有真理性的第三个层面。

社会实践对于历史认识真理性的检验,与一般科学认识的检验不同。由于历史事件本身不会重演,历史人物无法复制,社会实践不可能对历史认识作直接检验。但是,间接的检验却是可能的,而且是非常必要、非常有意义的。

历史诚然已经过去,但是,由于历史的连贯性、统一性,由于每一代人以及他们创造新生活的资源、工具都由先前的历史提供,他们的思想与行为都受先前历史的制约,历史又没有完全成为过去。已经成为过去的各个世代,在现实世界中,除去留有它们的残骸遗骨外,更重要的是它们的基因、遗传密码经过一代代的传承,大量存留在现实生活中。历史认识是否具有真理性,在这种历史的基因与遗传密码面前,在历史自身的连贯性与统一性面前,就不能不受到严峻的考验。人们常常津津乐道的所谓民族精神、民族特点、国民性,包括所谓盎克鲁-撒克逊精神、日耳曼精神、日本武士道精神、中国的儒家与道家精神等,不仅仅是个精神或意识形态问题,所有这些民族所特有的价值取向、思维方式及行为样式,其实都是一代代积累演变而形成的,无不熔铸着这些民族历史的传统与基因。

历史过程时间轴线与空间轴线在一定条件下可以互相转化。由于人类历史发展的不平衡,在一些地区已经成为过去的历史运动,在另一些地区仍是生活的现实。它们相互之间自然不可能完全一样,但是,一些共通的东西也不容忽视。美国学者摩尔根的《古代社会》,通过他长期生活在印第安人中认真调查研究获得的材料,发现了原始社会的社会结构、生活习俗,对于家庭、私有制、国家及文明的起源都有了新的认识。而这一切，为他本人及其他历史学家检验他们对于古代社会历史的认识，提供了一个崭新的尺度。中国古代神话传说与文献记录中有大量成分千百年来众说纷纭，而现代文化人类学家、社会学家、民俗学家及神话学家在仍处在原始或半原始状态的部落中所进行的调查研究，为破译这类古代密码提供了许多惊人的线索。中国的现实生活就是各地发展极不平衡，17世纪、18世纪、19世纪、20世纪并存，刀耕火种与制造人造卫星互为毗邻，不少地方生产方式、生活方式同古代相差无几。将空间轴线上的这种差异同时间轴线上的历史变迁作一比较，就可以利用现实的社会实践去检查一下对于往昔社会的许多认识是否真能成立。

现实社会对于往昔社会来说，有了很大差别，当然决不容许抹杀这些历史差别。然而，正如马克思在谈到资产阶级社会时所说的那样，由于这个社会是历史上最发达的和最复杂的生产组织，表现它的各种关系的范畴以及对于它的结构的理解，便会为透视一切已经覆灭的社会形式的结构与生产关系提供方便。马克思在《〈政治经济学批判〉导言》中指出："人体解剖对于猴体解剖是一把钥匙。反过来说，低等动物身上表露的高等动物的征兆，只有在高等动物本身已被认识之后才能理解。"[①] 而这正是通过现实的社会实践的深刻的自我理解，去认识过去的历史，衡定对过去历史的认识是否具有真理性的又一重要途径。

以上所说，基本上都是通过社会现实及对现实社会的理解去衡定历史认识的是非优劣。以社会实践来检验历史认识的真理性当然包含这一内容，但是，很明显，绝非仅限于这一内容。更重要的工作同时也是更为艰难的工作，其实还是根据历史认识作用于社会实践所造成的社会效果，来对历史认识是否正确而深刻地反映了历史实践作出鉴定。

人们认识历史，无论是为了利用历史经验，继承历史遗产，还是为了认清国情与世界情势，据以确定行动的方针与策略，或是为了唤起人们特定的历史意识，激起人们的热情，都是为了使历史认识作用于社会实践，帮助自身达到所要追求的目标。各个阶级、阶层、集团、个人，都希望通过历史认识，协助自己避开不利条件，利用各种可用的因素，使自己的实践取得成功。仅凭这些阶级、阶层、集团、个人一时的成败来论定历史认识的是非，只会造成认识中更多的混乱，而不会使历史认识所包含的真理性得以澄清。作为检验历史认识真理性标准的实践，应当是人类社会发展的总实践。它必须尽量避免一时一地一个群体实践的不确定性。人作为认识的主体，是为了使自己得以生存、发展，最终成为真正自由的全面发展的人而努力认识历史的，应当舍弃各种局部的、暂时的、狭隘的目

---

① 《马克思恩格斯选集》第2卷，人民出版社，1995年，第108页。

标，从这个总目标及达到这个目标的总进程来衡定历史认识，看它是推动了还是阻滞了这个总进程，是促进了还是妨碍了这个总目标的实现。

历史认识的是与非、真理性与非真理性，不能经由法庭审判裁决，而社会实践就是最公正的法庭，社会发展的总目标、总进程就是最刚正不阿的裁判官。历史的伪造者或将谬误冒充真理者，尽管可以称雄于一时一地一事，但最终将不能免于社会实践给予的惩罚。反之，对历史发展的客观规律、历史发展的实际能够认识得比较正确、比较深刻者，就能较好地吸取历史经验，利用历史遗产，使自己创造新生活的实践置于比较科学的基础之上，成为历史发展的积极推动者。

史料层面的检验，科学认识总体的检验，社会实践的检验，三个层面最终统一于社会实践的总进程。历史资料及其清理，历史科学与其他科学的发展，各有其自身的独立性，然而，它们的发展水准，说到底，是与社会实践的总进程、总水准联系在一起的。因此，三个层面的检验依次推进，从本质上看，又是统一的。人类文明本身迄今为止还非常年轻，人类的社会实践还远没有完全从蒙昧与野蛮状态中脱离出来，在这样的情况下，人们的历史认识中真理性成分也就必然地有一定限度。这就需要人们严肃地对自身、对历史资料、对历史实际、对整个历史认识活动及认识成果始终保持清醒的态度，通过对认识真理性的不断检验，进一步认识历史进程及历史给现实提供的一切主客观条件，使历史认识作为一种科学的认识在历史的继续发展中更加积极自觉地发挥作用。

第三章 研究历史的主要方法

　　研究历史的方法,是通向认识历史真相、把握历史本质的桥梁和手段,它以特定的历史认识论为根基,通过特定的程序和各种相关的手段去完成对历史过程及其本质的认识。

　　作为揭示历史本质的手段,历史方法论是与特定的历史认识论相一致的。传统史学很早就已形成搜集整理史料和考订史事的特定方法。现代史学方法的特点是立体化、多元化,注重对历史过程的分析与解释。在技术手段上,现代电脑、网络系统等的广泛运用,也有力地辅助历史研究走向科学化、现代化。

　　史学方法是历史认识过程中主客体经由中介走向统一的具体手段、工具、规则、程序,是历史研究所面对的材料通向所要达到的目标的整个操作系统,它的科学化、现代化是整个历史研究科学化、现代化的可靠保证。

　　历史认识除了运用归纳与演绎、分析与综合、具体与抽象、类比与假设等一般科学认识中通用的方法外,还有一系列针对历史认识特殊性质的特别方法。为了正确认识历史,必须逐一认清各种方法的作用及其限度,使之不断优化、完善,得到准确运用。

　　这里主要论述研究历史的具体方法,包括搜集、考证、抉择史料的方法,清理、重构、叙述历史事实与历史过程的方法,分析与解释历史过程,发现与揭示历史本质、历史规律的方法。正确认识和运用这些方法,可以大大提高史学工作者的研究能力,使史学研究较为顺利地达到预期目标。

第一节　历史事实的清洗与再现

1. 历史事实的客观存在与主观认定

所谓历史事实，指历史上已经发生过的事件或过程，它是不以历史学家的主观意识为转移的客观存在。但是，这种已经过去了的历史事实，一般来说只存在于人们个别的历史记忆中，存在于历史学家和人们的历史记录中。后世人们经过前人记述、相关遗存、遗迹和史学论著了解历史事实，它们实际上都是经过历史学家或其他人重构了的历史事实，这是历史认识中的历史事实。

由于历史认识不同，史学家们对"历史事实"这一概念的理解与使用也迥然有别。18 世纪至 19 世纪中国乾嘉史学的基本要求是整理与考证史料，遵循这一传统的史学家后来曾提出"史料即史学"①的口号。19 世纪德国兰克历史学派，即所谓"客观主义史学派"，也以批判史料、记述史实为首要任务，当时被称为"尊重史实的伟大时代"。这些历史学家的共同点，在于都把历史资料看做纯客观的历史事实唯一可以作为凭据的反映，对于事件当事人和后世历史学家的主体意识（包括利害关系、历史观和方法论）在记述、考证历史事实活动中的作用缺乏足够重视。

确实，所有历史学家总无法离开历史资料去揭示或重构历史事实。史料可以概括地划分为文献（档案与各种文字记载）史料、实物（遗物、遗址、遗迹）史料、口碑（口述）史料，以及非物质性的如语言、习俗、道德行为、宗教信仰等类。史料，固然是了解历史事实最重要的依据，但是所有史料都不是历史事实纯粹的绝对的客观描述或忠实反映。记述史料或口述史料必然或多或少掺入记述者、口述者的感情、好恶、立场、观点，记述者或口述者由于在事件中地位、作用及视角不同，即使尽可能忠实而客观地说明事实，也难以避免由此而造成的局限性、片面性以及表面性。即使实物史料，包含现代大量音像资料，具有直观性，但它们所反映的，也只能是历史事实整体中的一个片断、一个局部。总而言之，无论这些史料能够比较真实地反映历史事实，还是或多或少地与历史事实不相符合，都需要历史学家对史料进行精心的考订、鉴别和辨伪，方才能够从中清洗出比较真实的历史事实。

---

① 傅斯年在《历史语言研究所工作之旨趣》中说："近代的历史学，只是史料学。"见《历史语言研究所集刊》创刊号，第 467 页。

问题不仅仅在这里。人们对于自己和周边人物的活动,只有很少一部分能够留下历史记忆。而这些记忆中,又只有极为有限的部分,可以通过口耳相传、文字记录或遗物、遗迹传留给后世,成为后世人们心目中的历史事实。历史事实,只是全部人类活动中为后人所知、所关注的那一部分。人类其他极大部分的活动,在岁月流逝中早已湮没无闻,被摒斥于为人们所认可的历史事实之外。一些学者因此否认历史事实的客观存在,而断言它只是一种思维过程的结论,是被人们人为地确立的。他们认为,那些被视为客观存在的事实在进入历史学家的思维之前,不能被确定为历史事实,历史事实只能是历史学家在叙述中确定的事实。美国相对主义历史学的主要代表卡尔·贝克(Carl Becker,1873—1945年)便说:"历史是过去发生的种种事件的知识","是真相和想象的一种便利的混合物",也就是"事实和解释的一种便利的混合物"。他认为历史事实将会随着文字的陈述而变异①。法国结构主义历史哲学家列维-斯特劳斯更认为:作为已经发生过的"历史事实"的概念,是很不确定的,人们看到的只是经过历史学家借助抽象作用所重构的历史②。贝克等人注意到了"历史事实"的认知包含着历史学家的主观因素,注意到历史学家不可能直接与客观的历史事件接触,他们所能接触的仅仅是这一事件的有关记载。但是,贝克等人因此将历史事实说成是历史学家想象的产物,则否认了"历史事实"的客观性质,如卡尔·贝克所说:"历史事实就不是过去发生的事情,而是可以使人们想象地再现这一事件的一个象征。"③符号论代表人恩斯特·卡西尔在《符号形式哲学》中更特别强调历史事实的确定和认识者自身概念系统之间的关系,他说:"我们所称的事实始终必须在一种特殊的理论意义中被定位,在一种与隐蔽着决定它的明确的概念系统之关系中被观察到。这种决定的理论意义并非施之于原事实,而是构成它。"④在他们那里,历史事实被界定为进入历史学家意识之中、经过历史学家意识处理而在文本叙述中得到描绘表述的那些事实,历史事实的客观实在性或可确证性便被大大弱

---

① 卡尔·贝克说:"历史不是外在物质世界的一部分,是已经消逝的事件的一种想象的重构。""历史事实的罗列毕竟不能同一车砖头的倾卸相比拟。砖头随便放在何处,始终保持它的形式和压力;而历史事实的形式和实质既然仅在文字陈述中取得一种可以兑现的存在,便会随着用来传达它们的文字而变异。"(见《现代西方史学流派文选》,第257~277页)
② 列维-斯特劳斯说:"在历史事实这个概念本身中存在着双重矛盾。因为,假定历史事实就是实际发生的东西,那么它是在哪里发生的呢? 一次革命或一次战争中的每一片断都分解为大量的个人的和心理的活动,这些活动中的每一种都表示着无意识的发展过程……因而,历史事实并不比其他事实更具有给定的性质,正是历史学家或历史演变中的行动者借助抽象作用,并仿佛在一种必须进行无限回溯的威胁下,构成了它们。"(见《野性的思维》,商务印书馆,1987年,第293~294页)
③ 卡尔·贝克:《不偏不倚和历史写作》,见《现代西方历史哲学译文集》,第229页。
④ 恩斯特·卡西尔:《符号形式哲学》第3卷《知识现象学》,耶鲁大学出版社,1967年,第409页。

化了。

当然，持此论者并不是完全否定历史事实的客观性及其真实性，或完全否定历史事实的成立与否有其确定的标准。他们提醒人们，在了解往昔留下的文本所描述、表述的历史事实时，除去考辨文本自身外，还要了解叙述者本人当时的知识结构、概念系统、观察和思考问题的角度与一般方法。许多前人没有注意到的历史事实，许多表现于遗址、遗物、习俗及各种存留的文书、文字中的历史信息，因后代历史学家知识结构、概念系统、观察和思考问题的角度与方法的改变而被注意到，为人们所发现，甚至成为历史学发展的新的增长点。这正证明了历史事实本是客观存在，并不因为历史学家一时没有注意到它们而丧失它们的客观实在性。

为了避免人们将"历史事实"诠释为主观主义的产物，一些历史学家提出应将历史事实区分为"一般意义的历史事实"与"科学的历史事实"两种。所谓"一般意义的历史事实"，指那些在历史上曾经发生过的客观存在的历史事件。所谓"科学的历史事实"，则是指在历史学家的认识中抽象概括出来，并且经过验证符合实际的那些历史事实。他们认为，在历史科学中，一般意义的历史事实，实际是不存在的。因为任何历史事件，只有当它进入人们的认识领域时，才能够对于人们来说成为事实。当然，这样的事实，在开始时还是比较粗糙的、未加整理的史料，只有经过历史学家的去粗取精、去伪存真的加工和抽象概括，才能使其成为"科学的历史事实"[①]。波兰历史学家鲍宾斯卡娅和托波尔斯基把历史事实看成是"科学的重构"，"是研究者对事实进行创造性的科学改造的结果"[②]。这一观点将大量的尚未被历史学家认识和捕捉到的客观存在的事实与"科学的历史事实"割裂开来，因而也具有否认"历史事实"客观性的隐弊。凡是历史事实都是不以历史学家主体意识为转移的客观存在，而"科学的重构"历史或"历史学家认识领域中的事件"，只能是局部的"历史的复原"或向"历史事实"的不断接近。

历史学家的历史叙述，首先要尽力使人们相信他用来叙述的那些元素，即历史事件是真实发生过的。为此，另有一些历史学家认定，历史叙述涉及的事实可分为两类，一类是非言语事实，另一类是言语事实。当历史学家对自己的亲身经历及亲见、亲闻的事件进行叙述时，他处理的是非言语事实；当历史学家叙述的是并非亲眼所见的他人的实践，那么被叙述的历史事实往往只能来源于文字材

---

① А. П. 利索维娜：《马克思主义与资产阶级史学方法论中的"历史事实"范畴》，基希涅夫，1981 年，第 22~25 页。
② С. 鲍宾斯卡娅：《历史事实·方法论》，华沙，1964 年，第 49~50 页；J. 托波尔斯基：《历史学方法论》，第 222 页。

料，属于言语事实之列。

　　对于亲身经历及亲见亲闻的事件，历史学家在叙述中通常依赖于回忆。可是，对同一件事的回忆，不仅不同的参与者因为各自的立场或价值观不同会使回忆产生分歧，即便同一人，在不同时间、不同环境、不同体认下，所作的回忆也会有很大差异。每个人回忆的历史事实是否确实具有客观性和真实性，通常都需要另一批主体的回忆作为评判的标准。历史学家如果仅仅依据自己的回忆来叙述，只有在历史学家比较过其他实践者的回忆，并作出一种能够以理服人、被实践者广泛接受的叙述时，其中包含的历史事实才可能被认定为真实的、客观的事实。这样的历史事实是客观的存在，是实践共同体共同认可的产物。这样被叙述的实践行为，不会导致各个参与实践的主体合作关系的破裂，而能使共同的实践继续下去。这样的叙述一般便成为真实的叙述，它所展现的便是客观的历史事实。

　　言语事实是言语表达者处在特定话语系统、概念体系中形成的，其构成方式与小说中事件的构成方式有某些相似，因此理论家可以大张旗鼓地指责历史事实的虚构性质。然而，即使是小说的虚构，也不是不包含任何真实的成分。华莱士·马丁曾指出："小说可能具有报告的功能，它能将文化与文学未曾重视的各种人类状况带入人们的意识中。"[①]虚构者需要能够理解其虚构的读者，这样，虚构想象便受到虚构者与读者理解能力的双重制约，超出他们的共同理解能力，无论是小说叙述，还是历史叙述，都会被认为是不可理解的。由此可见，在历史叙述文本中，被叙述的历史事实即便是被建构的，它仍旧受到一种叙述者和与他的读者所共有的理解力的约束，并因而成为一种能够被大家共同理解的事实，具有某种程度的真实性。

　　古代历史和中世纪历史的历史事实，它们的存在不像当代史那样和叙述者及他的读者有较为明显的直接的亲历、亲见、亲闻关系，其真实性与客观性又如何保证呢？

　　人们研究历史、阅读历史，是试图努力理解自己的生存情境。即使古代和中世纪历史事实远离读者生存的年代，但读者通过阅读而了解它们，能获取前人的生活经验来充实自己，有助于理解自身所处之生存情境的渊源，进而更深刻地理解自身所处的生存情境。以历史为参照系，为未来的行为决策，使往昔的历史事实与现在的读者紧密地联系在一起。可是，无论阅读何种历史记述文本，都不能说文本中所叙述的历史事实就绝对真实，因为言语事实毕竟是被人书写的，掺入了叙述者的主观意识。即使某些言语事实有多方面的佐证材料，怀疑论者仍有

---

① 华莱士·马丁：《最新叙事理论》，纽约，1986年，第18页。

可能对它的真实性提出质疑。言语事实应该说是一种被解释后得到的事实,言语事实之真实性只能是一种历史解释的客观性。

和非言语事实的真实性和客观性类似,确定言语事实之真实性和客观性同样依赖于不同主体构成的实践共同体的共同认可。历史学家叙述古代历史事实之时,同样必须考虑读者的需求,将自己的理解与研究转变成人类或民族实践共同体不同主体间的共识,客观的历史事实方能获得真实性和客观性的某种认定。

可以把"历史事实"相对地划分为"客观存在的历史事实"与"进入历史学家视野的历史事实"这样两类。不能否认"尚未进入历史学家视野的历史事实"的存在,因为这些历史事实可以随着考古学的进展和历史学家认识能力的提高,而不断被发现、被认识。这两类历史事实,是可以随着时空的变化而相互转换的。既要反对把历史事实看作不可认识的绝对化的客体,又不可把历史事实视为历史学家主观想象的重构;既要承认历史事实的客观性质,又要肯定历史学家不断地更新史学观念,探讨新理论、新方法去重构历史的科学价值。严格说来,历史事实的构成,也是一种三重结构。在清洗历史事实时,必须辨明何者为第一者,即客观的真实的历史事实,它不可能原原本本完整地呈现于人们面前,而且,它的深层的、潜在的许多内涵和影响需要在时间的流逝和历史的不断演进中才会逐渐显示出来,因此,它是一个自变项。人们认识历史事实,必须借助大量中介变项,这是第二者,指历史事实的亲历者、亲见者、亲闻者,他们对历史事实各有其真实的或虚幻的感知,这种感知必然包含有他们自身的主观性、片面性。第三者,可称为依他变项,指后世历史学家在辨明历史事实时,不可能随心所欲地去虚构,必须借助中介变项,对各中介变项及先前研究者在此基础上所作的构建进行清洗、考辨。他们也不能免于自身的主观性、片面性,他们自身的知识结构、价值取向、话语系统和利益追求,使他们在作为依他变项的同时又兼为自变项。历史事实的清洗,即是作为依他变项的第三者,通过对作为中介变项的第二者的认真梳理、辨析,复原作为自变项的第一者的本来面目。作为依他变项的第三者,对于自身的使命及实现这一使命的可能限度要有充分自觉,而在对作为中介变项的第二者进行梳理、辨析时,又必须遵循必要的程序和科学的方法,并不断运用新的手段和拓展新的途径。这是一项极为严肃的研究,只有坚持严肃的态度、严谨的学风和严格扎实的工作,方能取得成效。

2. 史料的搜集、阅读与理解

历史事实的清洗与再现,第一步工作就是尽一切可能搜集作为中介变项的大量历史资料,对这些历史资料精心地进行仔细梳理、辨析、抉择、确证、核定,以便从各种片断的乃至真伪相混、彼此矛盾的各种史料中剥离出比较接近真实的客观事实，尽管这些事实早已成为过去。

史料的搜集、辨析和抉择从阅读开始。

人们对于历史的了解，最初多源于历史故事的讲述和文本记叙；然后，主要是通过简繁不一的各种历史教科书、人物传记、学术专著，形成较为完整的历史知识。在这种阅读中，人们以历史故事、历史知识作为镜子，了解整个人类、整个民族、整个国家，包括各个城市、乡村、族群以及阅读者自身，如何成为一个历史的存在。人们按照自己所传承的文化传统、思维方式、价值取向，对历史文本所叙述的历史事实及其所蕴含的意义作出自己的判断和取舍，同时，也会在自身与历史文本的互动中，特别是在触及不同历史文本彼此互相扞格的那些记述时，对于历史事实本身及其所蕴含的意义产生疑惑、问题，并为追寻历史存在的真实状况而有目的、有计划地搜集更多资料，对不同的记述进行仔细的比勘、辨证和分析。

清洗历史事实，最需重视第一手资料，或称原始资料。

首先是阅读档案资料。档案，作为自然人、国家机关、各种私人机构和社会组织在自身活动中产生或收到的所有具有保存价值的文件、图表、声像、实物等材料，储存着历史事实丰富而直接的信息。古埃及的石刻档案，古两河流域的泥板档案，起源于古埃及扩展到古两河流域、希腊、罗马等地区的纸草档案、羊皮纸档案，古印度的棕榈叶（贝叶）档案，古希腊以铅板、铜板、金片为书写材料的档案，古罗马的蜡板档案，中国古代的甲骨档案、竹简档案、帛书档案，俄罗斯古代的桦树皮档案，是人们了解上古时代这些国家历史最重要的根据。造纸技术的发明和改进，使纸张成为档案的主要载体；而摄影、录音、录像、磁带、计算机技术的发明和急速改进，纸质文件越来越多地为数字化的电子文件所取代，档案载体这一革命性的变革，使档案所包含的信息类型、信息量都远远超越了先前各种档案。

档案是人类的共同记忆，是个人、国家、社会在自己行进过程中留下的历史记忆。在阅读和利用档案时，要清楚知道，档案一般按照其来源不同，形成不同全宗。每一个全宗的档案都是一个有机整体，它较之其他分类方法，凭借其原始性、记录性、连贯性、多层次性，能更为真实地反映档案形成者历史活动的原貌。在整个社会已经高度信息化的当今时代，社会结构、社会组织都处在经常而剧烈的变动之中，单个人的流动性也超过了以往任何时代。各种数据库和网络资源，被超机构、超地区、超国界地广泛使用，档案的来源很难再局限于单一的机构，但是，在阅读和利用这些档案时，仍然需要确立全宗观念，对于数据库和网络所提供的信息，不仅要了解这些信息本身，而且要了解数据库和网络如何构成、如何运作。

档案是人们实际活动的一部分，是历史事实、历史实际的有机构成部分，而不是人们实际活动的全部，并非历史事实、历史实际的全部，它们所显示的内容也不一定都真实。同时,它们之所以成为档案,其实是因为已有更大数量的资料被认作缺乏价值而被剔除;在鼎革之际或社会变乱发生时,档案还常常被大量销毁。在阅读和利用档案时,必须认真鉴定档案的价值,了解社会运行的方式和文件形成、流传的过程,了解这些文件的性质、任务、实际功能,确定它们在多大程度上反映了历史的真实。日本军国主义者在第二次世界大战结束时便销毁了大批档案,人们便不能因为由此造成的档案的缺失而否定其罪恶的实际存在。我国"文化大革命"和先前历次政治运动中,在许多人的档案中塞进了虚假的甚至完全捏造的材料,人们当然不能因为档案中保存有这些材料而信以为真。

世界大多数国家都设有国家档案局,掌管国家综合档案。各政府部门、各级地方政权机构,以及各企事业单位,通常也都设有专门管理档案的机构。档案的搜集、整理、保存、开放、利用,都陆续建立了法规。以中国而论,到2005年,全国县级以上档案馆已有4 000多个。收藏明清两朝档案的中国第一历史档案馆,所收藏的明代档案有3 000多件,清代档案1 000多万件。各地方档案馆所收藏的清代档案也有1 000多万件。中国第二历史档案馆收藏民国档案897个全宗,157万余卷。1949年以前大量民国档案国民党在撤离大陆时带往台湾,现保存于国民党党史会、"国史馆"及中研院近代史研究所。至于1949年中华人民共和国成立以来的档案,数量更是惊人。如此浩繁的档案,为清洗和复原历史事实提供了不可或缺的基本资料。

除了到档案馆或是利用互联网直接阅读原档之外,人们还积极利用已经编辑出版的各种档案资料。人们现今所读到的宋元以前历代王朝的档案,绝大多数便是当时编纂而流传下来的档案文献集。孔子编纂的《尚书》,即选取《虞书》《夏书》《商书》《周书》四代诰、谟、誓、命等档案而编成。秦代《秦律》、汉代《九章律》、隋代《开皇律》、唐代《唐律疏议》、明代《大明律》、清代《大清律例》,是各代法律文书类档案的汇编。诏令、奏议档案的选编、汇编,历代都很重视,130卷的《唐大诏令集》、240卷的《宋大诏令集》、明代历朝帝王《宝训》和清代历朝《皇帝圣训》,以及《宋朝诸臣奏议》、《明代名臣奏疏》、清代《国朝名臣奏疏》与《国朝奏疏》等,便是这方面的代表性成果。近代以来,世界各国档案机构都十分重视档案资料的编辑出版工作,举凡政治、经济、军事、文化、教育、外交、法律、民生等,都编选了各种专题的档案资料集,供人们方便阅读利用。所有这些档案文献集的编订,都遵循相当严格的规范和程序,尤其是现代信息技术的高度发展,原档经过扫描可以方便地在网络上查阅,这些档案可以比较放心地加以利用。当然,编选过程总不能避免编选者所根据的一些基本原则,在阅读和利用这些档案文献资料集时,对此应有足够的了解。

分散收藏于民间的大量原始文书、账册、契约以及其他文字、图表资料,具有与档案同样的价值,在清洗历史事实过程中,也常常为人们所珍视。发现于甘肃敦煌莫高窟 17 窟和 122 窟的敦煌文书,总数超过四万件,其中汉文写本在三万件以上,其他为藏文、于阗文、突厥文、回鹘文、粟特文、梵文等文书。汉文写本绝大多数写于中唐至宋初。除去佛经、诸子、史部、集部著作写本外,其中还有一大批官私文书。官文书有符、牒、状、帖、榜文、判词、籍账等,私文书有借佃、典地、借贷、买卖、雇佣等契券以及书牍、分家产文书,寺院文书有度牒、戒牒、僧尼籍等,都是珍贵的史料。正是敦煌文书的发现,催生了国际敦煌学的诞生。发现于新疆吐鲁番古墓葬、古城、洞窟遗址的一批汉文、古粟特文、突厥文、回鹘文、藏文文书,被称作吐鲁番文书,和敦煌文书一样,亦是珍贵的史料。20 世纪 50 年代以来在安徽屯溪发现的 50 万件以上从宋代到民国的文书,包含交易文契、合同文书、承继文书、私家账簿、官府册籍、政令公文、诉讼文案、乡规民约等,被称作徽州文书,由此则催生了方兴未艾的徽学。

　　清洗历史事实时,大量阅读和利用的另一类第一手史料,是历史事件参与者和相关者的著作、函牍、日记、手稿、笔记,事件发生时的报纸、杂志和其他材料。由于历史事件的参与者、相关者,报章杂志的编者、记者与作者,本身就是历史的存在,他们留下的所有叙述文本不可避免地蕴含着他们自身的立场、感情和是非取舍标准。人们在阅读这些文本时,要真正理解这些文本,准确判断这些文本所提供的信息的真实程度,需要对这些文本形成同情的理解,以使自身的历史性同文本的历史性从隔膜、冲突走向贯通、协调,与此同时,又必须对这些文本保持足够的距离,以便在阅读与利用这些文本时,能够持一种清醒的批判性态度。

　　历史人物本人的著作,自然是研究他们直接经历的历史事件的基本材料。在阅读这些著作时,要注意全面而系统地了解,即对这些著作的来龙去脉及相互联系,都应当有较为深入的了解。能够读到这些著作的手稿,则更好。有不少著作,前后作过多次重大修改,对个中原委一定要弄明白。康有为于宣统辛亥五月(1911 年 6 月)刊刻了一部《戊戌奏稿》,收录戊戌维新期间所拟奏稿 17 篇,进呈编书序 5 篇,补录奏疏 2 篇。研究者对照故宫博物院所藏原件,发现此书所录奏稿、进呈编书序绝大多数都作了改动,甚至是原则性的修改,加进了制定宪法、开国会、实行宪政、限制君权等许多戊戌以后才形成的思想。在阅读和利用这部《戊戌奏稿》时,便不能据以论定康有为在戊戌维新运动中的政治主张,而应认真考察他本人后来为什么要作这些修改。毛泽东 1957 年 2 月 27 日在最高国务会议上所作的关于处理人民内部矛盾的讲话,长达近 4 个小时。对于这个讲话,胡乔木根据讲话记录稿先后形成两个整理稿,其后,从 4 月 24 日起至 6 月 17 日,毛泽东亲自对这一讲话稿作了十一次修改,尤其在稍后各次修改中,与发动反右派斗争相配合,增加了原先讲话中没有的如强调阶级斗争很激烈、社会主义和资本主义之间谁胜谁负问题还没有真正解决这些同原先讲话精神不相协调的一些论述。收录在《毛泽东选集》中的许多重要论著,和最初发表时相较,也有许多原则性的修改。因此,在阅读和利用这些著作时,必须分辨清楚,哪些是当初的观点,哪些是修改后的表述,这一变化的原因是什么。

函牍、日记、笔记,除一部分原就为公之于世而写者外,基本上都只是为本人活动留下记录、记忆或为私人之间交流而撰写。其私密性即"非公共写作"的这一特性,使这些资料具有较高的价值。函牍、日记所录多为日常生活、语言、行动,所涉及的多是个人亲历、亲见、亲闻和真实感受,提供了历史事件大量真实的细节,时间、地点、人物都很具体、确切。当然,其中也有矫饰、伪作以欺名盗世者。至于那些本就为公开发表而撰写的函牍和日记,自然会有许多忌讳、曲笔,较少触及隐秘之事,把握了这一点,便可使这些资料得到恰当的运用。

为了根据研究专题的需要而迅速检索到相关资料,现在可以较为方便地在网络上进行搜寻。但是,网络搜寻仍有一定局限性,因此,仍然要善于利用各类文史工具书。

文史方面的工具书种类繁多,其中最常用的是书目、索引、类书、年表等。关于中国古代史的书目,最常用的是《汉书·艺文志》《隋书·经籍志》《四库全书总目提要》《中国丛书综录》以及各种专题研究书目。近人张心澂所著《伪书通考》上、下册,系现代总结性的辨伪书目,亦便参用。利用各种书目,是读书入门、搜集资料的重要途径。清人张之洞说:"读书不知要领,劳而无功;知某书宜读而不得精校精注本,事倍功半。"①欲知某书的内容、价值、版本及材料的真伪和作者简历,必须熟知有关书目。利用索引或引得,是搜集史料的有效途径。索引,不但可提供所需要的专题研究文章篇目,还可从中看出有关学术发展的近况及趋势。《全国报刊资料索引》系今人所编综合性索引,分学科、按专题编辑,颇便查阅。各种专著索引、专题索引、专史索引、人物索引、地名索引、征引书目索引、主题词索引等,均便参考。年表,列出历史事件或历史人物活动的时间。类书,则分门别类排列有各种专门史料甚至包括有重要史书散失的资料。善于利用这些工具书,可以搜集颇多散处于各方的史料。

除了直接阅读各类第一手资料外,还应了解一代代前贤经过长时间努力在清洗历史事实方面已经获得的各种成果。与陈垣、陈寅恪、钱穆并称的吕思勉一生著述宏富,《白话本中国史》《先秦史》《秦汉史》《西晋南北朝史》《隋唐五代史》《读史札记》等都是洋洋百万言的大著,均主要取材于二十四史等正史。50年

---

① 张之洞:《书目答问·略例》。

间,他埋头枯守,将二十四史通读三遍,平时检阅次数则无可统计。精读若干种学说水准较高的前人研究成果,通过比较其异同,易于发现矛盾与问题,成为深入钻研的切入点。以前贤的研究成就为基础,又可使自己的研究有一较高的起点,避免若干不必要的重复劳动。

不同的读者在理解同一个文本之时,可能出现相当大的差别。在被阅读的文本没有被改变的情况下,人们为什么这样理解,而不那样理解?这就要追溯到阅读或理解之前读者具有的意识结构。这种结构被海德格尔称为理解前结构,它是历史理解的一般前提。

理解前结构被海德格尔分解成先有、先见与先行把握三者。当读者拿到一个文本进行理解之时,他的意识并非一片空白,而是已经具有自己的立场和一定的认识能力,此即先有;读者自然而然地根据自己的立场选择他认为最合理的切入口,以便开始理解,此即先见;再者,读者在进入理解状态之时,预先总有一个假设,指出文本意义将获得揭示与理解的方向,此即先行把握[1]。

在海德格尔之后,理解前结构被诸多学者以不同的方式表述出来,其中,伽达默尔称它为成见(prejudices),他系统地揭示了读者已然存在的成见是进行理解的基本前提和条件,没有它,一切理解都将无从下手[2]。

如果理解前结构是一种僵化的结构,它就会将读者的理解局限于自身之内,这时,从阅读或理解中就得不到任何新的东西。理解前结构如果是一个开放的结构,它本身将随着理解的进行而不断变动。伽达默尔说:"我们所被要求的是对他人或文本的意义保持开放。"[3]这意味着,在理解所阅读的文本时,并不排斥他人或文本的意义,而是试图将他人或文本的意义置于我们整个的意义体系中,或将我们的意义置于他人或文本的意义体系中。不管意义放置的方向如何,都是两种意义体系的交融。经由阅读所获得的任何一点理解都将作用于原有的理解前结构,使它得到更新,从而成为下一次理解的基本前提,正是以这种方式,理解前结构成了一种完全开放的结构。

个人作为社会的人、历史的人,受制于文化传统,个人的理解能力自然也与他身处的文化传统所具备的理解能力,即社会意识水平相关。现代社会将相对于古代社会而言有所发展的意识水平施加于个人,为个人建构理解前结构提供了更强有力的基础,使得现代社会中个人的理解能力得到了社会整体意识水平的支持。个人的理解能力受制于决定着他的理解前结构的社会整体意识水平,

---

[1] 海德格尔:《存在与时间》,陈嘉映、王庆节译,生活·读书·新知三联书店,1987年,第183~185页。
[2] 伽达默尔:《真理与方法》,纽约,1982年,第235~267页。
[3] 同上书,第238页。

这就使个体自己的理解超越于这一时代社会整体意识水平将永远是一种不可能实现的幻想。"超越",不是摆脱社会整体意识水平,而是对社会整体意识水平的发展,是它的新的构成。

理解前结构使阅读具备了理解的可能性,当阅读或理解旨在最后进行叙述时,在阅读或理解文本中获得的意义显然不可能等同于文本本身的意义,也不可能完全使文本的意义屈服于一种完全基于社会意识水平的解释。应该说,理解的整个过程是建构的过程,而历史理解的过程也就是在历史叙述者意识内部建构历史的过程。

历史事实的清洗是一个能动的开放系统,除去文本一类史料外,搜集与利用考古出土的新资料,在现代史学发展中具有特别重要的功能。正是近代中国的一系列考古新成就,使中国史学研究进入了一个新的历史时期。清末民初在河南安阳小屯村考古发现了大批甲骨文,著名史学家王国维据此创立了利用地下出土新资料验证传统文献资料的所谓"二重证据法",搞清了殷周重要帝王的世系与制度,从而完成了他的古史研究系统,将殷周史的研究置于科学的基础之上。新中国建立以来的50多年,我国的文物考古工作取得了震惊世界的丰硕成果。在长江中下游乃至珠江流域、汉水流域发现多处原始文化遗存,如在浙江余姚地区发现的河姆渡文化,分布在浙江、安徽一带的青莲岗文化、良渚文化,分布在长江中游及汉水流域的屈家岭文化,在四川、湖北交界处发现的大溪文化等。这些考古新资料的出土,从根本上改变与纠正了认为"中国文化仅仅发源于黄河流域"这一旧观念,开阔了史学家的研究视野,为"中国文化源"的研究提供了新资料,形成了新观念。1972年山东银雀山汉墓同时出土的《孙武兵法》和《孙膑兵法》,证实了《史记》关于两位孙子、两部《孙子兵法》的记载。1973年长沙马王堆汉墓出土的帛书,为《周易》《老子》提供了历史的新版本,开拓了易学研究、道学研究的新领域、新思路。1973年河北定县汉墓出土的《文子》,证实了传本《文子》的真实可靠性,否定了传本《文子》为伪书的说法。1993年湖北荆门市郭店楚墓出土的战国楚简有《老子》新版本和早期儒家(特别是子思等)的新资料。上海博物馆在上世纪90年代从香港搜集到的1 700多枚战国楚竹简,清华大学2008年7月入藏的2 100多枚由校友从境外购得捐赠的战国中晚期竹简,均提供了先秦古书实物资料,具有极高的史料价值。1996年在长沙市走马楼一口古井中发现的东吴简牍约十几万枚,为长沙郡临湘县古代档案,包含司法、税赋、户口等重要内容,成为考古学又一重大成果。

至于夏商周以来各代遗址、陵墓的发掘,特别是一大批古代城址、陶器瓷器窑址、手工作坊遗存的发掘,延长与丰富了我国悠久的历史,提供了文献典籍所未记载的大量信息,为历史事实的清洗增加了一大批珍贵的材料和证据。

除去文献与考古资料外,采访搜集口碑资料,越来越受到重视。

人类远古的历史,本来并无多少文献的记载,特别是文字没有出现以前,主要是靠社会耆宿长老的口耳相传借以保存下来的。文字产生之后,逐渐形成历史文献史料。文献史料对于民族历史、民风民俗、生活方式等记载有限,采访调查口头传说,特别是亲历其事的口述,可以大大丰富这方面的史料。司马迁撰写《史记》,就有很多内容是采访调查来的口述资料或民间传说。他写的《秦始皇本纪》《高祖本纪》,其中不少传说采自民间,特别是撰写那些与他同一时代或相去不远的人物传记,则更多地搜集了口述资料与民间传说,如《淮阴侯列传》中的"漂母饭信",韩信忍"胯下"之辱等。希罗多德的《历史》和修昔底德的《伯罗奔尼撒战争史》也利用了大量口述资料。撰写近现代史,特别是近现代社会史、文化史、民间信仰民间风俗民间生活史,采访调查鲜活的口述资料,当可使历史更加丰富、饱满、生动、逼真。近几十年来出版了不少回忆录,丰富了近现代史史料来源。近年来,"口述史学"或"口述社会史"学科的勃兴,成为一种史学发展新趋势。这就是利用调查搜集口述资料为主要根据,把传统的以研究社会上层活动为重点的宏观研究,转向以研究社会底层活动为重点的微观研究。口头传说史料过去主要用于丰富和补充文献史料之缺失,现今在地方史、企业史、城市史、乡村史、劳工史、家族史、妇女史、部落史、社区史、种族史、电影史、电视史等研究领域,口述资料已成为重要的甚至主要的根据。录音、录像技术的长足进步,为大规模有计划地搜集、保存和整理口述资料提供了便捷的条件,具有广泛群众性、社会性的口述资料的数量正以惊人的速度增加,质量也迅速提高。由于口述史的当事人通常都是历史事件的直接参与者,口述资料具有较高的客观真实性,尤其是由许多人分别口述而形成的群体性口述资料,使这一客观真实性获得相当有力的保障。当然,口述者的主观因素会影响到他的观察和记忆,这就要求在对口述资料具体使用时应该进行认真的筛选和抉择。口头传说与考古发现的实物资料发生矛盾时,一般应以口头传说服从考古发现的实物资料;口头传说与文献记载不符合时,则应对口头传说资料和文献资料进行认真考核。

搜集、阅读和理解所有这些历史资料,是清洗出真实的历史事实的第一步工作。这一基础工作越是坚实而丰厚,其后的工作就越方便和越有成效。

3. 历史资料的辑录、辨伪、训诂与考据

文本的资料、考古的资料、口述的资料,有的互相印证,有的互相矛盾,要从众多非常零碎、片断、残缺和真伪混杂的历史资料中复原历史事实的本来面目,就需要对这些历史资料认真作出辑录、辨伪、训诂、考订,以确定哪些史料可靠、

可信,哪些史料部分可靠、可信,哪些史料完全不可靠、不可信。

史料辑录工作,是一项基础性工作。研究者围绕准备深入探究的课题,一般都要认真作出综合性的以及按照子课题分类的史料辑录、摘编。在这方面,已有大量先行成果,可以较为方便地加以利用。中国古代丛书、类书,或综录一代文献乃至各代文献,或据郡邑,或据氏族,或据个人独撰,或按文体,收罗各相关文献。仅上海图书馆所编《中国丛书综录》,收录古典文献丛书即达 2 707 种。新中国建立以后,为有助于历史研究工作的展开,做了大量史料辑录出版工作。以中国近现代史而论,中国史学会主持编纂的《中国近代史资料丛刊》,包括《鸦片战争》《第二次鸦片战争》《太平天国》《捻军》《洋务运动》《中法战争》《中日战争》《戊戌变法》《义和团》《辛亥革命》《北洋军阀》各专题,《中国近代史资料丛刊续编》除按以上各专题收录新发现资料外,又增《清末教案》等专题,皇皇近百册,总计已达 6 000 多万字。为方便中国近代经济史研究,有关各方面陆续编辑出版了《中国近代农业史资料》《中国近代工业史资料》《中国近代手工业史资料》《中国近代对外贸易史资料》以及中国近代铁路史、航运史、外债史资料等。《中国近代史资料丛刊》辑录的多是较为完整的著作,而中国近代经济史资料则是从各种文献中摘录出相关段落编辑而成。各种专题性资料集的数量更为惊人,粗略统计,仅中国近现代史领域,专题资料集已不下千种。如此庞大的资料辑录先行成果,当然代替不了研究者自己为特定专题所作的资料摘编,但善于利用这些先行成果,确可事半而功倍。

由于"兵燹"、社会动乱乃至统治阶级的好恶等原因,大量古籍被焚被毁而散失,年代愈久,散失情况越严重。元代马端临在《文献通考》中指出:"《汉志》所载之书,以《隋志》考之,十已亡其六七;以《宋志》考之,隋唐亦复如是。"①辑佚,就是将已佚古书尚存于他书中的各片断,重新整合成册,以最大可能恢复原书面貌。清人章学诚认为古书的辑佚开始于南宋的王应麟,他说:

> 昔王应麟以《易》独传王弼,《尚书》止存伪《孔传》,乃采郑玄《易》注、《书》注之见于群书者,为郑氏《周易》注,郑氏《尚书》注。又以四家之《诗》,独《毛传》不亡,乃采三家《诗》说见于群书者,为《三家诗考》。嗣后好古之士,踵其成法,往往缀辑逸文,搜罗略遍。②

辑佚之举虽始于宋代,但是大规模的辑佚却在清代。清代的辑佚古书,是直接受乾嘉年间编修《四库全书》的影响而进行的。为编修《四库全书》搜集古籍,

---

① 见《文献通考·经籍考序》。
② 章学诚:《校雠通义·补郑篇》,中华书局,1985 年。

乾隆帝专门派员校核《永乐大典》，此书正文 22 877 卷，引用书目七八千种，保存了大量宋元时期著作，很多已经失传，乾隆年间先后从中辑出古书 385 种、4 926 卷，其中比较著名者如李焘的《续资治通鉴长编》、薛居正的《旧五代史》、郝经的《续后汉书》等。辑佚古书取得了惊人成果。

辑佚，是颇为繁杂而困苦之事。它通常是从古代经、史、子、集诸书的大量注疏引文中，从经过分类编次的类书中，从抄辑其他古书而成的资料性著作中，辑出佚书、佚文的部分或大部分文字。如裴松之《三国志注》，引用魏晋人著述 200 余种，其后，90%以上原书俱佚。刘孝标《世说新语注》引用魏晋和刘宋时人著述 400 余种，其后也 90%以上俱佚。要从这些注文、类书、资料性著作中辑出已佚原书、原文，需遵循古籍成书与流传的规律。郑樵说：

> 书有亡者，有虽亡而不亡者；有不可以不求者，有不可求者。《文言略例》虽亡，而《周易》具在；汉魏吴晋《鼓吹曲》虽亡，而《乐府》具在；《三礼目录》虽亡，可取诸《三礼》；《十三代史目录》虽亡，可取诸《十三代史》……凡此之类，名虽亡，而实不亡者也。①

辑佚之时，对于引用佚书的古代文献要尽可能选择可靠的版本，将这些文献中所引用的佚书文字一一录出，凡引文详略不同、文字不一者，应详加考释校正，然后逐一编定。清代辑佚古书成果最富。马国翰编《玉函山房辑佚书》，包括 580 种古书；王谟编《汉魏遗书钞》，包括 400 多种书；黄奭编《汉学堂丛书》，包括 285 种书；张澍《二酉堂丛书》，辑佚书 30 余种；王谟《汉魏遗书钞》辑古经部书 108 种，《汉唐地理书钞》辑古地理书 50 种。由于辑佚者鉴别能力与资料存亡的不同，有些辑佚书难免出现讹误。近人刘咸炘作《辑佚书纠谬》，指出前人辑佚书存在漏、滥、误、陋四大弊病，可作为使用辑佚书之参考。

历史上遗留下来的史料，由于年久错简、辗转传抄讹误，或本就记载的失实，故对搜集起来的史料必须"去粗取精，去伪存真"，这就是人们常说的校勘与辨伪工作。

校勘，即发现和校正古书在传抄刻印过程中产生的文字讹误，在古代亦称"校雠"。西汉校雠学家刘向说："校雠：一人读书，校其上下，得谬误为校。一人持本，一人读书，若怨家相对，故曰雠也。"②古代的校雠学通常与目录学、文献学合而为一。因而最初的校雠工作，包括审订编次文献、订正书名、校正文字等项。这是一种广义的校雠学。南宋郑樵《通志·校雠略》、清代章学诚《校

---

① 郑樵：《通志·校雠略》。
② 《昭明文选·魏都赋》李善注引《风俗通》。

雠通义》等俱用此义。至近代,随着学科的分化,校雠学、目录学等各自形成独立的学科。因而近代以来,将校雠的任务仅仅规定为校勘文字,这是狭义的校雠学。校勘工作的基本原则与态度是:实事求是,广收版本,确定底本、对校本、参校本及其他资料,前后对照,并运用音韵学、文字学、训诂学等知识,互相比较参证。中国较早的校勘事例发生在春秋时期。据《吕氏春秋·慎行论·察传篇》记载:

> 子夏之晋,过卫,有读史记者曰:"晋师三豕涉河。"子夏曰:"非也,是己亥也。"夫己与三相近,豕与亥相似。至于晋而问之,则曰:"晋师己亥涉河也。"

亥字古文作㐬,豕字作丕,形近而误;己字古文作亡,与三字连笔形近而误。另外还有音近而误者,例如《吕氏春秋·慎势》有"汤武之贤,而犹藉知乎势"一句,其中的"知"当为"资"字之误。古书中类似的错误不少,很多都被校正过来。中国的校勘学历史悠久,校误字,校脱文,校衍文,校简文重复与错乱,校今古字形之异、音读之别,积累了丰富的经验。特别是近百年来校勘学理论与实践都有很大的发展。近人梁启超《中国近三百年学术史》概括校勘方法为不同版本互校,本书与他书旁证、反证、校正,本书文例与正文相校①。陈垣在总结前人经验与自己校勘《元典章》得讹误一万二千余条经验的基础上,撰《校勘学释例》一书,把校勘方法归纳为对校法、本校法、他校法、理校法四种。根据陈垣所述,对校法,是以同书之祖本或别本对校,遇不同之处,则注于其旁,旨在校录异同,不校是非。本校法,是以本书前后互证,而抉摘其异同,则知其中之谬误,这主要利用本书、本篇、本文的用例对应、语音对应、意义对应、结构对应关系进行。他校法,是以他书校本书。凡其书有采自前人者,可以前人之书校之;有为后人所引用者,可以后人之书校之;其史料有为同时之书所并载者,以同时之书校之。理校法,指无古本可据,或数本互异,而无所适从之时,运用分析、综合方法据理推正古书文字讹误②。这四法成为今人所遵循的基本的校勘方法。

校勘出来的错误,往往把所得成果写成"校勘记"。"校勘记"有三种形式:一是定本附校勘记,例如《十三经注疏》、中华书局点校本《汉书》等;二是与注释混为一体的校勘记,例如郭沫若等人所撰《管子集校》等;三是载于笔记或札记中的校勘记,例如王念孙的《读书杂志》、王引之的《经义述闻》、钱大昕的《廿二史考异》等。我们了解"校勘记"的这些形式,便于用来阅读古书,辨析与抉择史料。

---

① 见《中国近三百年学术史》,中国书店,1985年,第225~228页。
② 陈垣:《校勘学释例》,上海书店出版社,1997年。

辨伪,即辨认古书或史料的真伪,对所搜集的史料作初步的外在的鉴别。

各种历史文物因其特殊价值,早就真赝相羼杂。据文献记载,中国早在春秋战国时代就出现了造伪之事与疑古思想。孟子在《尽心》篇中也说:"尽信书,不如无书。"荀子在《非十二子》中曾批评子思、孟轲"案往旧造说,谓之五行"。至汉代,班固作《汉书·艺文志》时,已经把当时流传的一批伪书辨认出来。唐宋以后,疑古思潮渐盛,明清两代辨伪之法取得突破性进展。明人胡应麟《四部正讹》与近代梁启超《古书真伪及其年代》,对辨伪的理论与方法进行了系统的阐述。根据他们的归纳,伪书形成的原因,或假托知名古人、古书而伪,或耻于、惮于署自名而伪,或恶其人,伪以祸之诬之,或以他故而伪。伪书,有的全部伪,有的部分伪,有的书名不伪而内容伪,有的书名伪而内容不全伪。档案文献中,亦有一部分属于伪作。据此,胡应麟在《四部正讹》中提出辨伪八法,这就是"核之《七略》以观其源,核之群志以观其绪,核之并世之言以观其称,核之异世之言以观其述,核之文以观其体,核之事以观其时,核之撰者以观其托,核之传者以观其人"。梁启超《古书真伪及其年代》总结辨伪方法列出 32 条,更为具体。现今,学者们更注意结合考古文物的新发现,以及运用物理、化学等技术手段,利用文字信息处理技术、网络技术来帮助鉴定,使辨伪方法更臻严密。

辨伪的目的在于认真抉择与正确使用史料。一般的伪书,特别是为陷害政敌、祸害竞争对手而蓄意制造的伪文件,无论如何不能用作论证问题的史料根据,那些荒诞无稽的伪书、伪文书更不能作为信史。但对某些伪书中的部分比较真实合理的材料,只要辨明年代与作者,亦可以斟酌慎用。陈寅恪曾说:

> 以中国今日之考据学,已足辨别古书之真伪。然真伪者,不过相对问题,而最要在能审定伪材料之时代及作者,而利用之。盖伪材料亦有时与真材料同一可贵。如某种伪材料,若迳认为其所依托之时代及作者之真产物,固不可也;但能考出其作伪时代及作者,即据以说明此时代及作者之思想,则变为一真材料矣。①

上述关于史料辑录、辑佚、校勘、辨伪等,都是整理与辨析史料的重要方法,其目的是为了"去伪存真"。这项工作又叫做"史料批判"。只有经过这个阶段,确认了史料的真实性,才可能对史料进行抉择,然后根据自己的研究方向与课题加以使用。

对史料进行辑录、辑佚、校勘、辨伪之后,还要进行内容的考证。考证,亦称

---

① 《对于冯友兰著〈中国哲学史〉(上册)审查报告》,见《陈寅恪集·金明馆丛稿二编》,生活·读书·新知三联书店,2001 年,第 280 页。

考据，是在广集史料的基础上，确定其所述内容的可靠程度、精确程度，这一向为东西方的传统史学所重视。著名史学家陈垣说："考证为史学方法之一，欲实事求是，非考证不可。彼毕生从事考证，以为尽史学之能事者固非，薄视考证以为不足道者，亦未必是也。"[①]考证的前提是质疑精神，能疑方能致其思，能思方能究其理。考证的职责就是综合运用多闻阙疑、剖析源流的方法，把每一史料的客观因素分离出来。它通常包括核定史料的原始性、审查不同陈述的矛盾性、确定史料所反映的历史事实的实在性等依次递进的几个步骤。顾颉刚根据自己考证古史的经验认为："校勘、训诂是第一级，我们的考证事实是第二级。"[②]要达到考证的预期效果，就应综合运用有关学科的知识，如考古学、地理学、金石学、文字学、年代学、哲学、经济学、伦理学，甚至自然科学知识等。

关于考证的方法，历代中外史家各有所长，归纳起来，主要是证实、证伪、究人、究世。

证实，就是考订反映同一历史事实的各种记述，以之为基础，伴之以各种旁证，辨明历史事实是否发生及其确凿时间、地点、参与人物、具体过程。虽同为历史事实，有一些具有普遍性、持续性、稳定性，如制度、族群、风俗习惯等，有一些特别重大，范围很广，参与人数众多，如战争、灾难、人口大迁徙、重大工程等，这类历史事实证据较易汇集，也较易考核；而另一些，具有个别性、偶发性、私密性，证据则较难汇集，考核也较困难，只有依靠各种证据互相印证、互相补充，建立有足够说服力的证据链，方能得其端倪。

证伪考异，就是勇于正视各种不同的乃至完全相反的历史记录，敢于否定各种虽异口同声肯定而实是作伪而成的历史记录。有不少关于妖孽、鬼神、怪异的历史记录，也有不少用以粉饰自己所作所为、诬指他人的历史记录，它们或是有意作伪，或是听信虚言，不究其实，将虚言当作实事，或是依据片断资料，臆度附会，演绎为实事，通过证伪和考异，涤除黏附在真实历史事实中的各种虚构不实的部分，考订作伪的源头及其演变过程及存在不同记述的原因，其价值绝不在证实之下。

究人，代表考证的更高境界，即是对史料撰述者进行深入的专门考察。史料所述，是撰述者愿述及能述的。撰述者撰述时，可能有其自利私心，偏袒一方，或为势所迫，为习俗所囿，好恶有偏，或冒功诿过，取悦流俗；同时，撰述者撰述时或已有成见，或因观察角度不当，方法不宜，虽非故意作伪，所述与历史事实亦会有相当距离。至于其后转述传递这些记述者，由于没有多少直接利

[①] 陈垣：《通鉴胡注表微·考证篇序录》，科学出版社，1958年，第98页。
[②] 顾颉刚：《古史辨》第4册，上海古籍出版社，1981年，"序"。

害关系，可以较为客观，但是，由于传递给他们的信息本身的倾向性和片面性，他们的转述仍然可能与历史真相有诸多出入。在媒体影响越来越大的时代，信息的极度不对称，广大民众在大多数场合下处于受众地位，他们对历史事实的表述，常常为媒体的宣传所左右。了解到他们所依据的信息源，便可发现，尽管他们常常众口一词，却并非历史事实本身，他们也是媒体所粉饰或所构造的幻象的受蒙蔽者。

究世，即推究史料和史料撰写者所处的时代，包括其时人们的价值取向，人们观察问题、思考问题、应对问题的思维方式和行为方式，人们所使用的语言、文字、观念及整个话语系统。人们无法超越他们所处的社会总背景，人们对历史事实的观察、判断和记述，乃至人们的爱憎、好恶、是非、轻重，都不能不受制约于这一社会总背景。考证只有进入这一层面，才能够给史料撰写者更准确的定位，给各种史料反映历史事实的程度以更准确的定位。清代著名学者戴震批评说："宋已来儒者，以己之见，硬坐为古贤圣立言之意。而语言文字，实未之知。其于天下之事也，以己所谓理，强行断之，而事情原委隐曲，实未能得。是以大道失而行事乖。"[1]指的就是不知究世落得的不实结果。

欧洲19世纪，以德国兰克学派为代表，将史料考证发挥到极致。兰克史学，以提倡"批判史料"（即考证史料）而雄踞19世纪史坛，被尊称为"实证主义史学"，对于在欧洲建立"科学的"历史学起了奠基作用。中国清代特别是乾嘉年间，考据学发达，被誉为考据的时代。乾嘉学者如阎若璩、钱大昕、赵翼、王念孙、王引之等在考证史料方面做出了巨大成就，积累了丰富经验，形成了关于考证方法的系统知识。当然，其思想封闭保守，有时陷入无关宏旨的烦琐考证。西方的兰克实证主义史学与中国的乾嘉史学，都是历史时代的产物，尽管有许多不足，但在进行史料考证方面留下了宝贵的遗产，值得我们珍视。郭沫若曾公正地指出：

> 乾嘉时代，考据之学虽或趋于烦琐，有逃避现实之嫌，但罪不在学者，而在清廷政治的绝对专制。聪明才智之士既无所用其力，乃逃避于考证古籍。比较之埋头于八股文或饱食终日无所用心者，不可同日而语。欲尚论古人或研讨古史，而不从事考据，或利用清儒成绩，是舍路而不由。就稽古而言，为考据，就一般而言，为调查研究。未有不调查研究而能言之有物者。[2]

---

[1] 戴震：《与某书》，见《戴东原集》。
[2] 郭沫若：《读〈随园诗话〉札记》，作家出版社，1962年。

4. 史实的编次与整列

历史事实的还原必须经历既有区别又有联系的两步工作：第一步是搜集、辨析与抉择史料；第二步是依据一定的原则与方法编次与整列史实。这两步工作从宏观而论，都是通过史料中介实现史学主体与史学客体相互作用而达到初步还原历史事实的过程。汤因比在谈到还原历史事实的工作时曾经指出："历史并没有热心于记录人类生活里的全部事实。"①历史上叙述历史事实的史学著作，不可能记载全部历史事实。历代治史者，都根据自己的历史观念编次与整列事实。编次与整列历史事实，必须以搜集、辨析、抉择史料为前提、为基础，而只有经过编次与整列，才可能把历史的面貌、历史的过程以及历史过程中复杂、曲折的内容按照一定的系统叙述出来。这才是一般历史学家们所承认的真正的历史。

总结古今中外史学发展的历史经验，编次与整列历史事实，应该大体遵循下列基本的原则与常用的方法：

历史（指客观的历史过程），首先表现为特定时间之内的人类活动。简言之，就是人类活动在时间中的延续。因此，古今中外的历史学家在编次与整列历史事实时，都把时间先后作为一条基本的线索，往往又把编制"历史大事记"或"历史年表"作为最基本的方法。这就是按照年、月、日时间顺序排比材料，然后再从中整列出丰富而生动的发展过程与线索。旧史书按时间观念编次起来的历史事实有"帝王年谱""帝王本纪""诸侯年表"等，新编史书也有某些历史人物的"年谱长编"和特定时间范围内的"历史大事记"，以记录和排比重要的历史活动，这是历史学家重构历史事实的一个重要途径和重要方法。无论是个人，还是团体、机构，直到民族、国家、文明、区域，按照时间编次他们所从事的活动，可以反映历史活动内在的连续性、阶段性，因为他们都不是在一无凭借的情况下进行活动，先前年月、先前时代的活动正是他们活动的基础和前提。因此，时间观念是确定历史事实是否真实准确的基本因素之一，也是历史学家重构历史或还原历史事实的必要前提。只有在这个前提下，经过对史料的梳理、选择、排纂，才能逐渐做到还原历史事实过程。

按照时间线索还原历史的一个基本形态则是"编年史"。意大利著名历史学家克罗齐在阐述自己的历史观念时，十分强调"编年史"与"历史"的区别。他认

---

① 汤因比：《历史研究》上册《绪论》，曹未风等译，上海人民出版社，1986年。引文中的"历史"一词，是指史学家写出来的"历史"。

为：编年史只有编年的顺序，只限于事件的表面或外表等；"历史"①才是逻辑的顺序，才能深入事件的核心②。所以，一般撰写"通史""断代史"或"地方史志"等，往往都是先从编次"历史年表""历史大事记"入手，或者写成"编年史"。其中"历史年表""历史大事记"可以通过简易的形式，按年代的先后顺序排列重大的历史事件或人物活动，使人一目了然，脉络清晰，易于掌握和运用。在"历史年表""历史大事记"或者"编年史"的基础上，再经过进一步的取舍、加工、分析、概括，便可写成一般的"通史""断代史"或各种"专门史"。其实，所谓"通史""断代史"，就其对于历史过程的叙述而言，仍然主要是以时间观念为断限的，这更加接近于历史事实的还原。这便是古今中外历史学家编次与整列历史事实所遵循的基本原则与基本方法。

然而，仅仅按照时间顺序编次与整列历史事实，常常容易把同一历史事件的全过程分割为互不发生联系的许多个体条目，不易形成关于历史事件或人物活动的整体观念。所以，在编次与整列历史事实时，除了注意从时间观念出发而外，还应该注意空间观念。因为历史不但在一定的时间内运动，而且只有占据一定的空间才能得以展开。所谓空间，简略地说就是人类生存和活动的环境。因此，时间和空间都是构成历史事实的基本因素。原始社会，人类的活动表现为一定的氏族系统，一定的自然与地理环境的差异，由于不同的氏族系统和环境差异，又表现为不同的心理和文化差异。因此，编次与整列原始社会的历史事实，就应该遵循"氏族共同体""自然区域"等空间观念的方法论原则。编次与整列原始社会以后诸历史发展阶段的史实时，在方法上又呈现出新的特点。历史学家汤因比以极大的兴趣从空间观念出发去编次与整列历史事实，还原历史的真实面目。他把古代社会的历史运动，相对地区分为二十三个"文明区域"，它们是：西方社会、东正教社会、伊朗社会、阿拉伯社会（伊朗社会和阿拉伯社会现在合为一个伊斯兰教社会）、印度社会、远东社会、古代希腊社会、叙利亚社会、古代印度社会、古代中国社会、米诺斯社会、印度河流域文化、苏末社会、赫梯社会、巴比伦社会、埃及社会、安第斯社会、墨西哥社会、尤卡坦社会、马雅社会、朝鲜和日本社会、黄河流域古代中国文明以前的商代文化等③。汤因比的古代社会分类方法，对于从空间观念出发去编次与整列古代社会的历史事实，在方法论方面进行了具有历史价值的开拓，对于人类文明史的研究产生过重要影响。

现代史学研究，实际上多是从时间观念与空间观念的结合上去编次与整列

---

① 这里指历史学家用某种历史观念写出的有分析、有解释的"历史"。
② 克罗齐：《历史学的理论和实际》，第8页。
③ 参见汤因比：《历史研究》上册《绪论》。

历史事实的。有关区域历史、国别历史、民族历史、地方历史等,都属于运用这种方法编次起来的历史事实。这种方法,既贯穿历史的时间线索,又照顾到了历史运动的空间范围和活动区域。这样,既可反映历史过程或历史事件的具体年代与时间顺序,又可以帮助形成不同地区、不同国家、不同民族的历史事实的整体面貌。唐人刘知幾在《史通·编次篇》中指出:

> 昔《尚书》记言,《春秋》记事,以日月为远近,年世为先后。用使阅之者雁行鱼贯,皎然可寻。至马迁始错综成篇,区分类聚,班固踵武,仍加祖述。

《尚书》《春秋》等史书"以日月为远近,年世为先后"编次历史事实,长处在于"雁行鱼贯,皎然可寻",司马迁的《史记》把时间观念与空间观念有机地结合起来"错综成篇,区分类聚",则能从整体上反映历史的全过程,在编次史实的方法上做出了突破。《史记》中"本纪""世家""列传"在整列历史事实方面,很多都同时兼顾了时间因素和空间因素。

在西方史学中遵循上述原则和方法编次与整列历史事实的早期作品是希罗多德的《历史:希腊波斯战争史》和修昔底德的《伯罗奔尼撒战争史》。这两部颇有影响的西方史学开山之作,都是以历史事件为中心,按年代顺序编次起来的历史事实。前者叙述希腊人与波斯人争夺巴尔干半岛所进行的一场重要战争,后者叙述雅典与斯巴达为了争夺在希腊的霸权所进行的一场战争。这两大历史事件都是经过作者把搜集起来的零散史料加以编次与整列之后而重构起来的。当时没有任何标准纪年方法,希罗多德为了恢复历史事件的年代顺序,只有依据统治者的执政年代或参照其他地方同时发生的事件来编排年代。这种编年方法,对于西方的历史编纂产生过重要的影响。

在当代史学发展中,按照民族、国家和地区编次与整列历史事实,占据非常重要的地位。年鉴学派大师布罗代尔的代表作《菲利普二世时代的地中海和地中海世界》,就是这方面的一部经典作品。这部著作以地中海这一辽阔水域为中心进行总体性的考察。他认为,前人关于地中海的论述"感兴趣的不是浩瀚的大海,而是这幅镶嵌画上的某一块小小的方砖;不是地中海宏伟壮观、动荡不定的生活,而是王公富豪的丰功伟绩和大量的杂闻轶事,它们与我们关心的强有力的、缓慢发展的历史不可同日而语。这些论著中需要修订,需要推倒重写,需要加以提高使之复活的地方委实太多了"①。布罗代尔认为,在研究事件史时,必须明白,还有比事件更重要,乃至决定着事件史的东西需要研究,这就是结构史和社会史。他将历史时间区分为地理时间、社会时间和个人时间,相应地,在关

---

① 布罗代尔:《菲利普二世时代的地中海和地中海世界》,吴信模等译,商务印书馆,1996年,第5页。

注长时段历史的决定性作用的同时,要努力将长时段、中时段和短时段的历史结合起来,也就是将结构的历史、情势的历史和事件史研究结合起来。他的《菲利普二世时代的地中海和地中海世界》便生动而具体地描绘了地中海在不同历史时间的社会生活场景,表明地中海的历史是由三个部分共同构成的,它们分别是:几乎静止的地理环境历史、节奏缓慢的社会史和个人规模的历史。

英国历史学家巴勒克拉夫在《当代史学主要趋势》中指出:亚洲历史研究的崛起给予了"国别史"以新生,亚洲历史学家仍然竭其全力去研究本民族的社会及其成长,他们显然毫无保留地接受民族作为历史学研究的体系。他还认为:归根到底,最好是把"地区研究"或"区域研究"看作是通往规模较大的世界历史观念道路上的一个阶段,看作是一种把那些相互有关的研究单位中的历史知识组织起来的实际手段。这也是把空间观念与时间观念结合起来的历史著作形态。

编次与整列历史事实,应遵循系统性、完整性原则。被还原的历史,不仅具有时间线索、空间范围,而且应该具有比较系统的历史过程和包括起因、经过、结果等诸主要要素在内的完整的历史事实。南宋史学家袁枢发现传统的"编年"方法容易造成"一事而隔越数卷,首尾难稽",破坏了历史事实的完整性。用"纪传"方法编次史料,虽然可以兼顾时间、空间等各种因素,但是又难免各部分之间的重复和脱节,使"一事而复见数篇,宾主莫辨",检索也颇不方便。运用"纪事本末"的方法编次与整列史事,既能避免编年形式的支离破碎,又可克服"纪传"类例的材料重复,而且极便检索使用。《四库全书总目提要·史部总叙》评价说:"袁枢以《通鉴》旧文,每事为篇,各排比其次第,而详叙其始终。"用这种方法编次与整列起来的史事的最大特点是比较系统、完整,前后次第条理清楚,能够反映历史事件的始末等全过程,容易看出历史发展的全貌。

运用分类方法,按照不同的内容与性质分门别类地编次与整列历史事实,是现代史学最常用的方法。由于所确定的标准不同,可以把搜集来的材料按照军事、政治、经济、思想、文化、伦理、哲学、文学、艺术、宗教、风俗习惯、科学技术等问题分类,编次成为专门或专题史事,也可以把比较零散的史料按照土地、人口、农业、商业、工业、都邑、交通运输、通讯联络、文化教育、社会发展等分类,编次成社会性专门史事。这种方法往往超越简单的时空观念,带有更大的专门性、专业性和学术性,具有更多的逻辑归纳的性质,可以充分反映出历史多元化的丰富多彩的内容。克罗齐在《历史学的理论与实际》一书中主张对历史事实分类的方法应当有两种:一种是"以对象的性质为标准",一种是"以时间空间的排列为标准"。以对象的性质为标准,可以编次为宗教史、风俗史、观念史、制度史等;以时间空间的排列为标准,可以编次为欧洲史、亚洲史、美洲史,古代史、中古史、近代史、古希腊史、古罗马史、近代希腊史、中世纪罗马史等①。这种编次历史事实的原则和方法已经被东西方各国历史学家所接受、所习用。

综观以上对于历史事实的编次与整列，特别是按照不同性质的分类，从思想进程来说，通常总是采用归纳与演绎两种互为补充的逻辑方法。每当历史学家形成一个既定研究课题之后，总是遵循由一般到特殊，再由特殊到一般的历史思维路径，首先根据既定选题的要求，按照演绎的方法，搜集、选择材料，编次与整列历史事实。例如还原原始社会形态的历史事实时，首先总是从既已形成的历史观念出发，按原始社会的特征与要求、社会结构与历史文化形态，把从考古资料与文献资料中选择出的史料加以编次与整列，不但叙述氏族社会的生产方式、生产状况，还要描绘原始人的生活、习俗、婚姻等形态，甚至还应叙述当时社会比较粗放的文化与意识形态等，从而达到还原原始社会历史事实之目的。但是，在运用演绎方法编次与整列历史事实时，也往往结合运用归纳的逻辑方法。例如，还原某一种历史事实时，在整体上是演绎，而在局部上需要罗列许多史料，再把这许多史料归纳与编次起来，就重构了这一历史过程。

历史，是包含多方面内容的综合运动过程，历史事实更是千变万化、丰富多彩的，甚至是时隐时现难以捕捉的。因此，在编次与整列历史事实时需要综合运用多种多样的方法，有些历史事实（例如编年史）的编次，主要以时间观念为主线；另一些历史事实（例如区域史、地方史、民族史）则主要以空间观念为限定；还有一些专题性分类史事则需要更多地运用逻辑方法等。哪些历史事实需要哪种编次方法，都需根据历史研究的实际情况而定，既不能墨守成规、削足适履，也不可千篇一律、套用现成模式。

第二节　历史过程的分析与解释

1. 历史分析与解释的可能及其性质

历史学家将源自各种原始资料的素材按照时间、空间序列结合到一个文本中，只是认识历史的第一步。要深入了解人们的历史活动的动因、关联和影响，了解历史过程、历史进步何以形成，还必须通过对于历史行为多角度的分析，包含定量分析、定性分析、逻辑分析、过程分析、结构分析、整体分析、跨学科分析等，对历史过程作出具有说服力的解释。

---

① 克罗齐：《历史学的理论和实际》，第96~97页。

历史学家在历史分析与历史解释基础上形成对于历史过程的理解和建构，这不是凭借剪刀加糨糊就可完成的工作，而是历史学家的一种再创造活动。历史分析和历史解释之所以可能，是因为历史归根到底是一种社会性的实践活动过程。古往今来，人们从事着物质生产、精神生产、制度生产以及繁衍人自身的生产，彼此差异极大，然而，寓于这种差异性之中的，正是人类活动的统一性。人们的知识、感情、意志，虽然差异极大，但人类不断超越于原初动物性的，正是对于真、善、美的不断追求。一代代历史学家，都通过自身所经历的社会性的历史活动实践，感知和体悟着先前的历史。历史分析和历史解释，因之既是历史学家的主观行为，更是历史活动、历史过程客观存在的再现。对人类的历史活动，通过定量分析、定性分析、逻辑分析、过程分析、整体分析、跨学科分析等全方位地加以深入剖析，就是在历史学家的主观努力和历史过程的客观存在之间架设起一座座将两者连接起来的桥梁，通过这一座座桥梁去理解真实的历史。

历史分析、历史解释，所要揭示的正是历史过程内在的本质的方面。作为历史学家的主观行为，在进行历史分析、历史解释时，难免会有不少与真实的客观的历史相悖之处。为了一己私利、一个集团的私利，乃至一个国家、一个民族的若干暂时利益，一些历史学家在进行历史分析、历史解释时，完全可能违背历史真实，掩盖历史真相，甚至用谎言取代事实，一段时间中，这些谎言可能会蒙蔽很多人，以致真实的客观的历史反而被埋没。即使都是治学异常严谨的学者，都在追求探寻历史的真实，他们历史分析、历史解释的路径不会完全相同，结论也常常会有很大差异。但是，所有这一切，都无法否定历史分析、历史解释的功能或价值。在读者不明真相的情况下，谎言作为一种解释可能一度取代真实的历史，然而，由于人们的实践行为是不同主体相互交往、共同进行的，在人所共知的行为上歪曲真相，人们之间的交往将难以持续。这就是撒谎者被揭穿后会受到谴责，会失去他人信任的根本原因。人与人之间、国家与国家之间都需要历史的真实叙述，对历史的客观解释，这样方才能够有效地建立起能够使社会健康发展的有效认同。只有当一种与行为有关的解释得到行为参与者的广泛认同时，它才能被称为客观的、真实的。掺杂了大量谬误的历史分析、历史解释，非但难以得到人们长时间的广泛认同，而且必然会因这些谬误而在历史发展的社会实践中导致重大失误乃至灾难性后果。

严肃的历史分析、历史解释都是一种立足于客观的主观行为。对每一件事实的分析和解释，作为分析者、解释者，都力图使之和自己的经验及价值观相协调。这一价值观在历史的、社会的实践中产生，又受到这一历史的、社会的实践的约束。每个时代、每个国家乃至每一个人，以其价值观为核心会形成特定的意义体系。国家的意义体系建立在国家中各个集团、各个成员之间的认同之上。

国家的形成与个人的成长首先受到传统与历史的制约,个体诞生于传统与历史之中,是文化的个体,受已经存在的历史意义体系的调教。当历史分析、解释者的价值观念合乎该时代意义体系的要求,并能与之协调时,他们的历史分析、历史解释才会得到这个时代其他主体的承认。同时,对每一件事实的分析和解释,分析者、解释者都会努力使之和自己的知识结构及思维方式相协调。他们的知识结构、思维方式是历史积淀的产物,帮助他们又制约着他们去认识先前的历史。知识结构、思维方式,同样具有普遍性、社会性、实践性品格,而正是这一普遍性、社会性、实践性品格,决定了历史分析、历史解释不能随心所欲、胡乱作为。

不同的时代不断地重写历史,同一时代,也会写出多种多样彼此迥然有异的历史,这是社会本身发展变化导致社会利益格局、需求发生巨大变动的结果,也是随着社会生产力的发展、人与人交往范围的扩大、科学技术的显著进步,人们的知识结构、思维方式发生巨大变动的结果。历史分析、历史解释,便以自己独特的工作参与这一历史变迁,发挥自己无可替代的功能。而历史分析、历史解释,亦因此完全不是一个封闭的、墨守成规的牢笼,而是一个开放的、不断和社会发展相适应而与时俱进的动态系统。

2. 历史定量分析与定性分析

定量分析是将数学引入历史学,用以研究历史活动中的数量关系和空间形式。享有近代自然科学之父尊称的伽利略说过,展现在我们眼前的宇宙这部大书是用数学语言写成的,如果不掌握数学的符号语言,我们就会像在黑暗的迷宫中游荡,什么也认识不清。对于人类历史的认识,这一段话在相当大意义上也适用。21世纪,人类已经进入数字化时代,电脑成为统计与存储数据的技术手段。通过对数据的分析既能较为精确地具体认识历史发展的自然过程,又可为解释历史提供足以与语言符号系统相媲美的数学符号系统为其根据。现代特别是经济史、工业史、农业史、人口史、地方史、社区史、教育史、社会史等,强烈要求以历史过程中所表现的种种数量关系去解释历史、判断历史的性质与价值,计量史学由此勃兴,并成为一门显学。

历史计量方法的本来意义,是运用描述性的统计资料所形成的数据以论证或说明历史问题。人们研究物价史、工资史、人口史、农产量变迁史,便是对相关数量作专门统计分析。而现代历史计量方法,则是指应用电子计算技术处理数据,并在一定限度内分析史料的研究方法,这时,人们所处理的不仅有各种原始资料中的数据和统计,还有经过处理的各种资料和历史事实。这种具有现代科学意义的方法,是第二次世界大战之后伴随电子计算机及其技术的发展应运而生的。最先它在美国得到发展,然后传播于法国、英国等欧洲国家以及苏联、日本等国,20 世纪 80 年代传入中国。

历史计量方法之所以能在世界各国广泛地应用于历史研究领域,有其存在与发展的客观基础。历史现象也和其他任何客观事物一样,存在于一定的时间、空间形式和数量关系之中,丰富多彩的历史过程,也往往通过各种数量关系得到反映和确认。历史计量的方法是揭示历史系统过程中各要素之间,政治、经济、思想、文化等方面质的和量的规定性,认识历史过程丰富性、复杂性的重要方法。历史计量方法的存在与发展,还以"量转化为质,质转化为量"的辩证发展规律为理论基础,所以,它将随着人类认识自身历史过程的不断深化而逐步完善。

现代历史计量方法的基本要求,是对历史过程或个别历史现象作出定量分析,并且通过定量分析,准确地确定历史过程或个别历史现象的性质与发展趋势,以论证或说明该历史过程或个别历史现象具有或不具有某种性质或特点,这对于完成史学研究的最终目的和任务是至关重要的。美国历史学家伊洛斯说:"70 年代的历史学家大多感到,旧的研究方法已不够用了,只有引进数学才能使历史学成为'过硬的科学'。"[①]日本学者艺井敬司在分析计量方法引起现代史学的演变时指出:数量史学把历史研究重点从个人行为转到状况的逻辑上,从叙述事件转到解释事件的结构上面。英国计量历史学家罗德里克·弗拉特在《历史学家的计量法导论》一书中更加具体地论证了数量分析对于历史学研究的重要意义。他说:

> 历史学家所使用的许多质量上的判断或描述就有着一层内含的数量上的意义,有时还有必要使它变得明确起来。此外,对个人或集团行为的许多描述都有着数量上的含义;像"通常"、"正常"、"经常"、"许多"这类的字眼都和数量概念有关,尽管我们一般都不想考察它们是否准确,然而在原则上,它们的意义或正确性只有通过数量上的衡量才能确立。
>
> ……没有从数量方面作出回答的知识,我们便不能够解释"重要"问题上的证据。假如我们能够弄清楚某一个人收入不断增加的情况,那么,较之我们对这一收入毫无了解,就更容易解释他不断增长的幸福。[②]

这些历史学家都从不同角度肯定了数量分析对于历史研究的重要意义。归纳起来就是:(1)利用电子计算机可以使传统史学无法处理的大量史料得以合理处理和适当利用。例如中国历史文献资料浩如烟海,举世无双。单就明清档案

[①] 引自《伊洛斯谈近十年西方历史研究新情况》,《世界史研究动态》1984 年第 9 期。
[②] 见《现代西方史学流派文选》,第 216～217 页。

一项,中国第一历史档案馆的全部馆藏已达1 000多万件,但由于研究手段落后,长期积压,无法充分利用。改变这种落后现状的出路,就是利用电子计算机,发挥现代计量方法的快速整理效用,实现研究手段的科学化、现代化。(2)历史计量方法使原来不够确定的历史问题,得到了可靠数据的证明。(3)历史计量方法开拓了新的历史分支学科,开辟了新的研究领域。自从计量方法用于史学研究之后,显著改变了历史研究的重点和发展方向,使史学研究重点由政治史转向经济史、社会史。利用现代计量方法研究经济史,是从美国一批新经济史家研究美国南部奴隶制经济开始的。美国的新社会史学家近年正在探讨人口史、社会结构史、社会流动史、家庭史、婚姻史、性史、地方史、城市史、社区史、农村史、妇女史、种族史以及监狱、工厂、城镇、医院、教堂等社会组织的历史。在英国有计量社会学、计量文献学、计量科学学、书目计量学、情报计量学等新兴学科。他们所利用的主要资料是根据历史上遗留下来的教区档案、社区档案与人口普查资料。中国也已经开始运用电子计算机进行人口普查和选举统计资料的数据处理,正在运用计量方法研究农业史、人口史、历代经济史。日本计量历史学家通过电子计算机处理数据资料,比较精确地推算出日本史前时代与上古时代的人口规模与地区分布状况,填补了日本古代史研究的一项空白。(4)历史计量方法可以促进历史研究的现代化。在历史研究领域中引进计量方法,应用电子计算机,不仅能够大大加快处理史料和信息流转速度,同时也改变了原来单一化的传统研究方法和思维方式,向数字化、科学化、社会化迈进,以便使史学研究适应新技术革命和社会发展现代化的历史潮流。广义的历史计量方法的一般手段大体包括:统计数据资料的运用,制作图表或表格,制作数理模型,设计线图与矩阵,利用电子计算机分析与处理史料。

值得注意的是:把复杂的社会关系抽象化、数字化,只有在科学的历史理论与方法的正确指导下,才能发挥积极作用。如果完全撇开由复杂社会关系网络构成的社会历史大系统及其有血有肉的丰富内容而不顾,把历史过程完全抽象化、数字化,在根本上是难以反映历史的本质与规律的,甚至会抽引出歪曲历史的荒诞无稽之谈。苏联计量历史学家柯瓦尔钦科强调:历史研究中的计量方法学术成果,依赖于历史理论与方法的性质。我们认为唯物史观和其他科学的历史理论都能给计量方法注入生机和活力,能为解决与克服计量方法自身的局限性提供思路与思维对策,从而达到不断提高计量历史学的研究水平。

中国史学发展,历来对历史过程的定量分析比较缺乏,当前的研究手段也比较落后。而中国传统史学又疏于记载与研究人与自然的关系,缺乏确切的统计资料,不利于现代史学的发展。为改变这种状况,必须十分重视统计资料的积累与数量分析问题。

现代西方史学在对待数量分析问题上，出现了两种倾向：一是过分强调数量分析，否定理论分析；二是过分强调定性分析，否定数量分析。例如，法国历史学家 E·拉杜里认为：定量分析是唯一科学的史学方法。他宣称：今后的史学家无非是计算机程序编排者。这是一种把复杂的历史研究变成机械的电脑功能的简单化倾向。另外也有一些历史学家认为数量分析对于史学研究毫无意义，甚至有破坏作用，这也是一种片面观点。英国史学家杰弗里·巴勒克拉夫在其所撰《主流的历史》中明确指出："计量历史方法是区别70年代与30年代的最明显的标志。"[①]他把计量历史方法，视为近几十年来历史学发展所取得的重大成就。尽管如此，也不能过分夸大它的史学作用。正如美国著名计量史学者富格尔·艾德洛特所认为的：数量方法只能适用于有限的范围，它只是对可能适用的研究对象才是极其有效的。定量分析只能为解释历史提供可靠的根据，只能帮助描述历史过程，不能确定历史的性质，不能给历史以理论的说明。这就需要定性分析。

和历史定量分析紧密联系的是历史定性分析。如果说，计量研究主要是针对历史事实、历史活动、历史过程量的规定性，那么，定性研究主要针对的则是历史事实、历史活动、历史过程质的规定性。

定性，是对实体过程和性质的强调，是对难以用数字、强度、频率等量化方式加以表现的历史现象的深度理解、深度解释。邓津、林肯主编的《定性研究》一书指出，定性研究可以运用基础主义、实证主义、符号学、现象学、诠释学、结构主义、解构主义等多种学科、多种方法从多种视角去加以考查。因此，他们赞成里查德森的说法，认为定性研究的中心形象是晶体状的，"晶体状是折射外部和折射其自身内部的多面体，它创造出不同的颜色、形状和排列，向不同的方向释放"[②]。这就是说，历史事实、历史活动、历史过程，它们本身就是一个多面体，而研究者又因个人历史、经历、性别、社会阶级、种族、生活背景等的不同，因为他们用以观察问题的话语、范式的不同，和这一多面体互动时，便会获得彼此截然不同的结论。

邓津、林肯对于定性研究演变的历史过程作过概括。他们指出，定性研究最初遵循的是实证主义科学的范式，即认定客观上存在着一种可以研究、捕捉和理解的现实，其后，它为现代主义或后实证主义所取代，后实证主义认为，现实从来不可能被完全把握，只可能被接近，可依赖多种方法捕捉尽可能多的现实。第三个阶段被他们概括为"类型模糊时期"，这一时期，社会科学与人文学科之间的边界已经变得模糊，符号语言学、解释学、后结构主义、解构主义，提供了更为多元

[①] 引自《伊洛斯谈近十年西方历史研究新情况》。
[②] 邓津、林肯主编：《定性研究》第1卷，风笑天等译，重庆大学出版社，2007年，第7页。

的、解释性的、开放的视野。第四个时期,定性研究遭遇到表述、合法化以及惯例这三个方面的危机,人们开始寻求有关真理、方法和表述的新模式。定性研究因此陷入一种选择的困窘境地①。但是,所有这一切,并不导致相对主义或定性之不可能论,而正显示出历史事物本身多元的复合性质,仅凭传统的、因果的、线性的思维,无法真正主体地、深入地、全方位地认识历史事实、历史活动、历史过程的本质。

就历史事实、历史活动、历史过程而言,可量化部分,多是反映历史现象存在的规模与范围、发展的程度与速度、所处的位置与关系,所表现的是其外在的规定性;质则表现此一历史现象区别于其他历史现象的内在规定性,而"度"则是两者的统一。定性分析的史学方法多种多样,可以依据个人的研究对象和经验不同而自由选择,不必强求一律。唯物史观主张,在历史研究的过程中,应该适当地把定性分析与定量分析结合起来。定量分析为历史的定性准备充足的材料数据,是史学研究的基础性工序,是为了实现历史定性所进行的基础史料分析。定性分析是定量分析的质的飞跃,是在定量分析的基础上,所概括出来的历史认识,是对历史本质和规律的揭示,是史学研究的更高目的和要求。如果没有定量分析,容易使历史判断陷于空洞、模糊和不准确;如果没有定性分析,容易使历史认识浮于表层乃至史料堆积、现象罗列。在历史研究的实践过程中,这两种方法往往交叉错位进行。

定量与定性基本上都是静态的分析。某些历史现象、历史过程内部复杂的动态关系,对立两极之间互相渗透、相互贯通的一系列中介过渡的状态、环节、阶段,不容易用静态的方法分析清楚。现代史学则利用模糊论所提供的方法去进行分析。这种方法利用历史事物的性态同对立两极之中的某一极接近的程度,表现这类事物自身所固有的性态、类属的不确定性。孤立地、静止地观察事物,容易得出精确的结论;联系地、发展地观察事物,必然会遇到事物的模糊性,而模糊论的分析方法,就是把事物放在普遍联系与发展变化之中观察——时呈现出来的它们动态的整体性。精确的研究暴露出了隶属的不清晰性,而模糊性的研究不仅可以显示精确化的局限,而且可以为获得精确的分类、分期提供条件。这是更加辩证的分析方法。

3. 逻辑方法在认识历史过程中的合理运用

逻辑思维通过归纳与演绎、分析与综合、具体与抽象形成概念,作出判断,进

---

① 参见邓津、林肯主编:《定性研究》第1卷,第14~22页。

行推理，达到对于事物本质性的认识。当人们运用这一思维方法较为全面而系统地认识历史过程时，必须充分了解历史认识的基本特征，把握好对于历史事实、历史活动、历史过程进行归纳与演绎、分析与综合、由具体到抽象的"度"，将相关的概念、判断、推理严格掌握在合理的范围之内。

历史事实、历史活动、历史过程都具有难以重复的个别性质，而这一个别性质之所以形成，则是极为复杂的因果关系、条件关系等共同作用的结果。

以因果关系而论，其因，有内因、外因、远因、近因、主因、次因、正因、负因等；其果，则有正面结果、负面结果、显性结果、潜性结果、近期后果、远期后果等。张荫麟在《论史实之选择与综合》中指出："史事间之有因果的关系是谁也不能否认的。……在因果的秩序里，并不是没有偶然的事。就单纯的因果秩序而论，这单纯的因果线索不能是无始的，它的开端就必定是不受决定的，就必定是偶然的。……就复杂的因果而论，那些始相平行而终纠结的许多因果线索，各有其偶然的开端。有那么多由分而合的因果线索，就有那么多偶然的事。"①这里所说的"偶然的事"，就是指历史事实的个别性质。张荫麟在这里着重阐述的正是"许多因果线索"如何造就了"那么多偶然的事"。历史事实以这一形成过程，决定了在对历史事实进行因果归纳、判断和推理时，必须牢牢记住，人们所考查的仅仅是部分现象，就是这部分现象也不是详尽无遗，因此，这种归纳，属于不完全归纳，判断和推理必定是或然的。相当一段时间中，人们动辄宣称总结出了历史发展过程的这样或那样的规律，便违背了逻辑归纳方法运用在考察历史过程时的上述限定。

以条件关系而论，有充分条件、非充分条件，有必要条件、非必要条件，还有负充分条件和负必要条件。因果关系也是一种条件关系，而条件关系所涵盖的范围则远远大于因果关系。历史事实受制约于上述各种条件，这就决定了历史发展中的条件判断只能是假言判断，条件推理只能是或然推理，在此基础上进行的演绎，应当是或然、可能的存在，而不是必然的、确定无疑的存在。相当一段时间中，人们又动辄以所谓历史普遍规律来演绎剪裁各个国家、各个民族、各个地区、各个群体乃至经济、政治、社会、文化等各种专门领域的历史发展，其实是违背了逻辑学条件判断、条件推理、条件演绎的上述限定。

在充分考虑到因果关系和条件关系的基础上，运用归纳和演绎方法考察历史过程时，列宁以下一段论述特别值得重视：

> 为了解决社会科学问题，为了真正获得正确处理这个问题的本领而不

---

① 引自杜维运、黄俊杰编：《史学方法论文选集》，(台北)华世出版社，1980年增订一版，第167～168页。

致纠缠在许多细节和各种争执意见上面,为了用科学眼光观察这个问题,最可靠、最必需、最重要的就是不要忘记基本的历史联系,要看某种现象在历史上怎样产生,在发展中经过了哪些主要阶段,并根据它的这种发展去观察它现在是怎样的。①

这段论述,首先要求把历史事件、历史人物、历史过程等置于特定的历史条件关系网络中加以考察。脱离特定的历史条件关系,就将无法理解历史事件表现出的内在根据、内在本质。列宁因此又强调说:"在分析任何一个社会问题时,马克思主义理论的绝对要求,就是要把问题提到一定的历史范围之内。"②

这段论述,将"基本的历史联系"放在最突出的地位,就是要求在纷纭复杂的历史事件、历史人物、历史活动中,抓住最普遍、最大量、最经常、影响最大最深远的那些部分,重点进行考察,分析其发生、发展、演变的自然过程,研究其各个方面的联系及特点,这样才能把自然形态的历史真实地反映出来,从而完成认识历史运动一般过程及其发展特征的任务。

这段论述,还要求把历史事件、历史人物、历史活动等不是当作孤立的个体,而是当作统一的、有联系的、有机整体中的一部分,即整个因果关系网、条件关系网中的一部分加以考察。人类历史作为统一的、运动的有机整体,并非一大批纯粹偶然事件的毫无联系的堆积,只有认真考察它们如何产生,在发展中经历了哪些主要阶段,方才能比较全面地把握历史发展的真相,而不致在各种偶然事变中迷失方向。

然而,究竟什么样的东西方才是"基本的历史联系"呢?不仅不同的时代有不同的选择,即在同一时代,人们的选择也多种多样。中国古代更多地关注王朝兴衰更迭,天下一治一乱、一分一合。近代以来,人们更多关注生产方式的变迁、阶级斗争的状况。当代新历史主义者将关注的重点转向对人类身体和人类主体的历史,考察主体和权势网络的关系以及这种关系人的主体性的塑造过程。凡此种种,实际上都根源于考察者自身的立足点及目标取向彼此不同。在运用逻辑方法反思人们在"基本的历史联系"把握上的这类歧异时,需要特别认真而仔细地梳理人们用以概括历史现实的各个概念的起源及其内涵的变迁,了解在这一基础上作出判断和进行推理的本质特征。

概念是反映事物本质属性的思维形态。事物的属性本就是复合而成的,有本质属性,又有非本质属性;有先天属性,又有后天属性;有共有属性,又有特有属性;有显性属性,又有隐形属性。概念是判断、推理和论证的基础,是思维的起

---

① 《列宁全集》第 4 卷,第 44 页。
② 《列宁选集》第 2 卷,人民出版社,1995 年,第 375 页。

点。而反映历史事实、历史现象和历史过程的概念,经常包含着大量的不确定性,乃至极大的歧异性。历史学界争论不休的中国古代是否经历过奴隶制社会以及秦汉以来中国社会是否应定义为封建社会的问题,与其说主要是历史事实认定问题,倒不如说,更大程度上是概念的形成及其运用是否真正合乎逻辑的问题。希腊、罗马时代的奴隶制社会,世界其他大多数地区是否同样经历过,这个问题本不难辨明。可是,一度由于为了强调"奴隶制社会"为所有民族所必经,便不惜任意扩大和改换"奴隶制社会"这一概念的内涵,而提出所谓"东方奴隶制""国家奴隶制"等诠释。"东方奴隶制"指直接生产者虽然占有一定生产资料和一定人身自由权利,但存在着主要从事家务劳动的"家内奴隶",所以仍应称作"奴隶制社会"。"国家奴隶制"则将土地国有解释为"普遍奴隶制"。这都是通过将"奴隶制社会"这一概念任意泛化和偷换内涵,再作逻辑判断和演绎的结果。至于将秦汉以来中国社会称作"封建社会",同样对基于欧洲中世纪社会而形成的这一概念作了极其泛化的处理。正因为如此,围绕着这些概念而产生的许多争论,不少部分实际上只是就伪问题而展开的争论。这些事实充分表明,在复原和理解历史过程时,必须以极为严谨的科学精神、科学态度运用逻辑方法,而不可抛开或违背基本的逻辑方法。

在运用逻辑方法考察历史过程时,如何运用奥裔英国哲学家卡尔·波普尔倡导的"证伪主义"同样值得注意。证伪主义的基本观点,是否定归纳推理的逻辑基础,认为从个别经验事实或单称陈述推出普遍命题或全称陈述是靠不住的,"一个反例可以反驳一条定律",从一个反例中可以"推断出相应的普遍定律的虚假性"①。波普尔强调,在数学意义上,过去重复的经验终究是有限的,而未来则是无限的,人们作出全称判断,而人们在实体中获得的经验只是个别的,无论这些个别的事实重复多少次,相对于未来尚未知的无限可能性,它们无论如何也证实不了一个全称判断。据此,他坚持只有那些能为经验事实所批判和反驳的理论才是科学的,否则只能是非科学和伪科学的。证伪主义在考察历史事实、历史过程时,可以帮助人们避免轻率地作出全称判断,或作出普遍性结论,弥补坚持经验证实、经验归纳的不足,尽管这些判断、结论已为越来越多的经验事实所确证。但是,证伪方法的运用必须非常谨慎,因为在人类极为纷繁多样的历史活动中,非常容易找到各种个别的、偶然的事实来"证伪",否定已为大量事实所证实了的结论,从而走向历史不确定、不可知论。波普尔根本否定归纳方法的可能及其价值,而力挺演绎方法,这只能割裂人们完整的认识过程。恩格斯指出:"归纳和演绎,正如分析和综合一样,是必然相互联系着的。不应牺牲一个把另一个捧

---

① 见戴维·米勒:《开放的思想和社会》,江苏人民出版社,2000年,第106、105页。

到天上去,应该把每一个都用到该用的地方,而要做到这一点,就只有注意它们之间的相互联系,它们的相互补充。"①在认识历史过程时,必须自觉地将归纳方法与演绎方法结合起来。

4. 结构分析与整体研究

自然界、人类社会和人们精神活动的所有事物、所有过程,都处于系统联系之中,都形成一个统一的整体,以整体的方式存在着。对于历史过程深入分析,从这种整体研究入手,进而对这一整体的不同部分分门别类地加以考察,从整体到部分,再从部分到整体,有助于把握所研究的对象所独具的特征与功能。

结构分析便是从整体上把握历史全貌的一个重要方法。

结构分析,其立足点是将所有事物都视为一个整体,其中任何一部分都无法孤立地存在,它们相互之间的特定的关系互相联系、互相作用,因此,只有将它们置于这个由特定的关系构成的整体结构之中,方才能够正确地对它们加以理解。

马克思主义的诞生,或唯物史观的诞生,在一定意义上可以说,就是因为马克思提出并坚持通过社会经济结构、社会阶级结构来从本质上认识人类社会历史发展。

马克思主义将社会历史的运动,归结为生产方式的运动,并发现生产方式是由生产力与生产关系构成的,因此,认定考察历史的运动,应当从考察生产力与生产关系的矛盾运动着眼。马克思主义还将整个社会系统划分为经济基础与上层建筑两个不同的层次。经济基础是生产关系的总和(包括生产、交换、分配诸种经济关系),上层建筑包括政治、法律、道德、宗教、文学、艺术、哲学等意识形态的观点以及产生这些观点的政治、法律等制度。因此,研究社会历史,应当全面地考察经济基础与上层建筑的各个组成部分及其矛盾运动。这就是马克思主义确立的社会结构理论和社会结构分析方法。

马克思主义认为,在阶级社会里,经济关系必然表现为阶级关系,阶级关系是社会关系中最根本的关系,因此,研究阶级社会的历史,必须运用阶级分析方法,分析社会阶级结构及其互相关系。

马克思和恩格斯在《共产党宣言》中说:"到目前为止的一切社会的历史(恩格斯后来补充说:这是指有文字记载的历史),都是阶级斗争的历史。"②列宁根据马克思阶级斗争的学说,在《卡尔·马克思》一文中指出:

---

① 恩格斯:《自然分解证法》,人民出版社,1971年,第206页。
② 《马克思恩格斯选集》第1卷,人民出版社,1995年,第250页。

一个社会一部分人的意向同另一部分人的意向相抵触,社会生活充满着矛盾,历史告诉我们:各民族之间、各社会之间以及各民族、各社会内部经常进行斗争……这都是人所共知的事实。马克思主义给我们指出了一条指导性的线索,使我们能在这种看来迷离混沌的状态中发现规律性。这条线索就是阶级斗争理论。

列宁通过对法国大革命及其后欧洲历史的研究,指出:从法国大革命时起,欧洲许多国家的历史非常明显地揭示出事变的这种真实内幕,这就是阶级斗争。列宁反复强调从事社会科学研究必须牢牢把握住社会阶级划分的事实、阶级统治形式改变的事实,把它作为基本的指导线索,并用这个观点去分析一切社会问题,即经济、政治、精神、宗教等问题。

在分析社会阶级结构时,首先要深入分析某一历史时期或某个历史专门领域的阶级状况及阶级结构的总形势。这样才能从根本上掌握这一历史时期的发展线索,也才能从根本上理解这一时期政治、经济发展的形势和趋势,才能正确了解特定历史阶段或专门领域的政治、经济、思想、文化、伦理、宗教、哲学、艺术等意识形态所反映的社会关系。恩格斯说:

一切历史上的斗争,无论是在政治、宗教、哲学的领域中进行的,还是在其他意识形态领域中进行的,实际上只是或多或少明显地表现了各社会阶级的斗争,而这些阶级的存在以及它们之间的冲突,又为它们的经济状况的发展程度、它们的生产的性质和方式以及由生产所决定的交换的性质和方式所制约。这个规律对于历史,同能量转化定律对于自然科学具有同样的意义。①

阶级结构的分析和社会经济结构分析两者着重点不同,但又是统一的,因为社会经济结构所研究的正是各个历史时期或专门历史领域中的不同阶级与阶级斗争所赖以产生与存在的经济基础。"阶级"的产生和存在,都和历史发展特定时期的经济关系相联系,所以,欲认清某一历史时期的阶级关系、阶级结构,必须深入分析那一时期的经济关系、社会经济结构。

阶级结构的分析是历史唯物主义的一个重要方法,但阶级现象不是永恒的,它只与社会生产发展的一定历史阶段相联系,在生产力极为低下的原始社会及生产力高度发展、消灭了私有制之后的无阶级社会,分析复杂的历史现象自然便不能机械地照搬这一方法。在阶级社会中,阶级关系会影响民族关系、宗教关系、城乡关系、宗法关系、血缘关系等各种社会关系,但是,并不能取代所有这各

---

① 《马克思恩格斯选集》第1卷,第583页。

种社会关系。因此,社会结构分析包含着更为丰富、更为复杂的内涵,除阶级结构外,还应当关注其他各种客观存在着的社会结构。

20世纪60—70年代勃兴于法国的结构主义,使结构分析方法在西方现代社会科学研究中成为一种盛行一时的研究方法。结构主义的先驱是语言学家索绪尔,而其最主要的代表是文化人类学家列维-斯特劳斯。结构主义认为,整体性观念在认识世界万物中具有逻辑上的优先性,索绪尔主张,应当将语言作为一种完整的形式,作为一个统一的领域、一个宗族的系统来研究,不可不顾及语言的整体性、系统性,离开特定的符号系统去研究孤立的词。列维-斯特劳斯则将社会生活视作由经济、技术、政治、法律等各不同部分构成的一个整体,如果不将其中一个部分同其他各部分联系起来,就不能对这一部分获得正确的理解。结构主义的另一重要特性,是认为事物共时性研究远比其历时性研究重要,因为同一时代不同要素相互之间的关系方才是真正有效运行的结构。索绪尔坚持语言是一个符号系统,系统内部各要素之间相互联系,就是因为它们是同时并存的,这就是语言的共时性。列维-斯特劳斯也主张共时性研究高过历时性研究,他断言:"把历史过程想象为一种连续的发展不仅是虚妄的,而且是矛盾的。""历史是由诸历史领域组成的非连续体的集合。"① 关于结构的特点,他指出:"结构是排他性的。每一结构只能组合所给定的某些成分。""每一社会,甚至我们自己的社会,都是一种局部性的和排他性的应用的总和。各种社会的差异性就是由现实情境中的这些限制确定的。"② 这里所谓结构的排他性,就是所谓非连续性的集合体本身,而不是"连续发展"。这一观点,为许多后结构主义者所诟病。法国哲学家巴尔特和德里达等人,便不同意将结构固定化、静止化,而认定结构是不断变化和发展的。因此,他们要求将共时性研究与历时性研究结合起来,考察结构的变化与发展问题。

结构主义将结构区分为深层结构和表层结构。表层结构是现象的外部联系,而深层结构则是现象的内部联系。在结构主义代表人物那里,深层结构常常被视为人的无意识活动的产物,是先验的。列维-斯特劳斯研究古代神话,就是试图从神话研究中找到人类心灵的原始逻辑即"野性思维"。他将神话和语言都视为"无意识"活动的结果,无意识在他这里,成为人类精神活动乃至全部社会活动的总根源。结构本是客观存在,在这里,变成了人类心智的构建物。结构主义企图通过结构分析防止主观化,保证认知的客观性,但在他们自身的实践中却以

---

① 列维-斯特劳斯:《野性的思维》,第297页。
② 法国历史哲学家马克·加博里约的《结构人类学与历史》对结构主义做过系统论述。该文译自M.雷恩编:《结构主义选读》。

一种更为主观的认知模式取代了客观的社会结构。这是结构主义作为一个学派很快为后结构主义所取代的重要原因。

然而,结构分析方法仍然被人们所广泛使用,因为它有助于人们高度重视事物的整体性,重视全面地分析构成社会的各种因素相互之间的组合关系,有助于人们通过模式认识事物的内在结构,有助于人们更自觉地运用数学逻辑方法深化对事物的宏观与微观认识。

在推进整体性研究中,同样值得重视的是现代系统论所提供的研究方法,它将源远流长的系统分析推进到一个全新阶段。

系统分析是从客观对象的整体观念出发,研究整体与部分、整体与层次、整体与结构、整体与环境的辩证统一关系,以揭示对象的整体特性的研究方法。所谓系统,就是处于一定相互联系中的与环境发生关系的各组成部分的总体,通常是指作用于共同目的两个以上要素的集合体。这一思维方法,早在古希腊罗马和中国春秋战国时期就已萌发,并在一些重要著作中得到应用。

现代系统论或称普通系统论,是由美籍奥地利生物学家贝塔朗菲在20世纪30年代奠定的。直到1947—1948年,他在美国讲学中,才公开阐述了"系统论"这一新兴学科的内容、性质与任务。系统论的普遍传播是在60—70年代。贝塔朗菲1972年发表了最后一篇总结性论文《普通系统论的历史与现状》,对于系统论原理与方法作了全面、系统的阐述。他指出:

> 存在着适用于一般化系统或子系统的模式、原则和规律,而不论其具体种类、组成部分的性质和它们之间的关系或"力"的情况如何。我们提出了一门称为普通系统论的新科学。普通系统论乃是逻辑或数学的领域。它的任务仍是确立总的适用于"系统"的普通原则。①

他在这篇论文中把系统论思想推广应用于更加广泛的领域,把作为生物科学方法论的系统论,概括成为具有普遍意义的方法论。

现代系统论包括下述一些主要内容:其一,系统科学和数学系统论,指对各门科学的系统进行理论和方法的研究,要求采用精确的数学语言描述各种系统,从理论和方法上探讨各门具体科学的系统的规律和模式。其二,系统技术和系统工程,指系统思想、系统方法在现代科学技术和社会诸系统中的实际应用。其三,系统哲学,是对系统论的本体论、认识论的哲学探讨与论述。作为科学的方法论,在20世纪70年代的中后期就已传入中国。进入80年代,它已相当普遍地应用于中国的自然科学与社会科学研究领域,包括史学研究

---

① 贝塔朗菲:《普通系统论的历史与现状》,载《国外社会科学》1978年第2期。

领域。

将系统论的基本原理和基本范畴推广到历史学,便形成历史学研究的系统分析方法。系统分析方法的具体内容与具体要求,主要有以下几点:

第一,整体分析,这是系统分析方法的核心。贝塔朗菲说:"系统作为一种新的范式,根本区别于过去占统治地位的只着重研究组成部分的概念。"①这个"新范式"通过下述两个思想,表现出它的整体分析特征:整体并不等于要素的总和,整体大于各要素的总和;整体具有与各要素功能不同的特定的整体功能。因此,在进行历史整体分析时,不能以历史局部分析的总和去代替历史整体的分析,因为历史在由个体组成为整体时,已经在功能上发生了重大变化,所以必须对历史过程进行独立的整体分析。

第二,层次分析。历史过程和自然界一样,总是表现为多层次的等级结构。封建社会的统治关系,表现为君、臣、吏、民不同的层次;社会群体关系有士、农、工、商;家庭伦常关系有父、子、长、幼等。一般的历史现象,也有表层与深层的区别。因此,研究历史,就应该把历史整体分为若干不同的层次进行逐层次的分析,并由此进一步研究其中某一层次的变化如何有赖于其他所有层次,这些不同层次如何通过自我调节和相互调节,而使整个系统达到平衡状态。

第三,环境分析。贝塔朗菲是生物学家,他所创立的系统论特别注意整体系统与环境之间关系的分析。贝塔朗菲说:"系统的定义可以确定为,处于一定的相应关系中的与环境发生关系的各组成部分的总体。"②系统论因之将系统视为开放系统,当外部环境变化时,系统内各要素会自动调节,使系统达到新的平衡。反之,如果系统无要素流入流出,成为封闭系统,那么,它就只能由不同的初始状态达到不同的终结状态,无法在要素流入流出的运动中实现自我调节,达到平衡。

社会历史作为一个整体系统或者它的若干子系统,通过与环境保持一定的政治、经济、思想、文化乃至于生活方式等方面的信息交换关系,使历史成为一个动态开放系统,也只有用动态、开放的观念与方法去研究历史过程,分析历史人物和历史事件,才能深刻地认识历史本质的方面。

系统分析方法为从整体上了解历史过程开辟了较为便捷的途径。但是,社会历史现象与自然现象毕竟有很大差异,在将系统论运用于考察社会历史现象时,无论如何不能简单地照搬自然科学方法,社会历史过程的整体研究,必须始终坚持社会历史发展自身的实际、自身的特点。

---

①② 贝塔朗菲:《普通系统论的历史与现状》。

5. 大数据催生史学大变革

我们几乎是在毫无准备的情况下迎来了信息革命，非常突兀地一下子进入了大数据时代。历史学也不例外。

首先，大数据使历史资料利用产生革命性变革。

众所周知，大数据具有速度快、体量大、多样性、价值密度低四大特征。在历史学领域，大数据成百倍、成千倍地扩大了历史资料的范围。尤其突出的是，除传统的文献与遗址、遗物外，人类存留的所有纸质的、音像的和其他物质的、非物质的资料，几乎都可被用来协助复原历史的本来面貌。人们在大规模数据基础上可以做到的事情，在以往小规模的局部数据基础上是无法完成的。

大数据的价值更在于它为我们的生活创造了前所未有的可量化的维度。过去不可计量、难以存储、不易分析和不方便共享的很多东西被数据化，并被迅速传输，这就使人们能够通过拥有大量的数据，包括许多不那么精确的数据，打开理解世界的一扇新的大门。大数据通过数据采集、数据储存、数据分析、数据管理为大范围、中时段、长时段定量分析提供了现实的可能。历史学研究与大规模基因检测相结合，有力推动了家族史、宗族史、移民史、民族史研究，就是一个成功的实践。

大数据所提供的古今中外既有研究信息，无疑有助于人们较为系统、全面地了解相关问题已有的各种成果，了解它们的成就和存在的问题，在一个高起点上开展创造性研究。这可以避免许多意义不大的重复劳动。

大数据使历史资料利用产生革命性变革，更集中表现在大数据有助于人们获得新的认知，因为它可以较好地用数字模拟方式在一个大范围内展现历史场景。大数据信息系统还可以较方便地将历史活动中各种要素全面、综合、动态地展示出来，这样，它就可能为历史研究创造新的价值基准。

其次，大数据有助于提升历史活动中大众主体的角色定位。

长期以来，由于既有文献资料的限制，人们研究历史时，总是以社会精英人物为主要对象，这就难以避免使社会精英成为历史活动的主体。历史唯物主义者始终重视人民大众在历史活动中的主体作用，只是由于资料稀缺，人民大众常常成为虚拟笼统的、抽象而概念化的存在。大数据使草根大众日常的、琐碎的巨量历史资料可以被便捷地利用，这就使历史活动中的草根大众鲜活起来、具体起来，成为真实的存在。

大数据的一个重要特征，就是能够较方便地将人文社会科学研究与自然科学、技术科学紧密结合起来，有效运用自然科学、技术科学最新成果及研究手段，从而有效推动人文社会科学内部各学科实现真正的交叉、渗透和结合，使跨学科研究不仅成为了解历史客观实际的必要，而且成为真正的可能。这就使历史认识超越社会精英狭窄的范围，而切实了解社会精英和草根大众复杂的内在联系。可以说，正是大数据的巨量档案资料和空前丰富的内容，推动了传统政治史、经济史、思想史研究的重大突破，并给社会史、文化史、生活史的研究，给民众心理、民众信仰、民众实际利益诉求的研究，提供了进行实证性研究的坚实基础。

历史活动中大众主体地位的上升，并不意味着对社会精英在历史发展过程中重要作用的否定。但大数据将提供非常有力的证据，说明社会精英的所作所为如何离不开社会大众这个主体，历史进程如何最后仍决定于社会大众主体的取舍。大数据能将政治史、经济史、社会史、文化史研究在微观、中观及宏观层面上真正综合起来，这就更能揭示包括精英与大众在内的全体社会成员如何自觉或不自觉地共同创造历史的本来面貌。

最后，大数据推动历史学从庙堂之学走向公众之学。

现代化进程中，人的主体性不断增强，随之而来的便是越来越多的人开始关注自己个人的、家庭的、家族的历史，关注自己家乡的、地方的、民族的和国家的历史。历史的记忆成为人们生活的重要组成部分，成为人们文化的基础性诉求。公众史学因之应时勃兴，并愈来愈活跃。

随着信息化在全社会的普及，历史书写进入寻常百姓家，人们可以自由地书写自己的历史，自由地在网络上参与书写地方的、国家的及其他各种专门的历史，自由地对历史问题发表评论。这样，历史研究和历史书写便不再仅仅是历史学家的专长，公众也不再仅仅是被动的接受者。实际上，大数据已经刺激了大批非历史专业的人们参与到历史研究、历史书写队伍中来，他们没有受过历史研究的基本训练，但又各有自己专业之所长，常常可以发专业史家之所未发，当然，也会使历史记述与历史解读更加多元多样，乃至出现各种一般不应有的严重讹误。

大数据使得人们可以很方便地对历史问题发表自己的意见，对所有与历史相关的著作及其他成果自由进行评论，并迅速扩散、传播，对真实历史、专家之学、庙堂之学形成了巨大的冲击力。值得关注的是，大数据时代最大的转变就是放弃对因果关系的渴求，取而代之的是关注各种相关的关系，也就是说，它会引导人们只需要知道"是什么"，而不需要知道"为什么"。这就将颠覆千百年来人类的思维惯例，对人类的认知和与世界交流的方式提出全新的挑战。

其实，公众史学的勃兴，并不影响专家治史学。大数据为文献收集、校勘、考订提供了诸多方便，但终究不能取代"板凳需坐十年冷，文章不作半句空"的深入研究和深邃思考。公众史学与专家之学应相得益彰。

面对大数据，史学与史家肩负着更为艰巨的时代责任。

今天，大数据使得史学表现形态及传播形态产生了革命性变化，它也使粗制滥造、鱼龙混杂、不负责任的许多所谓历史新诠释、历史新故事的影响力、动员力空前扩大。史学领域话语权的争夺，比以往任何时候都更加激烈、更加严酷。

大数据时代史学与史家的职责更为重大。大数据时代我们更需要坚持历史唯物主义立场、观点和方法。在无数纷繁复杂、彼此矛盾的历史资料中，要想不迷失方向，准确再现客观实在的历史并做出严肃认真的科学解释，从而帮助人们理性对待历史和由历史演进而来的现实，仍然需要我们像创立了历史唯物主义的马克思那样，认真辨析历史矛盾运动中的表象与本质、偶然与必然、局部与整体，从各种矛盾陈述中清理出真实的事实，从形形色色被扭曲、被掩盖、被虚构的历史记述中恢复历史的本来面目，从而揭示历史发展的客观规律，认识历史自身的真理。

大数据将量化研究广泛引入各种历史问题研究之中，但是，任何量化的东西，都有其边界。目前各种数据库所选录的数据，不仅存在既有资料本身的局限，还有建立数据库时建立者自身标准的局限。使用数据库者，选择多少样本，选择什么类型的样本，亦有极大的主观性。因此，不能将量化研究的意义无限夸大，定量研究须与定性研究结合起来，成果方才可能有更多的科学含量。

当代史学与史家，要名副其实地承担起自己的时代责任，善于运用大数据时代提供的世界性知识和世界性视野，真正跨越学科藩篱，组成多学科研究团队，通过综合研究，使史学与史家的能力获得提升，使公众史学水准获得提高，使种种背弃、轻侮历史真实的错误行径得到摒弃。

一个真正的马克思主义史家，必须始终不渝坚守的责任就是：敬畏历史，追求信史。历史的中心是人、人群、人类，而人、人群、人类的活动从来就离不开自然环境，离不开宏大的生态系统。大数据为我们更深入全面地研究人类史和自然史，提供了比之以往更为方便的平台，我们要以此为契机，坚持追求信史的史家责任。因为，信史是马克思主义史家生命价值之所在。

第三节　历史比较研究和跨学科研究

1. 历史比较研究方法与比较历史学

历史比较研究，是现代史学分析与解释历史的又一重要途径。它通过对不同时间、不同空间条件下复杂的历史现象的对比，分析其异同，从而探寻历史共同规律与特殊规律。美国比较历史学家弗雷德里克森说：比较历史学应该专指"相对狭小而有意义的学术内容，比较史学的主要目的，是系统地对比研究在传统的历史编纂中通常不被纳入同一地理区域的两个或两个以上社会的某些进程或制度"①。这个提法把历史比较研究方法的重点局限于不同的地理空间,显然不足以概括这种方法的全部主要内容与意义。

历史学家们进行历史比较,由来已久。在中国,先秦史籍中如《左传》《国语》《战国策》里就有不少历史比较的典型叙述。西汉司马迁所撰《史记》,更多地使用了比较方法。例如,他在"列传"部分,有意将一些可比性很鲜明的人物写成合传《孟子荀卿列传》《屈原贾谊列传》等。至于思想史的比较研究也开展得较早,如《荀子·非十二子》《韩非子·显学》《论六家之要指》《淮南子·要略训》等著述都具有比较研究的特点。古希腊被称为"史学之父"的希罗多德的《历史:希腊波斯战争史》和"具有批判精神"的修昔底德的《伯罗奔尼撒战争史》都有相当丰富的历史比较叙述。可以说,真正的历史著作,很少不用历史比较方法的,因为实际的历史陈述,都是一种潜在的历史比较。但是,古代的历史学家运用比较方法,多处于潜意识的自发运用状态。

现代历史比较研究方法,以及在此基础之上形成的相对独立的历史分支学科——比较历史学,是19世纪中叶从欧洲开始产生的。马克思、恩格斯在研究人类社会史,阐述诸种社会生产方式时,就把资本主义生产与前资本主义生产作过比较分析,特别是他们研究古代社会时,曾把古代东方社会(包括印度、中国)与古代西方社会相比较。他们研究欧洲现代史时,经常把英国、法国和德国相对比,在他们的著述中保存有丰富的比较研究史料。中国学者自19世纪末即开始自觉地运用历史比较方法研究东西方历史文化的异同。梁启超1899年所撰《论中国与欧洲国体异同》,梁漱溟1921年所著《东西文化及其哲学》,为此一历史时期的代表性著作。

近数十年来,历史比较方法、比较历史学在欧美、日本、俄罗斯等国得到迅速的发展。历史比较研究已经形成为一门独立的史学分支学科。中国史学界,自1980年以来,逐渐形成研究与应用历史比较方法的热潮,出版了一批优秀作品。

马克思主义的唯物史观,为历史比较研究提供了科学根据和理论基础。物质世界和精神世界的运动形式和表现方式,都是多种多样和千差万别的,人类历史因此必定呈现出五光十色、丰富多彩的纷繁状态。这些特征反映到人们的意识中,形成"比较意识"与"选择意识",人们不但可以比较历史过程的特性与差异,而且可以据此进行选择。人类历史表明:完全相同的社会样式和毫无联系的社会生活,都是不可能存在的。那些既有历史差异性,又有某种历史联系性

---

① P.科尔钦:《比较史学的功能、问题和前景》,载《国外社会科学动态》1983年第9期。

和共同性的历史现象,就可以进行比较研究。科学地认识与理解历史比较研究的客观基础,对于探讨和确定历史比较研究的原则、类型与具体方法,都是很有意义的。

马克思明确指出:"要了解一个限定的历史时期,必须跳出它的局限,把它与其他历史时期相比较。"①他还进一步说明:

> 极为相似的事情,但在不同的历史环境中出现,就引起了完全不同的结果。如果把这些发展过程中的每一个都分别加以研究,然后再把它们加以比较,我们就会很容易地找到理解这种现象的钥匙;但是,使用一般历史哲学理论这一把万能钥匙,那是永远达不到这种目的的,这种历史哲学理论的最大长处就在于它是超历史的。②

马克思主义的经典作家采用历史比较方法,作出许多极有价值的历史论断。19世纪由于法国处于世界政治的中心地位,所以马克思特别注意研究法国问题。他曾经在《路易·波拿巴的雾月十八日》一书中专门把描写路易·波拿巴1851年12月2日政变的三部著作进行比较。他说:

> 在与我这部著作差不多同时出现的、论述同一问题的著作中,值得注意的只有两部:维克多·雨果的《小拿破仑》和蒲鲁东的《政变》。维克多·雨果只是对政变的负责发动人作了一些尖刻的和机智的痛骂。事变本身在他笔下被描绘成了晴天的霹雳。他认为这个事变只是一个人的暴力行为……蒲鲁东呢,他想把政变描述成以往历史发展的结果。但是,在他那里关于政变的历史构想,不知不觉地变成了对政变主人公所作的历史的辩护……相反,我则是证明法国阶级斗争怎样造成了一种局势和条件,使得一个平庸而可笑的人物有可能扮演了英雄的角色。③

马克思通过三部著作的比较分析,阐明了分析历史人物的基本方法。恩格斯在其所著的《德国的革命与反革命》一书中通过对德国的资产阶级、工人阶级、封建贵族阶级与英国的、法国的资产阶级、工人阶级、封建贵族阶级之间的比较研究,科学地总结了德国革命的经验教训。他指出:由于德国资产阶级的软弱无能,工人阶级人数不占统治地位,封建贵族阶级势力强大,因而导致1848—1851年德国资产阶级民主革命的必然失败④。马克思主义的理论家不但从理论上论证了

---

① 《马克思恩格斯全集》第44卷,人民出版社,1982年,第287页。
② 《马克思恩格斯全集》第19卷,人民出版社,1963年,第131页。
③ 《马克思恩格斯选集》第1卷,第579~580页。
④ 同上书,第482~490页。

历史比较方法在历史研究中的必要性和可行性,而且在众多历史问题的分析中,为我们作出了历史比较的典范。正因为如此,美国著名比较历史学专家雷蒙德·格鲁认定,马克思主义是历史比较研究的强大的促进因素。

2. 历史比较研究的历史认识功能

历史比较研究在历史认识、历史理解中有着自身特殊的功能。

首先,历史比较,有助于冲破史学研究领域封闭、僵化的局面,推动史学研究的思想解放。苏联学者马尔卡梁在《历史比较研究的基本原理》一书中说:"在社会学中存在着一种投机的、烦琐哲学的理论化的危险倾向;在历史学中存在着一种变得死气沉沉的经验主义的危险倾向。历史的比较研究可以成为两者接近的一个重要手段,成为他们之间的桥梁。"①这是因为在对历史现象进行比较时,不但可以通过具体的史料更为充分地了解人类历史过程丰富多彩、生动逼真的多样性,而且可以经由分析、综合、抽象、概括,催生新的理论认识,这就可以达到历史认识上的超越,改变史学研究领域中封闭、僵化、教条的局面。

其次,历史比较,有助于克服史学研究的片面性、狭隘性,在比较广阔的历史背景中发现历史现象之间的因果联系与同异关系。传统的史学方法,往往把某种历史现象局限于一定的时间与空间范围内,这就容易切断历史现象之间的有机联系,难以从整体出发揭示历史现象之间的同异关系。美国历史学家阿克顿·布洛赫批评欧洲史的研究状况时说:"特别需要利用比较研究,以克服那已成为欧洲史学组成部分的,以单一的国家因素来阐明复杂社会现象的倾向。"②历史比较方法不但对于世界历史的研究有直接意义,而且适用于各单个国家、地区乃至各种群体、个人历史的研究。历史比较研究可以增强研究者的选择意识,启迪人们发现先前一直不为人所注意的历史联系与本质,形成新的超越型的历史认识。日本学者深泽助雄在谈到历史比较方法的意义时说:

> 从经济方面的急剧发展,特别是贸易的普遍化来看,世界正在走向一元化(指全球化——引者注)。但同时,我们应该肯定各国都有自己传统的文化,而且不能一下子把它们结合起来,并应该避免单纯的一元化(指文化多元化——引者注)。我们应尊重各文化区域的特殊性,使他们顺着自己的道路而发展自己的文化。所以,一方面有世界走向一元这个事态,另一方面需要尊重各国文化的特殊性。那么,在此所必要的是使生活在不同的文化传

---

① 见《历史问题》杂志,莫斯科,1966年第7期。
② 参见雷蒙德·格鲁:《比较历史研究概论》,《现代外国哲学社会科学文摘》1982年第1期。

统中的国民更好地、更深地理解彼此之间的类似性以及差异,这样看来,研究比较思想的意义就越来越大。①

21世纪人类已经进入经济全球化、文化多元化、政治多极化时代,历史的比较研究范围不断扩大,内容不断丰富。可以说,不进行比较研究,就难以认识当代人类历史。

再次,历史比较研究,可以发挥"间接实验法"的作用。历史学与自然科学之间在研究方法方面的重要差别是:自然科学的原理、原则,往往可以通过实验得到证实,而历史学的理论与规律是难以通过重复实验来证实的。历史具有强烈的时间感,发生过的事件,只能追忆而不可能完全重演,这就形成了认识、理解、研究历史的客观困难。长期以来,历史学家们就梦寐以求地寻找一种能代替"科学实验"的历史学研究方法。俄国史学家久尔克盖依在1899年就曾提出:比较的方法,正是一种"间接实验法"。运用这种方法虽然不可能完全地复原历史,但是可以找到极其相似的典型史实,经过比较,从一个历史事件,大体可以验证或说明另一个历史事件,从而使比较方法起到类似"科学实验"的作用。恩格斯在研究1848年德国革命的经验时,就经常拿德国1525年革命作比较。他说:"德国1525年革命和1848年—1849年革命间的类似之处,异常明显,以致当时不能完全对它置之不理。"②

又次,历史比较研究,便于从整体上把握历史的全局与局部的关系,探求历史发展的普遍规律与特殊规律。认识历史的全过程,经常从认识历史的局部过程开始;认识历史运动的普遍规律,也经常从认识历史运动的特殊规律开始。揭示普遍规律和特殊规律都是在比较中进行的。美国学者科瓦勒夫斯基在美国《比较共产主义研究》1981年第4期发表《中国与苏联:比较模型分析》一文,对中国与苏联进行了比较评估。他认为:中国革命比俄国布尔什维克更有群众基础;中国革命是自下而上的,俄国革命则自上而下;中国农民比俄国农民在革命中的作用更大,地位更高;中国知识分子比俄国知识分子更接近人民群众;俄国革命比中国革命更带恐怖性。他还认为:中国革命制定政策是群众路线,俄国革命制定政策是上层路线;苏联的外交有高度的侵略性,中国的外交多是防御性的;苏联对少数民族采取高压政策,中国对少数民族实行合作政策等。通过这项比较,可看清苏联与中国各自特殊的国情,帮助深思苏联解体的深层原因,同时也可以进一步了解中国革命的特点。

比较方法不但适用于微观、局部问题的考察,而且特别适宜于宏观、全局问

---

① 《日本学术界对思想史及比较思想史的研究概况》,《中国哲学史研究》1982年第3期。
② 《马克思恩格斯选集》第2卷,人民出版社,1995年,第623页。

题的探讨。美国历史学家科尔钦认为,比较史学的功能之一,就在于认识历史的"共同模式",进行"历史概括",估量可变因素的影响,区别"特殊的、偶然的因素"与"一般的、固有的因素"①。自觉进行各个国家、各个时代史学思想、理论、方法乃至所使用的术语、概念的比较,更能收互相发明之功效。

总之,历史比较研究,不仅能丰富人们历史认识的广度与深度,更有助于超越时空限制的历史真理的发现,并由此超越各种国别性史学、专门性史学的局限,走向真正的世界性史学、贯通性史学、普遍性史学。

3. 历史比较研究的可比性原则、类型选择与运用程序

科学地进行历史比较研究,防止陷入机械性的比附,必须注意可比性原则与类型选择。

所谓可比性原则,或通约性、可公度性原则,即对两种或两种以上的历史现象进行比较时,它们彼此间必须具备共同的基础或联系,这是进行历史比较研究的首要前提、先决条件。如果没有这个共同的基础或联系就不能进行比较。雷蒙德·格鲁在《比较历史研究概论》中指出:"历史比较研究方法在于对那些已被抽象地称作可资比较的集团、事件、机构、观念进行比较。"还说:"我们可以学会从类似的或不同的角度,对人类行为进行比较。"历史现象之间的可比性原则或通约性、可公度性原则,决定了不同类型的事物不能进行比较。所谓历史比较的类型,就是选用何种思维方式、思维模型进行历史比较研究的问题。由于经验和研究角度的差异,对于历史比较的思维方式分类与选择也各不相同。以人们经常进行的历史类型性比较、历史渊源上比较、历史上国家之间相互影响的比较而论,所谓类型性比较,就是具有同类特征历史现象之间的比较,例如古希腊与古罗马之间的比较,中国封建制与西欧封建制的比较;所谓渊源上比较,就是具有亲缘关系的历史现象之间的比较,例如英国人与美国人的比较,香港人与台湾人的比较。也有些学者将比较类型归纳为以下三种:作为理论的并行论证的历史比较,作为历史现象的来龙去脉的历史比较,作为宏观的因果分析的历史比较。所有这些历史比较类型,都可以根据自己的研究需要,参照选用。

我们还可以更加概括地把历史比较类型根据时间与空间、整体与部分的联系,划分为横向比较与纵向比较、宏观比较与微观比较四种类型。所谓横向比较,主要是指从不同空间条件出发,对于不同地域、不同民族、不同国家的历史进行比较研究。这是目前最常用、最普通的一种类型。所谓纵向比较,主要是指对

---

① P. 科尔钦:《比较史学的功能、问题和前景》。

于同一民族、同一地域、同一国家的不同时期、不同历史阶段、不同历史层次的历史现象进行比较研究的类型。所谓宏观比较,是指站在历史整体的角度,对不同的历史现象进行贯通的或者高度概括性的比较研究。对于历史的系统认识、历史本质的揭示、历史规律的发现,主要是靠宏观的历史比较研究。美国学者贝格比在《历史与文化》一书中强调:"历史科学研究的最大任务,将是各国文明体系的整体发展的比较研究。"①英国著名历史学家汤因比所著《历史研究》一书,把人类历史划分为二十三种文明区域或文明体系,就是这样的一种宏观历史比较研究。马克思主义的唯物史观,就是对人类历史在整体上作宏观比较研究所得出的科学结论。所谓微观比较,是指从历史的特定角度,对特殊的历史现象或局部的个体的历史问题进行具体的比较研究。对两个历史人物的比较研究,对两项制度的比较研究,对两种思想思潮、两个学派的比较研究,都是微观比较。微观比较是宏观比较及一切比较研究的基础。

历史比较研究的类型,可同时交叉使用几种。在类型的选择上,从这一角度看是微观比较,从另一角度看也可能是宏观比较,有时还可能是横向微观比较、纵向宏观比较。因此,"比较类型"并非凝固不变的死板模式。一般来说,运用程序可以包括下列步骤与要素:第一步,确定可比性主题;第二步,分别研究可比项各方面的特点、过程与根本属性;第三步,综合研究材料,比较异同,意在"同中求异"或"异中求同";第四步,提出命题假设,揭示历史的本质与规律;第五步,验证理论,通过比较,说明所提出的新理论的真实性、科学性。

在运用历史比较方法过程中,与类型选择有密切联系的是运用程序和适用范围问题。所谓历史比较方法的适用范围,是指历史学家在哪些史学研究领域和哪些历史问题上可以应用比较方法的问题。历史研究的构思、设计、规划方案、具体的研究过程、假设理论的提出、论证和验证,几乎每一步都不能离开"比较研究"。从最一般的意义来说,任何真正的研究,都只能在"比较意识"的指导下进行。如果没有比较,哪怕是最简单的研究课题也难以提出。所谓研究课题,应该是特定研究领域中的新命题,这个新命题,只能是和过去的一般命题相比较而提出的,如果不经过比较,便无法断定其为新命题。所以,雷蒙德·格鲁提出:在"提出问题阶段",比较研究就会给研究工作以帮助。在制订研究规划阶段,也必须进行课题比较,例如,课题的价值、可行性等方面的比较,通过课题比较进行课题论证。在科学研究获得重要结论之后,还要进行概念与概念、概念与史料、史料与结论等多方面的比较研究,以验证结论。由此可见,从历史研究的一般发展进程而言,比较方法应该是贯穿于史学研究全过程的。

---

① 见雷蒙德·格鲁:《比较历史研究概论》。

历史比较方法虽然普遍地适用于历史研究的全过程,但是应用起来仍然存在种种局限性,不应该把它视为"观察的最高形式",亦非如西方某些史学家所说"为历史科学的最大任务"。首先,进行历史比较,一定要在构成比较的双方都具有某种基础或关系的条件下才能进行,即是对比双方具有"可比性",每一个局部方法,也都有自己的应用范围,超出了这个范围,它就可能无效,甚至产生不少困难。其次,进行历史比较,要防止机械类比和形式化的庸俗比附。克服历史比较研究局限性,解决历史比较研究困境的根本出路,是用科学的历史观客观地估量比较方法的作用范围,全面、综合地运用各种史学方法去解决史学研究中的问题。只有同时运用分析与综合、抽象与概括、历史主义与阶级分析等方法,才能全面揭示并且抽象概括出历史的本质,也才能发挥历史比较方法的应有作用和功能。

4. 跨学科研究下历史学的新拓展

跨学科研究,超越传统学科分类,通过不同学科理论的借鉴与渗透、方法的交叉与合作,形成新的知识、理论与方法,推动研究创新,以解决人类所面临的更为丰富复杂、层次更为深入的问题,包括人类所面临的一系列新的挑战,也包括大量先前没有真正解决的历史问题。

跨学科研究从历史学诞生起就已被运用,这是因为历史自身的多样性、多面性,原就涉及多种学科,人们不能脱离其他学科而理解历史。马克思、恩格斯研究历史问题时,便自觉地吸取哲学、经济学、社会学、人类学等多学科理论与方法。

现代意义上的跨学科研究,则是20世纪60—70年代以来勃兴的一门新学科。一方面,以系统论、控制论、信息论为标志的新理论的创立,被广泛地运用于自然科学、技术科学及人文社会科学,为各学科的贯通提供了前所未有的便捷;另一方面,人类所面临的一系列新问题,大者如生态环境问题、可持续发展问题、生命问题,小者如移民问题、妇女与性别问题,都需要各学科通力合作,共同配合方能有效地解决,不同学科学者联合起来自觉地从事跨学科研究,于是急速兴盛起来。

历史学面对当代社会,需要对先前时代的历史获得更为具体、更为专业、更为细致、更为深入的认识。历史学要负担起这一时代使命,就需要积极主动地借鉴和吸取其他学科的理论、方法和已经取得的各种成果来充实自己,乃至和其他学科的学者展开共同研究。跨学科研究因此成为历史学自身发展的内在要求和重要趋向。

现代历史学跨学科研究,最为活跃的是历史学同哲学、经济学、政治学、社会学、人类学、心理学等学科的结合和融合。跨学科研究不仅使思想史、经济史、政治史、社会史等传统研究出现全新面貌，而且直接推动了历史人类学、历史心理学等一系列新的交叉学科的形成。改革开放以来，中国历史学一系列新的研究热点，几乎都是跨学科研究聚焦的结果。

　　历史学与哲学的跨学科研究在历史学当代的发展和创新中发挥了非常显著的作用。中国1978年"实践是检验真理的唯一标准"的讨论，不仅解放了哲学，而且也解放了历史学。历史学领域关于历史发展动力的讨论，关于如何评价社会生产力与阶级斗争历史作用的讨论，关于如何正确评价农民战争的讨论，又有力地支持了在唯物史观诠释上的拨乱反正。在坚持历史唯物主义的同时，历史学家们对于其他许多哲学成就也采取了开放与宽容的态度，从马克斯·韦伯的基督教与新教伦理，到波普尔的证伪主义、库恩的"范式"理论，从伯林的保守主义、哈耶克的自由主义到哈贝马斯的市民社会、公共领域理论，从结构主义到后结构主义，史学界都给予了积极回应，一系列新的研究课题由此立项，一大批思想活跃的青年史学家由此脱颖而出。

　　很长一段时间中，中国的经济史研究，偏重于揭露历史上的经济剥削关系。随着社会主义现代化建设大规模展开，历史学界特别关注国内外经济学中工业化、市场化、城市化、经济全球化的理论，证券、货币、资本、产权、企业、交通等研究成果，以及宏观经济学、计量经济学、制度经济学、博弈论等历史学界原先很不熟悉的学说，运用它们来拓展和深化中国经济史的研究，又用自己的研究来验证或修正经济学中那些相关的理论与学说。

　　与此相似，中国政治史、法律史研究，偏重于揭露历史上的政治压迫关系，尤其是政治学一度被取消，法学被严格限定于维护"无产阶级专政"范围，历史学同政治学、法学极少交汇。改革开放以来，恢复了政治学，法学也有了极大发展。适应于新的政治文明和法治社会建设的需要，政治学领域行为主义政治学、比较政治学、理性选择主义政治学、新制度主义政治学，以及作为交叉学科兴起的政治社会学、政治心理学、政治伦理学等使政治学理论摆脱了先前贫困状态，国家与社会、民主与法制、发展与稳定、政党与国家、人权与主权、政府与市场、中央与地方、自治与统一等具有强烈实践性的大量研究开展。法学领域包括法理学或法哲学、经济法学、行政法学、刑法学、民法学、商法学、国际法学、法律史学、比较法学分门别类的过细研究，都有力地推动了政治史、政治制度史、政治思想史、法律史、法律思想史的研究。而所有这些研究，又有力地支持乃至引导了政治学、法学努力中国化的正确方向。如中国历史上民间法的研究，对于当代法学与法治的贡献，就是一个较为典型的事例。

　　社会学也曾在中国一度被全部否定，学科被取消，历史学中的社会史研究因此也很冷落、单调。改革开放以来,中国社会的全面变革与转型,呼唤着社会学的复兴与大发展。社会学关注社会发展的重大问题,长期坚持实地调查研究,和历史学非常贴近。社会学的复兴与发展,无论社会学理论还是社会学根据实地调查作出的大量研究成果,都给予历史学的发展以巨大冲击与支持。实证主义社会学理论,马克斯·韦伯经济行为社会学、宗教社会学及统治类型社会学分析理论,帕森斯结构功能主义社会学理论,批评和修正结构功能主义的以"冲突理论"命名的社会学理论,法兰克福学派的"批判理论",滕尼斯的研究"社区"为亮点的形式社会学理论,费孝通倡导的以研究人和自然、人和人、我和我、心和心关系为重点的人文化社会学理论,特别是社会学家环绕家族、村落、都市、人口、婚姻、家庭、性别、社会分层、移民与社会流动、社会组织、社会制度、社会运动、社会病理、社会保障、社会福利、社会冲突、社会和谐展开的大量实证研究,有力地推动了历史学从所有这些角度、在所有这些领域展开研究,而社会史研究的蓬勃展开,则又为社会学家研究当下事实提供了宽广的历史背景,使这些研究具有历史纵深基础。

德国哲学家图根哈特(Ernat Tugendhat)在《人类学取代形而上学》(2007年)一书中提出,应将人类学作为"第一哲学",取代原先的形而上学。他认为,对人的理解,构成了人类学的核心,也构成了所有哲学学科的基础[①]。

在欧美、日本等地,人类学都是一门显学。它已形成包含生物/体质/医学人类学、哲学人类学(认知与进化人类学)、技术与科学人类学、语言人类学、教育人类学、心理人类学、艺术人类学、视觉人类学、社会人类学、文化人类学、政治人类学、法律人类学、发展人类学、生态人类学、象征人类学、历史人类学、考古人类学以及都市人类学、乡村人类学等众多分支学科的庞大体系,对人的遗传、基因、体质、疾病、生命活动、意志自由、道德、宗教信仰、生产技术和社会伦理、知识系统、创新与创造性、语言符号结构及其演变、语言与文化消亡、教育与心理、情感与非理性因素、仪式与象征主义、影视与传媒对人的影响、亲属制度、性别、社会网络、社群构成、民俗、政治参与与政治决策、公共安全与法律行为、社会权力运用、发展与开发、环境正义、未来与可持续发展、资源利用与危机、环境政治与冲突、种族灭绝等重大问题,在大量社会调查与田野工作的基础上,展开了卓有成效的研究。

人类学为历史学开辟了一个全新的研究方向。法国年鉴学派史学家勒高夫提出,历史学应当"优先与人类学对话",因为人类学导引着一种新史学的诞生,这一新史学"要求有一种更物质化的历史——它预示着一种注重气候、食物、体质状况

[①] 图根哈特:《人类学取代形而上学》,慕尼黑,2007年。

的文化史的出现;要求有一种更精神化的历史——这是一种有关习俗道德的历史"①。人类学帮助历史学家更为翔实、更加细致地捕捉人类特别是在以往历史中被湮没的广大芸芸众生物质生活、精神生活中的真正踪迹。人类学所最为重视的田野调查,弥补了传统史学缺乏对实际生活切身感受的严重缺陷。而历史学则又可为人类学研究提供宏观的历史思维、历史知识和微观的处理文献资料的方法。所以,英国民族学家埃文斯·普里查德提出:"人类学家要以历史学家为师,原因是历史学家在分析研究历史文献方面较有经验,能把握时间和变化。"②历史人类学自觉地结合田野调查和民间文献分析、历时性研究和结构性研究、上层精英研究和基层民众研究,其作为历史学与人类学共同创立的一门新的交叉学科,正在崛起。

历史学与心理学相结合,则形成了历史心理研究方法和历史心理学。

心理分析是运用现代心理学的理论与方法,通过分析历史人物的心理活动与个性特征,对历史作出合理解释的研究方法。近半个世纪以来,在奥地利、法国、美国等欧美国家逐渐出现心理学与历史学结合的发展趋势,并且正在形成一门新兴交叉学科——心态历史学或历史心理学。

对历史人物进行心理分析是完全必要的。历史活动是由复杂因素构成的。除了起决定作用的经济、社会环境、历史文化传统等因素之外,作为历史创造者——人的素质、心理、性格、气质、情感、志趣等因素也会起重要作用。黑格尔在《历史哲学》一书中强调:"人们活动的出发点是他们的需要、他们的热情、他们的性格和才能。"又说:"要是没有热情,世界上任何伟大的事件都不会成功。"③历史表明:许多重大历史事件的决策和发生,伟大历史人物和社会群众的行为,都是由某种特定的动机、某种特殊的需要和热情引起的。而引起动机、需要、热情的原因,除了社会的、政治的、经济的、文化的诸因素外,还有人的个性、气质、才能、正义感等心理因素。况且,动机、需要、热情本身就是一种重要的心理活动。所以,通过心理分析,可以帮助历史学家从不同侧面、不同角度揭示个人、群体与历史进程,以及个人与群体、群体与群体之间的联系与关系,以便理解和解释历史。因此,心理分析可以广泛地应用于政治史、军事史、文化史、宗教史、哲学史、思想史、文学史、艺术史、伦理史、民族史、社会史等研究领域。

运用现代科学的心理学理论与方法研究历史,始于近代欧美各国。19世纪末奥地利心理学家弗洛伊德创立"精神分析学说"之后,启发了颇多心理学家和历史学家运用精神分析方法研究社会与历史问题。心理学与历史学的真正结合在20世纪。法国年鉴派历史学重要代表人物吕西安·费弗尔于1938

---

① J. 勒高夫等编:《新史学》,姚蒙等译,上海译文出版社,1989年,第36、22~23页。
② 同上书,第7页。
③ 黑格尔:《历史哲学》,王造时译,上海书店出版社,1999年,第24页。

年为《法国百科全书》撰稿时,明确提出了"历史学与心理学联合发展"的问题,并认为必须建立"历史心理学"。美国著名心理历史学家奥托·弗兰茨在《俾斯麦心理分析初探》中明确指出:"心理分析学者对历史的日益感兴趣和历史学家对心理分析的兴趣倍增乃是出于一种相互的需要。前者认为有必要更多地去注意社会和历史对个性发展所产生的影响。"[1]20世纪30年代特别是第二次世界大战之后,历史心理学或称心态史学在美国兴盛起来。W.兰格在1957年任美国历史学会主席的就职演说中曾经宣称:运用心理学方法研究历史,应该是所有历史学家的"直接任务",因为"现代心理学注定要在历史阐述中起越来越大的作用"[2]。此后,有越来越多的心理学家与历史学家专门研究历史心理学问题。

在美国,由于历史学家对于心理因素的不同理解以及不同的分析方法和手段,因而分化为不同的流派:精神分析学派、疾病学派、人文主义学派、社会学派等。精神分析学派认为人类历史运动,是非理性的人的欲望和生物本能冲动的结果。人类行为的最原始最直接的动力,在于人的心理的潜意识基质。他们进行精神分析时,特别要求注意分析杰出人物的潜意识及童年时代表现的心理状态,认为童年时代的心理变态,将直接作用于他后来影响历史进程的那些行为。疾病学派认为,决定人的行为趋向的是某种疾病或遗传因素,而不是无意识的欲望和冲动。他们因此特别重视病史或病史记录的分析研究。人文主义学派认为人的行为主要是由在社会环境内的个人的性格和潜力发展的因素决定的,历史人物的性格特征会决定历史发展的进程。社会学派认为社会或历史的进程并非由个人因素决定,而是由社会的因素即同伴集团、各种机构、环境因素等决定的。这些理论与方法,各从一个侧面为分析和理解历史人物提供了帮助。

历史心理分析,一般分为:真正创造历史的"无名"的群众活动(主要分析社会心理)和对历史起"指导"作用的个别伟大历史人物(主要分析个性心理)这两类。但是,过去的历史,往往只记载国王、贵族、各类领袖们的活动,而很少记述群众的活动,所以现代史学要十分注意积累群体历史心理资料。吕西安·费弗尔特别提倡研究"群体心理",研究"个体心理"与"群体心理"之间的关系,从而拓宽了历史心理分析的研究领域。英国史学家巴勒克拉夫在论述当代史学主要趋势时说:"研究的侧重点从个人心理转移到了社会心理。"[3]

进行历史心理分析的方法很多,主要有下列几种:

---

[1] 见《现代西方史学流派文选》,第303页。
[2] 《美国历史学会主席演讲集》。
[3] 杰弗里·巴勒克拉夫:《当代史学主要趋势》,第101页。

一是查阅文书、档案和文献资料,特别是注意从"传记""日记""回忆录""谈话记录"以及作为研究对象的人物的著述中寻求进行历史人物心理分析的第一手资料,分析其对事物的态度与倾向。

二是利用口述史料,特别是利用亲自调查采访来的当事人或亲见者的口述资料,进行心理分析。

三是跟踪观察的系统分析,根据精神分析学派的理论,从童年时代起追踪分析一个人的心理和性格特征,会更有根据地解释他后来的活动和行为趋向,从而达到理解与解释历史之目的,这是个案跟踪分析方法。

四是问卷分析方法,即是通过书面提问,在回答问题中取得心理分析的数据及有关资料,以便分析人物的个性、好恶、对历史事件影响的诸种心理因素。这种方法主要是运用文献资料的书面提问,也可在知情者与研究者中间进行书面提问,以达到帮助进行心理分析的目的。

五是梦的分析方法。弗洛伊德在《梦的释义》中指出:"梦是一种完全合理的精神现象,实际上是一种愿望的满足。梦可能是清醒状态的明白易懂的精神活动的延续。"他认为梦是一种潜意识活动,也可能反映近期周围环境所发生的事件。因此,分析梦可以帮助认识历史人物对周围事物、对历史进程的感情和态度,也能够提供研究历史人物潜意识活动的丰富材料。

现代历史心理学派的偏颇与局限,主要在于某些历史心理学家片面夸大心理(精神)因素的作用;或是用心理学概念牵强附会地图解历史,把某些历史人物的活动解释成"自我个性危机"或严重的"心理冲突"。巴勒克拉夫指出:"心理分析法也许有助于解释某个历史事件对个人的重要性,但它解释不了事件本身。"希特勒的个人心理对于历史学家来说不成其为真正的问题,使希特勒得以获取政权并且一直维持到1945年4月的,是德国的社会状况[①]。还有的过分强调家庭环境影响,忽视社会大环境的影响,过分强调童年心理对一生行为的影响,忽视对成年以后心态发展变化的分析等。解决这些问题的根本途径,是历史的心理分析应当与唯物史观的分析方法正确地结合起来。恩格斯说:

> 人们通过每一个人追求他自己的、自觉期望的目的而创造自己的历史,却不管这种历史的结局如何,而这许多按不同方向活动的愿望及其对外部世界的各种各样影响所产生的结果,就是历史。因此,问题也在于,这许多个别的人所期望的是什么。愿望是由激情或思虑来决定的。而直接决定激情或思虑的杠杆是各式各样的。有的可能是外界的事物,有的可能是精神

---

① 参见杰弗里·巴勒克拉夫:《当代史学主要趋势》,第103页。

方面的动机,如功名心、"对真理的正义和热忱"、个人的憎恶,或者甚至是各种纯粹个人的怪癖……另一方面,又产生了一个新的问题:在这些动机背后隐藏着的又是什么样的动力?在行动者的头脑中以这些动机的形式出现的历史原因是什么?①

唯物史观是十分重视心理因素在历史过程中的作用的,并深入一步努力去探求那隐藏在动机背后的动力是什么,弗洛伊德把人的行为根源,都归结为低级的、无意识的本能,这就陷入了历史唯心论。运用心理方法,不但要分析历史人物的个性心理特征、气质和意志品质的种种表象,更要进一步透过这些表象,分析产生这些心理因素的家庭环境、社会历史条件、社会经济结构乃至社会群体关系,从而给个人的行为与历史之间所发生的联系以科学的解释;不但分析童年时代的心态,也要分析成年后个性和心态受社会影响后所发生的变化;不但分析几个少数伟大人物的偶然动机,个性品质的优点、缺点,更要分析广大人民群众的要求与愿望、动机与激情等。这样,才能把历史心理分析方法,建立在科学的基础上,使之成为科学的研究方法。

在历史研究中同在其他领域中一样,方法论与认识论从本质上说是互相统一的。方法是认识得以进行的工具、手段、步骤、途径。比较稳定的研究方法体系,是思维的程序和节律抽象化、形式化、固定化的反映。稳定的方法体系的确立,往往比运用这些方法去解决某个具体问题更加重要,因为它具有普遍性品格,可以帮助人们从未知状态过渡到已知状态,从知之不多过渡到知之较多。黑格尔说过:"手段是一个比外在合目的性的有限目的更高的东西——犁是比由犁所造成的、作为目的的、直接的享受更尊贵些。"②这是值得深加回味的。

---

① 《马克思恩格斯全集》第21卷,人民出版社,1965年,第342页。
② 黑格尔:《逻辑学》下卷,杨一之译,商务印书馆,1966年,第438页。

第四章 历史实际的本体论探究

人们认识历史,归根结蒂,为的是认识人自身。正如德国哲人狄尔泰所说:"人只有通过历史才能认识自己,而通过内省是永远也做不到这一点的;的确,我们都是通过历史来探究人究竟是什么的。"① 人为了认识自身的本质,就必定要不断超越各个个别的有限的主体,从成千上万条线索和人类具有无限性的记忆中捕捉人类历史的本质,探索历史实际的本质及其发展演变的内在规律。这就是对客观存在的历史实际作本体论的专门研究。通常所说的历史哲学,便专门研究这一问题。对于历史实际的本质及其发展演变规律的认识,直接关系着人们基于历史认识能够在社会实践和人类历史总运动中获得多大程度上的自由。

历史哲学,可以说是历史学中分歧最大、争论最多的一个领域。主要有两种相互对立的解释:一种将历史实际解释为具有超验性的神或绝对理念的显现过程;另一种将历史实际解释为由自然主义的一般法则所决定。二者长期争持不下。克罗齐的《历史学的理论和实际》将前一种解释称为历史哲学,将后一种解释称为历史决定论,认为当两种解释都以积极的方式前进时,历史认识就会陷入二元论,备受怀疑论与不可知论的折磨,而历史决定论与历史哲学的相互排斥则使双方都变成了一种空虚或一无所有。以此,克罗齐愤激地说:"'历史哲学'和历史决定论只有否定自己才能成为历史。"②

确实,简单化地以自然法则做历史事实之间的黏合剂,或任意挥动神本论、绝对理念魔杖的做法,早已使许多人厌弃。尤其因为历史哲学家们常常更加关心理论而不在乎事实,总想创造出一套放之四海而皆准的独一无二的理

---

① 见威廉·狄尔泰:《历史中的意义》,艾彦、逸飞译,中国城市出版社,2002年,第102页。
② 克罗齐:《历史学的理论和实际》,第60页。

论体系,导致如巴勒克拉夫在《当代史学主要趋势》中所说的结果:"历史哲学——有时亦称作'元历史学'——现在显然已经不受历史学家(神学家除外)的宠爱。如果说在当代历史研究的趋势中确实有一个最突出的特征的话,那就是历史学家摈弃了历史哲学。他们认为历史哲学同他们的研究工作和他们所关心的问题毫无关系。"① 这并非过甚其词,耸人听闻,而是反映了当代历史研究中许多人的实际倾向。

但是,这并不表示现代人已不关心历史实际的本质及其发展演变的内在规律,已不关注历史本体论。情况并非如此。无论正在追求现代化的人,还是为现代化所带来的新的困扰而向着后现代呼唤的人,其实都更关心在历史发展中人自身如何逐步完善,更关心历史发展的意义与本质。人们所厌弃的只是往昔历史哲学中占据了支配地位的那种超验论的和机械主义的决定论。现代有许多人都激烈地反对对历史作本体论的探究,反对承认历史发展演变有其内在的客观规律存在,如批判理性主义的奠基者波普尔(Karl Raimond Popper)的《历史主义贫困论》②与《开放社会及其敌人》,英国历史学家和哲学家埃西亚·伯林(Sir Isaiah Berlin)的《历史的必然性》③,法国的与存在主义哲学家过从甚密的历史哲学家雷蒙·阿隆(Roymond Aron)的《历史哲学导论》④《历史意识的范围》等,都完全否定历史本体与历史规律研究的意义及可能。但是,人类历史本体之谜仍然吸引着历史学家与哲学家们去解决。实际上,众多严肃的学者们都正在努力进一步促进历史学与社会科学之间的联系,以使自己的研究更加缜密,努力突破原先建立在狭隘的地域中心基础上的诸模式的限制,以期在更广泛和更普遍的基础上,发现和分析整个人类发展进程的本质及其发展演变的客观规律。对于先前环绕着历史实际的本质及历史发展规律问题所进行的各种探索,进行实事求是的回顾与总结,对现代如何在前人努力的基础上进一步解决这些历史难题,可以提供一些有益的启示。

---

① 杰弗里·巴勒克拉夫:《当代史学主要趋势》,第260页。
② 波普尔《历史主义贫困论》:"历史学的特征与其说是对规律或概括化的兴趣,还不如说是对实际的、单一的或特定的事件的兴趣。"(中译本,第161页)"地球上生命的演化,或人类社会的演化,都是一种独一无二的历史过程……然而,如果我们永远局限于观察一种独一无二的过程,我们就无法希望去检验一种普遍的假说或发现一种为科学可以接受的自然规律了。"(第132页)
③ 《现代西方历史哲学译文集》收有伯林的《决定论、相对主义和历史的判断》一文,此文力主人具有自由意志,并断言纵然不说"决定论必然是虚假的",至少也不需要把它"当作可能是正确的理论那样来谈论、来想"(见该书第196页)。
④ 雷蒙·阿隆在《历史哲学导论》中说:"归根到底,唯一的、不可逆转的变化,根据定义是不容许有规律的,这是由于它不能再现。"(见《现代西方历史哲学译文集》,第65页)

第一节 探索历史本质的艰难历程

1. 古代社会对于历史本质的探究

史学形成之初，主要记录和评价部族首领率领部族成员所完成的英雄主义活动，兼述一些重大自然灾变，它们常常为许多神话、传说及天命论所笼罩，但总的看，占支配地位的仍属朴素的人本主义。孔子所谓"不语怪力乱神"，在中国先秦乃至西汉初期历史著述中成为一种相当普遍的倾向。希腊、罗马时代的史学对于人类历史的活动，也主要用社会政治原因与道德意识、民族心理特征来加以解释。《历史》一书的作者希罗多德以为希波战争起因于双方都要劫掠对方的女人。修昔底德认为，伯罗奔尼撒战争的原因是雅典的强大引起了斯巴达的恐惧。他们与李维、塔西佗等历史学家还从制度和心态的角度研究了希腊和罗马城邦中的社会斗争，为此特别关注雅典和罗马的平民、世袭贵族及元老各自的要求，彼此冲突的雅典人、斯巴达人、马其顿人、罗马人、高卢人、日耳曼人各自的德行、气质和观念，指导各民族命运的伟大人物，如希腊的狄米斯托克利、伯里克利，迦太基的汉尼拨，罗马的恺撒，马其顿的亚历山大等人的性格特征。凡此都是从历史实际是活生生的具体的人的历史这一点出发，从人的欲望、利益、德行、观念、性格等实际状况，来揭示历史发展的奥秘。

在西方中世纪，随着基督教神学统治了整个意识形态，哲学、政治、法学、历史学等都合并到神学中，成了神学中的各种分支课目。基督教神学的奠基人是罗马帝国后期的奥古斯丁（Aurelius Augustinus, 354—430 年），他的《上帝之城》（写于 413—426 年，共 22 卷）成了基督教神学的经典著作。他的另一本有影响的著作《忏悔录》，以对神的称颂代替了先前希腊思想家对人本身的赞扬。早先史学的朴素人本主义这时已为基督教的神本主义所取代。历史过程不再被视为是人的意志和目的的实践，不再被视为由人的实际利益、实际状况所决定，而被视为上帝的意志和设计在人间实现的进程。历史实际的真正本质于是为宗教假象本质所掩蔽。

奥古斯丁认为，人由于亚当的原罪而远离了上帝，因而具有自私和趋向邪恶的倾向；人只有信仰、热爱并顺从上帝，才能从原罪中拯救自己。在他看来，人生的最终目的就是脱离尘世的罪恶的"人间之城"，进入幸福的"上帝之城"。于是"神圣历史"（其实是贯彻基督教观念的教会史）受到褒扬，"世俗历史"（君主与国家的历史）受到贬抑。传说、神话、奇迹排挤了真实的历史。有关原罪和人类堕落、基督再度降临、末日审判以及两个国度最终分离(上帝的选民升入天堂,罪人与魔鬼一起被打入地狱)的神话成了中世纪史学的基本内容。柯林武德指出:这样,人类的目的被说成无法左右历史行程,决定历史行程的唯一力量被说成神性①。历史学由此变成了神学的一个卑贱的侍女,史学研究为蜷缩在寺院中的僧侣所垄断。

欧洲中世纪神本主义史学使古代历史思想的许多成就为之丧失,但在此之前朴素的人本主义支配史学之时,人们很少对于历史本体作深入的专门思考,而神本主义史学则在宗教神学这一荒诞而又庄严的形式下,开始了对于历史本质的追寻。当然,宗教神学支配下揭示出来的只是历史假象本质,因为历史过程被归结为上帝的目的的实践,人只是实现上帝目的的工具。但是,基督教神本主义史学所表现的虽然是假象本质,其中确实也蕴涵并潜藏着历史真实本质的许多重要因子。根据柯林武德《历史的观念》一书中所述②,至少有以下三点特别值得注意:

其一,基督教神本主义力图将历史扩展成为普遍的历史。先前所有的非自由人都被排除在历史之外,而对基督教来说,在上帝眼中,人人平等,没有什么特权种族或阶级,他们是实现上帝目的的行动者,都是上帝所写的剧本中的一个角色,统统都应进入历史考察的范围。这样,它就在不自觉中扩大了历史观念本身的地域和民族界限,同时也扩大了历史主体的界限。

其二,基督教神本主义史学使历史变化过程不再被设想为一批漂流者的偶然事故,所有历史事变被视为神意安排与指导下向着上帝所确定的目标直线移动与进步的过程。人的意志与活动,于是获得了统一性,人类历史过程于是成了一种具有统一性的运动。

其三,基督教确认历史并非一个无意义事件的集合体,而是神圣目的在历史中的逐步实现,历史于是随之被划分为各个时代。圣奥古斯丁把历史分为六个纪,每一纪都有一个划时代的关键事件。如第一纪亚当、夏娃被逐出伊甸园到上帝用洪水毁灭地上的一切生灵,仅留挪亚一家在方舟上;第二纪由挪亚到亚伯拉罕;第三纪由亚伯拉罕到大卫,等等。奥古斯丁的历史分期法,是以历史上的重大事件作为划分时代的标准。12世纪时,意大利菲奥雷的约阿基姆(Joachim of Fiore)把历史分为三个时期:圣父统治时期或前基督时代(即《旧约》时代);圣子统治时期或基督时代(即《新约》时代);而圣灵统治时期则在未来开始。这种定向式的时间划分,把先前的事件都看成特定重大事件的先导,

---

① 参见柯林武德:《历史的观念》,第62页。
② 同上书,第54~57页。

而把以后的事件都看成特定重大事件的后果,曲折地反映了历史发展自身的连续性和阶段性。

中国在结束了古代城邦并峙、诸侯争雄的活跃时代以后,也进入了农业经济支配社会、政治稳定的大一统时期。中国没有形成像西方基督教那样的宗教神学的统治。从西汉时期武帝接受董仲舒的建议"罢黜百家,独尊儒术"开始,儒家经学成了中国法定的统治思想,当然也就支配与深刻影响了中国史学的发展,影响了历史学家对于历史本质的认识。经学在两千年岁月中经历了几次重大变化:最初是儒家与阴阳五行、谶纬迷信相结合,经今文学居于统治地位;随后,经古文学派在与经今文学派争立学官地位及反对谶纬迷信中兴起,并逐步抬头,最后取得了支配地位;再后,儒家与佛家及道家思想相汇合,形成经学发展的一个新的阶段,即理学的统治;最后经学重新分化,古典式的经古文学与经今文学在封建社会末期重新兴起,标志着经学统治的衰落与动摇。中国古代历史学家对历史本质的认识在不同阶段有着鲜明的不同特点,与经学的这些重大变化有着直接关系。

西汉时期长期占据统治地位的经今文学,以春秋公羊学为代表。这一学派与西方基督教宗教神学相近,在浓厚的神秘主义、蒙昧主义笼罩下,对于历史本质进行了研讨与阐述。汉代公羊学大师何休称《春秋公羊传》"多非常异义可怪之论"。这种"非常异义可怪之论"有所谓五始、三科、九旨等。以"三科九旨"影响最大也最为重要。第一科"存三统",其三旨为:"新周、故宋、以《春秋》当新王";第二科叫"张三世",其三旨为:"所见异辞,所闻异辞,所传闻异辞";第三科是"异内外",其三旨为:"内其国而外诸夏,内诸夏而外狄夷,天下远近大小若一。"①这是经今文学家对于历史发展规律所作的概括。

所谓"张三世",源于孔子将《春秋》中所记载的鲁国十二公的历史分为"所见世""所闻世""所传闻世"三个阶段。"所见世",孔子指所目击的时代诸大事,这是鲁国最后三公昭、定、哀时事(前541—前481年)。"所闻世",孔子指虽未亲见但亲自听说的诸大事,这些讲述者是事件的目击者,这是鲁国文、宣、成、襄四公时事(前626—前542年)。"所传闻世",指鲁隐公起,经桓公、庄公、闵公到僖公这五公时事(前722—前627年),这段历史诸事的讲述者也不是事件的目击者,他们也是从前人那里听来的。这种分期方法,反映了历史资料可靠性和真实性的差异。由于这几类史料的真实程度不同,形成不同的表述方法,即所谓"异辞"。可是,到了董仲舒那里,三世划分的意义一变而为孔子对三世的评价截然不同。他说:"《春秋》分十二世(十二公)以为三等,有见、有闻、有传闻……于所

---

① 见何休:《春秋公羊文谥例》。参见刘逢禄:《公羊何氏释例》。

见微其辞,于所闻痛其祸,于传闻杀其恩,与情俱也。"①在何休那里,三世更被给予了新的名称:所传闻世被称为"衰乱世",所闻世被称为"升平世",所见世被称为"太平世"。何休认为,三世说寄托着孔子的政治理想,即从衰乱之世回到周初那样的太平盛世,这就是孔子修《春秋》的目的。何休显然是试图在春秋这段历史发展过程中找出一种历史演化的连续性与阶段性,进而揭示历史运动的规律性。何休将这段历史视为由衰乱世而升平世,再到太平世的前进运动。清代晚期崇尚经今文学的魏源把三世一般化为"太古、中古、末世",认为过去的历史运动总是由太古递嬗到中古,再递嬗为"弊极"的末世,然后再"复反于太古淳朴之初"②。龚自珍把三世改称为"治世、衰世、乱世",并认为万事万物无处不是"一而立,再而反,三而如初"③的循环过程,同为"张三世",但对历史的前进运动显然已不具信心,所以看到的反而是历史在循环,在倒退,正反映了清朝已走向衰微,而识者看不到新的希望的总环境。

"存三统",在董仲舒那里首先得到系统的解释。董仲舒认为,《春秋》之道,"奉天而法古"④,就是奉天行道而效法夏、商、周三代。天,是人格化的具有无限权威的上神,"天者,百神之大君也"⑤。董仲舒利用对《春秋》的第一句话"元年春王正月"所作的神秘主义解释,说明王道一开始就必须就正于天之所为,即要尊奉上天,天人必须相应。"王者欲有所为,宜求其端于天。"为此,每个新王朝开始必须改革历法,重新规定历法上的正月("改正朔"),以显示自己所承的天统。一年中有三个月适于作岁首,即子月(现农历十一月)、丑月(农历十二月)和寅月(农历正月),天统之气在这三个月中分别"化物"而呈现出赤、白、黑三种不同的颜色。夏代以寅月为正月,其时"天统,气始通化物,物见萌达,其色黑"。夏代的朝服、车马、仪仗都尚黑,这是黑统。商朝以丑月为正月,其时"天统,气始蜕化物,物始芽,其色白"。因而商代尚白,这是白统。周朝以子月为正月,其时"天统,气始施化物,物始动,其色赤"。于是周朝尚赤,这是赤统。每个朝代君主皆受天命为王,必须按照三统循环的规律,相应地改变前朝正朔与服色和确定本朝的正朔与服色。"统正,其余皆正。"⑥正朔、服色必须随朝代的改变而改变,但作为社会根本的大"道",诸如三纲五常之类却永远不能改变,这就是所谓"王者有改制之名,无易道之实"⑦,或所谓"道之大原出于天,天不变,道亦不变"⑧。这

---

① ⑤ ⑦ 《春秋繁露·楚庄王》。
② 参见魏源:《老子本义》和《古微堂内集·默觚》。
③ 《壬癸之际胎观第五》,见《龚自珍全集》,第16~17页。
④ 《春秋繁露·郊语》。
⑥ 《春秋繁露·三代改制质文》。
⑧ 《汉书·董仲舒传》。

样,"存三统"便成了对于历史过程中变与不变相统一的一种提炼与概括。

以"符命、灾异"为基础的天人感应论,使春秋公羊学与整个经今文学具有浓厚的神秘主义的宗教色彩。天人感应论,是以天为最高权威,要求君主统治"其法取象于天"的天人合一论。董仲舒《春秋繁露·观德》说:"天地者,万物之本,先祖之所出也。"《春秋繁露·王道通三》说:"天覆育万物,既传而生之,有养而成之……人之受命于天地,取仁于天而仁也,是故有父兄子弟之亲,有忠信慈惠之心,有礼义廉让之行,有是非逆顺之治。"如果君主不能顺天行事,上天就要以灾异警告。符命和灾异就是古人所说的祥异(吉凶的预兆)。符命见之于一个皇朝的开始或盛世,灾异见之于皇朝的衰世。符命是上天的认可,灾异是上天的谴责。"灾者,天之谴也;异者,天之威也。"①董仲舒对《春秋》中记载的许多灾异都从这个角度作了解释,目的在于用这些灾异来"验证"天人感应论,说明皇朝由盛到衰的历史事实与天命所存在的联系。他说:"凡灾异之本,尽出于国家之失"②,就是说自然灾害和统治者的错误有因果联系。大约从西汉末年起,灾异论发展而为谶纬之学。"谶"是一种隐秘的语言,假托神仙圣人,预决吉凶,告人政事。谶书是占验之书。"纬"是相对"经"而言的,算是经之支流。西汉末年,出现了大量的谶纬之书,有的被说成是孔子所著。东汉刘秀起兵时,假造"赤符受命"(称其诞生时赤光照于室中),他做皇帝后,崇信谶纬,甚至"五经之义,皆以谶决"③。《春秋纬·演孔图》便制造了孔子为汉制法的神话,说,孔子时天降血书,预言周将灭亡,秦将统一并实行焚书政策。"孔子仰推天命,俯察时变,却观未来,预解无穷。知汉当继大乱之后,故作拨乱之法以授之。"以此论证汉朝乃秉承天命而建立。

东汉末年起,经今文学的支配地位逐渐为混合经今、古文学为一体的所谓"郑(玄)学"所取代。经古文学的奠基者为西汉末年的刘歆。他反对经今文学家用《公羊传》解释《春秋》而使历史神秘化,并试图用《左传》来解释《春秋》,使历史事变重新人间化。《左传》基本上按照《春秋》的编年顺序对春秋时期的历史大事作了简要而生动的叙述和论评。刘歆认为,用《左传》解释《春秋》要比用《公羊传》来解释准确而实际得多。他批评经今文学"因陋就寡,分文析字,烦言碎辞",不忠实于文献,而任意便辞巧说,往往"一经说至百余万字"④。

经古文学重视对经典作训诂名物和典章制度的研究。东汉末年,经学中的

---

① 《春秋繁露·必仁且智》。
② 《春秋繁露·必仁且智》:国家有失,"天出灾异以谴告之。谴告之而不知变,乃见怪异以惊骇之。惊骇之尚不知畏恐,其殃咎乃至"。
③ 《后汉书·光武帝纪》。
④ 刘歆:《移让太常博士书》,见《汉书·刘歆传》。

今、古文的对立由郑玄统一在"郑学"中。郑学在学风上基本师承经古文学,重视注疏,而不在注疏之外谈微言大义。

与此同时,历代典章制度的研究,继《史记》诸"书"与《汉书》以来各种正史诸"志"之后,有了重大发展。出现了如唐代杜佑的《通典》、宋代郑樵的《通志》、元代马端临的《文献通考》这批不朽的著作。它们专注于历史发展过程中各种社会经济、政治、教育、文化制度的沿革,并引导人们据此理解历史的奥秘。尤其是杜佑第一个将土地、人口和赋税制度放到各种制度之首的地位。他将《通典》200卷分作食货、选举、职官、礼、乐、兵、刑、州郡、边防九门,与先前"正史"中志书相较,削除了律历、天文、五行、祥瑞、舆服一类内容,增加了选举、兵、边防等门类,并将食货置于第一门。《食货典》分成12卷,列述田制(含水利田、屯田)、乡党(附土断、版籍)、赋税、户口(含丁中)、钱币、漕运、盐铁、鬻爵、榷酤、算缗、杂税、平准(附均输)、轻重。在阐明历代田制即土地制度沿革时,杜佑引述了各代相关论说、奏疏。其他各典也是如此,结合自己的评议,努力阐明这些制度的缘起、因革及其原因。杜佑在说明《通典》何以如此结构时,特别指出:"夫理道之先,在乎行教化;教化之本,在乎足衣食……夫行教化在乎设职官……故职官设,然后兴礼乐焉;教化隳,然后用刑罚焉;列州郡,俾分领焉;置边防,遏戎狄焉。是以食货为之首,选举次之,职官又次之,礼又次之,乐又次之,刑又次之,州郡又次之,边防末之。或览之者,庶知篇第之旨也。"①门类次序的确定,反映了杜佑对中国古代社会运行体系的把握,远远超越了前人和他同时代其他学者。社会历史运行的基础就是人们的物质生活,因此《通典》第一门就是《食货典》。在农耕经济时代,物质生产活动的进行,首先依赖最基本的生产资料即土地,因此,《食货典》首述土地制度的沿革,继述与这种土地制度相适应的农村基层社会如何构成、产品如何分割;然后,叙述赋税制度沿革、产品如何流通;接着,研究货币流通、漕运、盐铁专卖以及工商业发展、价格关系等。在这一体系中,物质生产和物质生活被视为一切政治活动的基础;在物质生产中,谷、地、人三者的关系,又被视为最根本的关系;在物质生活中,生产、分配、流通三大环节又环环相扣。对于中国古代历史实际自身的结构及其运行规律,这是极为深刻的认识。

杜佑的见解表明,中国古代已经有一些非常卓越的历史学家,实际上采取接近于历史唯物主义的立场去探究社会历史运行的总规律。他们把研究的重点放在制度变迁沿革上,是因为看到制度比之单个人的活动具有更为重要的意义。制度,也不是所有制度同等重要,各种制度之间的决定与被决定、作用与反作用关系,更能反映历史演变的内在规律。这种清醒求实的探求方法,与经今文学结

---

① 杜佑:《通典·自序》。

合谶纬迷信而使历史真实本质为历史假象本质所掩蔽,形成了鲜明的对照。

然而,典章制度史,特别是土地、人口和赋税制度史的研究,及由此开辟的对历史发展本质的新的研究途径,并未成为历史本质研究的主流。宋明理学的兴起,在史学领域很快便以性与天道的理论构架压倒了杜佑所代表的典章制度史学对于历史本体的关注。

朱熹所说的"陶铸历代之偏驳,会归一理之纯粹"①,可以代表宋明理学审视历史本体的一般原则与基本方法。当然,宋明理学中各派观点有很大差异,没有、也不可能形成一个统一的历史本体的构架,但是,理学家们确乎不断在用自己所发现或领会到的"理"来勾勒历史事变之间的关联或历史发展演变的轴线,将整个历史变成实现其"理"的过程。张载力主"立天理,灭人欲";程颢、程颐声称"万物皆只有一个天理",也力主"去人欲,存天理";朱熹则要求"存天理,遏人欲"。"天理",指封建等级制度、封建统治秩序和封建伦理规范;人欲,指人们的世俗欲求、世俗生活。整个历史被归结为天理与人欲不断冲突、不断斗争的运动。朱熹编定《资治通鉴纲目》,成为以历史立正统、扶纲常、植名教的典范。在宋明理学这种历史本体论支配下,典章制度史的探索宣告中止,而原先古文经学强调实事求是疏证经义的研究方法,也为离事空谈"义理"所取代。到清代,不满宋明理学的许多学者,将自己努力的方向转到史文、史事的具体、细致而广泛的考证。连同经学本身的研治,在许多学者那里也成为考史。尤其是《周礼》《仪礼》《礼记》三部经书,学者们反复研究,或著通例,或著专例,或为总图,或为专图,或专释一书,或博考诸制,都属史实考订、史文诠释。在考史方面,他们取得不少成就,而在历史本体和历史规律的探索方面,则很少新的发明、新的进展。

总的来看,中国没有形成西方那样的宗教神学的绝对统治。中国历史学在漫长的中世纪里远比西方发达,对于历史本质的认识,确立历史活动的普遍性、历史发展的连续性,确认历史发展阶段性及内在的规律性方面,都远比西方史学丰富而广泛,并包含了更多实证的内容。尤其是杜佑所代表的对于古代社会历史运行总规律的洞见,更是熠熠发光,达到古代中外史学家少有的高度。但是,不可否认,传统史学对于历史本质及历史规律的认识,多数情况下仍然局限于假象本质这一范畴之内。对于历史本质从新角度、用新方法作新的探索,开始于欧洲近代。

2. 近代世界对于历史本质的反思

恩格斯在《卡尔·马克思〈政治经济学批判〉》一文中,曾专门论及人类思想

---

① 朱熹:《资治通鉴纲目·后序》。

发展同历史的发展具有一致性。他写道：

> 历史从哪里开始，思想进程也应当从哪里开始，而思想进程的进一步发展不过是历史过程在抽象的、理论上前后一贯的形式上的反映；这种反映是经过修正的，然而是按照现实的历史过程本身的规律修正的，这时，每一个要素可以在它完全成熟而具有典型性的发展点上加以考察。①

人类对于历史实际的本质性认识也是如此。随着历史发展新的重大转折与飞跃，人们对于历史总运动的实质及其内在规律的认识，也形成新的重大转折和飞跃。

在西欧，从"中世纪"到"近代"的转折时期即14世纪到17世纪初叶，这300年间被称为文艺复兴时期。文艺复兴（Renaissance）一词的原意，系指希腊、罗马古典文化的"再生"。在文艺复兴时代，整个欧洲的学术思想，特别是人文科学的发展被视为超越中世纪神学而回到古典的人本主义。这一转变，与其说是古典文化的再生，不如说是近代文化的开端；与其说是"复兴"，不如说是"创新"。文艺复兴一开始，古希腊哲学家普罗塔哥拉斯的名言"人是衡量一切事物的尺度"就被广泛引用，旨在维护人的尊严和个性的发展，争取社会关系的人道化。这种人本主义使历史本质的探究从充满神秘主义的假象本质中解放出来，要求从人自身出发去探求历史的真实本质。

这时产生了通才、全才的概念。它要求个性的全面发展，要求人具有多方面的文化素养，具有参加艺术创作、科学研究、公共事务以及商业和旅行的热情、渊博知识、坚强性格和敢于冒险的百折不挠精神。

人本主义精神在当时首先意味着个性解放，意味着每个人的人格应受到尊重，意味着自尊、自重、自主、自由、自爱，而这一切又同时意味着尊重他人。文艺复兴时代的史学家抛弃了用神的意志和作用来解释历史的神本主义，把历史解释为人的意志和作用。但是，他们所歌颂的是理想中的"完人"，而不是社会上所有的人，更不是普普通通的芸芸众生。文艺复兴时代的学者和历史学家们要求学术世俗化，但没有从世俗的人们的世俗生活即现实的人的现实生活去揭示历史的本质，虽然冲破了神本主义的藩篱，但人还是变了形的人，所揭示的历史本质也就不能不随之变形。

随着工场手工业、商业和航运业、大工业依次产生，商品经济获得普遍发展，比较完全意义上的私有制取代了封建所有制，分工、竞争取代了封建特权和行会约束，劳动、资本、土地互相分离和工资、利润、地租互相分离取代了束缚于地产上的农奴劳动和束缚于行会中的帮工劳动。这一切造成了劳动的普遍异化，它

---

① 《卡尔·马克思〈政治经济学批判〉》，《马克思恩格斯选集》第2卷，人民出版社，1995年，第43页。

一方面使社会生产力获得空前的发展,社会财富空前增加,创造了具有近代独立自主人格的人;另一方面,又造成了人本质的普遍异化,这就是马克思在《1844年经济学哲学手稿》中指出的:"异化劳动使人自己的身体,以及在他之外的自然界,他的精神本质,他的人的本质同人相异化。"① 人同他的类本质相异化,就是个人同群体、同整个社会相异化,同他的劳动产品、生命活动相异化。"通过异化劳动,人不仅生产出他同作为异己的、敌对力量的生产对象和生产行为的关系,而且生产出其他人同他的生产和他的产品的关系,以及他同这些人的关系。"②

一方面是人从中世纪的封建关系和宗教神学下获得解放,另一方面又是人本质的普遍异化,这一矛盾着的现实折射出历史本质的认识,便是一方面使得历史本质从神回归于人自身,另一方面又使人分解,或者升华为纯观念化的抽象的人,或者外化为纯实用的物化的人。而随着人的抽象化与人的物化,历史本质在人们的认识中必不可免地就要发生变形。文艺复兴时代之后,伴随着启蒙运动的兴起而发展起来的理性主义史学,后来沿着两条路线向前发展,一条是从浪漫主义史学到思辨主义史学再到现代分析人文主义史学,可以说继承和发展了人的抽象化倾向;另一条是从经验主义史学到实证主义史学再到现代科学主义史学,可以说继承和发展了人的物化倾向。这两种倾向都各有很严重的片面性,但是,它们在近两三百年来,确乎大大推进了人们对于历史本质即对于历史本体与历史规律的认识。

启蒙运动与近代理性主义是促进西方近代文明得以诞生的伟大历史运动。一般认为启蒙运动开始于17世纪后期,终于18世纪末或19世纪初。在整个18世纪,启蒙运动在法国波及最广,持续最久,因此有"启蒙时代"之称。从维科、伏尔泰、孔多塞、赫尔德到康德、黑格尔等,"启蒙时代"著名的历史哲学家都试图在社会过程的连续性中揭示其有序发展的事实,并论证这个发展必然导致理性的胜利和人类社会日益合理化。

近代西方历史哲学的奠基人是意大利的维科(Giovanni Battista Vico, 1668—1744年)。他的名著《新科学》被西方学者看作是启蒙时代里程碑式的著作。维科把人类历史看作是人类自己所创造的人类社会和各种制度发生、发展的过程,他试图在古代和中世纪的宗教、风俗习惯、社会生活和经济政治制度的比较研究上,表述历史发展的有序性和规律。他认为一切民族不管其种族和地理条件有何差别,都经历了共同的发展阶段。最初是原始的"野蛮状态",那时没有历史,此后的三个历史发展阶段是:第一阶段为"神的阶段",即神权统治时期,在这个阶段中形成了家庭,有了宗教、文字、法律的萌芽。第二阶段为"英雄时

---

①② 《1844年经济学哲学手稿》,《马克思恩格斯全集》第42卷,人民出版社,1979年,第97、100页。

代",在政治上为贵族统治,封建主和平民之间进行着流血的斗争。第三阶段为"人的世纪",人民有了政治自由,因而出现了共和制和"人道的君主制"(指君主立宪)①。与这三个阶段三种自然本性相应,形成三种习俗(宗教虔诚的习俗,暴躁的、拘泥细节的习俗,有责任感的习俗),三种自然法(神的法,英雄的即凭强力的法,人选的法),三种政府(神治的政府,英雄的或贵族专制的政府,人道的政府),三种语言(宗教动作或神圣礼仪,英雄们的徽纹,发音的语言),三种文字(神的字母,英雄们的字母,土俗字母),三种智慧(占卜的秘奥与教仪的知识,英雄的法学,人道的法学),三种权威(财产所有权的权威,参议院的权威,在智慧方面享受信任和名誉的权威),三种理性(神的理性,国家政权的理性,自然的理性),三种裁判(神的裁判,常规裁判,人道的裁判)。维科认为沿着这三个阶段上升之后就是衰落,最后导致野蛮状态的复回,历史又重新开始进步。历史运动以不同于过去的形式开始新的三个阶段,这种周期性的运动不是一种周而复始的单纯循环,而是一个不断上升的螺旋②。

　　启蒙运动的旗手伏尔泰在《论各国的立国精神和礼俗》(1756年)中首次提出"历史哲学"这个概念,书中着重研究了人类经过哪些阶段从过去的原始野蛮状态走向现代文明。他在这部书中要求政治家和公民们能从艺术、农业、商业等各方面了解引起近代民族竞争的真正原因。

　　启蒙时代法国最重要的历史哲学家是孔多塞(Jean Antoine Condorcet, 1743—1784年),他关于人类能够无限地完善自身的进步观念对19世纪的历史哲学和社会学有很大的影响。他把历史进步的原因归结为人类理性和知识的不断进步,而理性和知识的这种进步是连续的、不可逆转的、无限的。他在最为人熟知的名著《人类精神进步史表纲要》(1795年)中努力证明历史发展具有统一的阶段性和规律性。他把人类历史划分为十个时期,每个时期都有其物质文化和精神文化的某种特征,这种特征表示出该时代的"创新"。这十个时期依次是(括号中的词表示每个时代的创新):

　　(1) 狩猎与渔业(家庭,语言);
　　(2) 畜牧业(家畜,原始工艺,奴隶制,不平等);
　　(3) 农业(较发达的工艺,字母);
　　(4) 古典的希腊(哲学,早期科学);
　　(5) 希腊化时代的希腊和古罗马(进一步的知识);
　　(6) 黑暗时代、中世纪到十字军(无创新);

---

① 参见维科:《新科学》,第459~493页。
② 同上书,第537页。

(7) 后期中世纪到 1450 年(印刷术,科学的复兴);

(8) 近代到笛卡儿(科学的全面胜利);

(9) 启蒙时代到法国大革命;

(10) 未来。

孔多塞强调这种分期无严格的界限,只是逐渐的嬗变,新阶段的每一步骤都由前一时期无数小步骤所准备。

孔多塞的书写于法国大革命尚未结束时,所以他认为十个时期中的九个已经过去了,法国大革命和现代科学正引导人类走向第十个时期,未来的社会将是在法律面前人人平等的社会,民主与自由的、人道的福利的社会。在他看来,随着法国大革命的胜利前进,人类进步的大障碍已经消除,再不会有大的社会和政治的震荡。从此,前进的步伐是平稳而迅速的,除非是来一个宇宙的灾乱,把人类消灭了,才能阻止进步。人类进步的目标是一直向着完善的领域,一切其他民族,包括非落后民族和最落后的民族,都将走上先进民族(他指西方各国)所开辟的道路①。

赫尔德(Johann Gottfried Herder,1744—1803 年)是德国历史哲学家,他的代表作是《人类历史哲学的观念》。在该书中,他批评将人类历史看作理性与知识连续不断的进步过程,是幼稚的直线式的历史观,是拔高或美化一些材料,而贬低或无视一些相反的材料编织出的传奇故事。同时,他又批评不把进步看成长期积累的结果,而归诸偶然的幸运,是历史怀疑论。他将历史看作各个民族此起彼伏、各个时代相继的大舞台,历史上的每一个民族都要经历产生、发展、繁荣、衰败的过程,一些民族消亡了,另一些民族又产生了,前者留下的文化构成了后来民族发展的基础。由于人性只有在历史的联系中才能形成与完善,"人类的历史必然成为一个整体,即成为一个从第一环直到最后一环的社会性和起教化作用的传统的链条"②。在此基础上,他认为,自然和历史服从于一个统一的规律体系,这是因为人类是自然界的一部分,人类的历史是自然史的合理延续,在人类历史和自然历史中,有着同样的普遍规律在起作用,不管人类的感情和欲望怎样变幻无常,不管各民族的历史表现出怎样的多样性,人类历史都服从"像天体运行一样完美的自然规律"。人类的历史过程取决于人类精神或民族精神与外界环境相互作用,传统与有机力的共同作用,各民族的性格和文化的多样性亦因此而产生。而各民族的文化、性格无论如何多样,努力形成和发扬人性,努力使自己的理性能力形成理性,使灵敏的感官形成艺术,使强烈的欲望形成真正的自由和美,却为各民族所共同赋有,由此而形成人类的共同性,这种共同性贯穿

---

① 参见孔多塞:《人类精神进步史表纲要》,何兆武、何冰译,生活·读书·新知三联书店,1998 年。
② 转引自李秋零:《德国哲人视野中的历史》,第 146 页。

在各民族的正当行动当中,并随着文明的进步而增加。

赫尔德认为,整个社会是一个有机体,地理环境、语言、工艺、科学、艺术、家庭、国家和宗教在其生活中都具有决定性的意义。这个有机体又由自然设计在自身之内发展出一个更高的机体。赫尔德由此成为历史主义原则的一位重要奠基者。

康德是18世纪最伟大的哲学家,他晚年撰写了《世界公民观点之下的普遍历史观念》等一批有关历史发展的本质及其运动规律的论文,被称作纯粹理性批判、实践理性批判、判断力批判三大批判之外的"第四批判"或"历史理性批判"。构成康德历史哲学的第一个中心观念就是历史的合规律性。他在《世界公民观点之下的普遍历史观念》中劈头就指出:"人类的行为,却正如任何别的自然事件一样,总是为普遍的自然律所决定的。历史学是从事于叙述这些表现的;不管它们的原因可能是多么地隐蔽,但历史学却能使人希望:当它考察人类意志自由的作用的整体时,它可以揭示出它们有一种合乎规律的进程。"①他还发现:"大自然使人类的全部秉赋得以发展所采用的手段就是人类在社会中的对抗性,但仅以这种对抗性终将成为人类合法秩序的原因为限。"②他将这种对抗性,归结为人的利己性与社会性两种倾向的对峙。他把人性中利己性的一面称为"非社会的社会性",把人性中利他的一面称为社会性,把二者间的斗争(竞争)看成是社会的动力:社会性产生秩序,非社会性促成进步,把利己性作为历史发展的杠杆。在他看来,人类过去的历史中充满了愚蠢、野蛮、贪婪和不道德的现象,若没有这种非社会性,没有这种私欲横流及其所遇到的各种阻力,就不能唤起人类的全部能力,"推动着他去克服自己的懒惰倾向,并且由于虚荣心、权力欲或贪婪心的驱使而要在他的同胞们……中间为自己争得一席地位"。所以,他说:"让我们感谢大自然之有这种不合群性,有这种竞相猜忌的虚荣心,有这种贪得无厌的占有欲和统治欲吧!没有这些东西,人道之中的全部优越的自然秉赋就会永远沉睡而得不到发展。"③人类正是在这种对抗中逐步发展,随着人类由自然状态进入社会状态,人性逐步完美。"大自然迫使人类去加以解决的最大问题,就是建立起一个普遍法治的公民社会",因为唯有在公民这样结合的情况下,人们的非社会性方能有效地得到制约,"一切为人道增光的文化和艺术、最美好的社会秩序,就都是这种非社会性的结果。它由于自己本身的迫使而在约束自己,并且通过强制的艺术而使大自然的萌芽得以充分发展"④。

---

① 康德:《历史理性批判文集》,何兆武译,商务印书馆,1990年,第1页。
② 同上书,第6页。
③ 同上书,第7~8页。
④ 同上书,第8~9页。

在这里,康德不仅坚持历史发展具有规律性,更揭示了历史是在人的社会性与非社会性对抗中实现发展,实现进步,使人们能够将历史作为一个整体,考察其内在发展动力。

一般认为,作为启蒙运动的理性主义随着法国大革命的结束已告结束。黑格尔(Georg Wilhelm Friedrich Hegel,1770—1831年)的著名的历史哲学讲演是1822—1823年在柏林大学讲授的,其后,直到1830—1831年,一共讲授了五次。这时,仍基本属于法国大革命后的时代。但是就德国而言,黑格尔仍属启蒙运动的代表人物。黑格尔如同18世纪的启蒙学者那样,认为历史是理性、自由、精神自身的发展史。他说:

> 事实上,我们所以是我们,乃由于我们有历史……我们在现世界所具有的自我意识的理性,并不是一下子得来的,也不是从现在的基础上生长起来的,而是本质上原来就具有的一种遗产,确切地说乃是一种工作的成果——人类所有过去各时代的工作成果。①

就是说,只有理性方能真正把握世界历史,因为理性能对各类具体的、散乱的、无穷无尽的史料进行筛选、鉴别、加工、整理,从而发现世界历史如何成为一种合乎理性的必然进程。为此,黑格尔写道:"世界历史的进程是合理性的,它是世界精神的合理性的、必然的进程……真实的东西并不在感性的表面上。尤其是在一切居科学之名的场合里,理性都不可以沉睡着,反思必须得到运用。谁用理性的目光来看世界,世界就对他显出合理性的样子。二者的关系是交互的。"②

黑格尔把辩证法运用于社会历史领域,发现社会历史为一个相互联系的统一体,人类社会是从低级到高级,不断创新、不断完善的合乎规律的运动过程。黑格尔还把世界历史看作自由意识的进步,认为人类的历史乃是一部对自由的认识和理解逐步深化的历史。他在《法哲学原理》中曾说:"由于精神是自在自为的理性,而在精神中理性的自为存在是知识,所以世界历史是理性各环节光从精神的自由的概念中引出的必然发展,从而也是精神的自我意识和自由的必然发展。"③在《历史哲学讲演录》中,黑格尔进一步展开阐述了这一观点。他指出,世界历史就是精神在其最高形态中的神圣的、绝对的过程的展现,世界精神的展现在社会历史中经历了许多发展阶段,世界精神发展的每一阶段表现为某一特定的民族精神。他把在人类历史上起划时代作用的民族叫做"世界历史民族"。世界历史作为一个整体,乃是一系列"世界民族"不断更替的历史。他把世界历史

---

① 黑格尔:《哲学史讲演录》,第1卷,贺麟等译,商务印书馆,1981年,第7~8页。
② 黑格尔:《历史中的理性》,转引自李秋零:《德国哲人视野中的历史》,第276~277页。
③ 黑格尔:《法哲学原理》,商务印书馆,1982年,第352页。

分为四种历史的王国：东方的（包括中国、印度、波斯）、希腊的、罗马的、日耳曼的。他认为东方各国从古到今只有一个人（专制君主）是自由的；希腊和罗马世界只有一些人（或一部分人）是自由的，其余的人则是奴隶；只有在基督教日耳曼世界，方才是一切人都自由。

在坚持理性统治世界历史的同时，黑格尔肯定热情、利益、意愿乃是人类行动的动力，认为它们是恶，但却是理性借以实现自己的工具和手段。正是这样，他就将赫尔德和康德所奠定的历史哲学思想推到了一个更高的阶段，成为马克思所创立的历史唯物主义的"直接的理论前提"①。

18世纪的历史哲学和19世纪初的黑格尔的历史哲学的共同点，是从人类的心灵——理性——中引申出社会的进步。理性主义历史本质论者们为了使历史事实符合他们所想象出来的或推导出来的先验的逻辑体系，甚至不惜对历史事实施加暴力，割弃或歪曲某些最重要的事实。当然，这一切正是现实生活中人深深陷入异化，理性主义者将人高度抽象化、精神化、观念化的必然结果。

与此同时，伴随着由劳动异化而引起的人的物化，人们不得不屈从于狭隘的社会分工，活生生的生活为机械主义所支配，在意识形态领域内，人陷入丧失了能动性的经验主义，生物界或整个自然界起作用的自然法则被移用于人类社会历史，并被宣布为历史法则。于是，在另外一批历史哲学家那里，人不再是积极能动的历史创造者，而成为自然法则所支配的巨大社会机器的一个渺小的零部件。

18世纪法国唯物主义者霍尔巴赫（Paul Heinrich Dietrich, Baron d'Holbach, 1723—1789年）在其代表作《自然体系》中便说："人是自然的产物，存在于自然之中，服从自然的法则，不能越出自然，哪怕是通过思维，也不能离开自然一步。"他特别反对人们把肉体的人和精神的人分别开来，即把人的自然属性与人的社会属性区别开来，强调说："我们所作的和想的，以及我们的现在和将来，只不过是无所不包的自然在我们身上所做的事情所产生的结果；我们的一切观念、意志、活动，都是这个自然所赋予我们的本质和特性的必然产物，也是自然用来强迫我们前进、强迫我们改变的那些环境的必然结果。"②人，被他视作一部机器，人的一切动作、运动、变化，人的各种不同的状态、变革，都受各种普遍的自然法则的支配。人的所作所为，都是惯性力和自我引力、吸力、斥力以及自我保守力作用的结果。霍尔巴赫认为：自然界中没有偶然的东西存在，人类社会历史上所发生的一切，都是自然规律、各种自然力互相作用的必然结果："永远健行不息的自然……把那些应当组成人的要素制作出来，组合起来；它使人得到他的存在、

---

① 见《马克思恩格斯选集》第2卷，第42页。
② 见北京大学哲学系外国哲学史教研室编译：《十八世纪法国哲学》，商务印书馆，1963年，第570页。

他的倾向、他的特殊活动方式;它使人发展、长大、保持一个一定的时期,并且迫使他在这个时期里完成他的任务……它在人走完了他的行程的时候,便把它引向死亡。"①历史上那些征服者的心血来潮,某个人的一个念头,一场使人类陷入灾难之中的战争爆发,都是自然规律早已注定了的。恩格斯在介绍这一观点时形象地说:

> 这一个豌豆荚中有五粒豌豆,而不是四粒或六粒;这条狗的尾巴是五英寸长,一丝一毫不长,也一丝一毫不短;这一朵苜蓿花今年已由蜜蜂授粉,而那一朵却没有,而且这一朵还是由这只特定的蜜蜂在这一特定的时间内授粉的;这粒被风吹来的特定的蒲公英种子发了芽,而那粒却没有;今清晨 4 点钟一只跳蚤咬了我一口,而不是在 3 点钟或 5 点钟,而且是咬在右肩上,而不是咬在左腿上——这一切都是由一连串不可更改的因果链条,由一种不可动摇的必然性所引起的事实,而且产生太阳系的气团早就安排得使这些事情只得这样发生,而不能按另外的方式发生。②

据此,恩格斯一针见血地指出:"承认这种必然性,我们也还是没有从神学的自然观中走出来。"③

19 世纪,实证主义的历史哲学与思辨主义的历史哲学同时盛极一时。实证主义哲学的奠基者孔德(Auguste Comte,1798—1857 年)认定,"实证的"这一概念,包含着实在的而不是虚构的、有用的而不是无用的、可靠的而不是可疑的、确切的而不是含糊的、肯定的而不是否定的等多重含义。实证主义者将通过经验观察而获得的确定的、无可置疑的事实称为"实证的事实",将关于这些事实的知识称为"实证的知识"。实证科学的任务就在于:首先是确定事实;然后是构成规律。孔德的代表作是六卷本的《实证哲学教程》(1830—1842 年)。在这部著作中,他努力论证人类历史为何具有一致性。孔德创立了知识发展三阶段说,强调这是他所发现的一条根本规律。所谓知识发展三阶段,即:神学阶段,人类的知识结构以虚构为基本特征,信仰超自然的力量,用神的意志说明万物;形而上学阶段,追求万物的根源、本性以及终极原因,以抽象的实体为归趋,要求获得绝对知识;实证阶段,以科学为基本特征,尊重经验、事实,依靠观察和理性的力量,主要研究现象之间的关系。孔德认为,人类历史都经过了这几个重大阶段,这是人类历史具有统一性的根本原因。他在《实证哲学教程》中写道:"在研究人类从最简单的阶段到今天各个活动范围内智力全面发展的问题时,我自己以为发现

---

① 见北京大学哲学系外国哲学史教研室编译:《十八世纪法国哲学》,第 612 页。
②③ 恩格斯:《自然辩证法》,《马克思恩格斯选集》第 4 卷,人民出版社,1995 年,第 324~325 页。

了一个重大的基本规律……这一规律说明我们的每一个主要观念、每一种知识都先后有三种不同的理论状态:神学状态或虚构状态、形而上学或抽象状态、科学状态或实证状态……第一种哲学学说是人类智慧的必要起点,第三种学说是人类智慧固定的和最终的状态,而第二种学说则仅仅是过渡性的……"①他认定,思想支配并扰乱着世界,但最终,"历史是由人类理性的历史所支配的"②。

　　孔德在其《实证精神讲话》中进一步说明,知识与思想的发展和一定的社会制度、社会结构相关联:"多神论和古代的征服制度最为适应,而一神论则最适合于中世纪的防卫结构。现代社会性使工业生活越来越占优势,因而它应当有力地支持伟大的精神革命……将我们的才智最终从神学制度提高到了实证制度阶段。"③各民族历史会表现出差异,而使人类历史呈现出多样性,孔德认为:"社会差异的总根源是:一、种族;二、气候;三、从全部科学广延上考虑的纯粹的政治运动。"④但尽管有这种差异性存在,人类文明进程的规律仍然是不可违背的:"文明的进程就其本身而言并不是直线前进的,而是像动物的爬行那样,歪歪扭扭,以平均运动为中心蜿蜒前进的。"⑤正是基于此,孔德特别重视历史学的发展,并称:"本世纪的主要特点是历史在哲学、政治甚至诗歌等方面占有无法变更的优势。历史观点的这种普遍优势既是实证主义的基本原则,又是实证主义的全面结果。"⑥

　　将自然规律直接应用于社会历史发展的又一实证主义重要代表人物,是英国社会哲学家、近代社会学的另一主要奠基者赫伯特·斯宾塞(Herbert Spencer,1820—1903年)。他在1862年完成的《第一原理》中,根据牛顿力学理论,将"力的恒久性"视为宇宙和人类历史运动变化的最根本的基础,并据此将他的理论称作"力的一元论"。斯宾塞将宇宙和人类社会进化的规律,概括为物体的集结和纯机械运动,在这一过程中,物体由不确定的、分散的同质状态进入确定的、凝聚的异质状态,物质的不断聚合与不断分化,即其不断组织为一体而又不断消散。他将生物学规律运用于社会历史,在1877—1896年完成的《社会学原理》中,将人类社会视作与生物有机体相同的社会有机体,生物有营养、分配与循环、调节三大部分,社会也有这三大部分,相应为生产、商业交通与银行、管理机

---

① 孔德:《实证哲学教程》第1卷,第2~3页。转引自雷蒙·阿隆:《社会学主要思潮》,葛智强等译,上海译文出版社,1988年,第128~129页注②。
② 孔德:《实证哲学教程》第4卷,第342页。转引自阿隆:《社会学主要思潮》,第139页注㉑。
③ 转引自阿隆:《社会学主要思潮》,第139页注㉒。
④ 转引自阿隆:《社会学主要思潮》,第139页注㉔。
⑤ 转引自阿隆:《社会学主要思潮》,第102页。
⑥ 孔德:《实证政治体系》第3卷,第1页。转引自阿隆:《社会学主要思潮》,第121页。

构统治机构和政府。他将"生存竞争，优胜劣汰"的生物进化规律运用于社会，认为社会进化过程也是基于生存竞争，即物竞天择，适者生存，不适者淘汰。

对于将自然规律，特别是以生存斗争公式来解释人类历史进程，恩格斯曾进行了一针见血的批评。他写道：

为生活的斗争。在达尔文以前，他的今天的信徒们所强调的恰好是有机界的和谐的合作，植物王国怎样给动物提供食物和氧，而动物怎样给植物提供肥料、氨和碳酸。达尔文的学说刚刚得到承认，这同一些人便立刻到处只看到**斗争**。这两种见解在狭小的界限内都是有道理的，然而两者也都同样是片面的和褊狭的。自然界中无生命的物体的相互作用既有和谐也有冲突；有生命的物体的相互作用则既有有意识的和无意识的合作，也有有意识的和无意识的斗争。因此，在自然界中决不允许单单把片面的"斗争"写在旗帜上。但是，想把历史的发展和复杂情况的全部多样性的丰富内容一律概括在"生存斗争"这一干瘪而片面的说法中，是极其幼稚的。这等于什么也没有说。

达尔文的全部生存斗争学说，不过是把霍布斯关于一切人反对一切人的战争的学说和资产阶级经济学的竞争学说以及马尔萨斯的人口论从社会搬到生物界而已。变完这个戏法以后（它的无条件的合理性，特别是同马尔萨斯的学说相关的东西，还很成问题），要把这些学说从自然界的历史中再搬回到社会的历史中去，那是很容易的；如果断言这样一来便证明这些论断是社会的永恒的自然规律，那就过于天真了。①

如果说，思辨主义历史哲学是将人观念化，那么，就应当说，实证主义历史哲学是将人加以物化，将人完全等同于其他自然物，同其他动植物乃至无机物没有本质差别。确认人类历史的统一性与规律性，是这两种历史哲学的共性。一是以观念、精神、理性表现人类历史的统一性与规律性，一是以自然规律表现人类历史的统一性与规律性，两者的对峙，表现了人自身正处于异化或分裂状态。

西方启蒙时代对于历史本质的反思，尽管存在着许多问题，但比之古代与中世纪，有了重大进步。在中国，由于农耕经济的长期延续，没有发展起如欧洲那样大规模的商品经济与资本主义下的异化，也没有形成如西方那样理性在思想领域内至高无上的支配地位。但是，中国史学发展的理性之光虽然微弱，却也已经点燃。它大致经历了两个阶段。

第一个阶段，从明代中期至明末清初，主要标志是怀疑主义思想和反封建思

---

① 恩格斯：《自然辩证法》，《马克思恩格斯选集》第 4 卷，第 372 页。

想的不断滋长。影响较大的史学家是李贽(1527—1602年)、王夫之(1619—1692年)、黄宗羲(1610—1695年)、顾炎武(1613—1682年)等。

李贽首先对宋、明以来将社会不平等合法化以及断然否定情性物欲历史作用的历史观发出挑战。他从人类的"德性"本无区别的认识出发,认为人都应是平等的,"曷尝有所谓高下贵贱者哉!"①这就否定了社会不平等为天经地义的说教。李贽直截了当地反对道学家提倡的禁欲主义,认为:"自然发于情性,则自然止乎礼义,非情性之外复有礼义可止也。"②他在史学方面的代表作《焚书》、《续焚书》,经常以不同于传统的是非标准来评论历史人物,自认为"凡昔人之所忻艳以为贤者,余多以为假,多以为迂腐不才而不切于用;其所鄙者、弃者、唾且骂者,余皆以为可托国托家而托身也。"③更值得注意的是,与传统的将天下万物源归于一的观念不同,李贽提出:"天下万物皆生于两,不生于一",他论证道:"一与二为二,理与气为二,阴阳与太极为二,太极与无极为二,反复穷诘,无不是二。"④他已发现矛盾永恒存在,而这正是人类社会历史与天地万物得以存在与发展的根本原因。这些观点,对传统历史观在不少方面起了颠覆作用。

王夫之、黄宗羲、顾炎武是明末清初最有影响的思想家和史学家。王夫之的《读通鉴论》和《宋论》,黄宗羲的《明儒学案》和《明夷待访录》,顾炎武的《日知录》和《天下郡国利病书》等,都是中国史学发展史上的名著。

王夫之在揭示人类历史发展变迁的根源与动力方面,在辩证理欲关系方面,较之李贽等前人都大大前进了一步。他以理势相成、乾坤并健、动静互涵等命题,从各个不同的侧面,说明了社会历史如何在矛盾着的双方相反相成、对立统一的过程中发展变化。他指出:"理本非一成可执之物","只在势之必然处见理","势之必然"体现着"理之当然"⑤。理,这里指的是客观规律;而势,则指社会运动的必然过程。他在《诗广传》中写道:"顺逆者,理也。理所制者,道也。可否者,事也。事所成者,势也。以其顺,成其可;以其逆,成其否;理成势者也。循其可,则顺;用其否,则逆;势成理者也。"⑥人们的行为,合乎历史规律,则可获得成功;违背历史规律,则终将失败。人们如何把握历史发展的客观规律?王夫之提出:"于势之必然处见理","势既然而不得不然,则即必为理矣"⑦。历史发展的客观规律并非不可捉摸,"势"之顺者,即"理"之当然,从历史发展的总过程、大

---

① 李贽:《李氏丛书》丑《老子解》下篇。
② 李贽:《焚书》卷三《读律肤说》。
③ 李贽:《焚书》卷六《读书乐引》。
④ 李贽:《焚书》卷三《夫妇论》。
⑤⑦ 王夫之:《读四书大全说》卷九《离娄上》。
⑥ 王夫之:《诗广传》,见《船山全书》第二册,岳麓书社,1992年。

趋势中,即可认识其内在的客观规律。王夫之更进而注意到,历史的必然性就体现在人们的物质欲望、物质生活之中,所以,他说:"饮食男女之欲,人之大共也","吾惧夫薄于欲者之亦薄于理"①,"私欲之中,天理所寓"②,"礼虽纯为天理之节文,而必寓于人欲以见(自注:饮食,货;男女,色)……终不离欲而别有谓也"③,"饮食男女,皆性也,理皆行乎其中也"④,"人欲之各得,即天理之大同"⑤。尽管王夫之本人历史观中还有许多不成熟之处,但以上这些论述,可以说,实际上已经走近历史唯物主义的门前。

顾炎武治史,重实证、重考察,尤为可贵的是他"历览二十一史以及天下郡国志书,一代名公文集,以及奏章文册之类,有得即录"⑥,纂成150万字的《天下郡国利病书》,所关注的完全是经济与社会问题。绝大部分篇幅,用于赋役、屯垦、水利、漕运、马政、盐政、海运等经济生活和经济制度,相应的极为复杂的社会关系,以及各类民间结社、流民、农民起义、江贼海盗的情况,非常广泛地展现了明代社会经济的各种矛盾。相对于专注于庙堂政治而仅将社会经济作为附属部分的传统史书,这无疑是一大突破。而黄宗羲的《明夷待访录》,则论定"天下之治乱,不在一姓之兴亡,而在万民之忧乐"⑦。该书对于历代君主"以天下之利尽归于己,以天下之害尽归于人……视天下为莫大之产业,传之子孙,受享无穷"⑧的猛烈抨击,更开启后世民本主义史学的先河。

第二阶段是清代后期,以龚自珍(1792—1841年)、魏源(1794—1857年)为发端,主要代表人物有康有为(1855—1927年)、章太炎(1869—1936年)等。

龚自珍认为变革是历史发展的必然趋势:"自古及今,法无不改,势无不积,事无不变迁,风气无不移易。"他直言不讳地指出:"与其始来者以致力改革,孰若自改造。"⑨魏源同样重视历史变革的考察,他在《默觚下·治篇五》中说:"三代以上,天皆不同今日之天,地皆不同今日之地,皆不同今日之人,物皆不同今日之物……故气化无一不变者也,其不变者道而已,势则日变而不可复者也。"他所编著的《海国图志》是第一部比较系统地介绍西方历史地理状况的专著。正如他自己所说,过去史著都是"以中土人谈西洋",而他这部著作则是"以西洋人谈西洋"⑩。

---

① 王夫之:《诗广传》卷二。
② 王夫之:《四书训义》卷二、卷二十六。
③⑤ 王夫之:《读四书大全说》卷八《梁惠王下》。
④ 王夫之:《张圣正蒙注·诚明》。
⑥ 顾炎武:《天下郡国利病书·序》。
⑦⑧ 黄宗羲:《明夷待访录·原臣》。
⑨ 《乙丙之际箸议第七》,见《龚自珍全集》,第5～6页。
⑩ 《魏源集》,中华书局,1983年,第47～48、207页。

近代杰出的启蒙思想家、维新变法运动的领袖康有为,除了向清帝光绪进呈《俄罗斯大彼得变政考》《日本明治变政考》《波兰分灭记》《列国政要比较表》等书倡言实行新政外,又以《新学伪经考》《孔子改制考》等著作冲破长期以来儒家道统和封建正统观念对史学的束缚,借用经今文学的"公羊三世说"来阐明历史沿着据乱世、升平世、太平世的顺序递嬗而逐步进化,并称"据乱世"就是君主专制时代,"升平世"就是君主立宪时代,"太平世"就是民主共和时代①,认定"人类进化,皆有定位,自氏族而为部落,而成国家,由国家而成大统,由独人而渐为酋长,由酋长而渐正君臣,由君主而渐为立宪,由立宪而渐为共和国"②。

章太炎后来倡导进行推翻清王朝的革命,19世纪末曾与他人合作,翻译斯宾塞的《论进境之理》《论礼仪》等著述,对斯宾塞"专讨求万事万物之根源,每假格致之说,显微妙之理"即用自然规律解释社会历史现象给予高度重视③。他运用进化论观点揭示历史发展的过程,在《訄书·族制》中,论证种族的存亡取决于"自然之淘汰与人为之淘汰,优者必胜,而劣者必败"④。章太炎并提出要特别注意从生产工具的制作、生活方式的变迁去认识历史发展的趋势与必然性,在《訄书·原变》中,他说:"物苟有志,强力以与天地竞,此古今万物之所以变……人之相竞也,以器……石也,铜也,铁也,则瞻地者以其力辨古今之期也。"⑤这里所说的"器",即指生产工具。从石制工具到铜制工具,再到铁制工具,成为划分时代发展的标准。他强调:"史职所重,不在褒讥,苟以知来为职志,则如是足也。"研究历史,主要是为了认识历史发展的必然趋势和内在规律,即"扬榷大端,令知古今进化之轨"⑥。亦因此,他以为历史研究当特别重视文明发展过程,尤其是工艺即生产工具的创造和人类物质生活演进的过程。基于此,他称赞《世本·作篇》"足以远监宙今,存雄独照",使"文化进退已明昭矣"⑦。

各种新思潮的热情介绍者梁启超,于20世纪初发表《中国史叙论》,响亮地提出"史界革命"的口号,批评"中国之旧史"知有朝廷而不知有国家、知有个人而

---

① 康有为的《答南北美洲诸华商论中国只可行立宪不可行革命书》说:"据乱则内其国,君主专制世也;升平则立宪法,定君民之权之世也;太平则民主,平等大同之世也。"(见汤志钧编:《康有为政论集》上册,中华书局,1981年,第476页)
② 见《南海先生最近政见书》。
③ 章炳麟译:《斯宾塞尔文集》,《昌言报》第1册《本馆告白》。参见姜义华:《章太炎评传》,百花洲文艺出版社,1995年,第27~39页。
④ 《訄书·族制》,见《章太炎全集》第3集,第41页。
⑤ 《訄书·原变》,见《章太炎全集》第3集,第27~28页。
⑥ 《訄书·哀清史》附《中国通史略例》,见《章太炎全集》第3集,第329~330页。
⑦ 《訄书·尊史》,见《章太炎全集》第3集,第320页。

不知有群体、知有陈迹而不知有今务、知有事实而不知有理想①。他在《新史学》中,将史学分为三大类,一是"叙述进化之现象"而与自然科学平分科学天地的"历史科学";二是"叙述人群进化之现象"而求得其公理公例的"科学的史学",不了解公理公例,则不能"以过去之进化导未来之进化","使后人循其理率其例以增幸福于无疆";三是"叙人种之发达与其竞争"而作为"国民之明镜"与"爱国心之源泉"的史学②。他突出了"新史学"应当叙述进化的现象,尤其是叙述人群进化的现象,并从中求得"公理公例"。他所说的"公理公例",即指对于历史的解释和其规律的探求③。

这些事实表明,中国思想家、史学家对于历史本质的探究,从19世纪中叶至20世纪初,也在一步一步向前发展。

第二节 马克思主义对历史本质的追寻

1. 在积极扬弃人的异化中认识历史本质

人类在过去漫长的岁月中,对于历史本质的认识基本上停留于假象本质与变形本质水准,这固然是一个认识问题,但又首先是历史运动自身发展的水准问题,尤其是作为认识主体的人自身发展的水准问题。人类要达到对于历史全面本质的认识,当然同样不仅是一个认识问题,它需要历史运动的发展,使人自身、人对自己的本质的真正占有达到这样的水准,即认识历史全面本质不仅仅成为迫切的社会需要,而且具有实际可能。

如果说,历史假象本质的认识同部落所有制、公社所有制及封建的或等级的所有制下人的半蒙昧状态相适应,历史变形本质的认识同资本统治之下人自身的异化相适应,那么就可以说,对于历史全面本质的认识,有赖于人的自我异化的积极扬弃。

"扬弃是使外化返回到自身的、对象性的运动。"③人的自我异化的积极扬弃,就是使劳动产品、生产行为、人的类生活、人同人的关系从外在于人而与人相对立的统治力量回归于人自身,使人的本质从异化转向回归,转向人对于自己本质的真正的与全面的占有。

---

① 见梁启超:《饮冰室合集·文集六》。
② 见梁启超:《饮冰室合集·文集九》。
③ 马克思:《1844年经济学哲学手稿》,《马克思恩格斯全集》第42卷,第174页。

人的自我异化的积极扬弃,是客观历史发展自身的必然结果。

劳动的异化为生产力发展提供了空前强大的内在动力,大工业生产于是取代了原先的小生产与工场手工业生产。大工业的发展与普及,带来了生产力的巨大增长和向新的高度发展的巨大活力。大工业的不断发展,终于给遏制贫困的普遍化,有效地防止在极端贫困条件下周而复始地进行的争取生活必需品的斗争提供了可能。大工业的不断发展,消灭了以往自然形成的各个地区、各个国家的孤立状态,使每个文明国家和这些国家每一个成员的需要的满足,都越来越依赖于整个世界,首次开创了真正的世界历史,使人们的存在与世界历史直接联系,成为世界历史性的存在。这样,大工业的发展便不仅为消灭劳动的异化和克服认识狭隘的地域性提供了物质的基础,而且造就了实现这一积极扬弃的现实的社会力量。

现代无产阶级的诞生,以他们所从事的共产主义这一消灭现存状况的现实运动,实际地承担起了人的自我异化的积极扬弃及对于历史全面本质的认知这一历史任务。正如马克思所说:

> 共产主义是私有财产即人的自我异化的积极的扬弃,因而是通过人并且为了人而对人的本质的真正占有;因此,它是人向自身、向社会的(即人的)人的复归,这种复归是完全的、自觉的而且保存了以往发展的全部财富的。这种共产主义……是人和自然界之间、人和人之间的矛盾的真正解决,是存在和本质、对象化和自我确证、自由和必然、个体和类之间的斗争的真正解决。它是历史之谜的解答,而且知道自己就是这种解答。[①]

马克思在《1844年经济学哲学手稿》中对此作了详细的论证。他深刻说明了人将如何在大工业发展和私有制积极扬弃的基础上克服人和自然界之间及人和人之间的对立,真正占有人自身的本质,从而为理解和认识历史的全面本质及解开历史之谜凿开通途。

在往昔漫长的历史认识史上,经常妨碍着人们理解历史全面本质的,正是存在和本质、对象化和自我确证、自由和必然、个体和类即整体,以及主观主义与客观主义、唯灵主义与唯物主义等之间的矛盾与冲突缺乏真正解决的现实基础。马克思发现,这一现实基础,将由私有制与人的自我异化积极的扬弃提供。

这里所说的私有制的扬弃,不是那种旧式的粗陋的共产主义所要求的扬弃。法国大革命时期,巴贝夫及其拥护者们要求建立取消私人经济的完全平等的社会。其后,法国的卡贝、德萨米,英国的欧文,德国的魏特林都有类似的主张。在

---

① 《马克思恩格斯全集》第42卷,第120页。

东方许多国家,这种思想尤其流行。马克思指出,这种主张不过是私有财产关系的普遍化,它出于对较富裕的私有财产的忌妒和平均化的欲望,它的目标是将物质的财产作为所有人的私有财产由各人平均化地共同占有,对于不能为所有人平均占有的非物质财富如知识、才能等,则用强制的方式加以消灭或舍弃。正如马克思所说:"对整个文化和文明的世界的抽象否定,向贫穷的、没有需求的人——他不仅没有超越私有财产的水平,甚至从来没有达到私有财产的水平——的非自然的单纯倒退,恰恰证明私有财产的这种扬弃决不是真正的占有。"①在这种情况下,人非但不能从自我异化中解放出来,甚至还要倒退到先前半蒙昧状态中去,理解历史的全面本质自然就会成为一句空话。

与这种原始的粗陋的共产主义截然不同,在大工业普遍发展基础上产生的对私有制与人的自我异化的积极的扬弃,不是出于对较富裕者的忌妒和财产平均化的欲望,而是基于人自身向完整的个人发展的需要与可能,即使每个人都得到自由而全面发展的需要与可能。扬弃财产的私有制度,是要使每个人都能占有现有的生产力总和,从而使每个人的才能得到全面而自由的充分发展。只有这样,人的自主活动才能与社会物质生产和精神生产的发展一致起来,才能消除人自身的异化和一切自发性,使人不再隶属和屈从于宗教、家庭、国家等异己的力量,人和自然界才能在本质上统一起来。也只有这样,才能做到"人以一种全面的方式,也就是说,作为一个完整的人,占有自己的全面的本质"②。而正是人对于自己的全面的本质的占有,使人获得了认识与理解历史全面本质的内在动力与现实可能。

自觉地把人类生活所遇到的一切自发产生的前提看成先前世世代代的创造,努力消除这些前提的自发性,使它们受联合起来的个人的支配,这是使现有生产力总和为个人支配、使个人才能的总和得到充分发挥的必备条件。而这一社会变革,正是先前历史发展的必然结果,它自身也是一场历史的运动。"历史的全部运动,既是这种共产主义的现实的产生活动即它的经验存在的诞生活动,同时,对它的能思维的意识说来,又是它的被理解到和被认识到的生成运动。"③理所当然地,积极扬弃私有制及人的自我异化的社会变革,要求正确认识历史的全面本质,正确认识自己的诞生或生成运动。这就是人们自觉地认识历史全面本质的最根本的动力。

在私有制的统治下,在人处于异化状态时,人作为现实的个人同外部世界的

---

① 《马克思恩格斯全集》第 42 卷,第 118 页。
② 同上书,第 123 页。
③ 同上书,第 120 页。

任何一种关系,诸如视觉、听觉、味觉、嗅觉、触觉、思维、直观、感觉、愿望、活动、爱等,都必然变得非常片面,一切对象通常只有当它们成为资本、利润、利息、工资时,才能引起这些感觉器官与思维器官的活动。狭隘的利己主义的需要和享受,使认识主体和客体以及两者的接触都带上了偏狭性与虚幻性。这当然会严重妨碍对于历史全面本质的认识。私有财产与人的自我异化的扬弃,是人的解放,同时也是人的一切感觉器官、思维器官与感觉活动、思维活动的解放。"这种扬弃之所以是这种解放,正是因为这些感觉和特性无论在主体上还是在客体上都变成人的。眼睛变成了人的眼睛,正像眼睛的对象变成了社会的、人的、由人并为了人创造出来的对象一样。"①这就是说,私有制与人的自我异化的扬弃,不仅使人作为认识活动的主体获得了解放,也使认识活动的客体外部世界获得了解放,在这样的基础上,人终于能够正确地认识历史自身的运动与历史的全面本质。

自然科学突飞猛进的发展,以及通过大工业在实践中日益广泛地进入人的生活,改造了人的生活,也同样改造了人,改造了认识的主体与认识的客体。科学成了现代人的生活不可分割的重要组成部分,并使人自身的认知成为科学,这就从又一个方面为正确认识历史自身的运动与历史的全面本质提供了保证。存在与本质或现象与本质的冲突,对象化与自我确证的矛盾,必然性与偶然性的对立,个体与整体的拮抗,由于认识主体与客体双方的解放,由于自然科学将包括关于人的科学,人的科学将包括自然科学,人类社会历史发展中所有这些问题在科学基础上得到解决,终于不再仅仅是愿望,而是成了活生生的现实。

马克思指出:"理论的对立本身的解决,只有通过实践方式,只有借助于人的实践力量,才是可能的;因此,这种对立的解决决不只是认识的任务,而是一个现实生活的任务。"②认识历史的本质,从认识历史的假象本质、变形本质前进到认识历史的全面本质,从根本上说,也同样不只是认识的任务,而且是现实生活的任务。人的自我异化的积极扬弃,使人从观念化了的人和物化了的人回归于现实的全面占有自己本质的人,正是社会实践的这一发展,最终决定了人类终于可以认识历史的全面本质。

2. 掌握历史全面本质的主要范畴

马克思不仅深刻指出了人要不再成为同自己社会本质相异化的思维者,必

---

① 《马克思恩格斯全集》第42卷,第124页。
② 同上书,第127页。

须依赖于人自我异化在实践中的积极的扬弃,而且,作为一个共产主义者,他以一往无前的革命的、批判的精神,在对先前世代人类智慧各种成果进行总结与扬弃的基础上,阐明了使历史认识从纷争不已的存在与本质、偶然和必然、个别和整体、特殊和常规等对立中向历史全面本质突进的具体方法,这就是通常所说的历史唯物主义的方法。人们可以通过历史唯物主义的主要范畴,去考察历史全面本质。

马克思要求人们从幻想、观念、教条和想象的存在物中解放出来,提出了生产力、生产关系、生产方式、经济基础、上层建筑等范畴,要求在观察历史时,从现实的个人、他们的活动、他们的物质生活条件,包括他们从先前各个世代得到的现成条件,以及由他们自己的活动所创造出来的物质生活条件出发。这是马克思的一大理论贡献。他指出,现实的个人、他们的活动、他们的物质生活条件,第一项就是人的肉体存在、生理特征,以及受肉体组织制约的人与地质条件、地理条件、气候条件及其他自然条件的关系。第二项是在人的各种活动、各种物质生活条件中起主导作用的人们的生产活动、人们用以生产物质生活条件的生产方式;人究竟是什么样的,这同他们的生产是一致的,既同他们生产什么一致,又同他们怎样生产一致。第三项是以一定的生产方式进行生产活动的一定的个人所发生的一定的社会关系和政治关系。第四项是思想、观念、意识的生产,表现在政治、法律、道德、宗教、形而上学等话语中的精神生产。马克思、恩格斯说过:

  德国哲学从天上降到地上;和它完全相反,这里我们是从地上升到天上,就是说,我们不是从人们所说的、所想像的、所设想的东西出发,也不是从只存在于口头上所说的、思考出来的、想像出来的、设想出来的人出发,去理解真正的人。我们的出发点是从事实际活动的人,而且从他们的现实生活过程中我们还可以揭示出这一生活过程在意识形态上的反射和回声的发展。①

这种观察历史的方法,是始终站在现实历史的基础上,不是从观念出发来解释实践,而是从物质实践出发来解释观念。它从物质生产出发来考察现实的生活过程,并把生产力视为历史中的动力性和决定性的因素,把与特定生产力相联系的生产关系、社会结构理解为整个历史的基础,进而阐明和追溯国家与各种意识形态的活动及其产生的过程。

马克思就此所提出的经典性命题是:

  我所得到的、并且一经得到就用于指导我的研究工作的总的结果,可以

---

① 《马克思恩格斯全集》第3卷,人民出版社,1960年,第30页。

简要地表述如下:人们在自己生活的社会生产中发生一定的、必然的、不以他们的意志为转移的关系,即同他们的物质生产力的一定发展阶段相适合的生产关系。这些生产关系的总和构成社会的经济结构,即有法律的和政治的上层建筑竖立其上并有一定的社会意识形式与之相适应的现实基础。物质生活的生产方式制约着整个社会生活、政治生活和精神生活的过程。不是人们的意识决定人们的存在,相反,是人们的社会存在决定人们的意识。社会的物质生产力发展到一定阶段,便同它们一直在其中活动的现存生产关系或财产关系(这只是生产关系的法律用语)发生矛盾。于是这些关系便由生产力的发展形式变成生产力的桎梏。那时社会革命的时代就到来了。随着经济基础的变更,全部庞大的上层建筑也或慢或快地发生变革。在考察这些变革时,必须时刻把下面两者区别开来:一种是生产的经济条件方面所发生的物质的、可以用自然科学的精确性指明的变革,一种是人们借以意识到这个冲突并力求把它克服的那些法律的、政治的、宗教的、艺术的或哲学的,简言之,意识形态的形式。我们判断一个人不能以他对自己的看法为根据,同样,我们判断这样一个变革时代也不能以它的意识为根据;相反,这个意识必须从物质生活的矛盾中,从社会生产力和生产关系之间的现存冲突中去解释。①

正由于以现实的个人、他们的生产活动、他们的物质生活条件为出发点,历史就不再是一些僵死的事实的搜集,更不是想象的主体的想象的活动。因为生产活动、物质生活条件都可以用纯粹经验的方法来确定,社会结构和政治结构同生产的联系可以根据经验加以揭示,甚至人们头脑中模糊的东西也是他们的可以通过经验来确定的、与物质前提相联系的物质生产过程的必然升华物。这种历史观和唯心主义历史观不同,它不是在每个时代中寻找某种可以主宰一切的观念,而是始终站在现实历史的基础上,不是从观念出发来解释实践,而是从物质实践出发来解释观念的东西。历史的全面本质自然也就不再是难以捉摸的游魂,而成了可以从经验的观察中逐步认知的确定的东西。

在推动人们完整地了解历史的全部过程、认识历史的全面本质方面,马克思的第二个重大贡献是创立了社会经济形态及社会形态学说。1859 年他在《〈政治经济学批判〉序言》中说:"大体说来,亚细亚的、古代的、封建的和现代资产阶级的生产方式可以看做是社会经济形态演进的几个时代。"②在《雇佣劳动与资

---

① 马克思:《〈政治经济学批判〉序言》,《马克思恩格斯选集》第 2 卷,第 32~33 页。
② 同上书,第 83 页。

本》中，他说："社会生产关系，是随着物质生产资料、生产力的变化和发展而变化和改变的。生产关系总和起来就构成所谓社会关系，构成所谓社会，并且是构成一个处于一定历史发展阶段上的社会，具有独特的特征的社会。古典社会、封建社会和资产阶级社会都是这样的生产关系的总和，而其中每一个生产关系的总和同时又标志着人类历史发展中的一个特殊阶段。"①社会经济形态将生产力的发展与特定的生产关系的作用作为一个统一的整体来加以考察，而社会形态则进一步将同生产力一定阶段的发展相适应的经济基础和上层建筑的活动作为一个统一的整体来加以考察，这样，纷繁复杂的社会历史现象便清晰地于个别性中显示出常规性，于一次性中显示出重复性，于偶然性中显示出必然性，于多样性中显示出统一性，于变化中显示出规律。马克思本人对资本主义社会经济形态系统而全面的研究，是对资本主义发生发展历史深入而生动的描述，正是通过这一研究，马克思揭示了资本主义发展的历史本质与内在规律，包括资本主义社会经济形态和社会形态的基本规律及大量特殊规律。

人类究竟经历了哪些社会经济形态，马克思毕生都在进行探索。在《德意志意识形态》中，他研究了从部落所有制到古代公社所有制与国家所有制，再到封建所有制与等级所有制，直到资本主义所有制产生、发展的过程。在《1857—1858年经济学手稿》中，他研究了原始的所有制、亚细亚的所有制、古代的所有制及日耳曼所有制等前资本主义各种所有制形态。晚年，研究摩尔根《古代社会》和人类学的各种新成果，包括俄国村社制度，又在进行新的思考。但这一切，都不是推翻或削弱社会经济形态学说，而是使之更加符合世界各民族历史发展实际。

列宁对于马克思所确立的社会形态学说给予极高评价。他在将旧社会学与马克思的这一发现作比较时说：

> 当他们还局限于思想的社会关系（即通过人们的意识而形成的社会关系）时，他们不能发现各国社会现象中的重复性和常规性，他们的科学至多不过是记载这些现象，收集素材。一分析物质的社会关系（即不通过人们的意识而形成的社会关系；人们在交换产品时彼此发生生产关系，甚至都没有意识到这里存在着社会生产关系），立刻就有可能看出重复性和常规性，把各国制度概括为**社会形态**这个基本概念。只有这种概括才使人有可能从记载（和从理想的观点来评价）社会现象进而以严格的科学态度去分析社会现

---

① 《马克思恩格斯选集》第1卷，人民出版社，1995年，第345页。

象,譬如说,划分出一个资本主义国家和另一个资本主义国家的不同之处,研究一切资本主义国家的共同之处。①

马克思的第三个重大贡献是发展了阶级斗争学说,使阶级、阶级斗争成为理解生产力与生产关系的矛盾、经济基础与上层建筑的矛盾,以及旧的社会经济形态嬗变为新的社会经济形态的钥匙。

在古代,一些历史学家已经意识到阶级对立、阶级斗争现象。"富者田连阡陌,贫者无立锥之地",就是对这种现象直观的描述。柏拉图在《国家论》中指出,任何一个城邦,不论其大小,事实上都被分成穷人与富人两部分,他们相互间发生战争。这是对古代农耕社会和古代城邦阶级构成与阶级冲突的朴素概括。

给马克思阶级斗争学说的形成以直接影响的,是19世纪20年代的法国复辟时代历史学家梯叶里、米涅、基佐等人用阶级之间的斗争解释革命和历史进程的卓越成果。梯叶里继承了他的义父、著名的空想社会主义者圣西门的做法,用"各种阶级和各种利益的斗争"特别是第三等级反对贵族的斗争,来说明英国17世纪的革命运动。米涅在《法国革命史》中指出,正是贵族阶级、中等阶级和下层社会阶级的不同利益的冲突,决定了法国革命的进程以及其间各政党的斗争,他将文明社会进步的公式概括为"变化破坏利益;利益产生政党;政党进行斗争"。基佐更明确地反对用政治制度来说明社会文明程度和性质,强调"要了解政治制度,就必须研究这个社会中的各个阶层及其相互关系。要了解这些不同的社会阶层,就应当理解土地关系的性质"。他认为,法国历史就是由等级斗争构成的。直到1849年,他在《民主论》中还重申:"我们社会的各种阶级斗争贯穿着我们的历史,1789年的革命是这种斗争的最普遍的、最强有力的表现。"

普列汉诺夫在《共产党宣言》俄文第二版序言《阶级斗争学说的最初阶段》中介绍了梯叶里、米涅、基佐等人的主要观点,并断言:"马克思和恩格斯对阶级斗争、对政治在阶级斗争中的作用,以及国家政权从属于统治阶级的看法,与基佐及其同道者对这些问题的看法是相同的。全部差别就在于一方是保护无产阶级的利益,而另一方是保护资产阶级的利益。"②这段话没有强调马克思阶级斗争学说同复辟时期法国历史学家阶级斗争观点的原则性区别,抹杀了马克思将阶级斗争理论置于科学基础之上的独特贡献,也反映了他对马克思阶级斗争学说形成过程及其基本内容缺乏全面的了解。

马克思和基佐等人的第一个原则区别,就是他首次明确地将阶级的存在同

---

① 列宁:《什么是人民之友以及他们如何攻击社会民主主义者》,《列宁选集》第1卷,人民出版社,1995年,第8页。
② 《普列汉诺夫哲学著作选集》第2卷,生活·读书·新知三联书店,1961年,第540页。

生产发展的一定历史阶段和由此而产生的私有制度联系在一起,并以后者为前者存在的客观基础。他在许多著作中反复说明了阶级划分是生产有一定发展而又发展不足的结果,阶级和阶级斗争的存在为生产力发展水平、生产方式及由生产所决定的交换方式所制约。恩格斯在《共产主义原理》中将马克思和他的见解概括如下:"只要生产的规模还没有达到不仅可以满足所有人的需要,而且还有剩余产品去增加社会资本和进一步发展生产力,就总会有支配社会生产力的统治阶级和贫穷的被压迫阶级。至于这些阶级是什么样子,那要看生产的发展阶段了。"[①] 正因为阶级划分以生产的不足为基础,它就必然会被现代生产力的高度发展所消灭,当它不仅成为多余而且成为社会进一步发展的障碍时,它的消灭就将不可避免了。在这里,马克思坚持了彻底的历史唯物主义观点,而这正是马克思与基佐等人的根本分歧之所在。

马克思和基佐等人的第二个原则区别,是在阶级划分的标准问题上。基佐、米涅等人用收入的差异和利益的对立来划分不同的阶级,而马克思则坚持根据人们在生产方式中的不同地位、对生产资料和产品的占有、对政治权力和精神生产的占有状况来划分不同的阶级。泛泛地论述不同的利益,所区分的可能是各类社会群体;随着形势变迁,利益要求会时常发生变化,这些社会群体的组合也必然变动,这样,阶级的划分就很难具有确定性。而根据人们在历史上一定社会生产体系中的不同地位、对生产资料的不同关系、在社会生产与交换中的不同作用、取得由自己支配的社会财富的方式与多寡不同来划分阶级,便有了明确的质的规定性。只有这样,阶级的划分才能被置于科学的基础上。

马克思和基佐等人的原则区别,还突出地表现在他坚持阶级斗争必然要导致无产阶级专政,而这个专政不过是达到消灭一切阶级和进入无阶级的过渡;这当然是基佐等人所不可能承认的。马克思对历史上的和现实生活中的阶级构成和阶级斗争状况所作的全面分析,以及其批判精神和理论勇气,更非基佐等人所能望其项背。正因为如此,有充分理由证明,只有到马克思主义诞生之时,阶级斗争学说方才真正成为科学理论。

自马克思、恩格斯在《共产党宣言》中首次提出"到目前为止的一切社会的历史都是阶级斗争的历史"[②] 的科学命题以来,他们在许多著作中反复说明,从土地公有的原始氏族社会解体开始,人类的全部历史都是阶级对立和阶级斗争的历史:压迫者和被压迫者始终处于相互对立的地位,进行着不断的、有时隐蔽有时公开的斗争,而每一次斗争的结局都是整个社会受到革命改造,或者斗争的各

---

① 《马克思恩格斯选集》第1卷,第238页。
② 同上书,第272页。

个阶级同归于尽,阶级斗争由此形成一系列发展阶段,构成迄今为止人类文明史的首要内容。

要真正做到科学地把握阶级对立和阶级斗争这一主要线索来推进人类文明史的研究,必须正确地分析社会阶级,纠正曲解阶级含义或用等级、职业取代阶级划分的种种企图。

最流行的一种做法,就是按照贫富程度来划分阶级。一个英国社会学家曾编制了一张阶级划分表:每周支出18先令的是最低的阶级,支出25先令的是第二个阶级,以上为45先令等。这是按照钱袋中钱币数量的多少来划分阶级。这种观点的根本错误,就是离开了人们在生产方式中所处的地位、在生产过程中所起的作用,离开了人们通过生产资料的占有表现出来的生产关系。按照贫富程度来划分阶级,只会造成思想混乱。

另一种流行的做法,是按照分配过程中社会收入的不同作为社会阶级划分的依据。利用收入分别来自利润、地租、工资,将人们分成资本家、土地占有者和无产者,便是这种划分法的一个典型。它与按贫富程度划分阶级一样,离开了生产力发展的性质和生产资料的占有。列宁指出:"从收入来源中去寻找社会不同阶级的基本特征,这就是把分配关系放在首位,而分配关系实际上是生产关系的结果。这个错误马克思早已指出过,他把看不见这种错误的人称为庸俗的社会主义者。"①这一批评是非常恰当的。

还有一种曾一度特别盛行的做法:按照人们的政治地位、政治态度和思想状况来划分阶级,认为这是比经济地位更为重要的划分阶级的标准。这样做所持的理由是政治作为经济集中的表现,同经济相比,不能不占首位。更有甚者,是按照人们的世界观来划分阶级。这种做法,事实上只能在阶级分析中造成更大混乱。其一,马克思主义始终贯彻的一个基本思想,就是每一历史时代的经济生产以及由此必然产生的社会结构,是该时代政治的和精神的基础,不从这里入手,就无法掌握扑朔迷离的政治现象和思想观念背后的奥秘。其二,人们的政治地位、政治态度、思想状况、世界观随着时间、空间及其他各种条件的不同,经常处在变化之中,同一个阶级的成员政治态度和世界观可以有很大的差别,不同的阶级在特定环境中可以有相同的政治地位和政治态度。这样,用政治地位、政治态度、思想状况作标准来划定阶级界限,势必会将同一个阶级的成员分割成若干不同的阶级,将不同阶级的成员强行划入同一个阶级。其三,每一时代统治阶级的思想对于该社会说来都是统治的思想,统治阶级的政治态度、思想观念经常居于支配地位,支配着被统治阶级。将阶级斗争尖锐化时政治或意识形态斗争的

---

① 《列宁全集》第7卷,第30页。

一时性决定作用,夸大为普遍的、经常性的决定因素,必然会陷入历史唯心主义。

以上种种做法,都是离开了历史唯物主义的基本原理,在阶级分析中另立标准,结果都曲解了阶级这一科学范畴的真实含义。还有另一种做法,就是直接用等级、职业分野、人的个性等来取代或否定人的阶级性。

首先是用等级取代阶级。等级存在于前资本主义社会,那时,它基本上是阶级在法律上的表现,由封建国家通过国家权力和法确定它所享有的某些特权。但是,等级并不等于阶级,等级的消灭更不等于阶级的消灭。等级,就其法律形式、政治特权而言,并不同它对生产资料的占有及实际的经济地位总相一致。一旦商品经济取代了自然经济,超经济的强制不再能主宰人们命运,等级特权就会被打破。但是,资产阶级革命消灭了等级特权时,阶级照样存在。借口等级特权已被消灭,或借口中国早已不存在严格意义上的等级,否定阶级对立与阶级斗争,否定阶级的存在,这显然既是对等级含义的误解,更是对阶级含义的歪曲。

其次是用职业分野取代阶级划分。古代有所谓士、农、工、商之分,近代以来有所谓体力劳动者、脑力劳动者、企业管理者、国家管理者之分。所有这些,注意到了人们在生产过程中的地位和作用,但是,所注意的主要是人们对生产工具、劳动对象及劳动方法的技术关系,对于由生产资料所有制所决定的社会关系则排除了,而具有决定性意义的,却正是这种社会关系。以农业生产者而论,可以是从事小生产的旧式农民,也可以是现代农业工人,可以是资本主义的雇佣劳动者,也可以是社会主义实行家庭联产承包责任制的农民。就职业而言,他们可以说完全一样,但实际上,他们身上所留下的却是不同生产方式、不同阶级的烙印。这一事实也充分证明了以职业的区别取代阶级的划分正是以表象掩盖了本质。

再次是以人的个性否定人的阶级性。持此论者是将历史人物、历史事件的一次性、个别性绝对化,认为历史上的每一个人的家庭、亲友、朋党与个人经历、教育程度、心理、性格都不相同,他们不可能被复制,不可能重演;而阶级性却是一般性的,可以复制、可以重演的东西,与历史的个别性格格不入,因而也就难以承认它为客观存在。马克思主义者一贯反对将人的阶级性变成庸俗社会学的那种公式化、概念化的套语,但是,承认人的个性,丝毫也不意味可以忽视阶级的共性。马克思和恩格斯对个人与阶级之间的关系作过全面的分析,他们曾经写道:"单独的个人所以组成阶级只是因为他们必须进行共同的斗争来反对某一另外的阶级;在其他方面,他们本身就是相互敌对的竞争者。另一方面,阶级对各个人来说又是独立的,因为各个人可以看到自己的生活条件是早已确定了的:阶级决定他们的生活状况,同时也决定他们的个人命运,使他们受它支配。"[①]

---

① 马克思、恩格斯:《德意志意识形态》,第51页。

在这里，马克思和恩格斯说明阶级本身就是独立的存在，它决定着个人的生活状况和命运，但这并不否定个人的独立性，任何一个具体的人，都是个性和阶级性两者的统一。历史表明，阶级的形成发展也是一个过程，人们意识到本阶级的利益而自觉地起来斗争更是一个过程。凡是没有认识到自己阶级使命的阶级是自在的阶级，只有在经济矛盾逐步暴露出来以后，人们才有可能逐渐意识到本阶级成员和敌对阶级截然不同的利益，只有在这时，他们才有可能在实际斗争中作为一个阶级而自觉地为本阶级利益共同奋斗，才有可能成为一个自为的阶级。而即使在这一时刻同一阶级的各个成员也没有丧失他们的个性。

马克思的第四个重大贡献是要求在分析任何一个社会问题时，都要把问题提到一定的历史范围之内，从发展中观察它产生、发展、演化的全过程，给予历史主义的分析和评价。

剥削阶级的历史充满了丑恶与灾难。但是，这决不意味着对剥削阶级必须全面否定。恩格斯指出："马克思了解古代奴隶主、中世纪封建主，等等的历史必然性，因而了解他们的历史正当性，承认他们在一定限度的历史时期内是人类发展的杠杆；因而马克思也承认剥削，即占有他人劳动产品的暂时的历史的正当性。"① 至于资产阶级，马克思更一再强调，它在历史上曾经起过非常革命的作用。按照历史发展的辩证法，不难了解，剥削阶级当他们代表先进生产力、先进生产方式时，曾经是领导社会前进的力量，革命的阶级，而它的革命作用却往往正是用野蛮而残酷的手段在最贪婪最可鄙的欲望驱使下实现的。反之，当他们阻碍生产力继续向前发展或者在破坏生产力时，他们则成了反动的力量。

对于历史上的被剥削阶级，同样不能以感情代替科学。奴隶、农奴和雇佣工人都是生产者阶级，是每一个以阶级对抗为基础的社会的必要条件。但是，他们在社会从低级向高级阶段变革之中的作用，为他们所代表的社会生产力、生产方式所制约。当他们所维护的社会生产力、社会生产方式走在时代前面时，他们无愧为时代的先进者；而当社会生产力、生产方式的发展已经到了一个新的水准时，他们继续维护旧的生产力与生产方式时，便会成为时代的落伍者，但由于他们处于被压迫被剥削的生产者地位，他们也就有最终投入支持社会大变革的可能。实践充分证明，以广大农民为主体的非无产阶级劳动者，曾经作为主力军支持无产阶级跟地主和资本家作斗争，但是，他们受私有财产和小生产的束缚，要使他们走上社会主义现代化道路，必须坚持现代化大生产和无产阶级的领导，否则，他们就不可能在无产阶级创立新社会的伟大变革中成为最可靠的同盟者。

---

① 恩格斯：《法学家的社会主义》，《马克思恩格斯全集》第21卷，第557～558页。

一个多世纪来中外史学发展的实践证明,只有摒弃了以上种种曲解马克思主义阶级斗争学说的流行观点与错误做法,才能科学地抓住阶级对立与阶级斗争这条基本线索,一方面追根溯源,深入了解阶级斗争赖以产生的基础——生产方式和社会结构的变化;另一方面顺藤摸瓜,了解阶级斗争的各种形式和社会变革的各种成果,既全面而又深入地认识人类文明史,认识人们从事新的历史的创造所凭借的由先前世代提供的全部主客观条件。

马克思又一个重大贡献是关于创造历史的群众队伍逐步扩大的学说,这是马克思历史唯物主义的一个重要组成部分。既然物质生产活动是人类历史发展中的决定性因素,那么很自然地,物质生产者在历史发展中便具有不可替代更不可抹杀的作用。正如恩格斯所说:"无论不从事生产的社会上层发生什么变化,没有一个生产者阶级,社会就不能生存。因此,这个阶级在任何情况下都是必要的,虽然会有一天它将不再是一个阶级,而是包括整个社会。"①基于这一认识,广大物质生产者首次被作为历史研究的不可或缺的重要对象,纳入历史认识的视野。也正是基于这一认识,马克思猛烈批判了历史研究中无视广大生产者、广大民众的旧传统:"历史活动是群众的事业,随着历史活动的深入,必将是群众队伍的扩大。在批判的历史中,一切事情自然都完全不是这样报道的,批判的历史认为,在历史活动中重要的不是行动着的群众,不是经验的活动,也不是这一活动的经验的利益,而仅仅是寓于'这些东西里面'的'观念'。"②由于发现了物质生产活动和精神生产活动是人类历史最根本的活动,而在社会生产力发展中,进入实际生产过程的劳动力,包括他们的体力、意识、知识、技能、经验,他们的全部社会关系,具有无可替代的决定性作用,要了解历史的本质,自然需要重点对他们进行系统的深入的考察。也只有在这一基础上,历史记忆方才能够真正从族类记忆、国家记忆演进为世界记忆和公众自我的记忆,人们方才能够更为方便地从扑朔迷离的社会现象中找到基本的脉络,进而深入认识历史发展的各种规律。

对于马克思所创立的历史唯物主义具有何等重要的历史地位,列宁曾经作了非常精辟的概括和非常准确的评价。他指出:

发现唯物主义历史观,或者更确切地说,把唯物主义贯彻和推广运用于社会现象领域,消除了以往的历史理论的两个主要缺点。第一,以往的历史理论至多只是考察了人们历史活动的思想动机,而没有研究产生这些动机

---

① 恩格斯:《必要的和多余的社会阶级》,《马克思恩格斯全集》第19卷,第315页。
② 马克思、恩格斯:《神圣家族》,《马克思恩格斯全集》第2卷,人民出版社,1957年,第104页。

的原因,没有探索社会关系体系发展的客观规律性,没有把物质生产的发展程度看作这些关系的根源;第二,以往的理论从来忽视居民**群众**的活动,只有历史唯物主义才第一次使我们能以自然科学的精确性去研究群众生活的社会条件以及这些条件的变更。马克思以前的"社会学"和历史学,**至多**是积累了零星收集来的未加分析的事实,描述了历史过程的个别方面。马克思主义则指出了对各种社会经济形态的产生、发展和衰落过程进行全面而周密的研究的途径,因为它考察了所有各种矛盾的趋向的**总和**,把这些趋向归结为可以准确测定的、社会**各阶级**的生活和生产的条件,排除了选择某种"主导"思想或解释这种思想时的主观主义和武断态度,揭示了物质生产力的状况是所有一切思想和各种不同趋向的**根源**。人们自己创造自己的历史,但人们即群众的动机是由什么决定的,各种矛盾的思想或意向间的冲突是由什么引起的,一切人类社会中所有这些冲突的总和是怎样的,构成人们全部历史活动基础的、客观的物质生活的生产条件是怎样的,这些条件的发展规律是怎样的,——马克思对这一切都注意到了,并且指出了科学地研究历史这一极其复杂、充满矛盾而又是有规律的统一过程的途径。①

马克思所创立的历史唯物主义,应当说,还仅仅是一个开端。他的理论勇气与研究成果,同私有制及人的自我异化的积极扬弃的实践密切联系在一起。私有制和人的自我异化的积极扬弃在马克思所生活的时代方才开始,理论上的突破与对历史全面本质的具体的认识成果,当然不可能就非常成熟。在马克思以后,各国马克思主义者继续马克思所开创的事业,一个多世纪以来,又不断取得了新的成绩。

3. 历史全面本质的认识是一个持续的过程

马克思在批评旧的唯物主义时说过:

> 从前的一切唯物主义——包括费尔巴哈的唯物主义——的主要缺点是:对事物、现实、感性,只是从客体的或者直观的形式去理解,而不是把它们当作人的感性活动,当作实践去理解,不是从主观方面去理解。所以,结果竟是这样,和唯物主义相反,能动的方面却被唯心主义发展了,但只是抽象地发展了,因为唯心主义当然是不知道真正现实的、感性的活动的。②

---

① 列宁:《卡尔·马克思》,《列宁选集》第 2 卷,人民出版社,1995 年,第 586 页。
② 马克思:《关于费尔巴哈的提纲》,《马克思恩格斯全集》第 3 卷,第 3 页。

马克思的这一段论说也完全适用于历史认识，特别是对历史本质的全面认识。这就是决不能将这种认识仅仅从客体的或直观的形式去理解，而必须充分考虑到实践和人的主观作用的发挥在这种认识中的作用。这也就是马克思在《1844年经济学哲学手稿》中所说的："彻底的自然主义或人道主义，既不同于唯心主义，也不同于唯物主义，同时又是把这二者结合的真理。我们同时也看到，只有自然主义能够理解世界历史的行动。"[①]只有不断提高人的主观认识能力，不断实践，使人的能动作用与客体在实践中真正统一起来，方才能够真正理解世界历史的行动。否则，就会要么重新陷入唯心主义、唯灵主义的泥潭，要么把马克思所指示的门径变成先验的教条与公式，机械地去删削或篡改实际的历史。

一个多世纪以来，由于社会生产力新的巨大发展，科学与文化的广泛进步，私有制与人的自我异化的积极扬弃或以激烈的或相对温和的形式在实践中获得明显进展。世界历史的进程证实了马克思所创立的历史唯物主义的科学性质，也使马克思的见解被更多的人自觉地运用于历史本质的全面认识。巴勒克拉夫在《当代史学主要趋势》中非常公允地指出："今天仍保留着生命力和内在潜力的唯一的'历史哲学'，当然是马克思主义……当代著名历史学家，甚至包括对马克思的分析抱有不同见解的历史学家，无一例外地交口称誉马克思主义历史哲学对他们产生的巨大影响，启发了他们的创造力。"巴勒克拉夫特别强调指出：

> 虽然非马克思主义者和反马克思主义者不愿意承认这一事实，但是，要否认马克思主义是有关人类社会进化的能够自圆其说的唯一理论，是很难办到的……甚至在非共产主义国家中，马克思主义也长期不断地被接受为历史哲学，这不仅表明了马克思主义思想上的潜力，而且证明马克思主义成功地经受了检验。[②]

由于世界历史自身的发展，世界联系范围的不断扩大，人类所面临的历史知识量成百倍地在增长，人类自身的认识能力、分析能力也同样成百倍地在增长，这毫无疑问给沿着马克思所开辟的道路去认识历史的全面本质提供了更为有力的保证，同时，也为推动马克思主义历史哲学自身的进一步发展提出了更高的要求，提供了达到这一目标的主客观条件。

一个多世纪以来，人们在努力运用马克思本人所创立的历史唯物主义学说去认识历史的全部过程和全面本质时，一直在努力使马克思主义历史哲学自身不断丰富、不断充实、不断发展。但是，尽管世界性联系比起前一个世纪已经大

---

① 《马克思恩格斯全集》第42卷，第167页。
② 杰弗里·巴勒克拉夫:《当代史学主要趋势》，第261~262页。

大加强,也不是人人都已建立起直接的世界性联系。各个国家、各个民族、各个区域之间的发展仍然异常不平衡,人们的社会发展的水准与社会实践的性质有着巨大的差异,作为历史认识的主体,认识能力及成熟程度也高低悬殊,人们对马克思主义历史哲学的理解、运用和发展,就必然会形成反差极为强烈的许多不同的色层,他们相互之间因此经常发生激烈的争论。无论是这些不同的实践,还是这些争论,对于马克思主义历史哲学的发展来说,都表明了它在当前世界上所处的地位是何等重要,具有何等持久而雄厚的现实力量。

东西方各国许多异常杰出的历史学家自觉地或有保留地运用马克思主义历史哲学去认识世界及本国历史,取得了极为辉煌的成就。但是,一个多世纪来,环绕着马克思所建立的历史哲学的基本构架及主要范畴,也出现许多严重的分歧。

首先值得注意的是生产力与生产关系两者相互作用问题。

马克思在批判蒲鲁东时指出:"社会关系和生产力密切相联。随着新生产力的获得,人们改变自己的生产方式,随着生产方式即谋生的方式的改变,人们也就会改变自己的一切社会关系。手推磨产生的是封建主的社会,蒸汽磨产生的是工业资本家的社会。"①恩格斯差不多同时指出:"社会制度中的任何变化,所有制关系中的每一次变革,都是产生了同旧的所有制关系不再相适应的新的生产力的必然结果。"②他们在论述"异化"在什么条件下方才可以消灭时,反复强调"必须"以生产力的巨大增长的高度发展"为前提"。他们指出:"生产力的这种发展之所以是绝对必需的实际前提,还因为如果没有这种发展,那就只会有贫穷、极端贫穷的普遍化;而在极端贫困的情况下,必须重新开始争取必需品的斗争,全部陈腐污浊的东西又要死灰复燃。"同时,还因为"只有随着生产力的这种普遍发展,人们的普遍交往才能建立起来","交往的任何扩大都会消灭地域性的共产主义。共产主义只有作为占统治地位的各民族'一下子'同时发生的行动,在经验上才是可能的,而这是以生产力的普遍发展和与此相联系的世界交往为前提的"③。在历史唯物主义创始者这里,生产力相对于生产关系而言,显然具有决定性作用;当缺乏新的生产力时,企图人为地去改变生产关系,结局只会使全部陈腐的东西死灰复燃。

可是,后来,出现了另一种观点,强调任何生产力都只能在一定的生产关系

---

① 马克思:《政治经济学的形而上学》,《马克思恩格斯选集》第 1 卷,第 141~142 页。
② 恩格斯:《共产主义原理》,《马克思恩格斯选集》第 1 卷,第 238 页。
③ 马克思、恩格斯:《德意志意识形态》,第 86 页。

中展开，没有生产关系，生产力便不能成为现实。尤其是当旧的生产关系成为生产力继续发展的障碍时，生产关系的变革便成为生产力继续发展的前提。这可称作生产关系决定论。当提出社会主义可以首先在一国或一个地区取得胜利以后，尤其是社会主义革命在生产力相对落后的俄国首先取得胜利以后，改变生产关系在社会变革中经常被置于首要地位。于是，出现了当生产力变化不大时，致力于不断变革所有制关系及整个生产关系的理论、主张及实践，企图在绝大部分人口的生产活动还和古代差不多，世界性联系还很不发展甚至还处在地域性封闭状态下时，通过剥夺那些对生产力发展事实上还在发挥着积极作用的民营资本家经济及广大农民手工业者个体经济的办法，人为地建立普遍的单一的所谓纯粹的公有制经济关系，以此作为社会主义胜利并向共产主义过渡的标志。

　　社会主义在世界范围内兴衰成败的发展史，已经以无数令人信服的事实表明，生产力确是历史发展中动力性和决定性因素。生产关系以适应生产力发展的需要而形成和变革，在新的社会生产力形成之前，不可能形成真正新的、更高形态的生产关系。是否真正代表先进生产力发展方向，是否能够致力于发展新的社会生产力，推进社会生产力的持续进步，是判断一种生产关系、一个社会形态是否具有生命力的根本标志。当某一种生产关系、某一个社会形态对生产力的发展尚有积极作用即尚具生命力时，人为地将其消灭，事实上只会阻碍乃至破坏社会生产力的发展。而这样做的结果，必然会受到历史自身的惩罚。

　　与此相应，在究竟怎样认识社会经济形态演进序列及其规律问题上，也产生了重大歧异。

　　马克思创立的社会经济形态这一范畴，给整体把握历史发展本质，了解历史发展规律提供了科学基础。但是，在一段时间中，原始社会、奴隶制社会、封建社会、资本主义社会、社会主义共产主义社会的循序演进，被说成世界各民族社会演进的普遍规律和共同发展道路，对此稍有异议者则被宣布为反对马克思主义，而世界上许多民族，特别是广大东方民族实际的社会经济形态及其自具特点的演进道路，包括马克思长时间关注和着力探究的亚细亚生产方式，马克思晚年对东方社会发展道路的深刻思考，都被强行纳入上述框架，于是形成了以所谓家内奴隶或普遍奴隶为特点的东方奴隶制社会说，以小农经济广泛发展、土地可以自由买卖为基础的地主封建社会说。社会经济形态及其演进，不再是从各民族历史实际出发，而是成了用以强行剪裁各民族历史的公式。

　　这本是一个可以进行自由讨论的学术问题。由于 20 世纪二三十年代这个问题在苏联被高度意识形态化和高度政治化，讨论无法正常地进行。但是，当意识形态的全面控制和强大的政治压力消除以后，这一问题的自由争论便不可遏止地非常热烈地展开了。亚细亚生产方式和东方社会成了新的研究热点。马克思继对西欧历史上社会经济形态的演进过程作了持续深入的研究之后,一直努力解开广大东方世界历史发展的秘密,人们对于马克思在这一领域的思考认真进行了深入的研究。马克思将人类社会进程划分为三大社会形态或三大时代的尝试,过去一直未为人们所注意,现在则成了人们关注的新焦点。

这三大社会形态或三大时代的划分,最早见之于马克思《1844年经济学哲学手稿》。这部著作,按照劳动的性质,将人类历史划分为劳动对象化、劳动异化和私有制、劳动异化的扬弃和私有制消灭三个阶段[1]。在《1857—1858年经济学手稿》中,他又提出:"人的依赖关系(起初完全是自然发生的)是最初的社会形态,在这种形态下,人的生产能力只是在狭窄的范围内和孤立的地点上发展着。以物的依赖性为基础的人的独立性,是第二大形态,在这种形态下,才形成普遍的社会物质交换,全面的关系,多方面的需求以及全面的能力的体系。建立在个人全面发展和他们共同的社会生产能力成为他们的社会财富这一基础上的自由个性,是第三个阶段。第二个阶段为第三个阶段创造条件。"[2]在第一种形态下,人们处在家长制的、奴隶制的或封建领主制的统治之下,只在极小的范围内互相联系,他们为不开化的利己性所支配,把自己的全部注意力集中在一块小得可怜的土地上,过着失掉尊严的、停滞的、苟安的生活,自然不可能形成多方面的需求和全面的能力体系。第二种形态下,一切产品和活动都转化为交换价值,每个人的生产都依赖于其他一切人的生产,每个人的消费也要依赖于其他一切人的消费,活动和产品的交换成为每一单个人的生存条件。普遍的物质变换带来人与人全面的联系,人们突破了原先地域的、家庭或其他古代共同体的局限,形成多方面的需求以及全面能力体系。没有第二形态作基础,人的自由的全面的发展就无从谈起。正是在这个意义上,第二形态被视作为第三形态创造了必要的条件。这是因为要进步到第三形态,一切劳动产品、能力和活动互相交换都是不可避免的历史阶段,非此不足以打破先前自然发生的或政治性的统治和服从关系,不足以改变先前哪怕是共同体形式下的闭塞与狭隘状态。正因为如此,在大力发展社会生产力时,必须通过活跃的商品交换、市场经济,包含世界市场上的全面联系,使人们从传统的不开化利己性控制下解放出来,让狭隘的地域性的个人为世界历史性的、真正普遍的个人所代替,再在这一基础上,向第三形态前进。在《资本论》第1卷中马克思又将这三个阶段概括为直接的社会关系、物化的社会关系和自由人联合体三种社会形态。

---

[1] 《马克思恩格斯全集》第42卷,第43~181页。
[2] 《马克思恩格斯全集》第46卷(上),人民出版社,1985年,第104页。

一些论者将马克思所述的亚细亚的古代的、古典的、中世纪的诸形态,视为性质相近的前资本主义形态,世界不同地区、不同民族在真正的世界联系尚未形成时,由于各自条件,或为亚细亚形态,或为部落制、公社制形态,或为奴隶制形态,或为封建制形态,必须从其实际出发,不可以一个统一的模式去让历史实际削足适履。以物的依赖性为基础的人的独立性,在欧美广大地区表现为资本主义形态,在其他许多地区,缺乏欧洲式资本主义占据绝对支配地位的条件,则表现为其他多种形态,包括在社会主义这一总概念下的多种过渡型或混合型的形态。有关这些问题的讨论,目前正在世界各国众多关心宏观历史发展的史学家中展开。

历史唯物主义重视生产力的发展,重视社会经济形态的研究,如何正确估计经济因素与政治因素、思想文化因素在历史发展中的地位和作用,是分歧较大而争论激烈的又一个重大问题。

恩格斯晚年已经非常敏感地注意到青年马克思主义者们"有时过分看重经济方面",并认为有一部分责任应当由他和马克思来承担。在阐述对具体的历史问题究竟应当如何分析时,他特别强调了必须充分注意各种因素之间的交互作用。为此,他写道:

> 根据唯物史观,历史过程中的决定性因素归根到底是现实生活的生产和再生产。无论马克思或我都从来没有肯定过比这更多的东西。如果有人在这里加以歪曲,说经济因素是唯一决定性的因素,那么他就是把这个命题变成毫无内容的、抽象的、荒诞无稽的空话。①

恩格斯认为,必须重视"一切因素之间的交互作用",他甚至说过,"相互作用是事物的真正的终极原因"②。当然,在谈到交互作用时,他仍然强调了"在这种交互作用中归根到底是经济运动作为必然的东西通过无穷无尽的偶然事件(即这样一些事物,它们的内部联系是如此疏远或者是如此难于确定,以致我们可以忘掉这种联系,认为这种联系并不存在)向前发展"③。

恩格斯之后,在继起的各国马克思主义者中,出现过认为经济问题一旦解决、经济基础一旦改变,其他问题就可跟着迎刃而解,上层建筑就可跟着改变的经济决定论;但是,后来长时间中,影响更大的常常是将精神因素的作用夸大为第一的精神决定论,以及认定政治权力的作用具有决定性意义的政治决定论,所

---

① 恩格斯:《致康·施米特》,《马克思恩格斯选集》第4卷,第695~696页。
② 同上书,第328页。
③ 同上书,第696页。

有这些立论,经常都以恩格斯的交互作用论为依据,而突出地强调其中为自己所需要的一个方面。20世纪20年代,卢卡奇在他的代表作《历史和阶级意识》中首次针对这些争论提出一个"总体性"的范畴。他说:"马克思主义和资产阶级思想之间决定性差别,不是在历史的解释中把经济动机放在首要地位,而是总体性的观点。"①总体,即整体完全优于各部分。他在说明如何认识历史的本质时强调:只有在这种情况下,即把社会生活中的孤立事实视为历史进程的不同方面,并把它们结合为一总体,"对事实的认识才能够有希望成为对现实的认识"②。他还强调,认识的这种整体性还有另一层含义,这就是认识主体自身的整体性:现实只能作为整体才能被理解和洞悉,而且只有自身是一总体的主体,才能这样透彻地了解③。从形式上看,这种整体性观点,比之片面强调经济的、政治的或精神的某一方面因素的决定作用,要全面一些,比之笼统地强调各种因素的交互作用,也要丰满一些,但是,实际上,这一观点同样难以准确地概括由先前历史造成的现实的人利用历史所提供的条件创造历史的能动活动,难以准确地揭示在人的这种有意识、有感情、有欲望、有需求的实践活动中各种因素不同程度、不同性质、不同方向的相互作用。

其实,马克思和恩格斯早在《德意志意识形态》中就已明确指出:"按照我们的观点,一切历史冲突都根源于生产力和交往形式之间的矛盾……生产力和交往形式之间的这种矛盾(正如我们所见到的,它在以往的历史中虽多次发生过,然而并没有威胁这种形式的基础)每一次都不免要爆发为革命,同时也采取各种附带形式——表现为冲突的总和,表现为各个阶级之间的冲突,表现为意识的矛盾,思想斗争、政治斗争等等。根据狭隘的观点,可以从其中抽出一种附带形式,把它看做是这些革命的基础,要做到这一点更其容易的是,这些革命所由出发的各个个人本身,根据他们的文化水平和历史发展的阶段而对自己的活动作出了种种幻想。"④所有精神决定论、政治决定论、二元论、折中论,其实都只不过是马克思恩格斯这里所说的一定文化水平、一定历史发展阶段下某些人对自己的活动作出的各种幻想。

一百多年来,环绕着究竟应当怎样认识现实的个人同社会的关系也出现了严重的分歧和激烈的争论,这一分歧与争论同样深刻地影响着对于历史全部运动与历史全面本质的认识。

---

① 卢卡奇:《历史和阶级意识》,王伟光等译,华夏出版社,1989年,第27页。
②③ 同上书,第9、39页。
④ 《马克思恩格斯选集》第1卷,第81~82页。

马克思早已指出:"人的本质并不是单个人所固有的抽象物,实际上,它是一切社会关系的总和。"①当马克思说明共产主义是人的本质的现实的生成,或人的本质对人说来的真正实现,或人的本质成为现实的存在时,所关注的就是全部社会关系的现实的改造,而全部社会关系的改造是为了使人真正成为人,也只有在使各现实的个人真正从旧的社会关系下解放出来时,社会关系的改造方才是取得了真正的成功,现实的个人解放的程度与社会关系改造的进程应当是统一的。

然而,在相当长一段时间中,在突出强调阶级斗争、集团斗争、政党斗争的时候,往往片面夸大了个人必须消融于阶级、集团、政党之中,将现实的个人的解放同阶级、集团、政党作用的发挥对立起来,甚至经常简单化地将立足于商品经济与现代社会发展基础上形成的具有独立人格、独立意识的个人视作危险的异己力量。在认识历史的全面本质和全部过程时,便导致常常用群体取代个体,或者用少数高高在上的正反面代表人物取代每一个活生生的现实的个人。

正是由于实际存在着这一弱点,存在主义的马克思主义代表萨特在《辩证理性批判》中提出:"如果我们不希望辩证法成为又一神学规律,成为形而上学的天命,那么它必须从个人而不是从某种超个人的整体开始。"②另一代表亨利·列斐伏尔(H. Lefebver)在《辩证唯物主义》(*Le matérialisme dialectiquer*)中更针对自我异化的人这一概念提出一个新概念"总体人",他写道:

> 总体人同是生成活动的主体和客体,他是与客体对立又克服这个对立的能动主体……总体人是能动的主体—客体,他首先被分裂、被肢解,被囚于必然性和抽象性。通过这种分裂,他走向自由;他成为自然,但又是自由的。他成为总体,像自然一样,但又将自然置于他控制之下。这种总体人是"扬弃异化"的人。③

其实,对这个问题论述得最为透彻的,还是马克思本人。历史,在马克思看来,就是人自己产生与成长的活动。他一贯把每个人自由而全面的发展看成共产主义运动最高的价值和最高的目的,并将整个历史看成实现这一目的、这一价值的具体过程。马克思、恩格斯在《共产党宣言》中已清楚地说明,取代资产阶级的社会的,"将是这样一个联合体,在那里,每个人的自由发展是一切人的自由发展的条件"④。随后,在《资本论》第1卷《资本的积累过程》中指出,社会生产力

---

① 马克思:《关于费尔巴哈的提纲》,《马克思恩格斯全集》第3卷,第5页。
② 萨特:《辩证理性批判》,商务印书馆,1963年,第36页。
③ 亨利·列斐伏尔:《辩证唯物主义》,巴黎,1962年,第147页。
④ 《马克思恩格斯选集》第1卷,第273页。

的发展,将为未来的社会奠定现实的基础,未来社会将是"一个把每一个人都有完全的和自由发展作为根本原则的高级社会形态"①。1877年马克思在《给祖国纪事杂志编辑部的信》中将这一社会概括为"在保证社会劳动生产力极高度发展的同时又保证人类最全面的发展的这样一种经济形态"②。马克思、恩格斯关于每个人自由而全面发展的这些论述,在他们逝世之后,很少为人们所提及,尤其是在俄国十月革命之后,阶级斗争为纲、无产阶级专政及无产阶级全面专政的声音淹没了任何关于"自由""个人"的呼声。但是,随着历史自身的发展,随着对马克思本人著作和马克思思想体系的研究日益深入,马克思、恩格斯的这些论述已越来越为人们所重视。

马克思在《1857—1858年经济学手稿》中论述人的发展时指出:"全面发展的个人——他们的社会关系作为他们自己的共同的关系,也是服从于他们自己的共同的控制的——不是自然的产物,而是历史的产物。要使这种个性成为可能,能力的发展就应达到一定的程度和全面性,这正是以建立在交换价值基础上的生产为前提的,这种生产才在产生出个人同自己和同别人的普遍异化的同时,也产生出个人关系和个人能力的普遍性和全面性。"③人的全面发展,首先是"个人关系和个人能力的普遍性和全面性"。每个人自由而全面发展,自然是超越了或克服了"个人同自己和同别人的普遍异化",而使得这种"个人关系和个人能力的普遍性和全面性"发展得更为充分。人由于生产力和科学技术的革命性发展,越来越克服自身自然属性的局限,而依靠社会属性的不断扩展、不断提升,使其"个人关系和个人能力的普遍性和全面性"不断增强。各个个人的存在与世界历史直接相联系,他们终于能够摆脱各种不同的民族局限和地域局限,"而同整个世界的生产(也包括精神的生产)发生实际联系,并且可能有力量来利用全球的这种全面生产(人们所创造的一切)"④。人不再是自然状态及半自然状态下以生存斗争或种的繁衍为其本质,不再以范围非常有限的家庭、等级、阶级利益为其本质,而真正以人与整个人类直接相联系的社会性为其本质,以人类社会与自然环境的和谐统一为其本质。

人究竟怎样成为列斐伏尔所说的扬弃了异化的"总体人"? 这一问题在马克思、恩格斯那里也早已有过非常明确的论述。他们在《德意志意识形态》中指出:"在共产主义社会中,即在个人的独创的和自由的发展不再是一句空话的唯一的社会中,这种发展正是取决于个人间的联系,而这种个人间的联系则表现在下列

---

① 马克思:《资本论》第1卷,人民出版社,1957年,第649页。
② 《马克思恩格斯全集》第19卷,第130页。
③④ 《马克思恩格斯全集》第46卷(上),第108~109页。

三个方面,即经济前提,一切人的自由发展的必要的团结一致以及在现有生产力基础上的个人的共同生活方式。"在具体解释这"三个方面"时,马克思、恩格斯指出:"要消灭关系对个人的独立化、个性对偶然性的屈从、个人的私人关系对共同的阶级关系的屈从等等,归根到底都要取决于分工的消灭。"他们还指出:"只有交往和生产力已经发展到这样普遍的程度,以致私有制和分工变成了它们的桎梏的时候,分工才会消灭……私有制只有在个人得到全面发展的条件下才能消灭,因为现存的交往形式和生产力是全面的,所以只有全面发展的个人才可能占有它们,即才可能使它们变成自己的自由的生活活动……私有制和分工的消灭同时也就是个人在现代生产力和世界交往所建立的基础上的联合。"①马克思和恩格斯在这里说明,每个人自由而全面的发展,取决于分工和私有制的消灭;而分工和私有制的消灭,又有待于人得到全面的发展。

这两者又究竟如何互相推进?根据一个半世纪以来世界各国历史发展的实际,2001年7月1日江泽民在庆祝中国共产党成立80周年大会上的讲话中,在中国共产党历史上第一次,也是十月革命以来国际共产主义运动史上第一次,恢复了马克思所坚持的每个人自由而全面发展为共产主义社会的中心目标,公开宣布建立物质财富极大丰富、人民精神境界极大提高、每个人自由而全面发展的共产主义社会是我们的最高纲领。在说明这一目标同现实的社会发展的关系时,他指出:"推进人的全面发展,同推进经济、文化的发展和改善人民物质文化生活,是互为前提和基础的。人越全面发展,社会的物质文化财富就会创造得越多,人民的生活就越能得到改善,而物质文化条件越充分,又越能推进人的全面发展。社会生产力和经济文化的发展水平是逐步提高、永无止境的历史过程,人的全面发展程度也是逐步提高、永无止境的历史过程。这两个历史过程应相互结合、相互促进地向前发展。"②只有将人的自由而全面发展确定为社会生产力和经济文化发展的中心目标,社会生产力和经济文化发展才会有明确的方向和正确的发展战略;而又只有坚持全面提高人的素质,促进人的自由而全面发展,才能给社会生产力和经济文化持续、快速、健康的发展,提供源源不断的动力和最可靠的保证。只有通过这两者积极的互动与自觉配合,才能最终消灭私有制与分工,使全部社会生产力和全部社会交往变成人们自己的自由的生活。

这些事实无可辩驳地表明,历史唯物主义决不是只注意阶级、阶层、集团等群体的历史主体作用,而漠视活生生的具体的个人的历史主体作用。马克思所坚持的只是这样一点,即:"一个人的发展取决于和他直接或间接进行交往的其

---

① 《马克思恩格斯全集》第3卷,第516页。
② 见《人民日报》2001年7月2日。

他一切人的发展；彼此发生关系的个人的世世代代是相互联系的，后代的肉体的存在是由他们的前代决定的，后代继承着前代积累起来的生产力和交往形式，这就决定了他们这一代的相互关系。总之，我们可以看到，发展不断地进行着，单个人的历史决不能脱离他以前的或同时代的个人的历史，而是由这种历史决定的。"①每个人都只能在特定的历史与现实所形成的制度范围内发展自己，施展自己的聪明才智，发挥自己的历史作用，平民百姓如此，英雄豪杰或各类伟大人物也不例外。

第三节 史学理论多元发展中历史全面本质认识的深化

真理是具体的。历史唯物主义只是研究历史的指南，而不是必须背得烂熟并用来剪裁各种历史事实的现成公式。如果用学理主义和教条主义对待历史唯物主义，那就必然会从历史唯物主义转变为历史唯物主义的对立物。历史唯物主义在自己发展过程中，一方面通过对于世界各国历史的实证研究来不断充实自己，使各种历史的真理从抽象上升到具体；另一方面，则通过与其他各种思想、各派史学理论的论争及互相渗透、互相借鉴中丰富自己，使视野更为广阔，洞察更为准确。马克思主义的本质特征，就是如哈贝巴斯所说的："严肃地向一切新的和具有挑战意义的事物开放，同时不忘记过去。"②

历史唯物主义的诞生，为了解历史全面本质提供了一种新的思维方式。但是，历史唯物主义的诞生，并不意味着所有其他学派在认识历史全面本质方面就无所作为。法国著名哲学家雷蒙·阿隆在其《社会学主要思潮》一书中，比较了近代社会的三大研究者孔德、马克思以及《美国民主制度》和《旧制度与革命》两部名著的作者托克维尔思想的异同，指出，他们所研究的都是近代欧洲社会，"可是，这三位作者却以不同的方式给这个现代社会下了定义：在奥古斯特·孔德看来，它是工业社会；马克思认为它是资本主义社会；托克维尔则说它是民主社会。他们分别所下的定义表明了他们各个观察当时现实生活的角度"③。阿隆还指出："由于各个所选择的出发点不同，对现代社会的描绘也就各不相同。与此同时，对社会演变的看法也不一样。"如孔德从工业社会这个概念出发，强调必须协

---

① 《马克思恩格斯全集》第 3 卷，第 515 页。
② 哈贝巴斯：《〈当代国外马克思主义评论〉题辞》，见复旦大学当代国外马克思主义研究中心编：《当代国外马克思主义评论》创刊号，2002 年。
③ 见雷蒙·阿隆：《社会学主要思潮》，葛智强等译，上海译文出版社，1988 年，第 329 页。

调一致,恢复道德和宗教信仰的一致性;马克思认为,资本主义的诸矛盾是基本的,最终必导致社会主义革命,这一革命的胜利将标志史前时期的结束;在托克维尔看来,将来尚在未定之中,因为导向未来社会的某些特征人们已经认识到,但也有不少特征对人来说还是不可预料的,因此,未来尚有很大的自由发展的空间①。孔德也好,托克维尔也好,都不是历史唯物主义者,但是,当他们从不同的视角努力揭示近代欧洲社会主要特征并由此思考整个历史演变特征时,在他们所特别关注的领域内,不应否认,还是取得了不少值得人们重视的成果,有助于人们从更多不同层面对欧洲近代社会进行深入的考察。

这一状况,在他们那一代思想家一一谢世之后也仍在继续。20世纪,由于世界多极化与史学理论多元化的强劲发展,在历史哲学领域内,同样存在着多种具有重大影响的与历史唯物主义相异的思潮。它们常常直接地或间接地对于历史唯物主义进行挑战,但是,它们也并非一无是处,有不少学派与思潮对于历史全面本质的某些部分、某些侧面,事实上进行了相当深入的研究。对于历史唯物主义者说来,这些挑战往往有利于突破一些习惯性思维的束缚,尝试从不同视角对往昔很少注意的问题作深层次的思考。因此,马克思主义史学在自己发展过程中,决不狭隘地、简单化地排拒各种非马克思主义甚至反马克思主义的学术成果,相反是非常重视那些严肃的认真的研究,用以促进自己的发展,使得对于历史本质的考察更为深入而全面。

纵观20世纪世界史学理论的多元发展,特别值得马克思主义史学所重视的是以下一些代表性学派与思潮。

1. 马克斯·韦伯的宗教社会学研究

第一个代表性学派与思潮是马克斯·韦伯对于欧洲资本主义及其起源的研究。

马克斯·韦伯(Max Webee,1864—1920年)是20世纪社会学领域影响最广泛的学者之一,但首先是一位历史学家,撰写过多篇专业性很强的历史论文。他最负盛名的著作是由《新教伦理与资本主义精神》《儒教和道教》《印度教和佛教》《古犹太教》以及《世界性宗教的经济伦理》等构成的一组宗教社会学著作,以及在他去世后出版的《经济与社会》等书。在被称作宗教社会学的一组著作中,马克斯·韦伯重点研究了西方资本主义的主要特征及其产生过程。他认为,资本主义最根本的特征就是以追求最大限度的利润和无限度的积累为目的,以由

---

① 见雷蒙·阿隆:《社会学主要思潮》,第330页。

企业合理组织劳动和生产为手段,两者互相结合,方才产生资本主义。资本主义并不是贪得无厌,相反,倒是对这种非理性化欲望施加理性化的节制;合理组织生产,是要以最低的成本得到最大的效益。他认为,西方资本主义的特征,即追求利润与合理的劳动纪律的结合,在历史进程中就只出现了一次。西方式的资本主义在西方文明以外的任何地方都未曾真正发展起来。追究其原因,韦伯归之于基督教新教教义已经培育出对经济活动采取一种符合资本主义精神的态度。而世界上其他宗教,包括儒教与道教、印度教与佛教、原始犹太教、伊斯兰教等,都未能培育出这样一种精神。由此,他认定,资本主义经济制度只能在西方而不能在其他任何地方发展。雷蒙·阿隆在评价马克斯·韦伯这一学说时指出:

> 与历史唯物主义相比,韦伯的思想不是赞成与反对变换了一下位置。认为马克斯·韦伯提出了一个与马克思根本相反的命题,即用宗教来说明经济,而不是其相反,用经济来解释宗教,这一观点是绝对错误的。虽然他有时,特别是第一次世界大战结束后在维也纳的一次大会上也说过"积极批判历史唯物主义"这样的话,但他从不打算推翻历史唯物主义学说,让宗教力量的因果关系替代经济力量的因果关系。首先,资本主义一旦建成,那就是这个环境决定人们的行为了,不管动机如何不同。资本主义企业已经在各文明中广为建立就足以证明这个观点……他想表明的是人对经济所采取的态度可能为自己的信仰体系所左右,而信仰体系在一定时期里又是受经济制度支配的……马克斯·韦伯特别想表明耶稣教教义解释和某种经济行为之间精神上和实际上存在的相似性。资本主义精神和耶稣教伦理之间的相似性决定行动方向的认识世界的方法能为人理解。韦伯的论著有助于人们积极、科学地理解道德准则和信仰对于人类行为的影响,也阐明了宗教思想的因果关系是怎样对历史起作用的。①

马克斯·韦伯《经济与社会》一书,正如雷蒙·阿隆所述:"这部著作以通史为对象。各种文明、各个时代和各种社会在书中都被作为例子或说明加以引用……它的目的是把各种经济形式、法律形式、统治形式和宗教形式置于一个独特的观念体系之中,使之为人理解。"②在这部著作中,马克斯·韦伯研究了人类的社会行为与社会关系,尤其是人们的经济行为;研究了人类各种类型的共同体,包括家族共同体、邻里共同体、人种共同体、各类经济共同体,阶级、政党、统

---

① 雷蒙·阿隆:《社会学主要思潮》,第 572~573 页。
② 同上书,第 581 页。

治机构等政治共同体,以及宗教共同体;研究了统治的合法性问题,以及合法统治的三种类型:合理的、传统的、魅力型的统治;研究了个人的行为和具体的意向在实现过程中如何必然社会化。本书新版整理者温克尔曼在该书第 5 版前言中指出:

> 与社会行为不可分割地相对立的是客观的——具体的世界的总体。马克斯·韦伯明确无误地强调,社会行为到处都联结着对具体的基本情况"起制约作用的客观的实际",也就是说,与客观存在的条件联结在一起,并且在其基础上进行……马克斯·韦伯认为利益决定人们的社会行为……与一个由他也总是强调的补充观点相对立,即认为行动的人们的感知和设想,往往可以理解地在很大程度上由他们的社会的、经济的和政治的现实情况所决定。在科学上,这两种认识作为启迪学的解释观点属于一个整体……也就是说,必须从客观的相互关系,包括用量的理论表达,也从合乎理性的及非理性的行为意图、目标方向和思索过程,去发展规律学知识。没有规律学知识这个宝藏,要理解地、阐释地洞察人的社会行为的动机是不可能的……①

这些事实表明,马克斯·韦伯的学说,虽然在不少地方与历史唯物主义有异,但其真正有价值的部分,并不是否定了或推翻了历史唯物主义,而正是印证了历史唯物主义,或有助于历史唯物主义更为深入地把握历史的全面本质。

2. 汤因比的文明史研究

第二个代表性学派与思潮是汤因比对于世界各种文明的综合研究。

汤因比(A. J. Toynbee,1889—1975 年),英国著名历史学家,其代表作是皇皇 13 卷、由他个人耗时近 50 年独立完成的巨著《历史研究》(日译本为 23 册)。13 卷标题依次为:绪论,文明的起源,文明的生长,文明的衰落,文明的解体,统一国家,统一教会,英雄时代,文明在空间上的接触,文明在时间上的接触,历史中的法制和自由,西方文明的前景,历史学家的灵感。各卷从 1934 年至 1961 年陆续出版。汤因比能够非常流利地运用多种语言写作,《历史研究》中大量直接地引用了包括古希腊语、古拉丁语等多种语言在内的史料,使一般读者阅读时相当困难,日文译本将所有这些不同文字的史料统一翻译出来,给通读全书提供了方便。

---

① 见马克斯·韦伯:《经济与社会》上卷,约翰内斯·温克尔曼整理,林荣远译,商务印书馆,1998 年,第 18~21 页。

汤因比以"文明"为单位,考察了全部人类文明史。他认为,人类历史上直接源自原始社会的原生文明有6个,它们是:埃及,安第斯,古代中国,米诺斯,古代苏末,马雅。同古代中国文明有子体关系的有远东文明及其分支日本—朝鲜文明;同米诺斯文明有子体关系的有叙利亚文明与古代希腊文明,同叙利亚文明有子体关系的有伊朗文明、阿拉伯文明,两者混合以后产生伊斯兰文明;同古希腊文明有子体关系的有东正教文明、东正教俄罗斯文明及西方文明;同古代苏末文明有子体关系的有古印度文明、赫梯文明、巴比伦文明;同古印度文明有子体关系的有印度文明;同马雅文明有子体关系的有尤卡坦文明和墨西哥文明,两者混合以后产生中美洲文明。另有5个停滞的文明:波利尼西亚文明、爱斯基摩文明、游牧文明、奥斯曼文明、斯巴达文明;3个流产的文明,即没有成长就夭折了的文明:远西方凯尔特基督教的文明(在爱尔兰和爱奥那)、远东方基督教文明、斯堪的纳维亚北欧海盗文明。

汤因比认为,用种族特征和环境因素解释文明的起源,是用生物学和地质学的方法来研究事实上属于精神世界的问题。文明起源的真正原因,是人类对于一种特别困难的挑战进行了应战。古埃及人正是对尼罗河动手兴办排水工程,创造了古代埃及文明,而继续追逐水草而居的那些人则保留了他们原始的生活方式;同样,正是底格里斯河和幼发拉底河的挑战,从而有水利工程应战者创造了古代苏末文明;正是黄河的挑战,从而有应战者创造了古代中国文明;马雅文明起源于对热带森林的挑战进行应战;安第斯文明起源于对荒凉高原的挑战进行应战;米诺斯文明起源于对海洋的挑战进行应战。至于那些子体文明,则起源于对各种人为环境的挑战进行应战。挑战过于严重,应战者无法应对,会导致文明流产与停滞。

汤因比认为,文明的生长主要不是依靠政治的和军事的扩张或者技术改进。一切生长的动力都来源于赋有创造性的个人,或一小群个人。他们对社会生长做出贡献,作出表率;社会上普通的人则通过模仿,追随他们的领导。若既没有创造能力,又不能模仿,结果便只有死亡。文明为什么会衰落?汤因比将其原因归结为:少数创造者不再有创造的力量,而变成了少数"统治者";社会普通成员因此撤回了他们的支持和模仿,变成离心离德的"无产者",社会因此失去了统一。而少数创造者之所以不再有创造的力量,则根源于创造行为自身的报应:对于一次挑战胜利了的集团极容易"坐下来休息",陶醉于享受这次胜利的成果,因而很难在第二次挑战面前再取得胜利;胜利者因为胜利,而易于产生对人间一种组织、一种技能的崇拜,并忍不住使用政治武器去追求不正当的目的。结果,社会分裂为三块:少数统治者、内部无产者和外部无产者。少数统治者创造统一国家,内部无产者创造"高级宗教"和统一教会,外部无产者创造蛮族入侵集团;终于导致文明解体。

汤因比指出,文明在它的起源、生长和衰落阶段,都可以独立地进行研究,但到了解体的最后阶段,则需要研究各文明之间的关系。同代文明在空间的接触,造成均衡局面的改变,形成军事上的挑战和反挑战,反侵略和反反侵略,军事冲突和思想战争,文化的互相渗透。异代文明在时间上的接触,导致政治思想和制度、法律体系、哲学、语言和文字、造型艺术、宗教思想和制度等的复兴。但是,单纯的复兴不会成功,反而倒可能窒息创造性。西方文明的前景如何?是否也将最终解体?汤因比认为,情感的反应,如乐观主义或悲观主义,都缺乏说服力。西方文明要存在下去,需要进行多方面的努力。而世界社会即使能解决所有实际存在的问题,人类也不可能从此生活在幸福里,因为每一个婴儿出世时,"原罪"就跟着诞生。

汤因比认为,文明具有社会整体性特征,因此是历史研究的可以令人理解的最小范围。文明是人类历史上很晚出现的现象,历史最长的文明也不过6 000年。因此,所有这些文明,在哲学意义上是属于同一时代。即是说,一切所谓文明类型的社会的历史,在某种意义上都是平行的和具有同时代性的。他说:"我们对业已死亡的文明进行死后的解剖,并不能使我们给自己的文明或其他尚在生存中的文明卜卦算命。"①他承认,在人类历史发展中,那些非人类的自然法则在起作用,但是,作为人类社会,一个重要特征是人不能改变非人类的自然法则,却能驾驭它为己所用。人类自身内部的心理组织所固有的法则,可以制约非人类的自然法则的作用。这就是人能在一定程度上获得自由的根本原因。

要挑剔汤因比对于世界文明的研究所存在的偏颇和失误,那可太容易了,因为它们在其《历史研究》中可以说是比比皆是。但是,他的研究,将二三十种文明置于同等地位加以考察,使历史研究视野真正扩大到世界范围,这就异常有力地证明了西方文明中心论无法成立。他对于社会历史作整体性研究的不懈追求,他的渊博的知识和异常宏大的视野,更具有示范性意义。他关于人对于各种挑战作出创造性的应战在文明起源中具有决定性作用,以及导致这种创造性逐步丧失以致文明衰弱、解体的种种缘由的具体分析,对于深入认识人类历史的本质,都具有积极意义。

3. 年鉴学派的"三时段"理论与实践

第三个代表性学派和思潮是法国年鉴学派"三时段"划分的理论与实践。

---

① 汤因比:《我的历史观》,见《现代西方史学流派文选》,第121页。

年鉴学派发端于吕西安·费弗尔（Lucien Febvre，1878—1956 年）和马克·布洛赫（Marc Bloch，1886—1944 年）对于"整体史"研究的倡导，因他们于1929 年共同创办的《经济社会史年鉴》而得名。他们要求打破学科之间的藩篱，将历史学家与社会学家、经济学家、人类学家、心理学家及地理学家等不同学科的学者集合于一起，运用所有这些学科从不同的角度共同对历史进行研究，使史学社会科学化，社会科学史学化。年鉴学派突飞猛进的发展，由其继承者费尔南·布罗代尔（Fernand Braudel，1902—1985 年）为代表的新一代学者予以实现。

布罗代尔所阐明的三时段说，立足点是历史的时间具有多元性质。其一是"个体时间"，或称作"短时段"，指一些突发的事件所经历的时间："是每个人所理解的时间，是我们在日常生活中、在梦中、在对过去的表面意识中所感受的时间，是新闻记者和日记作者所理解的时间……短时段存在于各种生活形式之中——经济的、社会的、文学的、制度的、宗教的乃至地理的（一场风或一次风暴）、政治的……乍看起来，历史似乎由大量的细节所构成……但这些大量细节远非是现实的全部，远非是作为科学研究对象的历史的复杂构成材料……短时段观察法是歪曲现实的哈哈镜，并且是无法预测的。"①其二是"社会时间"，或称作"中时段"，指"局势"逐步形成的时间，指在十年、二十年、五十年以至一二百年内对历史起重要作用的一些现象起伏兴衰的活动周期和节奏。布罗代尔说："以往的政治史把一天或一年作为一个理想的时间计量单位。时间是日的总和。但一条价格变动曲线、一次人口增长、工资运动、利率波动、生产率研究（这依然是某种梦想）、商品流通的精确分析，所有这些都要求有更大的时间计量单位。""科学、技术、政治制度、精神工具、文明（用人们所习惯的用语），都具有它们自己的生命节奏和成长节奏。"②其三是"地理时间"，或称"长时段"，指长期稳定或变化极缓的各类"结构"延续与发挥作用的时间，如地理、气候、生态环节、社会组织、文化传统，"它在一方面当然意味着一系列的部分的集成、一个框架，同时它又标志着某些在长时间内一直存在的和只是缓慢地衰亡着的特定实在。一些特别长命的结构，已成为世代相传的稳定因素。它们抗拒历史的进程，也因此就决定了历史的流动"③。布罗代尔认为，"历史学作为不同时间观念的辩证法"，以自己的方式解释了"整体意义上的社会实在"，从而就"解释了过去也解释了现在"，正如布罗

---

① 费尔南·布罗代尔：《历史科学和社会科学：长时段》，见何兆武主编：《历史理论与史学理论》，商务印书馆，1999 年，第 804 页。
② 同上书，第 805~806 页。
③ 同上书，第 808、817 页。

代尔引用费弗尔所说的,历史学的价值就在于它"既是过去的科学,也是未来的科学"①。

布罗代尔所创立的"三时段"说,在其两部代表作《菲利普二世时代的地中海和地中海世界》与《15至18世纪的物质文明、经济和资本主义》中,有非常具体的表现。在前一部著作的序言中,布罗代尔介绍了该书如何贯彻长时段、中时段、短时段"三时段"的主张:

> 本书分为三个部分,每个部分自成一篇总体说明的论文。第一部分论述人与其周围环境关系的历史,一部近乎静止不变的历史,流逝与变化滞缓的历史……[第二部分为]一部慢节奏的历史……一部社会史,即群体与团体的历史……最后还有第三部分,即传统历史部分,或可称之为个体、事件史……一种表层上的激荡,即潮汐在其强烈运动中掀起的波浪,一部起伏短暂、迅速、激动的历史。②

《15至18世纪的物质文明、经济和资本主义》一书分为3卷。第1卷题为《日常生活的结构:可能和不可能》,讲"物质文明",依次叙述这400年间人们最基本的物质生活状况,从口粮、菜肴、饮料、居宅、家具、服饰等生活资料,到能源、冶金、火炮、印刷术等新技术的采用,进而论及货币与城市的发展,都属于"长时段"起作用的各种因素。第2卷题为《形形色色的交换》,讲"经济",实际是研究市场经济的状况,叙述交换的发展,市场构成,农业、工业、运输业发展,商行及公司等经济组织,社会诸统治集团,属于"中时段"起作用的各种趋势。第3卷题为《世界的时间》,专论"资本主义",按地区和年代顺序,叙述威尼斯、阿姆斯特丹如何先后统治欧洲经济,法、英民族市场如何形成,美洲、黑非洲、俄国、土耳其、远东市场如何开辟,最终至于工业革命和经济增长,属于"短时段"内发生的各大事件。布罗代尔所述的资本主义与马克思所述的资本主义两个概念有很大差异,布罗代尔所界定的资本主义,指一种由少数商人组成的垄断经济,因此,他认定"早在人类历史的初期,一种'潜在的'资本主义便逐渐形成,千百年来不断发展,一直延续至今"③。但是,在论述近代欧洲资本主义产生时,他不是像马克斯·韦伯那样从基督教新教伦理中去寻找其渊源,而是通过大量原始资料的爬梳,从人们千百年来长时段的日常物质生活中去寻找其基础。布罗代尔发现,市场经

---

① 费尔南·布罗代尔:《历史科学和社会科学:长时段》,见何兆武主编:《历史理论与史学理论》,第808、817页。
② 布罗代尔:《菲利普二世时代的地中海和地中海世界》,唐家龙等译,商务印书馆,1996年。
③ 布罗代尔:《15至18世纪的物质文明、经济和资本主义》第3卷,顾良、施康强译,生活·读书·新知三联书店,1993年,第720页。

济与资本主义是两个不同的概念,市场经济不一定就是资本主义的,有时甚至是反资本主义的。在这部著作的结束语中他特别指出:"市场的创造力对经济不仅是一种基本的富源,而且是当经济遇到危机、战争和严重故障而需要实行结构变革时的一条退路……市场是一切经济活动的源泉,各种应急的、革新的办法都首先从这里出现,虽然最好的发现后来总归落到资本家的手里。"①这部著作还证明:"资本主义是一种长时段的结构,但这不等于说是一种绝对静止不动的实在。所谓长时段,就是一系列的反复运动,其中包括变异、回归、衰变、整治和停滞,或用社会学的术语来说,构成、解构、重构……有时也会出现重大的断裂,虽然这种机会很少。"②

布罗代尔的"三时段"说及其实践,将历史学研究的重点转移到整体的、结构的考察。当研究视野从一个个历史事件转到地理环境结构、生态结构、社会结构、经济结构、思想文化结构时,自然将历史研究的对象从少数精英人物转向广大普通民众,从各种偶然因素转向长时段存在和普遍起作用的常规事物变迁,这样,便在实践中非常坚实地走向了历史唯物主义,走向了历史全面本质。年鉴学派的研究,在世界各国迅速得到大量应和者,成为当代史学研究的一种典范,正因为它能引导人们透过大海的波涛浪花,而进入大海深处,认识历史进步的真正本质。

4. 西方马克思主义的历史理论

第四个代表性学派和思潮是西方马克思主义者从不同角度对于历史唯物主义进行的反思。

俄国十月革命后,西欧、北美各发达国家一批马克思主义学者对俄式马克思主义持保留或批评态度,重视对马克思原典的深入研究,或致力于将马克思主义人本主义化及科学主义化,将马克思主义与存在主义、弗洛伊德主义、分析哲学、新实证主义、结构主义、生态主义等当代流行的理论设法结合起来,对历史唯物主义作出新的诠释,或给予新的补充。他们彼此之间在一些重大问题上常常存在着严重的分歧,某些见解甚至完全针锋相对。综观他们的各主要研究成果,可以发现,他们所关注的问题大多集中在历史唯物主义以下一些基本原理上。

其一,人的本质总体性或全面性问题。

法国存在主义的马克思主义代表人物列斐伏尔(Henri Lefebvre, 1901—

---

① 布罗代尔:《15至18世纪的物质文明、经济和资本主义》第3卷,第736、722页。
② 同上书,第736、722页。

1991年)在1938年出版的《辩证唯物主义》一书中,重点讨论了人的主体性及其同客体对立的问题。他认为,人通过劳动,使人独立于自然之外而与自然而斗争,逐步从自然界中脱胎出来。社会现实是生产活动的产物,但它一旦产生出来,就具备了客观实在性,它为特定的人类活动提供了条件,既决定了人类的活动,又限制了这个活动。它提供了人的自由,又反对这种自由。这样,人由于劳动方成为人,又由于劳动必然创造出独立于自身的具有客观实在性的社会,而为这个客体所支配。人所独具的这种创造性活动便导致各种异化现象的产生。由此便可得出结论,只有在人类与自然界以及人与社会的矛盾统一中,在既充分重视人的主体性而又充分注意其同客体的对立统一中,方能把握人的本质。为此,他要求从"总体的人"去把握人的本质:"总体的人是变化的主体与客体,它是与客体对立并克服这种对立的有生命的主体,是被分成许多局部活动和分散的规定并克服这种分散的主体。"①

西方马克思主义的先驱者卢卡奇(Georg Lukáca,1885—1971年)晚年撰写并于1971年出版的《社会存在本体论》,在如何准确把握人的全面本质上,比之列斐伏尔又前进了一大步。在这部著作中,卢卡奇将存在分作由"无机自然"和"有机自然"组成的"自然存在"与为人类所独有的"社会存在"两大类。他认为,自然存在是社会存在的基础,但是,人类社会存在一旦产生,便具有不可逆性,"无机自然界的因果律"和"有机自然界的活动规律",都不能无条件地运用于人类的社会存在。人类作为社会存在与作为自然存在最根本的区别,就是人类的社会存在以人自觉的历史活动即具有目的性的劳动与实践为其基础。他说:"只有当我们认识到,社会存在的产生、它对自己的基础的超越以及获得自己的独立,都是以劳动,即不断实现自己目的论设定为基础的,我们才能合理地谈论社会存在。"②卢卡奇的这部著作从本体论角度揭示了人作为社会存在的本质特征。人的总体性,在这里因人的社会实践性、人的历史性的积聚而更为充实。

其二,人类社会历史发展的根本动力问题。

"分析的马克思主义"创立者柯亨(G. A. Cohen,1941—2009年)1978年出版的《卡尔·马克思的历史理论:一个辩护》,旗帜鲜明地论证了"历史从根本上来说就是人的生产力的增长,而社会形态的兴盛和衰落则取决于它们究竟是促

---

① 亨利·列斐伏尔:《辩证唯物主义》,1962年。转引自俞吾金、陈学明:《国外马克思主义哲学流派新编(西方马克思主义卷)》下册,复旦大学出版社,2002年,第394页。
② 卢卡奇:《社会存在本体论》第2卷,1984年。转引自俞吾金、陈学明:《国外马克思主义哲学流派新编(西方马克思主义卷)》上册,第67页。

进了还是阻碍了这种增长"①。他批评恩格斯强调经济基础只是在"归根到底"层次上决定着上层建筑,实际上是将经济基础的作用缩减为只在社会发展始起点上具有决定作用,是软化了马克思历史理论的硬度;他又批评"结构主义的马克思主义"奠基人阿尔都塞将人类社会发展进程说成由各种因素共同决定,是使生产力、生产关系、经济基础、上层建筑中任何一个概念都失去了自己的优先性或基础性,最终牺牲了马克思历史理论的本质性内容。他坚持,生产力对生产关系,生产力对由生产关系构成的经济结构具有始源性、首要性的作用,即使是生产关系和经济结构大变革时代,也未例外:"经济结构促进生产力发展的这一明显的事实并不损害生产力的首要性,因为生产力是按照经济结构促进生产力发展的能力来选择经济结构的。"②

同一年,"分析的马克思主义"的另一代表人物肖(W. H. Shaw,生于1948年)出版的《马克思的历史理论》一书,阐述了与柯亨相类似的观点。他认为,马克思关于生产力是历史中动力性的和决定性的因素这一理论并没有得到广泛的理解。事实上,在生产力与生产关系的相互作用中,生产力起着第一性的作用,而生产关系则起着第二性的作用。为此,他批评了生产关系决定论和生产力与生产关系在不同条件下分别决定的相互决定论,而坚持"人类历史的关键在于人的生产力的发展。生产力是'一切社会组织的物质基础';生产力的改进标志着社会的进展"③。

然而,就在柯亨和肖这两部著作出版三年之后,法兰克福学派当代的主要代表哈贝马斯(Jürgen Habermas,生于1929年)出版了两卷本《交往行动理论》,对人类社会历史发展动力作出了与他们大相径庭的解释。

哈贝马斯认为,在考察人类社会时,不仅要关注主体与客体之间的关系,而且要特别关注主体与主体之间的关系。他将人类的社会行动区分为四类:一是目的行动,二是规范调节行动,三是以"自我表演"为核心的戏剧行动,四是主体间通过互动而达到理解与协调一致的交往行动。目的行动、规范调节行动、戏剧行动实际上也主要是主体与主体间的关系。这四种社会行动,其有效性要求分别是真实性、正当性、真诚性、可领会性;与这四种有效性相对应,存在四种理性:理论理性、实践理性、美学理性、交往理性。理性化过程,包含着这四种理性的理

---

① G. A. 柯亨:《卡尔·马克思的历史理论:一个辩护》,1978年。转引自俞吾金、陈学明:《国外马克思主义哲学流派新编(西方马克思主义卷)》下册,第508页。
② G. A. 柯亨:《卡尔·马克思的历史理论:一个辩护》,1978年。转引自俞吾金、陈学明:《国外马克思主义哲学流派新编(西方马克思主义卷)》下册,第517页。
③ W. H. 肖:《马克思的历史理论》,1978年。转引自俞吾金、陈学明:《国外马克思主义哲学流派新编(西方马克思主义卷)》下册,第533页。

性化。他认为,历史唯物主义的基础不应当是劳动,而应当是交往行动。劳动解决主体与客体之间的关系,而交往关系则主要解决主体与主体之间的关系。他责难将生产方式作为划分人类历史发展阶段的标准,是将异常复杂的历史实际简单化了。基于上述四类社会行动、四种理性,他提出,应以综合"一般的行动结构""世界观的结构""制度化的法律结构"和"道德观念结构"四者在内的"社会的组织原则"为划分历史阶段的标准,据此,他将人类历史分作依次推进的四个阶段:新石器社会、早期文明社会、发展了的文明社会、现代社会①。他强调,任何一种社会形态,都是一种社会一体化的形态,社会的传承不是单纯的生产力的传承,而是整个生活世界的传承,除去生产知识的传承外,还包括道德—实践知识在内的整个生活世界知识的传承。哈贝马斯所构建的这一理论体系,实际上坚持了人类社会历史由各种不同因素共同决定的理论,只不过更加精致罢了。但是对于规范调节行动、戏剧行动及交往行动的重视,对于实践理性、美学理性、交往理性在历史进步中的作用的重视,无疑还是有助于更全面地理解历史唯物主义的基本原理。

其三,意识形成与发展的独立性问题。

马克思将社会意识视为社会存在的反映,将各种思想观念视作现实生活的表现,发现随着社会制度的巨大历史变革,人们的观点和观念也会发生变革。马克思也承认意识形态有其相对独立性,当社会上一部分人作为思想家出现,专门以先辈的思维材料为原料完成意识形态的创造时,意识便在形式上走上了自我独立发展的道路。马克思特别论及历代统治阶级,都会将他们的思想变成统治思想。他还指出:"理论一经掌握群众,也会变成物质力量。"理论怎样才能掌握群众?马克思强调:"理论只要说服人,就能掌握群众;而理论只要彻底,就能说服人。"②但是,社会存在究竟经由哪些中间环节决定社会意识,社会意识又经过哪些中间环节作用于社会实际,历史唯物主义的创始者未作深入讨论。"弗洛伊德主义的马克思主义"于是设法将弗洛伊德的精神分析学与历史唯物主义结合起来,解决上述中间环节问题。

"弗洛伊德主义的马克思主义"的创始者赖希(Wilhelm Reich,1897—1957年)在1928年出版的《性格分析》和1930年出版的《性革命》这两部著作中,构建了"性格结构"和"性革命"理论。"性格结构"理论,将人的性格分成表层、中间层及深层三个层次。表层,为"社会合作层",人的真正面目隐藏在礼貌面具之后,为"性格的上层建筑"。中间层,由原始的、粗野的和毁灭性的冲动所组成。深

---

① 见俞吾金、陈学明:《国外马克思主义哲学流派新编(西方马克思主义卷)》上册,第242页。
② 马克思:《〈黑格尔法哲学批判〉导言》,见《马克思恩格斯选集》第1卷,第9页。

层,在所有非理性冲动背后的"本能冲动"——一种单纯的、真实的和体面的本性。性格结构具有稳定性、自主性、独立性等特点。特定的经济发展过程,经由学校、教会、家庭教育,创造特定的性格结构,意识形态被埋置在个人的性格结构之中。正因为如此,赖希主张,除去必须进行改变国家政权性质和财产关系的宏观革命之外,还必须进行"微观革命",改变家庭、社会培养人、教育人的方式,改造群众意识的"内部结构",改造人的"性格结构"。

在赖希之后,"新弗洛伊德主义"创始人弗罗姆(Erich Fromm,1900—1980年)在1965年出版的《超越幻想的锁链》一书中,进一步发展了赖希的上述理论。他要求注意"社会性格",即同属于一个文化时期绝大多数人所共同具有的性格结构的核心。他认为,社会性格的发展,乃依其所在的特殊社会而定,社会过程创造了社会性格。社会性格可以将整个社会的绝大多数人的能量引向某一方向。因此,在经济基础产生意识形态的过程中,"社会性格"起着中介的作用,"社会性格是思想和理想的基础,正是从这种社会性格中,各种思想和理想才得以获得自身的力量和吸引力"①。同时,在意识形态反作用于经济基础时,"社会性格"也是一个不可或缺的中间环节,因为意识形态总是直接反作用于"社会性格",经由"社会性格"再作用于经济基础。

对于社会经济现象与社会心理现象的复杂关系,赖希也好,弗罗姆也好,都在努力进行探索。当然,问题并未就此真正解决,但他们引导人们在一个新的领域开始思考,而这无疑有助于人们更深刻地理解社会结构的复杂性以及人的全面本质的多重性。

5. 后现代主义思潮的当代挑战

对于马克思主义的历史本体论进行挑战的,除了以上这些学派和思潮外,还有一种也不容忽视,这就是冲击力很强的当代后现代主义。

后现代主义以对工业经济时代及资本主义制度下的普遍价值体系与知识体系的全面解构和颠覆为特征。在价值和知识领域,他们致力于"消解同一性,向主体性、整体性、稳定性、决定性开战,而趋向多元性、不确定性、间断性、不稳定性、散漫性、模糊性;他们解构了现象与本质的区分、表层与深层的差异、真实性与非真实性的对立、异化与非异化的分歧、所指与能指的界限,而趋向于对精神、价值、真理、终极关怀、道德伦理、审美意识的全面怀疑与不断否定。他们不仅对

---

① 弗罗姆:《超越幻想的锁链》,1980年。转引自俞吾金、陈学明:《国外马克思主义哲学流派新编(西方马克思主义卷)》上册,第344页。

功能主义、实用主义、物质主义、科学主义、法治主义统统排拒,而且对理性及启蒙所确立的全部观念,以及启蒙本身的合法性与权威性提出质疑"①。历史本性论、历史规律、历史全面本质,自然也是他们的解构对象。

以"后结构主义"著称的法国思想家福柯(Mirkel Foucault,1926—1984年)最有影响的著作,几乎都是历史著作。1961年出版的《癫狂和非理性:古典时代的癫狂史》,研究的是精神病和社会如何对待精神病的历史。他说明了癫狂在17世纪成为应由国家负责的"社会问题"的原因,论证了18世纪末出现的"疯人院",打着科学与人道主义的旗号,实际上不仅要监禁精神病患者的肉体,而且要监禁他们的心灵。1963年他出版了《诊所的诞生》,1966年出版了《词与物》,1969年出版了《知识考古学》,1975年出版了《监禁与惩罚》,分别研究了现代医疗系统、历史话语体系以及现代刑罚体制的起源,用以说明医院、监狱、现代人文科学知识,都是社会用来进行排斥、放逐和限制他人权利、支配他人的,都反映了权力运作发展的过程。1976年至1984年出版的3卷本《性经验史》,研究了古希腊以来西方对性的态度,重点揭示其背后的权力关系和认识旨趣。他高度评价尼采对道德、禁欲、正义、惩罚进行谱系学分析的《道德谱系学》。他所进行的历史研究,都属于那些被主流社会和一般科学所排斥和遗忘了的所谓"边缘话语",认定包括癫狂话语、医疗话语、惩罚话语、性经验话语,都有独立的历史和制度。他要以此反对"被看作科学话语的权力的效应",通过复兴"一系列被剥夺资格的知识,被认为是不充分或不精确的知识:素朴的知识,处在等级体系的下层,在被认可的知识和科学的层面之下"的知识,复兴这些"特殊的、局部的、区域性的知识,一种具有差异性的知识",来对传统的"总体性思考"展开批判②。他明白宣布:

> 谱系学的规划既不是通过经验主义,也不是通过普通意义上的实证主义来展开的。它真实的任务是要关注局部的、非连续性的、被取消资格的、非法的知识,以此对抗整体统一的理性,这种理论以真正的知识的名义和独断的态度对之进行筛选、划分等级和发号施令。……我们关心的是一些知识的叛乱,这些知识主要反对的并不是科学的内容、方法和概念,而是中心化的力量所导致的后果,这些力量与我们社会中有组织的科学话语的制度和功能密切相关。③

以从事后现代文化研究著称的利奥塔尔(Jean-François Lyotard,1924—

---

① 参见姜义华:《理性缺位的启蒙》,生活·读书·新知三联书店,2000年,第489页。
②③ 福柯:《两个讲座》,见严锋译:《权力的眼睛——福柯访谈录》,上海人民出版社,1997年,第217~219页。

1998年)在其代表性著作即1979年出版的《后现代状况》一书中,将所有知识都等同于"叙事",进而将"叙事"分成两类:"原始叙事"或"小叙事";"元叙事"或"大叙事"。原始叙事、小叙事具有原初和开创意义;"元叙事"或"大叙事"则指具有合法化功能的叙事。它"把社会和政治制度的实践、立法的形式、道德、思想形式和象征体系合法化",但是,它"不是把这种合法性建立在一个原初的'创立'行为的基础上,而是建立在要实现的未来,也即要实现的理念上面。这一(自由、'启蒙'、社会主义、普遍繁荣)理念具有合法化价值,因为它是普遍适用的。它赋予了现代性特有的形式:事业,也即指向一个目的的意志"①。"元叙事"或"大叙事"的这种合法性功能,使它具有了普遍性、权威性乃至绝对性的地位。然而,现代技术科学的发展,否定了先前科学合法化的标准,也动摇了以往被奉为权威的"元叙事"的绝对性地位,颠覆了相关各知识领域的一元性、普遍性、确定性的追求。利奥塔尔说:"当代技术科学……完成了现代性事业:人使自己成了自然的主人和拥有者。但同时当代技术科学又深刻地颠覆了这一事业。因为'自然'这个说法也应包括所有组成人类主体的东西:它的神经系统、遗传密码、脑皮层处理器、视觉和听觉接受器、(尤其是语言的)交流系统、集体生活的组织,等等。它的科学和技术科学最后也可能成为自然的一部分……客体也有语言;为了了解客体,你必须能够翻译它们的语言。因此,智慧内在于事物之中。在这种主体和客体互相叠盖的情形下,主宰的设想如何能够继续存在?在科学家本人制作的科学的再现中它逐渐不再被使用。"②这样,原先具有支配地位的各种具有普遍性、权威性的法则、规律、本体,便都不能继续成立,代之而起的是崇尚特殊性、个别性、多元性、差异性、变异性的"后现代知识"。利奥塔尔说,这种知识"能够使我们形形色色的事物获致更细致的感知能力,获致更坚忍的承受力宽容异质标准。后现代知识的法则,不是专家式的一致性;而是属于创造者的悖谬推理或矛盾论"③。他将"后现代"概括为"对主宰意象和叙事的规则提出疑问","所有接受到的东西都必须被怀疑,即使它只有一天的历史","并无责任去提供真实……要做的是发明对可构想但是不可表现的东西的暗指",并由此号召"对总体性开战。让我们做那不可表现的事物的证人;让

---

① 利奥塔尔:《关于合法化备忘录》,见谈瀛洲译:《后现代性与公正游戏——利奥塔尔访谈、书信录》,上海人民出版社,1997年,第181页。
② 利奥塔尔:《关于叙事的旁注》,见谈瀛洲译:《后现代性与公正游戏——利奥塔尔访谈、书信录》,第170页。
③ 利奥塔尔:《后现代状况》,湖南美术出版社,1996年,第31页。

我们激活分歧,挽救它的荣誉"①。

更为直截了当地批判和全面否定所谓基础主义、本质主义和表象主义的,是美国新实用主义的主要代表罗蒂(Richard McKay Rorty,1931—2007年),他于1979年出版的《哲学与自然之镜》一书,是一部最具哲理色彩的后现代著作。推翻以反映论为主要特征的传统认识论,是罗蒂全部立论的根基。他认为,传统的认识论把心灵当作反映实在的一面镜子,把知识当作经由这种反映而形成的各类表象的系统化和精确化,思想、观念、本质等概念,都是心灵关于其对象的镜像。由于心灵并不是一面明净平均的镜子,它所获得的表象并不一定真实可靠,它更像一面魔镜,其中布满了迷信和欺骗,所以,他提出,必须放弃作为准确表象结果的传统知识观,放弃在此基础上形成的基础主义、本质主义。所谓基础主义,即是以主客观、心物两者对立为中心的形而上学世界观作为科学、艺术、道德和宗教的理论前提与最后基础;所谓本质主义,即是将现象和本质、外在和内在加以明确的区分,要求通过现象认识本质,通过外在表象认识内在规律。罗蒂坚持人们所观察到的所有客观、物质、表象,都不可能不脱离主观、人心、理论的作用而单独存在,因此,主客二分,心物二分,都不能成立。他认为,现象和本质、内在和外在的区别,只是人们因目的不同,而对他们认定有用的世界采用了不同的描述方式而已。他在这部著作的导论中直言不讳地说:"本书的目的在于摧毁读者对'心'的信任,即把心当做某种人们应对其具有'哲学'观的东西这个信念;摧毁读者对'知识'的信任,即把知识当做是某种应当具有一种'理论'和具有'基础'的东西这种信念,摧毁读者对康德以来人们所设想的'哲学'的信任。"②正是本着这一意图,罗蒂提倡"教化哲学""小写的哲学",要求人们不再去关注具有普遍性、确定性、必然性的东西,而代之以具有特异性、新颖性、无规则性、相对性的话语,根据各人独立的兴趣和利益,以谈话取代认知,以交流意见取代对于真理的追求,用对生活方式的描述、解释来代替对于实在、本质等的认知。历史研究对于历史本质的种种追求,在他这里,便成了无数的陷阱。

另一位直接"解构"人类社会历史发展本质与发展规律的,是"解构主义"最著名的代表德里达(Jacques Derrida,1930—2004年)。他提出:"我们必须首先'颠覆'传统的历史概念。"为什么呢? 他说:

> 我们必须小心"形而上学"的历史概念……这一概念就是将历史当作意义的历史:它展开自己、产生自己、完成自己……它是直线地完成这些活动:

---

① 利奥塔尔:《后现代》,见谈瀛洲译:《后现代性与公正游戏——利奥塔尔访谈、书信录》,第138~141页。
② 罗蒂:《哲学与自然之镜》,生活·读书·新知三联书店,1987年,第4页。

以直线或环形线的方式……历史概念的形而上学特征不仅与直线性相联,而且与全部内涵"系统"(目的论、末世学、意义增殖和内在化、某种类型的传统性、某种连续性概念和真理概念等等)相关……阿尔都塞对"黑格尔"的历史概念和一种表达的总体性概念等作了全面的和必要的批判,其目的在于表明并不存在一种单一的历史,一种广义的历史,而只存在记载它们的型式、律式和模式的各种"不同"的历史,即相间隔的、有区分的历史。我一直同意这种看法……①

从根本上说,德里达所坚持的只不过是历史人物、历史事件、历史活动的个别性、独特性以及人们认识历史时所必然具有的主观性,他据此便坚决反对将某一种系统化、整体化了的历史认识宣布为真理,宣布为历史本身。他说:"从我发表的第一个文本起,我就力图将消解批评系统化,即反对在以上分析中将历史规定为意义的历史,反对在历史的、逻各斯中心的、形而上学的、唯心主义的表象中的历史。"他主张历史只能是"一个分层次的、有区别的、矛盾的实践系列",既不是一种一元论的历史,也不是一种历史循环的历史②。

综观后现代主义的主要理论,可以发现,尽管它们批判锋芒的犀利程度远远超过它们正面的主张,它们在推动人们思想上、学术上走出一元论的独断主义方面,无疑是有益的。它们的许多观点与马克思主义观点是相悖的,但是,后现代主义的主要锋芒显然是对着现代资本主义经济的、政治的、思想的、文化的霸权,当然,也包含前苏联式的、"全面专政"式的霸权。历史唯物主义者在深入考察历史发展的全面本质及其内在规律时,不会简单化地排斥和全盘否定他们的思考,因为他们严肃而严格的批判精神,揭示了人们常常因为习惯而完全忽略了的许多深层次的矛盾。

利奥塔尔在《后现代》中说:"一部作品只有首先是后现代的才能是现代的。这样理解之后,后现代主义就不是穷途末路的现代主义,而是现代主义的新生状态,而这一状态是一再出现的。"③后现代主义者正是为谋求"现代主义的新生状态"而坚持了相当彻底的批判态度,正是这种批判态度,使他们的思想最终不得不走近或走向马克思主义。德里达 1993 年出版的《马克思的幽灵——债务国家、哀悼活动和新国际》一书,坦陈没有马克思,没有对马克思的记忆,没有马克思的遗产,就没有将来。不去阅读而且反复阅读和讨论马克思,将永远是一个错

---

① 德里达:《立场》,见何佩群译:《一种疯狂守护着思想》,上海人民出版社,1997 年,第 104、102~103 页。
② 同上书,第 95~96、101~102 页。
③ 利奥塔尔:《后现代》,见谈瀛洲:《后现代性与公正游戏——利奥塔尔访谈、书信录》,第 138 页。

误。人们必须接受马克思主义的遗产,尤其要继承马克思主义的批判精神。当今世界所产生的各种问题,若是没有马克思主义的批判精神,就不可能得到解决。为此,他说:"地球上所有的人,所有的男人和女人,不管他们愿意与否,知道与否,他们今天在某种程度上都是马克思和马克思主义的继承人。"①这应当是一切敢于正视历史发展本质与客观规律的思想家和学者必然的结论,而马克思主义者也正是在历史理论多元发展中日益深化了对于历史全面本质和历史发展规律的认识。

---

① 德里达:《马克思的幽灵》,1993 年。转引自俞吾金、陈学明:《国外马克思主义哲学流派新编(西方马克思主义卷)》下册,第 734 页。

第五章 历史研究成果的社会表现形态

人们通过不同的途径、采用不同的方法研究历史，以达到在一定的范围内和一定的程度上认识历史的目的，并通过社会实践的检验来判断和修正这种认识，进而推进人们对于历史的认识。这是一个不断反复的过程。

在这个过程中，并不是一切研究历史的人，都必须将其研究所得即对于历史认识的成果用某种确定的社会表现形态展示出来，他们通常是把这种认识运用于自己所从事的某种具体的工作，以促进其工作水平的提高，进而促进社会的进步和历史的发展。

但是，对于历史学家来说，情况就不一样了。他们的责任，是要将其研究所得即对于历史的认识转化为全社会的知识财富，因而必须使它们具有能够为社会所接受的表现形态。这是历史学家的职业要求，是他们对于历史和所处时代应尽的天职。

随着科学的发展和社会的进步，史学工作者研究成果的社会表现形态也越来越丰富。

这里要阐述的，是在以往漫长的岁月中和现阶段历史研究成果之基本的或主要的社会表现形态——历史学著作以及关于它的内容、形式和要求。

第一节 历史研究成果的社会性与多样性

1. 历史撰述的社会性及多层次性

历史是过去的社会，今天的社会则是未来的历史。从这个意义上说，历史撰述正是论述过去的社会,因而必然包含着人类广泛的社会活动。正像古希腊史学家希罗多德(约前 484—前 425 年)《历史》的内容广泛、无所不包一样,西汉史学家司马迁(前 145—前 90 年)①的《史记》也近乎当时的百科全书。稍后,东汉班固(32—92 年)的《汉书》,博大精深,内容恢廓,后人称其书"文赡而事详"②。同样,在西方比班固略晚的古罗马史学家阿庇安(约 95—165 年)的《罗马史》,记述了广阔地域上的丰富史事。阿庇安在序言中说:"直到现在,还没有一个帝国曾经占有这样广阔的领土和维持这样长久的时间。"③显然,我们今天能够对以往社会有相当的了解和认识,在很大的程度上是凭借以往史学家的这些内容极为丰富的历史撰述。可见,历史撰述之具有广泛的社会内容,是它本身固有的特点之一。

这一特点,在中国古代丰富的史学遗产中表现得尤其突出。举例来说,司马迁著《史记》的宏大目标是"究天人之际,通古今之变,成一家之言"④。《史记》不仅记述了自传说中的黄帝至汉武帝时期约 3 000 年历史演进的过程,以及在这一演进过程中各个阶层的代表人物;同时还记载了社会生活的许多侧面,这从它的"八书"和类传中看得十分清楚。《史记》的"八书"包含礼乐制度、天文地理知识、人们对于自然条件的利用和统治者实行的社会经济政策等;类传则有循吏、酷吏、儒者、龟策、日者、刺客、游侠、滑稽、货殖等,涉及社会各方面的许多代表性人物。司马迁以其神来之笔,活画出一幅幅社会生活的纷繁画面和各阶层人物的种种风貌;至于统治者的政治举措、历代兴亡得失,更是写得有声有色。《史记》以下,自《汉书》起,历代"正史"多仿照《史记》规模,在有些方面还不断有所发展。以"食货"而论,自《汉书》改《史记》的《平准书》为《食货志》开始,二十四史中的半数都撰有《食货志》。南朝萧齐建元二年(480 年),史官与大臣们讨论史书志目,王俭认为:"金粟之重,八政所先,食货通则国富民实,宜加编录,以崇务本。"⑤这件事说明史学家对于历史撰述中志目的确定很重视,也说明人们对于历史撰述中有关社会经济方面的内容有很明确的认识。元朝人所修《宋史·食货志》篇帙多达十四卷,内容涉及农田、方田、赋税、布帛、和籴、漕运、屯田、常平义仓、役法、赈恤、会计、钱币、会子、盐、茶、酒、坑冶、矾、香、商税、市易、均输、互市舶法等,反映出宋代社会经济生活的活跃与丰富。清朝人所修《明史》的志,含十五个志目,是"正史"中志目最多的。这表明,随着历史的发展,史学家在历史

---

① 司马迁生卒年,学术界历来看法不一,这是其中一种说法。
② 《后汉书·班彪传下》附《班固传》后论。
③ 阿庇安:《罗马史》,谢德风译,商务印书馆,1979 年,第 13 页。
④ 司马迁:《报任少卿书》,见《汉书·司马迁传》。
⑤ 《南齐书·文学·檀超传》。

撰述中所反映的社会生活的内容也愈来愈广阔。综合二十四史的类传,其类别多达二十多种,皇亲国戚,三教九流,无所不包。其中,有一种类传尤为重要,即多数"正史"都有少数民族的传记(有的是与外国传同篇)。这又说明,中国古代史学之历史撰述的社会性,不止限于中原民族即汉族,而且包含了许多少数民族的历史状况、社会面貌、风土人情、民族交往等,生动地反映出统一的多民族国家的历史进程。

以上这些,都还只是历代"正史"所反映出来的历史撰述之社会性的某些方面。而"正史"以外的历史撰述,同样具有这个特点。如杜佑(735—812年)的《通典》、司马光(1019—1086年)的《资治通鉴》、郑樵(1104—1162年)的《通志》、马端临(约1254—约1323年)的《文献通考》等,这些不同体裁的通史撰述,也都具有广泛的社会内容。如《通典》记历代典章制度(包括食货、选举、职官、礼、乐、兵、刑、州郡、边防)和历代有关的"群士论议得失",其细密翔实的程度远远超出以前的"正史"中的"志"。《资治通鉴》记战国至五代千余年史事,以政治、军事为主而旁及其他,其社会内容之广泛,诚如清初王夫之所说:

  其曰"通"者,何也?君道在焉,国是在焉,民情在焉,边防在焉,臣谊在焉,士之行己以无辱者在焉,学之守正而不陂者在焉。虽扼穷独处,而可以自淑,可以诲人,可以知道而乐,故曰"通"也。①

从今天的观点来看,王夫之解释《资治通鉴》的"通",正是从它的社会性着眼的。此外,如地理书(它们以地理为主,亦往往兼记经济、政治、军事、民族等内容)、方物志、乡贤传、族谱、家乘、野史、笔记等,都可补"正史"之不足,涉及社会生活的许多方面。

上述情况,还只是从历史撰述的内容来考察它的社会性,如果从历史撰述反映的历史认识所具有的实践意义来看,那么这种社会性就显得更为突出了。

历史研究成果的社会性,因不同社会层面之成员的需要而又显示出多层次性。

第一,编撰构架的不同,有时也反映出层次的差别。如汉献帝"常以班固《汉书》文繁难省",乃命荀悦仿《左传》编年体撰为《汉纪》②。宋人杨万里读《资治通鉴》,有"如山之峨,如海之茫"之感,难以得其要旨,而读《通鉴纪事本末》就觉得一目了然。这固然因体裁上的特点而产生不同的效果,其中的确也有层次上的差别。

---

① 王夫之:《读通鉴论·叙论四》。
② 见《后汉书·荀悦传》。

第二，即便同一编撰构架，因内容繁简、论说深浅不同，也显示出层次上的差别。如同属于编年体通史，司马光的《资治通鉴》是较深层次的读物，早出的皇甫谧的《帝王世纪》、马总的《通历》等是一般层次的读物，司马光的《稽古录》是雅俗共赏的读物。后朱熹编《通鉴纲目》，后人仿之作《纲鉴易知录》等，这是从编年体派生出来的纲目体史书，也是属于比较通俗的编年体通史著作。

第三，即使同一部历史著作，也会因部帙的大小而显示出层次上的差别来。如汤因比的《历史研究》，英文版原著3 000多页，索麦维尔为之所作的节录本只有500多页①，而"内容提要"称为"节录本的节录本"，则仅有20余页。其后，汤因比本人也给《历史研究》作了一部删节本，并为它配上了插图，于1972年出版。汤因比在《序言》中写道："本书的形式在某些方面既不同于原来的12卷本，也不同于由D.C.索麦维尔节录的10卷本。""这是头一部插图本，配合文字说明的各幅插图赋予这部书以新的内容。图片不仅增强了文本的效果，而且能传递大量文字所无法充分表达的信息。"他进而指出："目前这个版本同索麦维尔的版本一样，是一个删节本。但本书的删节依循不同的思路。书中能看到一些索麦维尔的修订本以及初版头10卷所没有收入的课题。经索麦维尔压缩的版本成功地再现了初版头10卷的整体结构，却不可避免地舍弃了我的大部分历史例证，而那正是我的论点的支撑。现在这个版本则收入了初版当中的那些例证，而且还有可能保留了更多的细节。作为补充卷的第12卷（'反思'卷），现在也被头一次纳入本书的主要内容当中。"②可见，这个删节本是界于原本与索麦维尔删节本之间的一个版本，更具有雅俗共赏的优点。

第四，这是最常见的一种情况，即对于同一历史事件、历史人物，或同一时期、同一地区的历史面貌，都可能因编撰构架的不同而显示出层次的差别。比如人物传，既可按时间顺序写成严格的历史传记；也可以仿纪事本末之意列举传主一生中的若干重大事件叙其始末，兼作议论，写成评传。又如对同一地区或同一时期的历史，可以采用编年体构架，也可以采用综合体构架，还可以写成史话，或以若干人物传记铺叙而成，如《万历十五年》那样③，等等。

下面，我们将论述历史编撰构架的多样性问题。如果说，历史编撰构架的多样性，主要是由于历史运动本身的多样性对历史撰述提出的要求，那么，历史编撰构架的多层次性，则主要是由于现实社会成员的多层次性对历史撰述的要求。总之，历史研究成果要反映丰富多彩的社会生活与历史进程，要满足现实社会的

---

① 参见汤因比《历史研究》之索麦维尔节录本"编者说明"，曹未风等译，上海人民出版社，1986年。
② 汤因比：《历史研究》（修订插图本）序言，刘北成等译，上海人民出版社，2000年，第2页。
③ 黄仁宇：《万历十五年》，原为英文本，中文本由作者自译，中华书局，1982年。

种种不同的需要,决定了它在编撰构架上的多样性和多层次性。

2. 历史编撰构架的多样性

  历史研究成果的社会表现形态,首先取决于历史撰述的内容以及通过丰富的内容所反映出来的历史认识。但是,在历史研究中,丰富的内容和寓意深刻的或合乎逻辑的认识,只有在获得适当的表现形式时才能得到恰如其分的反映,进而获得较好的社会效果,以实现其科学价值和社会价值。历史研究成果的社会表现形态之内容与形式的统一,是历史研究自身发展的规律之一。历史学家自觉地认识并遵循这一规律,将有助于更好地实现历史研究成果的社会表现形式。

  这里说的历史编撰构架,包括了历史撰述的外部样式和内部结构两层含义,即通常所说的历史撰述的体裁和体例,亦即上文所说的历史撰述的表现形式。所谓多样性,是指它的外部样式的品种之多;所谓多层次性,是指它的不同的样式或同一样式因内部结构的变化而在容纳的内容上有所增减和表述的方法上有所不同,以适合不同读者的需要。

  中国和西方史学在历史编撰构架上有不少相同、相通之处,但它们各自发展的道路是有明显差别的。例如,西方传统史学曾经长期处于文史不分的阶段,故史学家多注意于修辞学方面的修养。中国传统史学也经历了文史不分的阶段,史学家也极重视文采。《左传》作者称赞《春秋》说:"《春秋》之称,微而显,志而晦,婉而成章,尽而不汙。"①这"婉而成章"就是赞美《春秋》的文采。在这一点上,中国和西方的传统史学是相通的。但中国传统史学即使在文史不分的时期,已经注意到历史编撰构架的问题了。《春秋》"属辞比事而不乱"②,就是既注意到外部样式,也注意到内部的结构和表述方法。比事,指按时间顺序排比史事,即"以事系日,以日系月,以月系时,以时系年"③,构成编年体史书的基本特点。属辞,指在表述方法上运用一定的体例,如以攻、伐、侵、战、围、胜、取、执、歼、溃、败等不同的写法说明战争的性质、状况和结果,以杀、弑等不同的写法来说明事件有关人物的身份和地位。上文所说"尽而不汙"即包含了这个意思。这个事实证明,中西史学在历史编撰构架的认识和实践上,起步是有先后差别的。

  自《春秋》而下,中国历代史家大多讲究史书的编撰形式。成书于唐高宗显

---

① 《左传·成公十四年》。
② 《礼记·经解》。
③ 杜预:《春秋经传集解·序》。

庆元年(656年)的《隋书·经籍志》,把当时已有的历史文献分为经、史、子、集四部。其中,史部就包含了正史、古史、杂史、霸史、起居注、旧事、职官、仪注、刑法、杂传、地理、谱系、簿录等十三类。此后,历代所出的文献学著作或目录学著作,大多沿袭这种分类并不断有所损益。至清代乾隆五十四年(1789年,一说乾隆五十五年即1790年)撰成《四库全书总目提要》,史部书分为正史、编年、纪事本末、别史、杂史、诏令奏议、传记、史钞、载记、时令、地理、职官、政书、目录、史评等十五类,附有二十六个子目。在这许多不同种类的史书中,从今天的学科分类学来看,有一些书已不属于史书范围,姑且不论;仅就今天仍属于史书范围的书来看,它们所包含的丰富的史书体裁,已足以显示我国古代史学在历史编撰构架上的多彩多姿和辉煌成就。历代史家在这方面的创获昭彰于世且有深远的历史影响者,如司马迁的《史记》为纪传体通史的始祖,班固的《汉书》开纪传体皇朝史之先河,荀悦的《汉纪》首创编年体皇朝史,虞世南的《帝王略论》是历史评论专书的先驱之一,刘知幾的《史通》为史学评论专书之肇始,杜佑的《通典》绘典制体通史之宏图,司马光的《资治通鉴》集编年体通史之大成,袁枢的《通鉴纪事本末》开纪事本末体史书之先河,马端临的《文献通考》创文献通史之巨制,黄宗羲的《明儒学案》《宋元学案》综学术史之优长,此外如图、表、会要、史注、年谱、传记、方志、家乘、野史、笔记等,亦代有名家,不胜枚举。

中国古代史官有左史、右史之称,"左史记言,右史记事"①,故记言、记事当是中国历史编撰的两种最早的形式。由于这两种形式的发展,特别是这两种形式在发展中的结合,才演变出各种不同的历史编撰构架。其中,以时间为中心的编年体史书出现较早,如《春秋》《左传》《竹书纪年》等是春秋末年至战国时期产生的著作。其后,继出者不乏其书,如东汉荀悦之《汉纪》、东晋袁宏之《后汉纪》,都堪称名作。但编年体史书真正获得长足发展而傲然立于史坛,是在北宋司马光撰《资治通鉴》以后。以大量人物传记为主要内容,同时记载时代大事和典章制度的纪传体史书,始创于西汉司马迁所著的《史记》,它包含本纪、表、书、世家、列传等五个部分,实为多种体裁综合而成。东汉班固仿《史记》而断代为史,著成《汉书》。《史》《汉》相继问世,史家蜂起,竞相仿效,至唐初史家以纪传体一举撰成八部前朝史②,则纪传体得到充分发展,而使早出的编年体史书退居其下。故从《隋书·经籍志》起,凡史部之书,"以迁、固等书为正史,编年类次之"③。这说明不论在历史编撰的实际运用上,还是在历史撰述的社会影响上,晚出的纪传体

---

① 《汉书·艺文志》。《礼记·玉藻》作"左史记动,右史记言"。
② 这八部纪传体史书是:《梁书》《陈书》《北齐书》《周书》《隋书》《南史》《北史》和《晋书》。
③ 胡三省:《新注资治通鉴·序》。

史书已经超过了老资格的编年体史书。这同西方传统史学以编年史长期居于主要地位迥然有别。

然而这种情况却也曾经引起了古代史家的长期的激烈争论：编年、纪传，孰优孰劣？在自晋代至唐代的数百年辩难中，大致形成了三种看法。

第一种看法，是肯定编年体而否定纪传体。其根据是：《春秋》为"圣人"所作，"为百王不易法"，而《史记》"叙事依违，失褒贬体"[①]；《春秋》的凡例、褒贬是"圣人之法"，司马迁舍之，是"不本于经也"[②]。这是以编年体的《春秋》来批评纪传体的《史记》，实则是以经学来批判史学。可见史书表现形式的发展，也不是一件轻而易举之事。

第二种看法，认为纪传体优于编年体，但并不否认编年体存在的必要。《后汉书》作者范晔在讲到他为什么采用纪传体撰史时指出："《春秋》者，文既总略，好失事形，今之拟作，所以为短。纪传者，史（马）、班之所变也，网罗一代，事义周密，适之后学，此焉为优，故继而述之。"[③]这里说的"网罗一代，事义周密"，指的是纪传体比编年体有更大的容量，因而历史知识和历史思想都能得到全面而细致的反映。这是从理论上来说明纪传体史书之构架的合理性，是很有道理的。唐后期学者皇甫湜针对前人批评《史记》"变古法""不本于经""失褒贬体"等论点，乃撰《编年纪传论》予以驳难。这是一篇略带总结性的文字，且不乏理论的色彩，兹节录如下：

> 论曰：古史编年，至汉司马迁始更其制而为纪传，相承至今，无以移之。历代论者，以迁为率私意，荡古法，纪传烦漫，不如编年。予以为合圣人之经者，以心不以迹；得良史之体者，在适不在同。编年、纪传，系于时之所宜、才之所长耳，何常之有！
>
> 故是非与众人同辩，善恶得圣人之中，不虚美，不隐恶，则为纪、为传、为编年，是皆良史矣。
>
> ……
>
> 又，编年之史，束于次第，牵于浑并，必举其大纲而简于叙事，是以多阙载、多逸文，乃别为著录，以备时之语言，而尽事之本末……子长（司马迁字子长——引者）病其然也，出太古之轨，凿无穷之门，作为纪、传、世家、表、志（书），首尾具叙录，表里相发明，庶为得中，以是无愧。太初（汉武帝年号之一——引者）以来，千有余岁，史臣接躅，文人比踵，卒不能有所改张，奉而遵

---

① 《新唐书·文艺中·萧颖士传》。
② 柳冕：《答孟判官论宇文生评史官书》，见《唐文粹》卷八二。
③ 《隋书·魏澹传》引。

行,传以相授,斯亦奇矣。唯荀氏(悦)为《汉纪》、裴氏(子野)为《宋略》,强欲复古,皆为编年。然其善语嘉言细事详正所遗多矣,如览正史,方能备明,则褒贬得失,章章于是矣。今之作者,苟能遵纪传之体裁,同《春秋》之是非,文敌迁、固,直踪南、董,亦无上矣。倘谬乎此,则虽服仲尼之服,手握绝麟之笔,等古人之章句,署王正之月日,谓之好古则可矣,顾其书何如哉?①

在几乎所有关于编年、纪传孰优孰劣的辩难文字中,这可以看作是最精彩的一篇。它首先提出了"良史之体"这个命题,把人们多就某一具体的史书来评论其表现形式优劣问题,提高为一个理论问题来看待。它进而提出了有关历史编撰构架的发展观,认为:编年、纪传,不是固定不变,而是"系于时之所宜、才之所长",即与一定的社会环境的需要和史家自身的创造才能有关,这叫做"在适不在同"。其结论是:不论是为纪、为传、为编年,只要做到"是非与众人同辩,善恶得圣人之中,不虚美,不隐恶",都可以成为良史。本文作者比一般的参加辩难的史家高出一筹者,即在于此。同时,它也指出了编年体史书"多阙载,多逸文"的缺陷,以及司马迁"出太古之轨,凿无穷之门"的创新精神,认为纪传体史书具有"首尾具叙录,表里相发明"的长处,从理论上说明了其出现的合理性。总之,这是一篇论述历史编撰形式的名作,至今仍不失其理论的价值。

第三种看法,认为编年、纪传,各有得失,不可偏废。较早提出这个看法的,是南朝梁人刘勰,他在《文心雕龙·史传》篇中写道:"观夫《左传》缀事,附经间出,于文为约,而氏族难明。及史迁各传,人始区详而易览,述者宗焉。"这是以《左传》和《史记》分别作为编年、纪传来说的。其后刘知幾著《史通》,作《二体》篇以"辨其利害"。刘知幾认为:编年体的长处是,"系日月而为次,列岁时以相续,中国、外夷,同年共世,莫不备载其事,形于目前,理尽一言,语无重出"。它的短处是,其记述人物,"论其细也,则纤芥无遗;语其粗也,则丘山是弃"。纪传体的长处是,"纪以包举大端,传以委曲细事,表以谱列年爵,志以总括遗漏,逮于天文、地理、国典、朝章,显隐必该,洪纤靡失"。它的短处是,"同为一事,分在数篇,断续相离,前后屡出";"编次同类,不求年月,后生而擢居首帙,先辈而抑归末章"。刘知幾的这些话,也是分别针对《左传》和《史记》而发。他的结论是:"考兹胜负,互有得失","欲废其一,固亦难矣";"各有其美,并行于世"。刘知幾的看法确有高屋建瓴之势,跳出了论辩当中"各相矜尚""唯守一家"的窠臼。《史通·二体》篇的不足之处,是没有在史书体裁的创新方面提出建设性的意见。但是,《史通》本身却开创了一种新的史书体裁,即史学评论,这是它在史学上的

---

① 见《文苑英华》卷七四二。

重大贡献。

从上述这一漫长的争论中不难看出,历史编撰形式对于历史研究来说,确乎非常重要。而当一种新的历史编撰形式出现之时,被模仿和被责难都是可能的,重要的是如何从理论上去说明它,以真正认识它的实际价值。在中国古代史学的发展中,我们还可以举出不少这样的实例。比如,中唐史家杜佑在编年、纪年之外,另辟蹊径,以典章制度为中心,综合各代,贯通古今,撰成《通典》一书。这是典制体通史的开创之作,其特点是:"每事以类相从,举其始终,历代沿革废置及当时群士论议得失,靡不条载,附之于事,如人支脉,散缀于体"①,故"历代因革之故,粲然可考"②。《通典》内部结构分为九门,每门之下又有若干子目,故亦称"分门书"。《通典》之后,有南宋郑樵《通志》和元初马端临《文献通考》的继出,世称"三通"。"三通"各有续作,累计以至"十通"。其实,"三通"的"通"并不相同:《通典》在于通制度的历史,《通志》在于通社会的历史,《文献通考》在于通文献的历史。这里,使人感兴趣的是,马端临在讲到编年体通史《资治通鉴》同典制体史书的区别时,曾经提出了"著述自有体要"的论点,他在《文献通考·序》中说:

> 至司马温公(按司马光去世后追封温国公——引者)作《通鉴》,取千三百年之事迹,十七史之纪述③,萃为一书,然后学者开卷之余,古今咸在。然公之书,详于理(治)乱兴衰,而略于典章经制。非公之智有所不逮也,编简浩如烟埃,著述自有体要,其势以不能两得也。

这就是说,史书体裁不同,它们所反映的史事诸方面内容的详略自亦不同,史学家不可能超越一定体裁所能容纳的内容进行撰述:这与其说是史学家的智力所限,毋宁说是史书体裁自身的特定要求。马端临这样看待史书不同体裁所承担的历史编撰任务,其见识似又在刘知幾之上。又如,上文引皇甫湜《编年纪传论》,有批评编年体不能"尽事之本末"之语。其实,以大量人物传记为主要内容的纪传体史书也不能做到"尽事之本末"。这种以事件为中心的历史编撰构架,是由南宋史学家袁枢最终完成的。袁枢把《资治通鉴》主要内容总括为二百三十九事,分别列目,各自成篇,略按时间顺序编次,撰成《通鉴纪事本末》一书,从而创立了完整的纪事本末体。与袁枢"志同志,行同行,言同言"的著名文学家杨万里,在《通鉴纪事本末》序中写道:

---

① 李翰:《通典·序》。
② 马端临:《文献通考·序》。
③ 元初以前,所谓"十七史",系指:《史记》《汉书》《后汉书》《三国志》《晋书》《宋书》《南齐书》《梁书》《陈书》《魏书》《北齐书》《周书》《隋书》《南史》《北史》《新唐书》《新五代史》。

> 子袁子（按指袁枢——引者）因出书一编，盖《通鉴》之本末也。予读之，大抵搴事之成，以后于其萌；提事之微，以先于其明。其情匿而泄，其故悉而约，其作窕而瓠，其究遐而迩。

一言以蔽之：纪事本末体史书的长处，是把历史事件的原委始末表述得清清楚楚。杨万里进而讲到他读《资治通鉴》和《通鉴纪事本末》二书的不同的感受，实际上是比较编年体和纪事本末体的差别。他说：

> 予每读《通鉴》之书，见事之肇于斯，则惜其事不竟于斯。盖事以年隔，年以事析，遭其初，莫绎其终；揽其终，莫志其初。如山之峨，如海之茫。盖编年系日，其体然也。今读子袁子此书，如生乎其时，亲见乎其事，使人喜，使人悲，使人鼓舞，未既，而继之以叹且泣也！

这些话，似带着一些文学上的渲染和夸大，但杨万里还是道出了编年体史书"编年系日，其体然也"的特点和纪事本末体史书在社会效果上的优胜处。后来，有历朝纪事本末的问世，尤其是近代以来西方章节体撰述形式的传入为中国史家所接受，至今盛况不衰，反映了这种历史编撰构架之固有的生命力。清代史家章学诚以《尚书》作为后世各种史书体裁的始祖，他在讲编年、纪传、纪事本末三种历史编撰形式发展变化及其相互关系时，试图从理论上进行概括，认为：

> 神奇化臭腐，臭腐复化为神奇……事屡变而复初，文饰穷而反质，天下自然之理也。《尚书》圆而神，其于史也，可谓天之至矣。非其人不行，故折入《左氏》，而又合流于马、班。盖自刘知幾以还，莫不以为《书》教中绝，史官不得衍其绪矣。又自《隋经籍志》著录，以纪传为正史，编年为古史，历代依之，遂分正附，莫不甲纪传而乙编年。则马、班之史，以支子而嗣《春秋》；荀悦、袁宏，且以《左氏》大宗而降为旁庶矣。司马（光）《通鉴》，病纪传之分而合之以编年；袁枢《（通鉴）纪事本末》，又病《通鉴》之合而分之以事类。按本末之为体也，因事命篇，不为常格，非深知古今大体，天下经纶，不能网罗隐括，无遗无滥。文省于纪传，事豁于编年，决断去取，体圆用神，斯真《尚书》之遗也。①

从《尚书》的"圆而神"开始，中经《左传》《史》《汉》《通鉴》，到《通鉴纪事本末》，又恢复了《尚书》的风格和神韵，这就是"神奇化臭腐，臭腐复化为神奇"的过程。诚然，章学诚的这些话，对《尚书》之于历史编撰构架发展的影响是过于理想化了，但它毕竟触及了中国古代史书体裁发展变化过程中的某些规律，即所谓合之则分、分之复合这样一条发展道路。章学诚认识上的不足，是没有指出在分合过程

---

① 章学诚：《文史通义·书教下》。

中,历史编撰形式是走着一条肯定—否定—否定之否定的发展模式,于是新的体裁不断出现,而旧有的体裁也不断得到提高。

大致说来,中国古代史学之历史编撰构架的发展,到明清之际黄宗羲著《明儒学案》和《宋元学案》,已完成了它的主要的创制过程。黄宗羲的这两部学术史著作被称为学案体。这种体裁的特点是:有学者传记、言行录、代表性著作摘要、他人的有关评论,而尤其重视学术流派和师弟子传授的关系。这种体裁的渊源可以追溯到先秦时代的子书,经过近两千年的发展,直至上述二书问世,才臻于完备,可见一种比较成熟的历史编撰构架,是要许多代人的不断摸索才能形成的。从 20 世纪 70 年代末以来,我国历史学界开始重视对于近现代西方史学流派的研究和评价,这是很有意义的。如果从事这方面的研究者和评价者,能够适当地考虑到借鉴学案体的编撰构架写出专书,则一定会收到更好的效果①。近人梁启超以章节体撰《中国近三百年学术史》,首叙清代学术变迁与政治的影响,然后列举若干学派而论述之。这对于反映作者本人的学术思想是一种很好的形式,但对于反映作者所介绍的各个学术流派的面貌,似不如学案体来得全面、具体。这也证明学案体在今日的历史编撰中,仍是一种可以借鉴的形式。

此外,在中国古代史学的丰富多彩的表现形式中,还有史表、图录、评论(包括历史评论如虞世南《帝王略论》、范祖禹《唐鉴》、王夫之《读通鉴论》及《宋论》等,史学评论如刘知幾《史通》、吴缜《新唐书纠谬》、卜大有辑《史学要义》、章学诚《文史通义》等),也都有相当的发展。

在中国古代史学的历史编撰构架之多样性的发展过程中,刘知幾和章学诚先后从理论上作了比较全面的概括。刘知幾的《史通》主要论说史书的体裁和体例,尤其是对纪传体史书的体例论述,周密细致,可谓独步史坛。其中,《序例》篇不仅概述了历代史家重视体例的传统,而且提出了这样的论点:"史之有例,犹国之有法。国无法,则上下靡定;史无例,则是非莫准。"把史书内部结构的一定规范性提到这样的高度来看待和研究,是刘知幾的杰出之处。《史通》中的《二体》篇讨论了编年体史书和纪传体史书各自的特点及长短,其《本纪》《世家》《列传》《表历》《书志》《载言》《载文》《题目》《断限》《编次》《称谓》《补注》《言语》等篇,都是讨论体例的名篇,有许多启发性的见识,反映了中国古代史学在历史编撰理论上的成熟。但由于他过分看重体例,甚至要以一定的体例(其中往往还包含着名教观念)去规范客观历史,就未免失之偏颇②。《史通》一书,还讨论了有关史学

---

① 杨生茂编《美国历史学家特纳及其学派》(商务印书馆,1984 年),是近似于学案体的著作,可参阅。
② 参见刘知幾《史通》的《本纪》篇对《史记·项羽本纪》的批评和同书《世家》篇对《史记·陈涉世家》的批评。

的任务、史家的修养等问题,反映了 8 世纪初中国史家的自觉反省的精神。章学诚的《文史通义》对清初以前史书的体裁和体例有广泛的评论,而着重阐发了作者对一些史学理论方面之重要问题的见解。关于史书编撰形式,章学诚提出了区别"记注"和"撰述"的论点和"以圆神、方智定史学之两大宗门"①的论点,以及前引他关于史书体裁的发展及其相互关系的论点,都具有理论上总结的性质。

章学诚提出"六经皆史"②,诚然是可贵的;但其论史,终未能摆脱经书的藩篱,这就使他只能成为旧史学的总结者,而不能成为新史学的开创者。例如,他从《尚书》出发,阐述史书体裁的辩证发展,最终又回归到《尚书》那里去了,就是一个鲜明的例证。而此时,西方的理性史学之光已冉冉升起。章学诚作为中国古代史学在理论上的杰出殿军,在世界史坛上已难以跻身于先进行列。章学诚曾十分自信地讲到他同刘知幾的区别,即:"吾于史学,盖有天授,自信发凡起例,多为后世开山,而人乃拟吾于刘知幾。不知刘言史法,吾言史意;刘议馆局纂修,吾议一家著述;截然两途,不相入也。"③这些话,固不无道理,但《史通》在世界史学上的地位,毕竟是《文史通义》所不可比拟的。

20 世纪初,意大利哲学家克罗齐撰《历史学的理论和实际》。他在本书第一编"史学理论"部分,有些讲到了历史编撰形式问题。尽管他是从"哲学与史学携手并进,它们是不可分割地结合着的"④这一中心论点来论述这些问题的,但从中我们还是可以看出西方史学家在历史编撰构架上的一些主要的见解。

第一,从克罗齐以很大篇幅来说明"历史与编年史"即客观历史与历史撰述的区别中,不难看出:编年史在西方史学的发展中,曾经长时期地成为一种主要的或基本的表现形式,以至它几乎成了历史撰述的代名词。克罗齐说:"历史是活的编年史,编年史是死的历史;历史是当前的历史,编年史是过去的历史;历史主要是一种思想活动,编年史主要是一种意志活动。"⑤又说:"先有历史,后有编年史。先有活人,后有死尸;把历史看作编年史的孩子等于认为活人应由死尸去诞生;死尸是生命的残余,犹之编年史是历史的残余一样。"⑥克罗齐说的"历史"是客观历史,"编年史"是历史撰述,已是很清楚的。这里,我们不来讨论他的所谓"历史主要是一种思想活动"等论点是否正确,只是从他以"编年史"作为历史撰述的总称中,可以窥见编年体史书在西方史学之历史编撰构架中曾经居于主要地位的这一事实。如果说中国的编年体史书是与王朝(商周时期)和皇朝(秦

---

① 章学诚:《文史通义·与邵二云论修宋史书》。
② 《文史通义·易教上》。
③ 《文史通义·家书二》。
④ 克罗齐:《历史学的理论和实际》,傅任敢据英文本转译,商务印书馆,1982 年,第 92 页。
⑤⑥ 同上书,第 8、9 页。

代至清代)天子、皇帝纪年有关的话,那么西方的编年体史书则是同基督教的统治有关。诚如克罗齐所指出的:"基督教的编年史家早已在年代学中采用了这种本体论的意义,使世界历史的各个千年纪符合创世的日子或人生的年龄。"①然而,编年体史书只是中国古代史学之历史编撰构架的主要形式之一,此外它还有纪传体、纪事本末体、典制体、学案体等多种形式,这同西方传统史学之以编年体为主要形式显然是大不相同的。

第二,从克罗齐以大量篇幅讨论"一般史"与"专门史"的实际价值的区别中,不难看出:西方史学在摆脱宗教统治的羁绊以后,在历史编撰上也呈现出多样性的格局。但这种多样性的格局并不像中国古代史学那样,往往是因历史编撰构架的多种形式形成的,而是由于下列原因,即克罗齐所概括的:"以对象的性质为标准(宗教史、风俗史、观念史、制度史等等),或以时间空间的排列为标准(欧洲史、亚洲史、美洲史、古代史、中古史、近代史、古希腊史、古罗马史、近代希腊史、中世纪罗马史等等)。"②但克罗齐本人并不完全赞成这种划分的方法。这种以对象、时间、空间为差别而产生的历史编撰形式,主要是由于内容的多样性,跟同一内容可以采用不同的历史编撰构架的多样性并不完全相同,如一部中国古代史,可以采用编年体、纪传体、纪事本末体等。

第三,历史撰述的多样性,应是内容与形式的统一,如果内容没有变化,而只是表现形式上的变化,是不能推进史学的发展的。从克罗齐的《历史学的理论和实际》一书中,我们可以看出,近代西方史学由于史学家对研究对象之性质的认识日益丰富,因而出现了历史撰述的多样性的趋势。这是世界史学发展史上的大事,它至少说明西方史学在冲破中世纪基督教史学的藩篱后正为自己的发展开辟广阔的前途。克罗齐说:

> 如果判断的传统像我们现代人所借以和对以进行思想的资本一样,是一种长远的历史的结果,我们时时意识到这种历史,并按照所需要的要求,时而阐明它的这一特殊方面,时而阐明它的那一特殊方面,那末,我们现在实际所能做的事情,我们作为所谓文明人的一切情操如勇敢、荣誉、尊严、爱情、谦逊等等,我们的一切严格意义的制度(这些制度本身起因于精神的态度,功利的或道德的)如家庭、国家、商业、实业、军事等等就也有其长远的历史;当这一种或那一种情操或制度由于新需要而遭到危机时,我们就试图确定它的真正"性质",即真历史根源。任何谨慎地和用心地研究过近代社会史学发展的人都能清楚地看出,它的目的恰恰是要把不成章法地记载事件

---

① 克罗齐:《历史学的理论和实际》,第88页。
② 同上书,第97页。

的编年史体的混乱状态排列成为社会价值史的秩序井然的系统，它的研究领域是人类心灵的实际面貌的历史；不管它所产生的是一般文明史（它们总是起因于特殊的动机并被特殊的动机所限制的），还是提供阶级史、民族史、社会潮流史、情操史、制度史等等。①

克罗齐总是强调历史是人类思想的历史，是"人类心灵的实际面貌的历史"，当然是不对的。但他强调指出西方近代社会史学的发展趋势，"是要把不成章法地记载事件的编年史体的混乱状态排列成为社会价值史的秩序井然的系统"，诚然是道出了近代西方史学崛起的新潮流。应当指出的是，克罗齐"坚定地反对一般史的学说，主张除了专门史以外并无任何真实的东西"，在他看来，"没有一种专门史没有被升格为一般史的"②。这种看法显然是不妥当的。史学家对于"普遍史"或"一般史"的认识和撰述因会遇到种种困难，会产生种种不足，但不应因此而排斥史学家们作这种努力，从而限制历史撰述的多样性。20世纪20年代，英国学者赫·乔·韦尔斯的《世界史纲（生物和人类的简明史）》③，30年代英国学者汤因比的《历史研究》，以及苏联科学院的《世界通史》等，无疑是历史编撰的一种重要形式。

大致与克罗齐提倡作专门史的同时，近人梁启超所作《补中国历史研究法》（后正式出版，名为《中国历史研究法补编》）的讲演，也大力提倡专门史的研究。他提倡的五种专史是："人的专史""事的专史""文物的专史""地方的专史""断代的专史"。与克罗齐不同的是，梁启超之讲专史，是把内容和形式结合起来阐述的。如关于人的"专史"，他举出列传、年谱、专传、合传、人表等五种表述形式。这显然是受到中国古代史学中丰富多彩的传记体裁的影响。而他讲"文物的专史"，则包括政治、经济、文化三大门类。至于"文化专史"，又含有语言、文字、神话、宗教、哲学、史学、科学、文学、美术等，并把哲学、史学、自然科学、社会科学等专史合于学术思想专史之下。这显然是受到近代西方史学中专门史研究的影响④。

中国史家之近代性质的通史著作，始于20世纪初夏曾佑所撰《最新中学中国历史教科书》⑤。本书为章节体，不以皇朝分期，采用上古、中古、近古分期法。夏曾佑此书，在很大程度上是受到日本珂通那世《支那通史》和桑原骘藏《中等东洋

---

① 克罗齐：《历史学的理论和实际》，第115~116页。
② 同上书，第93页。
③ 该书中文本据美国纽约多尔布迪公司1971年版译出，吴文藻等译，商务印书馆，1982年。
④ 梁启超：《中国历史研究法补编》总论第三章与分论一、三，见《中国历史研究法》（外二种），河北教育出版社，2000年，第188~198、199~292、294~355页。
⑤ 商务印书馆1904年至1906年陆续出版，后改称《中国古代史》。

史》的影响。此后,章节体中国通史乃风靡一时,而章节体的断代史或皇朝史、国别史、专史以至人物传记等也都应运而生。于是,分期与章节的结合、问题与章节的结合,成为20世纪中国史学之历史编撰构架的主要形式。这是近代以来,中国史学受到西方史学影响(其中包含着通过日本史学而受到这种影响)的结果。

20世纪50年代以来,从世界的视角来看,历史学取得了突飞猛进的发展。这从巴勒克拉夫所著《当代史学主要趋势》一书中,可以得到很好的说明。作者在本书的最后一章《结语:当前趋势和问题》中指出:"回顾前面各章的叙述,任何人都会感到,近十五至二十年来历史科学的进步是惊人的事实。它不仅明显地表现在历史研究的进展速度上,而且还表现在历史学各方面所经历的十分明显的纵深发展上";还指出:"今天的历史学既面临着广阔的前景,同时又面临着巨大的危险。"①从巴勒克拉夫的论述中,不论是有关新概念和新方法的探索,还是有关社会科学对历史学的影响,人们都会切切实实地感到,由于对历史结构的重新认识,新的科学方法在历史学领域的应用,尤其是社会科学各学科的迅速发展及其对历史学的渗透和挑战,历史研究对象变得越来越丰富了,历史学中的跨学科研究的发展,为历史研究提出了层出不穷的课题。当人们愈益"认识到要建立全球历史观——即超越民族和地区的界限,理解整个世界的历史观——是当前的主要特征之一"②的时候,史学家们就会更加怀疑克罗齐的上述见解,而致力于探索反映这种"全球的历史观"的历史编撰构架。

这些新的发展趋势,极大地推动着历史研究成果从内容到表现形态的巨大变革。但不论是巴勒克拉夫本人,还是众多的历史学家,人们更多地关心着概念体系、研究内容和研究方法的更新与发展,而忽略了至少是轻视了对历史编撰构架的研究。这虽然不至于构成今天的或未来的历史学的"巨大的危险",但无疑是当今历史学中存在的一个严重的缺陷。例如,前些年,当美国学者保罗·肯尼迪的《大国的兴衰》一书在全球畅销的时候③,恐怕很少有历史学家来研究它在编撰构架上的特点。又如,几年前,美国华裔学者黄仁宇的《万历十五年》中文本风行大陆,为史学界所青睐,恐怕也很少有人去深入研究,为什么这本"意在说明十六世纪中国社会的传统的历史背景,也就是尚未与世界潮流冲突时的侧面形态"的书④,作者采用了"传记体的铺叙方式",以七个人物的传记来阐明这个很有意义的历史问题。其实,一部优秀的历史著作,往往不止是问题的重要、内容

---

① 杰弗里·巴勒克拉夫:《当代史学主要趋势》,第327、341页。
② 克罗齐:《历史学的理论和实际》,第242页。
③ 保罗·肯尼迪:《大国的兴衰》,王保存等译,求实出版社,1988年。
④ 黄仁宇:《万历十五年》自序,第5页。

的丰富,还在很大程度上取决于构架的新颖、适当和表述的准确、生动。白寿彝从 20 世纪 70 年代开始致力于以新综合体编撰多卷本《中国通史》①,罗尔纲用三四十年的时间探索《太平天国史》的编撰构架②,说明历史编撰构架对于这样一些大型的历史研究成果的社会表现形态更显得重要。

近年新修大型清史的工作已列入国家计划,这是新中国史学发展上的一件大事。此项工程首先面临的重要问题之一,即新修清史采用何种体裁、何种体例。这个问题受到史学界的广泛关注而又众说纷纭③。这就进一步证明,历史撰述的社会表现形式,确是历史研究和历史撰述中的一个重要问题。

第二节 历史撰述的根本原则与具体要求

1. 客观主义、先验主义倾向与信史原则

历史撰述的根本原则是什么?这对具有不同指导思想的史学家来说,答案常常是迥异的。客观主义倾向、先验主义倾向和追求信史目标,是比较有代表性的几种不同的撰述思想。

历史撰述中的客观主义倾向,强调叙述真实的历史事实,但忽略或否认历史学家的主体意识在历史撰述中所起的作用。这种倾向,在古代的史学家和史学评论家中已经萌生,而在近代发展为一种比较系统的理论和撰述历史的模式。

古希腊学者卢奇安在《论撰史》一文中写道:

> 历史家务使自己的头脑有如一面明镜,清光如洗,纤尘不染,照见人脸,丝毫不爽;这样,他才能如实反映出生活的现实,既不会歪曲真相,又不会使之失色。历史家撰述史实,不像小学生写空想的文章:历史家要讲的事件已经摆在他的面前,既然是真实的事件,他就不得不如实直陈;所以历史家的任务,是把现成的事实加以整理,用文字记录下来,他不需要虚构他所叙述的事情,而只需要考虑叙述的方法。④

---

① 见白寿彝主编:《回族人物志》第一册《题记》,宁夏人民出版社,1985 年。
② 参见罗尔纲:《我对综合体史书体裁的探索》,载《历史研究》1987 年第 1 期。
③ 参见刘仲华等:《创新史书体裁体现时代精神——清史编纂体裁体例学术座谈会综述》,以及国家清史编纂委员会:《清史编纂体裁体例调研问卷》,《光明日报》2003 年 4 月 1 日。
④ 卢奇安:《论撰史》,见章安琪编订:《缪灵珠美学译文集》第 1 卷,中国人民大学出版社,1987 年,第 210 页。

接着,卢奇安还把历史学家撰述历史的工作比做"伟大雕刻家"一样,其艺术在于"材料的处理"。他说:"历史家的能事也是如此:他的艺术在于给复杂错综的现实事件赋以条理分明的秩序之美,然后以尽可能流畅的笔调把这些事件记载下来。如果听众或读者觉得有如亲历其境,目击其事,而且称赞作者的技巧,那么历史家的雕像就算达到完美的境界,他的劳动就不是白花了。"卢奇安的这些话有许多合理之处,以强调直陈史实、重视叙述的方法、反对虚构历史、提倡尽可能流畅的史笔等。但是,从这里也可以看到他的一个十分明显的倾向,即他认为历史学家的头脑应当是"一面明镜,清光如洗,纤尘不染,照见人脸,丝毫不爽",并认为只有这样,"才能如实反映生活的现实"。显然,卢奇安所说的历史学家的"头脑"是没有任何思想、没有任何主体意识的"头脑";这样的"头脑"不是作为历史研究主体的人们的头脑,它不过是一面清洁的镜子罢了。这样来看待历史研究和历史撰述,无疑就陷入了客观主义倾向。这同他讲的"历史家的气质不能不有一点诗人的风度"是难以协调的。

历史撰述中的这种客观主义倾向为19世纪西方主要史学流派即兰克学派发挥尽致,并确立了系统的理论和方法。兰克学派式的实证主义史学流派的主要特征是:认为历史学的任务是"说明真正发生过的事情",而"严谨的事实陈叙……是历史编纂学的最高法律",为此,历史学家应当"消灭自我"以求达到对于历史事实的"完全的客观性";制定严整的"史料批判"的方法,为所谓"科学的"史学奠定基础;只重"事件的历史"和"叙述的历史",不主张历史学家对历史作出解释和判断等①。兰克学派及其传人同卢奇安相去十六七个世纪,但我们可以看到他们的历史撰述思想有着基本的相似之处,即都强调注重史事的真实性,都认为必须"摆脱"历史撰述中主体意识的参与,这样的历史才是客观的和"科学的"。所不同的是,前者是后者发展的高级阶段,并在西方史学史上产生过巨大的影响,其中是非得失,均为史坛所重。在中国,梁启超曾是这种历史撰述思想的传播者。他在讲到"史家的四长"中关于史德时说:

> 史家道德,应如鉴空衡平,是甚么照出来就是甚么;有多重,称出来就有多重;把自己的主观意见铲除净尽,把自己性格养成像镜子和天平一样。②

这同卢奇安说的历史学家的头脑应是"一面明镜"、同兰克说的"消灭自我",是一样的道理。梁启超在解释什么是史学家的"忠实"时还说:"我以为史家第一件道

---

① 参见朱本源:《近两个世纪来西方史学发展的两大趋势》,载《世界历史》1986年第10期。
② 梁启超:《中国历史研究法补编》,第175页。

德,莫过于忠实。如何才算忠实? 即'对于所叙述的史迹纯采客观的态度,不丝毫参以自己的意见'便是。"①这是借用兰克学派的语言来解释中国古代史学中的"史德",其中难免有附会之处。

总之,对历史研究和历史撰述中的客观主义倾向,即只承认历史事实而完全排除主体意识的倾向,应取分析的态度,一言以蔽之,即是其所是而非其所非。正像卢奇安陷于自相矛盾之中一样,梁启超也认为自己很难做到"鉴空衡平",他坦率地承认:

> 忠实一语说起来似易,做起来实难。因为凡人都不免有他的主观,这种主观蟠踞意识中甚深,不知不觉便发动起来。虽打主意力求忠实,但是心之所趋,笔之所动,很容易把信仰丧失了。完美的史德真不容易养成。②

既承认"主观蹯(盘)踞意识中甚深",又声言要把"主观意见铲除净尽",这在历史研究的理论上和方法上都不免陷于困境。

与客观主义倾向相反,在历史研究和历史撰述中还存在着先验主义的倾向,即认为历史学家的研究工作和撰述工作是一种先验的活动,是历史学家主体意识的实现。这种倾向,在古代中国表现为经今文学的外在目的论对正宗史学的影响,在当代西方则由"现在主义"派所宣扬的历史的相对主义为之张目。

汉代儒学宗师董仲舒以神学唯心主义改造了具有朴素唯物主义思想的早期阴阳五行说,编制了一套"天人感应"的理论,以此证明"君权神授"、沟通"天人相与之际",强调封建统治秩序的合理性和永恒性。董仲舒不是历史学家,但作为正宗的经今文学硕儒,他的神学目的论的历史哲学对后世史学产生了很大的影响。这个影响主要表现在汉宣帝甘露三年(前51年)的石渠阁会议和汉章帝建初四年(79年)的白虎观会议的召开及其结果上。这两次会议都是讨论五经同异而由皇帝"称制临决",并先后产生了石渠阁奏议、白虎观奏议。值得注意的是,历史文献学家刘向、刘歆父子参加了前一次会议,史学家班固参加了后一次会议。班固作为经古文学的信奉者,却受命撰集主要是经今文学的信奉者的讨论成果,即《白虎通义》(又称《白虎通》或《白虎通德论》)。这是对董仲舒以后经今文学的神学目的论的一个新的总结,实际上成为一部以今文经义为依据的国家法规。正因为如此,班固所著《汉书》就不能不带有神秘主义色彩。《汉书》断代为史,在历史编撰上有重大意义,但其历史观却是董仲舒似的阴阳五行说,极力倡言"汉绍尧运",批评司马迁的《史记》把汉朝历史"编于百王之末,厕于秦、项之列"③。这样,班固就以自己的主观意

---

①② 梁启超:《中国历史研究法补编》,第175页。
③ 《后汉书·班彪传下》附《班固传》。

识否认了秦皇朝历史和一度号令群雄的西楚霸王项羽的存在。三国两晋南北朝隋唐时期"《汉书》学"勃然兴起,足见《汉书》作为正宗史学的开山的影响之大。而"君权神授"的历史观,正可用来"证明"历代统治集团登上历史舞台的"合理",故在许多部"正史"中都有不同程度的表现,此皆先验主义倾向在中国古代史学中的反映之荦荦大者。

近人胡适(1891—1962年)曾竭力宣扬"实验主义"(即实用主义),认为"一切'真理'都是应用的假设",否认真理的客观性;认为社会历史(即所谓"实在")好像是一个任人摆布的女孩子,否认历史的客观性①。胡适的实用主义的哲学历史观,在"五四"前后具有反对传统的封建主义思想的意义,但其不承认真理的客观性和历史的客观性的先验主义倾向,是不足取的;他后来以实用主义反对马克思主义在中国的传播,在思想界、理论界产生了极为消极的作用。他的"疑古"虽有理性主义的成分,但却走向了历史虚无主义,这正是他接受西方实用主义历史观的缘故。

西方的实用主义者的历史观,一般都带有明显的先验主义倾向,他们认为,历史不过是人们根据自己的需要、方便而构造出来的事件的堆积,不承认历史事实和历史规律的客观性。而20世纪20至30年代在美国兴起的"现在主义"派,也以否定历史事实的客观性为其基本宗旨,宣扬历史的相对主义。他们认为:历史事实在任何历史学家创造它以前是不存在的,"历史事实存在于人们的头脑中,不然就不存在于任何地方","历史领域是一个捉摸不定的领域,它只是形象地被再创造,再现于我们的头脑中"②。从这一认识出发,"现在主义"派进而提出,任何一个事件的历史,对两个不同的人来说绝不是完全一样的;而每一代人都要按照新的方法重写同一个历史事件,并对其作新的解释。由此可见,这种"现在主义"派的历史观从否认历史事实的客观性到否认历史的客观性,进而认为历史事实是可以按照不同的人的大脑创造出来的,同一历史事件也可以由不同的时代的人任意重写;因此,在这里,历史学家的主体意识决定了这种历史研究和历史撰述的最终结果。

这种思潮,在20世纪六七十年代以后,由后现代主义进一步发挥,从而对历史学提出了更严峻的挑战。这是因为,按照后现代主义的理论,"历史学家其实不能老老实实捕捉到过往之事,只能像小说家一样,让人觉得他好像在这么做"。这是把事实同虚构混为一谈,把历史同文学混为一谈的荒唐理论。显然,"这种

---

① 《实验主义》,见《胡适文存·一集》卷二,黄山书社,1996年,第228页。
② 卡尔·贝克尔:《什么是历史事实?》,见《现代西方历史哲学译文集》,上海译文出版社,1984年,第231、233页。

版本的后现代主义若是真的应用到历史学上,历史研究岂不变成分析历史学家的自我反射力,研究他们用什么方法虚构具有说服力的'真实效果'? 同样的,以前自认是在探索真实的人不过是在做徒劳的奋斗,是迷信或自欺心理使他们陷入奥德赛式的迷航,有待历史学家来解除其谬误"①。其实,历史学家对于历史真相的追求,对于"信史"的追求,很早以来,就有着辩证的认识,所谓"《春秋》之义:信以传信,疑以传疑"②,所谓"尽其天而不益以人,虽未能至,苟允知之,亦足以称著书者之心术矣"③。后现代主义思潮的产生固有其历史的原因,但其对史学责难的"根据",从历史上看,却并不十分新鲜。正如有论者指出的:在后现代主义批判启蒙运动的理性主义的时候,他们有时也未免走得过远,甚至可说是走火入魔。譬如他们将事实与虚构相提并论,便无法让许多人特别是史学界的人士接受。用一个比方来说,当今已经很少有人会否认人的记忆会有误差,但如果完全否认记忆的可靠性,这就等于否认人本身的存在了。

从当代史学的发展来看,人们对历史研究中主观性的认识,已经体现了现今史学界的一种共识。甚至在 20 世纪开始不久,就已经没有多少人仍然像兰克那样,相信历史学家能"'如实直书'(wie es eigentlich gewesen),重构历史事实的全部了"④。正因为如此,真诚而执著的历史学者,仍将坚持探索"历史的真相"之路,其信念是:

> 我们强调,人类需要借助连贯的历史叙述进行自我理解,也需要有关于历史的各种客观解释,尽管这些解释可能是片面的。因此,我们不用讽刺的手法。我们不以专挑以往历史学家的缺点来证明自己的优越,宁愿从他们付出的努力去理解社会环境。我们不强调不可能做到完全客观或是得到令人完全满意的因果解释,而是强调有必要竭尽所能做成最客观之解释。这是唯一的前进之路,也许不是一条走向未来的平直的进步之路,却可走向更有思想活力、更民主的社会,走向一个我们乐意生活于其中的社会。⑤

总之,从神学目的论的历史哲学,到实用主义的历史哲学、"现在主义"和相对主义的历史哲学,以及后现代主义思潮,尽管它们之间存在着许多歧异,但却也存在着基本的共同之处,即无视或否认历史的客观性,认为只凭主体意识便可重构或再现历史,而这种历史,充其量也只存在于历史学家的头脑之中。这是历

---

① 乔伊斯·阿普尔比等:《历史的真相》,刘北成等译,中央编译出版社,1999 年,第 206 页。
② 《春秋穀梁传·桓公五年》。
③ 章学诚:《文史通义·史德》。
④ 王晴佳:《后现代主义与历史研究》,载《史学理论研究》2000 年第 1 期。
⑤ 阿普尔比等:《历史的真相》,第 207 页。

史研究和历史撰述中非常典型的先验主义倾向。

从马克思主义的观点来看,客观主义倾向和先验主义倾向在历史研究和历史撰述中都是不可取的。真正科学的历史学,只有在克服这两种倾向的偏颇、建立对于历史事实的科学认识和对于历史认识主体作用的科学认识并把两者结合起来时,才能确立起来:"历史就不再像那些本身还是抽象的经验论者所认为的那样,是一些僵死的事实的汇集,也不再像唯心主义者所认为的那样,是想象的主体的想象活动。"①历史学家只有确立这种认识和信念,才能朝着撰述信史的崇高目标前进。

撰写信史,这是历史撰述思想的根本原则,也是中外史学家的优良传统。修昔底德在讲到他所著《伯罗奔尼撒战争史》一书时写道:

> 我相信,我根据上面的证据而得到的结论是不会有很大的错误的。这比诗人的证据更好些,因为诗人常常夸大他们的主题的重要性;也比散文编年史家的证据更好些,因为他们所关心的不在于说出事情的真相,而在于引起听众的兴趣,他们的可靠性是经不起检查的;他们的题材,由于时间的遥远,迷失于不可信的神话境界中。如果我们考虑到我们是研究古代历史的话,我们可以要求只用最明显的证据,得到合乎情理的正确结论。②

这一番话,中心或者说重点在于历史撰述要建立在经得起检查的"证据"之上,并由此得出合理的结论。这也是修昔底德为使自己的著作"垂诸永久"的信心所在,他的这种信心已被历史所证明。在中国史学家中,讲求这种信史原则的更是代有其人,如董狐、齐太史、南史氏不惜以死为代价而坚持"书法不隐",孔子对于"文献不足征"的过往之事决不随便评说,司马迁《史记》被称为"实录"等,都堪称坚守信史原则的典范。刘知幾在《史通》中撰有《直书》篇,对历代史家秉笔直书的精神、恪守信史原则的传统备加称赞,他写道:

> 盖烈士徇名,壮夫重气,宁为兰摧玉折,不为瓦砾长存。若南、董之仗气直书,不避强御;韦、崔之肆情奋笔,无所阿容。虽周身之防有所不足,而遗芳余烈,人到于今称之。

他又在《曲笔》篇中痛斥曲笔作史的行为,认为"事每凭虚,词多乌有:或假人之美,藉为私惠;或诬人之恶,持报己仇"的种种作法,是"记言之奸贼,载笔之凶人,虽肆诸市朝,投畀豺虎可也"。如果说《直书》篇是对坚守信史原则的史学家的一首颂歌的话,那么《曲笔》篇就是对破坏信史原则的行为进行声讨的一道檄文。

---

① 《马克思恩格斯选集》第1卷,人民出版社,1995年,第73页。
② 修昔底德:《伯罗奔尼撒战争史》第1卷,第1章,第17页。

刘知幾的高明之处,更在于他的"史才三长"的理论,他关于史才、史学、史识相互关系的见解,既是史学家自我修养的笃论,又是他所处的那个时代关于信史原则的最好的说明。他的这些深刻论断,千余年来,成为每一个时期的正直的史学家的座右铭。

诚然,如同任何事物、任何理论和原则都有自己的发展过程一样,信史原则在今天也必然要建立在更加科学的理论、方法和实践的基础之上,舍此则无信史可言。例如,怎样把马克思主义看作是一个开放的体系,并不断用新的理论来丰富它和发展它;怎样把历史研究主体对于历史事实的确认和对于历史发展整体的把握提高到更加自觉、更加科学的水平;怎样建立起符合于当代人类认识水平和价值观念的历史思维模式;怎样吸收其他学科所建立起来的、适合于历史学所需要的最新的研究方法,以开拓历史研究的新领域;怎样在当代科学整体化的发展趋势中,寻找历史学的新的位置,发挥历史学所固有的长处和功能;怎样在新的世界文化氛围中构造新的历史思维模式,寻求和探讨对于人类的现实与未来有重大价值的研究课题;怎样在经济全球化的历史条件下,加强"文化自觉"意识,突出中国史学的优良传统和民族特色,等等。所有这些,都与确立当代历史学家的信史原则有密切的关系。诚实、正直的历史学家,对于这些问题都不应漠然视之,而应当具有进取的、探求的精神。这是因为:

> 如果没有历史学——也就是说,如果仅仅简单地从现在的状况去对人类进行思考(因为现在毕竟只是过去投在未来之上的阴影),而不是从人类全部时代的各个不同时期的生存状况去对人类进行思考,社会科学就不完整。只有历史学才能为我们提供理解各个时期的社会进程和社会制度如何发挥作用所需要的认识能力。不过,这必须是富有科学精神并且具有明确的社会目标的历史学。当前的这些发展已经将这样的历史学交到了我们的手中,也就是说,青年一代的历史学家应当去掌握它,并且充分利用它。①

毫无疑问,当代历史学的这一任务,应当成为当代历史学家确立自己信史原则的重要的依据。

2. 历史主义与当代意识

信史原则,是历史编撰中的根本性原则。它关系到历史著作是否建立在真实的历史事实基础上的这一根本性问题,或者说,它涉及人们对于以往历史的事

---

① 巴勒克拉夫:《当代史学发展趋势》,第342页。

实评价问题。如果一桩历史事件、一个历史人物是虚构的,或基本上是不符合历史事实的,那么,从历史学的角度来看,就没有对其进行事实评价的必要,甚至不可能作出这样的评价。但是,在历史编撰中,历史学家碰到的问题,还不仅仅是事实判断、事实评价的问题,还会碰到撰述中的价值判断或价值评价的问题。而史学家在做这种价值判断或价值评价时,就会同时碰到如何历史地看待历史这样的问题和如何从当代的认识水平去看待历史的问题。质言之,即史学家如何在历史编撰中反映历史主义的要求和当代意识的趋向。

历史主义是人们考察和说明历史发展过程中一切现象、问题、人物的原则与方法①。这个原则和方法在人们考察和说明过去的历史与今天的历史时都是适用的。恩格斯在《路德维希·费尔巴哈和德国古典哲学的终结》一书中说,机械唯物主义的局限性之一,在于它不能把世界理解为一个过程,理解为一种处在不断的历史发展中的物质;"因此,对自然界的非历史的观点是不可避免的"。他又说:

> 这种非历史的观点也表现在历史领域中。在这里,反对中世纪残余的斗争限制了人们的视野。中世纪被看作是千年普遍野蛮状态造成的历史的简单中断;中世纪的巨大进步——欧洲文化领域的扩大,在那里一个挨着一个形成的富有生命力的大民族,以及14和15世纪的巨大的技术进步,这一切都没有被人看到。这样一来,对伟大历史联系的合理看法就不可能产生,而历史至多不过是一部供哲学家使用的例证和插图的汇集罢了。②

在这里,恩格斯明确地指出,那种为了反对"中世纪残余"而否定"中世纪的巨大进步"的做法,是一种"非历史的观点";而这种"非历史的观点"在对历史认识上的直接结果,正阻碍着"对伟大历史联系的合理看法"的产生。

对于恩格斯所阐述的这一基本观点,列宁有许多结合实际问题的论述。他在批评罗莎·卢森堡对俄国马克思主义民族纲领的错误看法时强调说:

> 在分析任何一个社会问题时,马克思主义理论的绝对要求,就是要把问题提到**一定的**历史范围之内;此外,如果谈到某一国家(例如,谈到这个国家

---

① 关于历史主义,近几十年来哲学和史学界提出了许多不尽相同的说法。《苏联百科辞典》"历史主义"条认为:历史主义是"对待现实所依据的一种原则,认为现实随着时间不断变化,不断发展"(中译本,中国大百科全书出版社,1986年)。《中国大百科全书·哲学卷》"历史主义"条认为:历史主义是"从历史的联系和变化发展中考察对象的原则和方法"(中国大百科全书出版社,1987年)。我们认为,仅仅把历史主义看作是"对待现实所依据的一种原则"的看法是不全面的,而后一种说法是比较全面的。

② 《马克思恩格斯选集》第4卷,人民出版社,1995年,第229页。

的民族纲领),那就要估计到在同一历史时代这个国家不同于其他各国的具体特点。①

列宁把这称作"历史的具体的问题提法"。他在分析游击战争的作用和地位时指出:"马克思主义要求我们一定要**历史地**来考察斗争形式的问题。脱离历史的具体环境来谈这个问题,就是不懂得辩证唯物主义的起码常识。"②他在分析历史上一些战争的类型时说:"我们认为必须历史地(从马克思的辩证唯物主义观点)分别地研究每次战争。"③

从恩格斯批评"非历史的观点",到列宁强调"历史的态度""历史地"分析问题,其间贯穿着一个基本思想,即考察历史问题或现实问题,不应脱离一定的历史条件和所考察对象的具体特点,尤其不应割断历史的联系。这是辩证唯物主义的"起码常识"。否则,就不可能有正确的认识和积极的社会实践。关于这一点,毛泽东也讲得很好。他在讲到历史遗产和现实运动的关系时,认为:"今天的中国是历史的中国的一个发展;我们是马克思主义的历史主义者,我们不应当割断历史。从孔夫子到孙中山,我们应当给以总结,承继这一份珍贵的遗产。这对于指导当前的伟大运动,是有重要的帮助的。"④要之,历史的观点,历史的态度,即历史地看待历史上和现实中的一切问题,是马克思主义的基本观点和方法之一。这就是我们说的马克思主义的历史主义。

具体说来,马克思主义的历史主义在历史编撰的实践上,应当遵循以下一些原则:一是"每一现象应在它发生、发展和消亡的过程中去研究,同时要考虑这个现象在演变过程中所经历的各阶段";二是"每一现象应在与其发展过程中的具体历史条件下不可分割的基本联系中去研究";三是"每一现象应根据历史发展的具体经验,即该现象成为现状之前的情况去研究"⑤。一般说来,历史编撰只有遵循这些原则,才能形成"对伟大历史联系的合理看法",即阐明历史发展过程中之每一阶段、每一事物的特征及其成因,才能对其作出正确的评价,如马克思对路易·波拿巴扮演了"英雄"角色的原因的分析,恩格斯对人类由野蛮步入文明之发展过程的说明,等等。反之,历史编撰中就会出现非历史主义的倾向和错误:对某一历史发展阶段作不正确的估价,如把欧洲中世纪看作是"历史的简单中断";对某一阶级的历史作用和历史地位作不恰当的评价,如把中国历史上的

---

① 列宁:《论民族自决权》,《列宁选集》第2卷,人民出版社,1995年,第375页。
② 列宁:《游击战争》,《列宁选集》第1卷,人民出版社,1995年,第689页。
③ 列宁:《社会主义与战争》,《列宁选集》第2卷,第510页。
④ 毛泽东:《中国共产党在民族战争中的地位》,《毛泽东选集》第2卷,人民出版社,1991年,第534页。
⑤ 参见瓦西莱·里维阿努:《关于马克思主义的历史主义》,严武等译,载《世界历史译丛》1979年第1期。

农民战争视为推动中国封建社会历史发展的"唯一的动力",抹杀地主阶级在历史上曾经起过的进步作用,或者认为中国历史上的农民战争造成了社会的动乱,阻碍了生产力的发展。在对某些历史事件和某些历史人物的估量与评价中,因不能坚持历史的观点和历史的态度而作出偏颇的乃至是错误的结论,也屡见不鲜。至于历史编撰中涉及的历史比较(不论是纵向比较还是横向比较),往往因忽略"弄清所比较的各个国家的历史发展时期是否**可比**"这样一个"起码的条件"①,同样会出现种种非历史主义倾向。这些事实说明,在历史编撰中坚持马克思主义的历史主义原则是多么重要。

如前所述,马克思主义的历史主义之基本内容之一,是要求人们把所考察的对象提到一定的历史范围之内进行分析和评估。那么,这是否会导致人们对于问题的考察和评估缺乏现实的时代感,或者说缺乏当代意识呢?是否会导致历史编撰缺乏时代精神,从而与现实生活产生隔膜呢?答案是否定的。这可以从以下几个方面得到说明。

从理论上看,马克思主义的历史主义是时代感同历史感的统一。列宁强调"历史地"看问题,就是"根据马克思的辩证唯物主义观点"看问题。这就是说,人们观察问题必须从客观存在的事实出发,必须顾及到事物的发展、变化以及事物之间的联系。毛泽东讲"不应当割断历史",也是把时代感和历史感的统一视为马克思主义的历史主义的基本要求。可见,马克思主义的历史主义不是要人们脱离现实去评价历史,或者撇开历史来估量现实,恰恰相反,是要人们运用唯物的、辩证的观点看待历史和现实,从而揭示它们之间的联系和区别,对它们作出科学的评价和估量。显然,历史学家如果没有当代的意识和历史的态度,是达不到这个认识的目的的。

从实践上看,马克思主义经典作家在提出"历史地"或"历史主义地"看问题的时候,都是从带有鲜明的时代特点的现实问题着眼的。如马克思讲欧洲资本主义的起源和发展,恩格斯讲思想运动,列宁讲土地问题、民族问题,毛泽东讲学习历史遗产同中国革命的关系等,莫不如此。他们的当代意识是何等的鲜明和强烈。一般地说,任何一个科学地研究和认识客观事物(包括研究和认识历史)的人,作为认识的主体,本身都是现实的,都会受到时代的影响。如果他在研究和认识事物的过程中,能够有一种历史感作基础的话,那么这种研究和认识就会或多或少体现出时代感和历史感的统一,就会或多或少反映出一定时代的当代意识。

诚然,历史编撰之反映当代意识,决不是以当代意识去改铸历史,而是以当代的历史趋向、价值观念、科学水平、认识能力去重新认识历史和说明历史。史

---

① 列宁:《论民族自决权》,《列宁选集》第 2 卷,第 379 页。

学发展的历史证明:历史学家对于历史的正确认识或接近正确的认识,并不是一次完成的,甚至也不是一代历史学家所能完成的;而已经得到的这种认识,也不是永远不变的。随着历史的发展和科学的进步,历史学家会不断地对历史提出新的认识和评价。从这个意义上说,每一时代的历史学家都会在不同程度上反映出他所处那个时代的"当代意识"。如柳宗元撰《封建论》,提出郡县制的实行,在于客观历史发展的必然趋势,即所谓"非圣人之意也,势也"①。这个看法,就反映了中唐时期朝廷同地方藩镇之间激烈的矛盾与斗争,因而是那个时代的一种"当代意识"。柳宗元撰《天对》,回答一千多年前屈原《天问》中提出的许多历史问题②,同样也是中唐时期时代意识的反映。

19世纪中期以前,人们对于历史发展规律尚未形成科学的认识,在马克思创立社会经济形态学说之后,马克思主义历史学家对于历史发展的认识,无疑就具有鲜明的"当代意识"的科学价值。美国学者保罗·肯尼迪所著《大国的兴衰》一书,阐述公元1500—2000年诸大国经济发展与军事冲突,分析了它们的现实与未来,以其强烈的当代意识赢得了全世界的众多读者。可以认为,古往今来,只有那些具有鲜明的当代意识的历史学家和历史撰述,才能称得上是优秀的历史学家和优秀的历史撰述。这是历史发展与史学发展之关系的规律性表现之一。李大钊说得好:

> 历史是有生命的,僵死陈腐的记录不能表现那活泼泼的生命,全靠我们后人有新的历史观念,去整理他,认识他。果然后人又有了新的理解、发明,我们现在所认为新的又成了错误的,也未可知。我们所认为真实的事实,和真理的见解并不是固定的,乃是比较的。③

他在《史学要论》一书中还说:"一切的历史,不但不怕随时改作,并且都要随时改作。改作的历史,比以前的比较近真。"④李大钊的这些话,阐明了"新的历史观念"即当代意识对于历史学发展的重要作用。由此我们可以进一步作出这样的结论:如果历史学家不自觉地增强自己的当代意识,那么历史编撰就会成为毫无生气的"断烂朝报",失却其应有的价值。反之,历史学家只有达到了某个时代对于历史认识的新成就,能够面对和回答时代提出的新课题,并在理论和方法上不断创新,从而使历史编撰更好地服务于现实,服务于社会,这样的历史学家,这样的历史撰述,就在不同的程度上反映了当代意识而为社会发展、历史进步所需要。

---

① 柳宗元:《柳河东集》卷三。
② 柳宗元:《柳河东集》卷一四。
③ 李大钊:《研究历史的任务》,见《李大钊史学论集》,第192页。
④ 同上书,第203页。

历史编撰中的历史主义与当代意识的统一，就其实质而言，乃是它的历史品格与现实品格的统一。历史学的社会功能与科学功能，在很大的程度上即决定于此。唯其如此，历史主义与当代意识作为历史编撰的重要原则和方法，是历史学家不能不予以重视的。

3. 语言表述的审美要求

优秀的历史撰述，大多在语言表述上反映出史学家的良好的素养。班彪、班固父子对司马迁的《史记》有激烈的批评，但他们还是承认司马迁"善序事理，辩而不华，质而不野，文质相称，盖良史之才也"①；"自刘向、扬雄博极群书，皆称迁有良史之材，服其善序事理，辨而不华，质而不俚"②。范晔称赞班固《汉书》的文采说："若固之序事，不激诡，不抑抗，赡而不秽，详而有体，使读之者亹亹而不猒，信哉其能成名也。"③《晋书·陈寿传》记：陈寿撰《三国志》，"时人称其善叙事，有良史之才"。凡此种种，还可以举出许多，可见前人已把"善叙事"同"良史之才"相提并论，并把前者视为后者的一个重要条件。这里说的"善叙事"可能包含着多方面的要求，但主要是指历史学家在语言表述上的造诣。

由于多数优秀史家都十分重视历史撰述的语言表述，以及长于语言表述的历史撰述所产生的广泛的社会影响，所以历代史学评论家都把是否讲求语言表述作为评论历史撰述的一个重要准则。刘知幾指出："夫史之称美者，以叙事为先"，"夫国史之美者，以叙事为工"；其标准是"书功过，记善恶，文而不丽，质而非野"④。宋人吴缜作《〈新唐书〉纠谬》，他在序文中明确提出评价史书的标准是：

> 夫为史之要有三：一曰事实，二曰褒贬，三曰文采。有是事而如是书，斯谓事实；因事实而寓惩劝，斯谓褒贬；事实、褒贬既得矣，必资文采以行之，夫然后成史。

这里说的"必资文采以行之"，也是指的历史撰述的语言表述的重要。后来，章学诚也讲到"文字之佳胜"的问题，提倡"闳中肆外，言以声其心之所得"的境界⑤。梁启超论"史家的四长"，于"史才"一项，强调史书的结构与文采⑥，等等。

---

① 《后汉书·班彪传上》。
② 《汉书·司马迁传》后论。
③ 《后汉书·班彪传下》后论。
④ 刘知幾：《史通·叙事》。
⑤ 章学诚：《文史通义·文理》。
⑥ 参见梁启超：《中国历史研究法补编》，第183～188页。

总之，不论是史学家还是史学评论家，都把善叙事、重文采看作是历史撰述的一个重要的要求，不独中国史学家和史学评论家作如是观，外国史学家和史学评论家亦作如是观。西方古代史学家如希罗多德、修昔底德、塔西佗等，在历史撰述的语言表述上都有很高的修养。希罗多德的《历史》，文字生动流畅，富于文采，他被认为是"用伊奥尼亚方言写作的历史学家中最优秀的"①。《历史》不仅是一部历史著作，同时又是一部能够给读者以美好享受的文学读物。修昔底德的《伯罗奔尼撒战争史》在语言表述上有很高的艺术性，这种艺术性的高超之处是把生动性和真实性巧妙地结合起来。此书撰述的是"一个伟大的战争"，所以作者叙述政治斗争的场面，叙述每一个战役，叙述军事要塞的形势和人们在作战中情绪的起伏等，都能够使读者如身临其境②。作者能够如此，除了他的语言修养，还有一个很重要的原因，如他自己所说："在这次战争刚刚爆发的时候，我就开始写我的历史著作，相信这次战争是一个伟大的战争，比过去曾发生过的任何战争更有叙述的价值。"③以当代人写当代史，所以他的叙述总是既真实又生动，好像每次战役他都目睹了现场似的。塔西佗的历史著作，尤其是他的《编年史》，语言表述的特点是简洁、含蓄、有力。他不仅善于描述宏大的历史场面和人们的心理特征，而且以诚实的态度揭露皇帝个人的专断残暴；因此，他的著作被后人称为"暴君的鞭子"，足见其语言表述的力量所在。如果以这些著作同中国先秦时期的《左传》《国语》《战国策》和两汉时期的《史记》《汉书》作比较的话，不难发现，它们在语言表述上是有不少相同或近似之处的。

这里，我们要特别提到古希腊的讽刺散文作家、学者卢奇安（Lucianus，约125—约192年，一译作琉善）所写的长文《论撰史》，这是一篇关于史学理论的杰作。上文讲到，他主张历史撰述完全摆脱史家主观意识的客观主义倾向，是不可取的；但是他所论语言表述对于历史撰述的重要性，却有许多发人深省之处。卢奇安指出：

> 我的理想历史家必须具备两种才能：一是政治眼光，一是表现才能。前者是天赋的才能，不可学得；后者是后天的修养，只要熟读经典，勤学苦练，便可以学到。④

卢奇安说的"政治眼光"，指的是历史学家对于社会历史的器识；"表现才能"，主要指的是历史学家的语言表述的艺术要求。他说：

---

① 转引自希罗多德：《历史》，中译本"出版说明"。
② 参见修昔底德：《伯罗奔尼撒战争史》中文本"译者序言"。
③ 修昔底德：《伯罗奔尼撒战争史》，第2页。
④ 卢奇安：《论撰史》，见《缪灵珠美学译文集》第1卷，第205、208页。

> 我们既然认为历史精神的目的在于坦率诚实,从而历史风格也应该相应地力求平易流畅,明若晴空,既要避免深奥奇僻的词句,也要避免粗俗市井的隐语,我们希望俗人能了解,文士能欣赏。词藻应该雅而不滥,毫无雕琢的痕迹,才不使人有浓羹烈酒之感。①

这里,卢奇安用"历史精神"来说明历史学家对待历史的态度,用"历史风格"来说明历史学家表述历史的才能。他的这些话,同人们对司马迁《史记》的评论,是何等的相似。可见,中外史家在史学评论的思想和标准上确有许多相通之处。值得注意的是,卢奇安的论著包含了丰富的美学思想和艺术见解,他对史家和史书的要求也往往是从审美要求和艺术见解的角度提出来的。例如他这样写道:

> 如果历史家认为加上一些修饰是绝对必要的话,他应该只求风格本身之美;只有这种美是华而实,可惜今日的史家往往忽略了这种真实的美,却舍本求末,鱼目混珠,贩卖无中生有的浮词。②

《论撰史》的副标题是《论现实主义的艺术》,文中所说"风格本身之美""真实的美""华而实"的"美"等,无疑都应从美学思想来看待。大约比卢奇安晚3个世纪的中国古代文学评论家刘勰(约465—约520年),在其所著《文心雕龙》中写了《史传》篇,所论与卢奇安《论撰史》极相近,亦可视为作者从艺术原则的角度对历史撰述进行总结并提出新的要求。此篇篇末赞曰:"史肇轩黄,体备周孔。世历斯编,善恶偕总。腾褒裁贬,万古魂动。辞宗丘明,直归南董。"这几句话,讲到了史学的起源,史书的外部样式,史家的语言修养和直书精神,以及史学的社会历史作用。其中"辞宗丘明,直归南董"两句,颇类于卢奇安所说的"历史风格"和"历史精神"。卢奇安和刘勰都不是史学家,作为史学家而又明确地从审美角度对历史撰述提出要求的是刘知幾。上文所引他说的"史之称美者,以叙事为先","国史之美者,以叙事为工",就是反复强调了"历史风格"之美。其实他的《史通》一书,特别是《史通》内篇,都是在论述"历史精神"之美和"历史风格"之美(包括外部样式、内部结构和语言表述之美)。近人梁启超在讲到"史家的四长"时,也分析了历史撰述的"文章之美"③。以上这些,都可以看作是从美学思想和艺术原则方面对历史撰述尤其是它的语言表述方面提出的要求。

从历史撰述的发展和史学评论的发展来看,历史学家和史学评论家们对历史撰述之语言表述的审美要求,大致可以概括为以下几个方面:

---

① 卢奇安:《论撰史》,见《缪灵珠美学译文集》第1卷,第205、208页。
② 同上书,第197页。
③ 梁启超:《中国历史研究法补编》,第187页。

一是真实之美。这是通过历史学家的语言表述所反映出来的历史撰述的本质的美。负责任的史家历来重信史,历史撰述只有在其反映了真实的(至少在历史学家看来是尽力做到了真实的)历史面貌时,它才是美的。

班固评《史记》说:"其文直,其事核,不虚美,不隐恶,故谓之实录。"①"文直"与"事核"相结合,这就是真实之美。反之,如果文词矫饰,记事失真,则这样的历史撰述不仅不美,而且必定丑陋。卢奇安生动地写道:"凡是斤斤追求眼前利益的历史家,都应当被视为谄媚者;而历史科学久已证明,谄媚与历史水火不相容,正如涂脂抹粉与体育训练背道而驰一样。"②正像涂脂抹粉会把一个体育竞技者弄得丑陋不堪一样,谄媚者篡改和歪曲事实而把历史变得面目全非,而这种篡改和歪曲事实的手法常常是用矫饰的浮词来实现的。史家追求信史,自然讲求文词的平实和"明若晴空",而唾弃"无中生有的浮词"。

二是质朴之美。质朴之美是说历史撰述在反映真实史事的基础上写出事物的本色,说人如其人,叙事如其事。这一点,刘知幾《史通·言语》篇作了精彩的论说。他指出:

> 战国以前,其言皆可讽咏,非但笔削所致,良由体质素美……刍词鄙句,犹能温润若此,况乎束带立朝之士,加以多闻博古之识者哉!则知时人出言,史官入记,虽有讨论润色,终不失其梗概者也。

他欣赏那时的"童竖之谣""时俗之谚""城者之讴""舆人之诵",以此入史,恰恰反映了事物的"体质素美"。所谓"体质素美",就是事物本来面貌的自然之美。因此,他称赞有的史家"抗词正笔,务存直道,方言世语,由此毕彰"的语言风格,而不赞成那种"怯书今语,勇效昔言"的文风。他的结论是:"工为史者,不选事而书,故言无美恶,尽传于后。若事皆不谬,言必近真,庶几可与古人同居,何止得其糟粕而已。"③从刘知幾的这些论述中,回过头去看后人对司马迁《史记》所作的"辩而不华,质而不野,文质相称"的评价,要做到是何等难得!唯其如此,《史记》才被鲁迅誉为"史家之绝唱,无韵之《离骚》"④。

三是简洁之美。关于这个问题,卢奇安的《论撰史》作了极为精彩、细致的分析。他指出:

> 文笔简洁在任何时候都是优胜点,尤其是在内容丰富的场合;这个问题

---

① 《汉书·司马迁传》后论。
② 卢奇安:《论撰史》,见《缪灵珠美学译文集》第1卷,第207页。
③ 刘知幾:《史通·言语》。
④ 鲁迅:《汉文学史纲要》,见《鲁迅全集》第9卷,人民文学出版社,1981年,第420页。

    不仅是修辞的而且是本质的问题。我认为,解决的方法是简单扼要地处理
不重要的细节,而对主要的事件则予以充分的发挥;真的,许多枝节最好是
省略……
    你不要给读者这样的印象,以为你舞文弄墨,夸夸其谈,而不顾历史的
发展。①

  我们应当充分认识卢奇安的这一思想,即文笔简洁对于历史撰述来说,不仅是修辞的问题,而且是本质的问题。所谓本质的问题,指的是是否有利于写出"历史的发展"。如果历史学家撰写历史时,流连于"不重要的细节"和"琐屑的事情",舞文弄墨,夸夸其谈,那就不仅是修辞上的大忌,而且势必掩盖了"历史的发展"。卢奇安举例说,在文笔简洁方面,"伟大的荷马是一个好榜样",他虽然是个诗人,可是他"轻轻一笔"就勾画出一些人物的形象;而"更好的榜样是修昔底德","他惜墨如金",对于一些不是紧要的问题一经点明"便立刻转入下文"。

  同卢奇安一样,刘知幾也极力提倡文笔简洁,认为史学家"叙事之工者,以简要为主"。他说的"简要"的标准是:"文约而事丰,此述作之尤美者也。"他针对"始自两汉,迄乎三国,国史之文,日伤烦富"的现象,提出史学家应当重视"省句""省字",并指出"省句为易,省字为难,洞识此心,始可言史"②。把"简要"提到省句、省字这样具体的程度,足见其对此视之甚重。他同样认为,浮词会影响到对于历史发展真实情况的表述,指出:"近代作者,溺于烦富,则有发言失中,加字不惬,遂令后之览者,难以取信。"③梁启超论"史家的四长"讲到"简洁"时,也认为"大凡文章以说话少、含意多为最妙。文章的厚薄,即由此分";又说:"不为文章之美,多言无害;若为文章之美,不要多说,只要能把意思表明就得",这就是古人说的"词达而已矣"。不过梁启超只把是否简洁视为"文章的厚薄"的标准来看待,没有指出"烦富"和"浮词"会妨碍对于表述历史的发展乃至掩盖历史的真相,在这一点上他没有道出"简洁"对于历史撰述之所以重要的核心所在,显然是一个疏忽。

  四是动态之美。历史是运动的,历史人物是运动的,历史事件也是在运动中发展的。历史撰述应当把这些运动表现出来,这就是动态之美。在这个问题上,梁启超所论则甚为中肯。他强调要把历史写得"飞动"起来,才能感动人。他说:

    事本飞动而文章呆板,人将不愿看,就看亦昏昏欲睡。事本呆板而文章
生动,便字字活跃纸上,使看的人要哭便哭,要笑便笑。如像唱戏的人,唱到

---

① 卢奇安:《论撰史》,见《缪灵珠美学译文集》第 1 卷,第 211 页。
② 以上均见刘知幾:《史通·叙事》。
③ 《史通·浮词》。

深刻时,可以使人感动……历史家如无这种技术,那就不行了。司马光作《资治通鉴》,毕沅作《续资治通鉴》,同是一般体裁。前者看去百读不厌,后者读一二次便不愿再读了。光书笔最飞动,如赤壁之战、淝水之战、刘裕在京口起事、平姚秦、北齐北周沙苑之战、魏孝文帝迁都洛阳,事实不过尔尔,而看去令人感动。①

史笔"飞动",尤适于记述宏大的历史场面,特别是战争场面。中国历史名著如《左传》《史记》等,西方历史名著如希罗多德《历史》、修昔底德《伯罗奔尼撒战争史》等,都具有此种特色。梁启超说的"事实不过尔尔,而看去令人感动",这正是史学之美的感染力量。

五是含蓄之美。含蓄之美,亦可称隐喻之美。刘知幾论"叙事之工",一为"简要",二为"用晦"。"用晦"即含蓄、隐喻之意。他论"用晦"的特点是:

> 章句之言,有显有晦。显也者,繁词缛说,理尽于篇中;晦也者,省字约文,事溢于句外。然则晦之将显,优劣不同,较可知矣。夫能略小存大,举重明轻,一言而巨细咸该,片语而洪纤靡漏,此皆用晦之道也。②

这里讲的"晦",重在阐述"省字约文"的长处,是同"繁词缛说"的"显"相对待的;用晦之美的本意还不仅仅在这里。接着,他举《左传》《史记》《汉书》中的若干事例进一步指出"用晦"的长处是:"言近而旨远,辞浅而义深,虽发语已殚,而含意未尽。使夫读者望表而知里,扪毛而辨骨,睹一事于句中,反三隅于字外。"③这是说"用晦"的真正含义即含蓄之美的特色。这个问题,顾炎武有比较深刻的见解。他在讲到史学家的历史撰述中有关叙述性语言与评论性语言的关系时写道:

> 古人作史,有不待论断而于序事之中即见其指者,惟太史公能之。《平准书》末载卜式语,《王翦传》末载客语,《荆轲传》末载鲁句践语,《晁错传》末载邓公与景帝语,《武安侯田蚡传》末载武帝语,皆史家于序事中寓论断法也。后人知此法者,鲜矣。惟班孟坚间一有之,如《霍光传》载任宣与霍禹语,见光多任威福;《黄霸传》载张敞奏,见祥瑞多不以实,通传皆褒,独此处贬:可谓得太史公之法也。④

寓论断于"序事"之中,是指史学家不直接对所记史事进行评论,而是把自己的见解包含在所记的史事之中,此即刘知幾所云"虽发语已殚,而含意未尽","见一事

---

① 以上引梁启超语均见《中国历史研究法补编》总论第二章,第171~188页。
②③ 刘知幾:《史通·叙事》。
④ 顾炎武:《日知录》卷二六《〈史记〉于序事中寓论断》。

于句中,反三隅于字外",留下无穷的余味和深沉的思考。从审美的观点来看,这是一种很高的艺术境界,可见语言表述的含蓄之美,是对历史学家提出的很高的要求。顾炎武说司马迁以下,鲜能为之,这话是很有道理的。

六是力量之美。力量之美,取决于历史撰述的内容。一般地说,历史撰述只要表现了历史真实的或接近于历史真实的面貌,那么它就能给读者以警诫,以启迪,以智慧,以鼓舞。这就是历史撰述的力量之美。但是,这种内在的力量之美是否得以充分地表现出来,在很大程度上首先又同语言表述的力量之美有密切的关系。历史撰述之语言表述的力量之美首先在于生动。唯有生动,才能感人;感人,才能迸发力量。

梁启超说:"同是记一个人、叙一件事,文采好的,写得栩栩欲活;文采不好的,写得呆鸡木立。这不在对象的难易,而在作者的优劣。"又说:历史撰述"若不能感动人,其价值就减少了。"①中国历史名著如《左传》《史记》《资治通鉴》等,在写人物、写战争、写历史场面方面,不少地方都写得"栩栩欲活",读来令人感动不已。重要的在于激情。历史撰述必须严格地在历史事实的基础上展开,但这并不是说历史学家对于历史事实应当采取冷漠的态度。卢奇安指出:"诗歌与历史不但各有其特质,而且各有其规律","不能区别诗与史,确实是史家之大患",历史撰述必须保持自己的"崇高的格调"。但卢奇安同时又指出:"历史家的气质不能不有一点诗人的风度;历史正如诗歌一样,是需要运用一些高昂脱俗的调子的","然而,史家措词必须有所节制,只能把风格稍为提高一点以配合主题的壮丽,切不可耸人听闻,常常要记住适可而止。"②这就是说,历史学家是应当有一点诗人的激情的,但"措词必须有所节制"。这种恰如其分的历史家的激情,乃是历史撰述的语言表述的力量之美所不可或缺的。塔西伦的著作被称为"暴君的鞭子",他的名字和著作足以使暴君色变,就是极好的证明。刘知幾说的"仗气直书,不避强御","肆情奋笔,无所阿容"③,正是对于历史学家的激情的一种理论概括。当然,历史学家的"仗气""肆情",同以感情、好恶去歪曲历史真相,是有本质的区别的。关于这一点,无须赘述。此外,历史学家的幽默感、洞察力和逻辑思维,也往往通过语言表述反映出来,成为力量之美的一种表现。

七是形象之美。这里说的历史撰述的形象之美,是对种种形式语言而言,即种种以历史为题材的文学样式、艺术样式等。尤其是现代传播媒介的广泛使用,为这种形象之美开辟了广阔的前景。尽管这种形象之美往往不是"纯历史的",

---

① 梁启超:《中国历史研究法补编》,第 187 页。
② 卢奇安:《论撰史》,见《缪灵珠美学译文集》第 1 卷,第 208 页。
③ 刘知幾:《史通·直书》。

而要借助于文学的或艺术的手法,但这种手法若能同严肃的历史态度结合起来,特别是同虚构历史和"戏说"历史的做法划清界限,对历史抱着诚挚的敬意,将极大地推动历史学走向社会。因此,历史学家和文学艺术家结成联盟是很有必要的。

第三节 历史撰述内容与史家撰述旨趣的统一

1. 讲求史法以利于史书对历史内容的合理表现

在中国古代史学理论发展上,"史法"和"史意"是两个很重要的范畴。从今天的认识来看,所谓"史法",是指史学家所撰写的史书能够对历史内容作合理的表现;所谓"史意",是指史学家所撰写的史书能够鲜明地反映出史家自身的旨趣和独到见解。概而言之,这是历史撰述内容和史家撰述旨趣的关系。在现今的历史撰述活动中,这仍然是十分重要的。

刘知幾和章学诚在古代史学批评史上所占据的重要地位,是没有人可以与之相比的。章学诚在世时,有人把他比作刘知幾。对此,章学诚认真地作了如上文所引述的表白,即"不知刘言史法,吾言史意;刘议馆局纂修,吾议一家著述",道出了他同刘知幾在史学理论上的异趣。在这里,章学诚十分明确地提出了"史法"和"史意"两个史学范畴的区别。而这两个史学范畴,并非只用于说明他跟刘知幾的异趣,而是反映了唐宋迄清史学批评之发展上的主要特点。章学诚对此曾有这样的概括:"郑樵有史识而未有史学,曾巩具史学而不具史法,刘知幾得史法而不得史意,此予《文史通义》所为作也。"①章学诚对这一发展是看得很重的。

"史法"和"史意"这两个范畴的含义,在中国史学上都有一个不断丰富的过程。

"史法",按其初意,当指史家的"书法"而言。孔子是较早提出"书法"这个概念的人。他针对晋国史官董狐所书"赵盾弑其君"一事说:"董狐,古之良史也,书法不隐。"②这里讲的"书法",是指古代史官的记事原则。从当时的制度、礼仪、是非观念来看,董狐所书"弑其君",显然也包含了对所记事件的评论和有关人物的褒贬。这是当时史官记事的一种成例,在春秋时期各国都有不同程度的反映。孔子修《春秋》,"发凡起例","属辞比事",一方面反映了他对历史的见解,一方面

---

① 章学诚:《章氏遗书》外编卷一六《和州志一·志隅自序》。
② 《左传·宣公二年》。

也是对这种书法传统的总结。

刘知幾的《史通》，极大地丰富了史家关于史书体裁、体例的思想，也扩大了"史法"的内涵。他认为："史无例，则是非莫准。"①刘知幾所说"史例"，是指史书在外部形式上的规范和内部结构上的秩序，这种规范和秩序也反映着史家对史事之是非、人物之褒贬的看法。他对史家记事的原则和要求，有专篇论述，并揭示了史家"书事"中"直书"与"曲笔"的对立。刘知幾还论到史家撰述中所取史事的真伪以及语言、文字表达上的要求。他认为，这是关系到"史道""史笔"的重要问题。《史通》一书涉及史学理论的很多方面，但它主要是从史书的形式、书事的原则、内容的求真、史事的处理和文字的表述等几个方面，展开对以往史学的批评。他讲的"史例""书事""史道""史笔"，丰富和发展了前人关于史家"书法"的思想。他说的"史之有例，犹国之有法"，其实说的就是"史法"。刘知幾论史例、书事、史道、史笔，是从史学的独立品格来讨论的，这是对史学理论上的重要贡献。在他之后，讨论"史法"的人逐渐多了起来。

南宋思想家、史学批评家叶适在他的读书札记《习学记言序目》中，有许多关于"史法"的议论，并对《春秋》《左传》《史记》以下，至两《唐书》《五代史》均有所评论。叶适反复论说，董狐书赵盾弑君事、齐太史书崔杼弑君事，是孔子作《春秋》前的"当时史法"，或称"旧史法"，但孔子也有所发展。他认为：

> 古者载事之史，皆名"春秋"；载事必有书法，有书法必有是非。以功罪为赏罚者，人主也；以善恶为是非者，史官也：二者未尝不并行，其来久矣。史有书法而未至乎道，书法有是非而不尽乎义，故孔子修而正之，所以示法戒，垂统纪，存旧章，录世变也。②

他根据这个认识，提出跟孟子不同的见解，认为"《春秋》者，实孔子之事，非天子之事也"。叶适的这个见解趋于平实，不像儒家后学或经学家们赋予《春秋》那么崇高而又沉重的神圣性。

叶适"史法"论的另一个要点，是批评司马迁著《史记》而破坏了"古之史法"，并殃及后代史家。通观他对司马迁的批评，大致有如下几个方面。其一，司马迁述五帝、三代事"勇不自制"，"史法遂大变"。其二，司马迁"不知古人之治，未尝崇长不义之人"，故其记项羽"以畏异之意加嗟惜之辞，史法散矣"③。其三，司马迁"述高祖神怪相术，太烦而妄，岂以起闾巷为天子必当有异耶"，这是"史笔之未

---

① 刘知幾：《史通·序例》。
② 叶适：《习学记言序目》卷九《春秋》总论，参见同书卷一〇《左传一》杜预序、僖公、宣公，卷一一《左传二》襄公二、总论等条。
③ 叶适：《习学记言序目》卷一九《史记一·本纪》。

精";《隋书》述杨坚"始生时'头上角出,遍体鳞起'",足见"史法之坏始于司马迁,甚矣"①。其四,以往《诗》《书》之作都有叙,为的是"系事纪变,明取去也",至司马迁著《史记》,"变古法,惟序己意",而班固效之,"浅近重复","其后史官则又甚矣",可见"非复古史法不可也"②。其五,"上世史因事以著其人",而司马迁"变史","各因其人以著其事"③。

综观叶适之论史法,可以作这样的概括:史法是规范史家对历史撰述中有关史事的合理处置。他批评司马迁破坏了"古之史法",大致都是着眼于此。这同刘知幾批评司马迁是同一路径。刘知幾认为《史记》不应当为项羽立本纪,因为项羽"名曰西楚,号止霸王","霸王者,即当时诸侯。诸侯而称本纪,求名责实,再三谋乖谬"④。他还认为《史记》不应当为陈涉立世家,其理由是:"陈胜起自群盗,称王六月而死,子孙不嗣,社稷靡闻,无世可传,无家可宅,而以世家为称,岂当然乎?"⑤这些,都表明史家在对于史事的处置上是非常重视的,这就是史法的重要性。但是,在历史撰述中,我们常常可以看到,史家在史法上又多有歧异,其原因之一,就是"史法"不可能脱离"史意"而独立存在,即历史内容的处置同史家撰述旨趣是密不可分的。

叶适的"史法"论及其所展开的史学批评,可以说是是非得失两存之。他论《春秋》存古之史法,大抵是对的。他批评司马迁破坏古之史法,主张"非复故史法不可",显然是不足取的。但叶适指出史书述天子往往有异相实未可取,还是对的。叶适的"史法"论,涉及史学的几个主要问题。一是史家的史笔或曰书法,二是史书的内容之真伪,三是史书的体裁,四是史家褒贬的尺度,五是史家是否应有独立的见解。叶适在史学批评之理论上的贡献,是他对"史法"这个范畴给予突出的重视,并作了比较充分的阐述。在这个问题上,叶适在从刘知幾到章学诚之间架设了理论上的桥梁。

2. 强调史意以显示史家的撰述旨趣及独到见解

"史意"这个范畴的含义,可以追溯到孟子论春秋时期各国国史时所说的"事""文""义"中的"义"。秦汉以下,不少史家都重视对于"义"的讨论和贯彻。

司马迁引用父亲司马谈的话说:"'有能绍明世,正《易传》,继《春秋》,本

---

① 叶适:《习学记言序目》,卷一九《史记一·本纪》、卷三六《隋书一·帝纪》。
② 叶适:《习学记言序目》卷二三《汉书三》。
③ 叶适:《习学记言序目》卷三八《唐书一·帝纪》。
④ 刘知幾:《史通·本纪》。
⑤ 刘知幾:《史通·世家》。

《诗》《书》《礼》《乐》之际?'意在斯乎!"①"义"与"意"本相近,但从《春秋》的"义"到司马氏父子的"意",已有很大的发展。司马迁的为史之意,他在《报任安书》中作了这样的概括:"网罗天下放失旧闻,略考其行事,综其终始,稽其成败兴坏之纪,上计轩辕,下至于兹……亦欲以究天人之际,通古今之变,成一家之言。"这同《春秋》的"辩是非"、明"道义"、"惩恶而劝善"之义,已不可同日而语。

荀悦《汉纪》序申言:"立典有五志",第一条就是"达道义"。范晔评论司马迁父子、班固父子的言论和著述,说是"大义粲然著矣",并自称所撰《后汉书》中"诸细意甚多"②,反映了他对"史义"与"史意"的重视。

刘知幾以论史例、史道、史笔见称,但他也强调为史之"义"与为史之"志"。他因"见用于时,而美志不遂","故退而私撰《史通》,以见其志"。他撰《史通》之志是:"盖伤当时载笔之士,其义不纯。思欲辨其指归,殚其体统。夫其书虽以史为主,而余波所及,上穷王道,下掞人伦,总括万殊,包吞千有。"③刘知幾对于史义、史志的追求,进而发展到"史识"的提出,论述了才、学、识的相互关系,并指出:"物有恒准,而鉴无定识。"④他推崇孔子、司马迁、班固、陈寿这些"深识之士",都能"成其一家"⑤。这里,他已经触及历史认识中的主客体的关系了。刘知幾把"史义"发展到"史识",这是他在理论上的贡献,可惜的是,他没有像探讨史例、史笔那样,充分对史识展开阐述,以致章学诚才可以自信地说:"刘言史法,吾言史意。"

叶适评史,也讲史义或史意。他说:"史家立义,必守向上关捩,庶几有补于世论"⑥,这是主张史家当立意高远,有补于世。他还认为,"品第人材以示劝戒,古人之本意,史氏之常职也",而班固《汉书·古今人表》"失本意矣"⑦。他批评司马迁"别立新意"而成《史记》,是"书完而义鲜"⑧。显然,叶适论史意,也是得失两存,但失多得少,与章学诚相去甚远。

章学诚重视史意的思想,贯穿于《文史通义》全书之中,然也有比较集中的论述。他在《文史通义·言公上》中说:

---

① 《史记·太史公自序》。
② 范晔:《狱中与诸甥侄书》,见《宋书·范晔传》。
③ 刘知幾:《史通·自叙》。
④ 刘知幾:《史通·鉴识》。
⑤ 刘知幾:《史通·辨职》。
⑥ 叶适:《习学记言序目》卷三九《唐书二·表》。
⑦ 叶适:《习学记言序目》卷二一《汉书一·表》。
⑧ 叶适:《习学记言序目》卷二〇《史记二·自序》。

> 夫子因鲁史而作《春秋》，孟子曰："其事则齐桓、晋文，其文则史，孔子自谓窃取其义焉耳。"载笔之士，有志《春秋》之业，固将惟义之求，其事与文，所以藉为存义之资也……作史贵知其意，非同于掌故，仅求事、文之末也。

他在《文史通义·申郑》中进而指出："夫事，即后世考据家之所尚也；文，即后世词章家之所重也。然夫子所取不在彼而在此，则史家著述之道，岂可不求义意所归乎！"由此可以看出，章学诚所说的"史意"，本上承于孔子所重视的"义"。在上引两段文字中，章学诚强调了"事"与"文"都是被用来表现"义"的，即事实（史事）与文采乃是反映一定的思想的途径和形式。因此，"史家著述之道"，当以"义意所归"即以一定的思想境界为追求的目标。

诚然，章学诚所说的"史意"虽本于孔子《春秋》之义，但其内涵却远远超出了后者。他在《文史通义·答客问上》上中说道：

> 史之大原本乎《春秋》，《春秋》之义昭乎笔削。笔削之义，不仅事具始末、文成规矩已也；以夫子义则窃取之旨观之，固将纲纪天人，推明大道，所以通古今之变而成一家之言者，必有详人之所略，异人之所同，重人之所轻，而忽人之所谨，绳墨之所不可得而拘，类例之所不可得而泥，而后微茫秒忽之际有以独断于一心；及其书之成也，自然可以参天地而质鬼神，契前修而俟后圣，此家学之所以可贵也。

他说的"家学"，是他所阐述的《春秋》以来的史学家法的传统；他对于"义"的发挥，实际上已包含着对于司马迁、杜佑、司马光、郑樵、袁枢等史家之撰述思想的总结①。据此，可以把章学诚所强调的史学之"义意所归"的思想，概括为以下几个要点：一是明大道，二是主通变，三是贵独创，四是重家学。其中贯穿着尊重传统而又不拘泥于传统的创新精神，而"别识心裁""独断一心"正是这个思想的核心。这就是章学诚所说的"史意"。

"史法"和"史意"，是古代史学理论中两个相互联系的不同的侧面，也是两个相互渗透的不同的层次。

3. 历史撰述内容与史家撰述旨趣的辩证关系

任何严肃的历史撰述都应当对历史内容作出适当处置和合理反映，以便于读者对历史有比较全面和合乎理性的认识。因此，历史撰述必须遵循前人不断积累起来的历史著作的表现形式，即遵循一定的体裁、体例准则。

---

① 章学诚：《文史通义·释通》。

这一点，在中国古代史学中有丰富的思想积累和撰述实践，所以关于"史法"的讨论备受关注。但是，如上文所论，"史法"是不能脱离"史意"而存在的，因为任何一个历史学家在历史撰述中对史事的处置和表述，都必定会受到其本人撰述旨趣的影响，从而出现"史意"的异趣而导致对"史法"的不同理解。例如司马迁认为项羽"将五诸侯灭秦，分裂天下，而封侯王，政由羽出，号为'霸王'，位虽不终，近古以来未尝有也"①，故《史记》将项羽立为本纪。司马迁又认为"秦失其政，而陈涉发迹，诸侯作难，风起云蒸，卒亡秦族。天下之端，自涉发难"②，故《史记》把陈涉立为世家。可见，司马迁是充分考虑到项羽、陈涉在秦汉之际所发挥的作用而处置相关史事的。刘知幾则是从"史法"所规定的"名分"上考虑，而批评司马迁《史记》在体例上的不严谨，清楚地表明了他同司马迁在撰述思想上的异趣。

这里，有关历史内容和史家旨趣之关系在历史撰述中如何协调的问题，极鲜明地摆在人们的面前。当然，从技术层面来看，任何一个史家在历史撰述中都应遵循一定的史法，刘知幾从"求名责实"的角度来看，项羽确实没有称帝；从"无世可传，无家可宅"来看陈涉，也符合历史事实，因此，主张将项、陈二人立为传记，也不是没有道理的。但若如刘知幾所言来处置，项、陈二人在秦汉之际的历史活动及其重要意义，显然不如司马迁《史记》所作的处置给人以突出的地位和深刻的印象。于是，人们自然会提出这样一个问题：历史学家在历史撰述中，如何在遵循史法的同时，又能从较深层面上反映历史事实，即如何把"史法"同"史意"恰当地结合起来。

对于这个在历史撰述中经常会碰到的问题，我们可以作如下的考虑。第一，"史法"既然是历史学家们自己所制定的，它往往受到一定时代的社会伦理的制约，人们在历史撰述中自应恪守相应的史法。第二，"史法"是历史编纂学的核心问题之一，其本身也有一定的规律，人们不应违背其基本规律而使历史撰述失范。第三，历史撰述除了在技术层面上应遵守有关准则外，还必然会反映出史家对历史内容的理解和独到的见识，而后者无疑贯穿在整个历史撰述过程之中，这就是"史意"的作用。中外史学可以证明：凡优秀的史家，不仅重视"史法"，而且尤重视"史意"。司马迁说的"成一家之言"，刘知幾、章学诚倡言的"独断"之学、"别识心裁"，都是在强调"史意"的重要作用，故"史意"实不可轻视。第四，"史法"本是人们所制定，而"史意"无疑是史家旨趣的反映，两者都与史家主体意识密切相关，不可截然分割开来。因此，在两者的相互关系上有一

---

① 《史记·项羽本纪》后论。
② 《史记·陈涉世家》后论。

个基本准则可以作为"裁决",即以更准确地反映历史进程和历史本质为依归。换言之,历史撰述不能不重视体例,但又不能拘泥于体例;体例本身是为了使历史撰述合理地反映历史,为这个目的而作适当的变通,使之同"史意"协调起来,这不仅有利于历史撰述的顺利进行,而且可以使历史撰述具有独特的风格和"别识心裁"的见解。

第六章　历史学家的基本素养与时代使命

历史认识、史学方法,以及对历史本体及其发展规律的探索和对历史研究成果社会表现形态的确定,是历史研究主体活动的几个主要环节。从严格的意义上说,缺少或者忽视其中任何一个环节,历史研究都会失去或至少是削弱其科学的价值和社会的影响。因此,作为历史研究主体本身即历史学家的素养及其自得之学与群体研究的结合,以及对于历史研究的现代意识和时代使命感,在历史研究主体活动的整个过程中就是至关重要的了。

第一节　历史学家的优良传统与现代素养

1. 历史学家的知识结构与研究能力

具有适合于现代历史科学所需要的、合理的知识结构和相应的研究能力,是历史学家的基本素养。历史学家的这一基本素养,在很大的程度上决定其学术水平和撰述面貌,也在相当的程度上反映出历史科学发展所达到的水准。历史学家的这一素养,主要得自当代社会的发展尤其是当代科学的发展,同时也包含着对于史学上优良传统的继承和发扬。

历史学家对优良传统的继承,表现在对知识结构的要求是很高的。《隋书·经籍志》史部大序说:凡治史者,"必求博闻强识、疏通知远之士","是故前言往行,无不识也;天文地理,无不察也;人事之纪,无不达也"。这里说的,包含自然和社会、历史和现实等多方面的知识。"博闻强识",语出《礼记·曲礼》;"疏通知远",出于《礼记·经解》。唐代学人把这两句话吸收过来作为对史学家在知识结构上的总的要求，显示出他们的卓识。所谓"博闻强识"，是指包括广博的见闻和丰富的知识积累；所谓"疏通知远"，则不止是指对于各种知识的融会贯通，还包含着对于历史知识的运用，即对历史经验的总结和对当前历史动向及未来趋势的见识。而所谓"识""察""达"，当是指这两方面要求的具体表现。

就知识结构本身而言，在"博闻强识，疏通知远"的要求中，"博"与"通"是最重要的。孔子主张"君子博学于文"①，提倡广博地学习和掌握历史文献。他的这个思想对后世史学家有很大的影响。班固称赞司马迁说："其涉猎者广博"②；文学评论家刘勰也认为史学家应当"博练于稽古"③。可见，具有广博的学识，乃是中国古代史家所必不可少的基本素养。当然，"博"并不是最终的目的，博而能约才是更高的要求。刘知幾强调"学者博闻，盖在择之而已"④，章学诚主张"学贵博则能约"⑤，这种由"博"返"约"的见解，是对于"博"的更深刻的认识。

"通"，也是中国古代史学家的优良传统。司马迁《史记》长于"通变"，班固《汉书》志在"洽通"。此外，刘知幾《史通》、杜佑《通典》、司马光《资治通鉴》、郑樵《通志》、马端临《文献通考》等，皆以"通"名史，而在所"通"的内容上各不相同，显示出中国古代史学家在"通"的方面的多种旨趣和专长，形成中国史学上的"通史家风"⑥。值得注意的是，"通"与"博"往往相互联系，此即刘知幾所说的"通博"⑦。"博"而能"通"，无疑也是对于"博"的又一深层的认识。章学诚说：

> 通者，所以通天下之不通也。读《易》如无《书》，读《书》如无《诗》，《尔雅》治训诂，小学明六书，通之谓也。⑧

这是对"博"而能"通"的具体说明。诚然，对于历史学家来说，"博"毕竟是相对的，所以章学诚在肯定"兼览之博"的"通"的同时，也肯定了"专门之精"的"通"。他指出：

> 通人之名，不可以概拟也：有专门之精，有兼览之博，各有其不可易，易则不能为良；各有其不相谋，谋则不能为益。然通之为名，盖取譬于道路，四

---

① 《论语·雍也》。
② 《汉书·司马迁传》后论。
③ 刘勰：《文心雕龙·史传》。
④ 刘知幾：《史通·杂述》。
⑤ 章学诚：《文史通义·博约》。
⑥ 章学诚：《文史通义·申郑》。
⑦ 刘知幾：《史通·书志》。
⑧ 章学诚：《文史通义·释通》。

衡八达，无不可至，谓之通也。亦取其心之所识，虽有高下、偏全、大小、广狭之不同，而皆可以达于大道，故曰通也。①

这说明，不论是"专门之精"，还是"兼览之博"，只要能够"达于大道"，即通其所精或通其所博，都是可贵的。这应看作是对于"通"的比较全面的认识。

"博闻强识，疏通知远"，反映了中国古代史学家在当时历史条件下，在知识结构方面所具备的基本素养的理论概括。中国古代史家中不少人能够"成一家之言"、创"独断之学"和运"别识心裁"，同他们的这种知识结构有极大的关系。

19世纪末以来，自然科学和社会科学不断取得新的成就，新兴学科的出现如雨后春笋，人类的历史逐渐步入一个新的、科学的时代。在这个巨大的历史变革中，历史学对于促进历史的发展和科学的进步，曾经发挥了重要的作用。但是，从另一方面来看，历史的发展和科学的进步，也不断地向历史学提出许多新问题；历史学因其研究对象具有比其他学科不可比拟的广泛性，而越来越受到严峻的"挑战"。

历史学在接受这一"挑战"中所面临的首当其冲的问题，就在于历史学家自身知识结构的陈旧、落后和不合理性。早在20世纪20年代初，李大钊就敏锐地指出："科学过重分类，便有隔阂难通之弊。所以虽然专门研究，同时相互的关系，也应知道专而不通，也非常危险，尤以关于人生的学问为然。"因此，他认为："学问虽贵乎专，却尤贵乎通。"②李大钊所说的"专"和"通"，已不同于古代史学家所说的"博""通""专""精"，而带有明确的现代含义。他列举出史学与六类相关学问有密切的联系：第一类，言语学、文学；第二类，哲学、心理学、论理学、伦理学、美学、教育学、宗教学；第三类，政治学、经济学、法律学、社会学、统计学；第四类，人类学、人种学、土俗学、考古学、金石学、古书学、古文书学；第五类，关于自然现象的诸种科学，及其应用诸科学(包含医学、工学等)；第六类，地理学③。在这些学科中，有的是传统学科，而更多的则是近代以来的新兴学科。李大钊以史学与文学、哲学、社会学的关系为例，指出历史学家如不具有多种学科的知识与修养，则治史亦为难矣。他认为："历史观乃解析史实的公分母，其于认事实的价值，寻绎其相互连锁的关系，施行大量的综合，实为必要的主观的要因"，而"哲学实为可以指导史的研究、决定其一般倾向的历史观的一个主要的渊源"；"吾人欲

---

① 章学诚：《文史通义·横通》。
② 《史学与哲学》，见《李大钊史学论集》，第180页。
③ 《史学要论》，见《李大钊史学论集》，第233页。

把人事现象充分的施行科学的研究",史学与社会学"二者悉所必要","自其学问的性质上说,二者有相资相倚的关系"①。总之,李大钊提出的"学问虽贵乎专,却尤贵乎通"的论点,反映了历史的发展和科学的进步对历史学提出了新的要求,尤其是对历史学家提出了建立新的知识结构的要求。

以中国史研究来说,20世纪以来,由于历史学家在考古学、古人类学、古文学字、古器物学、古地理学、古气候学,以及神话、传说、诗歌、民俗、民族等方面的研究取得重要进展,不独使中国史研究在时间上有所伸延,在空间上有所扩大,在内容上有所丰富,在认识上更加全面,而且使这种研究逐步摆脱传统的构架和神秘的色彩而具有现代科学的性质。20世纪的中国史研究证明,历史学家通过直接或间接地掌握与运用多种学科的知识,以建立起适合于本学科发展的合理的知识结构,对于推进本学科的发展具有何等重要的意义。

这种重要意义,在西方史学发展中,自19世纪中后期以来,更是为许多重大的、突破性的研究成果所证明。15至16世纪文艺复兴时期近代考古学萌芽以来,几百年的考古学研究成果,扩大了史学家的视野,打破了史学家仅仅依靠文字资料研究历史的传统格局,并使一些湮没已久的人类文明重见天日;与此同时,整体的、综合的历史研究得到了空前的发展,并为已往的研究成果树立起一个得以补充和验证的参照系统,等等。英国考古学家戈登·柴尔德指出:"史前考古学造成了一场人类对自己过去的认识革命,这场革命规模之大,可与现代物理学和天文学所取得的革命相比拟。"②巴勒克拉夫进而指出:

  考古学的特殊贡献却在于它极大地扩展了历史学家的时间和空间视野。考古学打开了一个完全关闭的领域,迫使历史学家用更开阔的全球观点去看待自己的任务……考古学对于亚洲、非洲和拉丁美洲的历史研究具有特别重要的意义。历史学家已经启程走上了建立有关人类历史的真正全球观点的道路,他们正在力图弥补差距,力图抓住过去被忽视的那些领域,并且努力使那些只不过初具轮廓的图景不断完善起来。因此他们必须愈益转向依靠考古学以及考古学所提供的各种事实。③

如果我们结合中国的考古学和中国的历史学的关系来看,考古学的重要性就显得十分突出了。正如中国著名考古学家苏秉琦在《中国通史》第二卷《远古时代·序言》中所指出的:

---

① 《史学要论》,见《李大钊史学论集》,第235、243页。
② G.柴尔德:《史前史学家对播化论的解释》,载L.S.斯塔甫里亚斯编:《1500年以前的人类史诗》,1970年,第17页。转引自杰弗里·巴勒克拉夫:《当代史学主要趋势》,第167~168页。
③ 巴勒克拉夫:《当代史学主要趋势》,第171页。

近代考古学从十九世纪后半算起,迄今不过一百几十年;我国近代考古学的兴起,刚半个多世纪。重建中国古史的远古时代是当代考古学者的重大使命。记得本世纪初年有的学者曾发出过要为恩格斯《家庭、私有制和国家的起源》一书写续篇的豪言壮语,使后学很受鼓舞。说实在的,按照当时的主客观条件,学科刚刚起步,缺乏资料的积累,要实现这一宏大的理想原是不现实的。现在不同了,我国考古学和相关的学科都已有了很大的发展,已经有用马克思主义指导研究史前考古和原始社会历史的一批成果,积累了一些经验。相信不需要多久,将会有人以马克思主义理论家的智慧和勇气,来弥补恩格斯在《起源》一书末尾所感到的遗憾,真正完成一部中国的续篇!①

诚然,20世纪中国史前考古学的成就,正在推动考古工作者和史学工作者实现"重建中国古史的远古时代"的重大使命。历史时期的考古所得,更是丰硕而辉煌,它极大地丰富了中华文明的内涵,生动地描绘出这一文明发展的灿烂历程,进一步开扩了人们的历史视野。尤其值得关注的是:"近年来考古学界与史学界通过重大科研合作,彼此间产生了一种息息相关的感觉。"一个最好的例证就是"夏商周断代工程"的实施。它不仅取得了科学研究上的进展,而且有力地推动了历史学家同考古学家的密切合作,促进了历史学和考古学的结合和互动。事实表明:"中国考古学与历史学之间近年来这种日益密切的沟通与合作,正在改变着人为地将二者隔成两截的状态,这是20世纪与21世纪之交中国历史科学极为重要的新进展。可以预见,未来这两个学科的交融及与其他学科建立的更广泛的联系,必定会产生重要的研究成果。"②

至于从地理的因素来说明历史的进程,也是历史学家所不应忽视的。在这方面,不仅中国史学家有优良的传统③,西方学者从希罗多德到孟德斯鸠和黑格尔,也都十分重视地理环境同历史发展的关系,提出不少有益的见解。从马克思主义的观点来看:"任何历史记载都应当从这些自然基础以及它们在历史进程中由于人们的活动而发生的变更出发"④;"不同的共同体,是在各自的自然环境

---

① 《中国通史》(白寿彝总主编)第二卷《远古时代》(苏秉琦主编),上海人民出版社,1994年,第1~2页。
② 朱凤瀚:《论中国考古学与历史学的关系》,载《历史研究》2003年第1期。
③ 在中国的历史文献中,不仅纪传体"正史"包含有《地理志》《州郡志》等,而且还有数量众多的地理专书,如《禹贡》《山海经》《元和郡县图志》《天下郡国利病书》《读史方舆纪要》《蒙古游牧记》《朔方备乘》等名著。
④ 《马克思恩格斯选集》第1卷,人民出版社,1995年,第67页。

中,发现不同的生产资料和不同的生活资料的。所以它们的生产方式、生活方式和生产物,是不相同的"①。这里说的"自然基础""自然环境",主要指的就是地理条件。不论是人类的历史活动,还是关于这种活动的记载,都不能离开一定的地理条件为基础,这是任何一个历史学家所不可缺少的知识。就中国史学而言,史学家关注地理条件对社会历史进程的影响,有着深刻的意识和古老的传统。如司马迁把西汉皇朝辖境划分为山西地区(关中地区)、山东地区(崤山或华山以东至沿海的广大地区)、江南地区(长江以南直至沿海的广大地区)、碣石以北地区(今山西、河北北部一线直到西汉北境的广大地区)等四个经济区域,主要就是着眼于地理条件来考虑的②。又如《通典》作者杜佑用地理条件的不同来说明"中华"与"夷狄"出现差别的原因,他认为:"华夏居中土,生物受气正",所以不断诞生出"圣贤";"圣贤"们不断创制、实行"法教","随时拯弊,因物利用",于是便逐渐变得文明起来了。与此不同的是,"夷狄"所处,"其地偏,其气梗,不生圣哲,莫革旧风",因而至今保存着古老的陋习,显示出了同"华夏"的区别③。杜佑用地理条件的不同来说明"华夏"与"夷狄"在文明进程上的差别的原因,是唯物的、进步的理论。当然,造成"华夏""夷狄"文明程度的差别的原因,不止是地理条件方面的,更不能看作是有没有"圣贤""圣哲"所致,但杜佑能够从客观上探讨这个问题,提出独立的见解,这在当时的历史条件下,是极其难得的。再如,顾炎武编纂《天下郡国利病书》,着重阐发水利条件与经济发展的关系;顾祖禹著《读史方舆纪要》,着重揭示山川形势同用兵攻防的关系。

19世纪四五十年代和20世纪三四十年代,中国史学家兴起了边疆史地研究和疆域沿革史研究的热潮,旨在御侮自强,等等。这些都反映了中国史学上的地理思想和历史学与地理学结合的早期形态。20世纪20年代,法国年鉴学派创始人费弗尔的《地球和人类的演进——历史学引进地理学》一书,强调历史学家必须同时从历史学和地理学的角度思考人类演进的问题,为"新史学"开创了先例。年鉴派史学家认为,历史(时间)是在一定的地理环境(空间)中发生和发展,人类各种文明的不同形式、特点无不与地理环境因素有关;这些因素对于人类经济活动的类型和发展程度、人们的生活习惯、体质特征等都会有长时期的影响。这些看法突出地表现在布罗代尔的名著《菲利普二世时代的地中海和地中海世界》一书中。费弗尔和布罗代尔的著作,对第二次世界大战后西方"新史学"

---

① 马克思:《资本论》第1卷,人民出版社,1957年,第423页。
② 参见《史记·货殖列传》。
③ 杜佑:《通典》卷一八五《边防一》边防序。

的兴起产生了很大影响。这时期的"新史学"提倡总体的历史研究,主张从多因素的角度、运用多种理论和方法来解释历史,重视地理环境对社会历史的影响是其主要特征之一。法国第三代年鉴学派核心人物安塞·勒高夫在回顾"新史学"的这一段历史时写道:

  在这一知识新领域内,有一门科学占据了独特的地位,这就是历史学。今天存在着一种新史学,新史学这一用语本身在1930年就已为它的创始人之一亨利·贝尔所使用。历史学的上述独特地位归因于这样两个基本特点:史学的全面革新,史学的革新扎根于古老而坚实的传统之中。许多科学学科的现代化只限于该学科领域的一方面,而未涉及整个学科范围。例如由于人文地理学的发展,地理学便成为以这样的方式取得革新的最早的人文科学之一……应当指出,这些地理学家对新史学的领袖人物——吕西安·费弗尔、马克·布洛赫和费尔南·布罗代尔(1947年,他在高等研究实验学院第六部所领导的研究课题,名为"地理历史学")有过很大影响。吕西安·费弗尔不止一次指出了人文地理学与历史学之间的这种结合。例如,在他悼念儒勒·西戎和阿尔贝·德芒戎的文章中,费弗尔在回忆儒勒·西戎的言论时说,后者要求地理学家"懂得历史学家的专业",并强调"必须既作为地理学家又作为历史学家来考虑问题"。在纪念马克·布洛赫的文章中,费弗尔说:"……如同我们中的许多人——有的是他的同辈,有的是他的长辈——一样,马克·布洛赫深受这一地理学的重大影响,这一地理学在才智横溢的领袖维达尔·德·拉布拉什的推动下成为硕果累累的学科之一。"就是吕西安·费弗尔本人,也在其《地球和人类演进——历史学引进地理学》一书中开创了新史学对空间、时间进行同时研究的先例。①

  值得注意的是,由历史学与地理学相互渗透、交叉而产生的历史地理学,在最近几十年中有了长足的发展,并不断出现一些分支学科,如历史自然地理、历史文化地理、历史人口地理等。举例说来,在历史地理研究领域,历史学家史念海作出了突出的贡献,他的《河山集》一至七集,成为这方面的代表作②。历史学家谭其骧主编的《中国历史地图集》一至八册,是目前中国历史地图最权威的著作③。历史学家白寿彝主编的《中国通史》第一卷(导论卷),设立专章系统地讨

---

① J.勒高夫等主编:《新史学》,姚蒙编译,上海译文出版社,1989年,第3~4页。
② 史念海:《河山集》初集,生活·读书·新知三联书店,1963年;二集,生活·读书·新知三联书店,1981年;三集,人民出版社,1988年;四集,陕西师范大学出版社,1991年;五集,山西人民出版社,1991年;六集,山西人民出版社,1997年;七集,陕西师范大学出版社,1999年。
③ 谭其骧主编:《中国历史地图集》(八册),地图出版社,1982年至1987年。

论了"历史发展的地理条件"的有关问题,并着重阐述了中国地理条件的特点及其与中国历史发展的关系①。这种情况说明,历史学家在一定的时间和空间范围内研究人类社会的发展及其与自然环境的关系,已经取得了丰硕的成果,并且还有许多尚待探索的新领域、新课题。

必须指出的是,重视地理条件对人类历史进程的作用同地理环境决定论在本质上是不同的。20世纪30至60年代的苏联和中国历史学界,因受《联共(布)党史简明教程》的影响,长期忽略甚至否认地理环境同历史发展的关系,不加区别地"批判"地理环境决定论,从而窒息了历史学家对于这一领域的创造性研究,在很大程度上阻碍了历史科学的发展。这种情况,在苏联自50年代开始重新评价年鉴学派才有所改变,而中国历史学界突破这一禁区则是近几十年来的事情。这个事实说明,不论出于何种原因,历史学家一旦在知识结构上出现了重要的缺环,必将不仅限制了历史学家个人的学术生命,而且也会妨碍着历史科学的发展。类似的情况,自然不限于此。这是历史学家不能不为之警惕、为之反省的。

英国历史学家巴勒克拉夫在20世纪70年代出版的《当代史学主要趋势》一书的第三章中,阐述了20世纪50年代以来"社会科学对历史学的影响",所论涉及社会学和人类学对历史学的贡献、心理学和历史学的关系、经济学和人口学在历史学研究中的地位、历史学的计量化等问题,以丰富的材料说明了"历史学家如何越来越注重于对追求科学严谨性这一理想的需要。这导致历史学家的研究重点从特殊转向一般,从表面事件转向内在环境,从叙事式转向分析式"②的重要趋势。我们只要浏览一下作者从大量的文献和著作中,概括出社会学和人类学对历史学影响的二十一种观点,就会感受到这种趋势对于推动历史学发展的巨大力量。

20世纪以来,尤其是20世纪40年代以来的科学史证明,一方面是许多新学科的兴起和迅速发展的趋势,另一方面是许多学科相互渗透而出现的"知识整化"的趋势。这两种趋势的汇合,既为历史学的发展提供了前所未有的良好的科学环境,也为历史学家建筑自己的合理的知识结构增添了新的困难。然而,从科学史的角度来看,我们对于这两种发展趋势还是应当抱乐观的态度的。正如巴勒克拉夫自己以及他转述鲁宾逊所说的那样:"任何一门科学和任何一门学科,都依靠着其他科学和学科,都在'自觉或不自觉

---

① 参见白寿彝主编:《中国通史》第一卷,上海人民出版社,1989年,第99~154页。
② 见哈里·狄金森为《当代史学主要趋势》所写的序言,中译本,第2页。

地从中汲取生命力,并且在很大程度上从中获得自己进步的机会'。"①对于历史学来说,这种"生命力"的"汲取"和"进步的机会",不仅可以从社会科学那里获得,也可以从自然科学的有关学科那里获得。因此,历史学家的现代知识结构,不仅应当包括丰富的社会科学知识,而且应当包括一定的自然科学知识的理论和方法,这已成为历史学家的自觉意识和努力目标。古人所谓"多闻博识,无顽鄙之訾"②,"疏通知远而不诬"③,历史学家在自己的研究工作中要做到"无訾"和"不诬"已属不易,而要做到开拓和进取那就更加困难了。一个历史学家的知识结构究竟能在多大程度上适应本学科发展的要求,实为其成就大小之关键所在。

然而,历史学家的知识结构毕竟还是其研究能力的潜在形式,这种潜在形式只有借助于历史学家对历史的认知能力和研究手段或研究方法,才能获得适当的外部表现形态,从而成为科学的成果和社会的精神财富。刘知幾说过一段脍炙人口的名言:

> 史有三长:才,学,识;世罕兼之,故史者少。夫有学无才,犹愚贾操金,不能殖货;有才无学,犹巧匠无楩柟斧斤,弗能成室。善恶必书,使骄君贼臣知惧,此为无可加者。④

刘知幾说的"学"指的是历史学家所应当掌握的知识;"识"指的是见识,即对历史的认识能力;"才"指的是对历史著作的表述水平。他说的"善恶必书",则包含了历史学家应当具备的史德的思想。重视史德、史才、史学、史识是历史学家的优良传统,也是历史学家的基本素养。

从历史学家的现代素养来看,所谓史识,仅仅视为对于历史的认识是不够的。现代社会的发展和现代科学的进步,节奏之快,变化之大,都是前所未有的。与此相适应的是,人们的观念如价值观念、道德观念以至历史观念等,都在发生转换、更新。为了确立新的史识,历史学家应当自觉地、适时地转换和更新自己的观念,使自己的工作跟上历史前进的步伐。当然,历史学家要使自己的工作跟上历史前进的步伐,一方面是要不断提高自身的素养,这是从主观方面来说;另一方面,从客观方面来说,历史学家还要耐心地对社会公众作深入的阐释,即在现代社会的历史环境中,历史知识以及在此基础上对历史经验、历史智慧的理解和对历史精神的发扬,仍然是人们不可或缺的。比如,面对经济全球化的趋势,任何一个民族乃至于

---

① 巴勒克拉夫:《当代史学主要趋势》,第70页。
② 王充:《论衡·别通》。
③ 《礼记·经解》。
④ 《新唐书·刘子玄传》。

任何一个人都有必要培养起"文化自觉"的意识,而文化自觉恰恰必须是建立在对历史的深刻的理解之上①。又如,面对经济全球化的趋势,社会对高级管理人才的知识结构提出了更高的要求。有研究者指出:联合国系统和西方国家对高科技产业的研究者、决策者和管理者个人的基本知识要求,可以简单归结为六个方面。其中一个重要方面是:"社会科学的基础知识(特别是法律、经济、本国历史和科学史)","一个人的观察、分析、判断和归纳的能力在很大程度上取决于上述知识基础,而这些基础知识的普及将大大提高国家经济发展的能力"②。本国史、科学史和知识经济,在未来社会中的关系如此紧密。正是这个契合点,表明史学在当今和未来的社会中仍占有重要地位,需要历史学家去做非常细致的工作。

2. 历史学家的社会责任与献身精神

历史学家的社会责任与献身精神,是历史研究主体的社会性在认识上和实践上的集中表现。具体说来,历史学家的社会责任,指的是历史学家对自身工作的社会价值、科学价值、历史价值的认识和追求;历史学家的献身精神,指的是历史学家对于这种认识和追求在实践上应作的努力和应尽的职责。

英国历史学家爱德华·霍列特·卡尔指出:"历史学家是单独的个人,同时又是历史和社会的产物。研究历史的人,正是应该从这双重的事实出发来看待历史学家。"③正是在这个意义上,卡尔认为:历史学家"既是他所属的那个社会的产物,同时又是那个社会的自觉或不自觉的代言人;他正是以这样的资格去接触过去的历史事实的"④。作为"社会的自觉或不自觉的代言人",是历史学家对自己工作之社会价值的主体意识的集中表现。不论历史学家对社会与历史的看法是进取的或保守的,这种对史学工作之社会价值的主体意识都会以不同的程度和不同的方式反映出来。孟子说,"孔子成《春秋》而乱臣贼子惧"。孔子要通过历史撰述去改变"世衰道微,邪说暴行有作"⑤的现实社会。司马迁自述著《史记》的目的,是"网罗天下放失旧闻,略考其行事,综其终始,稽其成败兴坏之纪"⑥。杜佑谓"不达术数之艺,不好章句之学,所纂《通典》,实采群言,征诸人

---

① 参见费孝通:《中华文化在新世纪面临的挑战》,载《中华文化与二十一世纪》,中国社会科学出版社,2000年,第1~7页;费孝通:《关于"文化自觉"的一些自白》,载《群言》2003年第4期。
② 吴季松:《21世纪社会的新趋势——知识经济》,北京科学技术出版社,1998年,第162~163页。
③ 爱德华·卡尔:《历史是什么?》,第44页。
④ 同上书,第34页。
⑤ 《孟子·滕文公下》。
⑥ 《汉书·司马迁传》。

事,将施有政"①。在这里,不论历史学家是出于社会伦理和总结兴亡成败的历史经验教训的考虑,还是出于治国方略的考虑,他们都认为自己的工作具有重要的社会价值。这是历史学家之社会责任萌发、滋生的直接根源。诚如郭沫若在中国第一部马克思主义的中国史著作《中国古代社会研究》中开宗明义地写的:"对于未来社会的待望逼迫着我们不能不生出清算过往社会的要求。古人说:'前事不忘,后事之师。'认清过往的来程也正好决定我们未来的去向。"②这种把史学工作同民族、国家的命运与前途直接联系起来的主体意识,可以看作是历史学家作为"社会的自觉的代言人"的最高境界。历史学家的撰述,"是写过去,而不是为过去而写;他是为了今天和明天的公众而写的"③。关于这一点,即对过去、现在、未来之间的关系在史学工作上的要求,古往今来许多历史学家都有共同的或近似的认识。唯其如此,历史学家对于自身工作的社会价值亦有共同的或近似的认识。在中外历史上,每当发生重大的历史转折和历史事件之后,一般说来,都会有划时代的历史著作问世,正是这种共同的或近似的认识指导下的产物。

诚然,史学工作的社会价值的实现,乃是建立在历史学家对于历史不断深入认识的基础上的;而随着这种认识之逐步接近于科学的见解,则史学工作的社会价值亦将不断获得新的意义。历史学家对于这一问题的认识,即对于史学工作的科学价值的认识,是其社会责任的又一个重要方面。历史学家的这一社会责任,集中表现在他们对于史学工作本身的自觉反省上。以中国史学来说,唐代刘知幾著《史通》,其旨在于:"盖伤当时载笔之士,其义不纯。思俗辨其指归,殚其体统。"④可以认为,这是中国史学之系统反省的开端,而其重点在于历史编纂方面。《通典》作者杜佑批评"历代众贤论著,多陈紊失之弊,或阙匡正之方",主张历史著作应以"将施有政,用乂家邦"⑤为宗旨,其反省的核心在于历史撰述思想方面。这两次反省,分别在形式和内容上对史学工作提出了更高的要求。

中国史学的第三次反省是以清代前期章学诚著《文史通义》为标志,其主要成就是从理论上对以往史学进行总结和批判,主要之点是:在前人所论的基础上,明确地提出"六经皆史"说,深化对中国早期史学面貌和中国史学思想传统的

---

① 杜佑:《通典·自序》。
② 郭沫若:《中国古代社会研究·自序》。
③ 莫里逊:《一个历史学家的信仰》,见《美国历史协会主席演说集》,何新等译,商务印书馆,1963年,第23页。
④ 刘知幾:《史通·自叙》。
⑤ 《旧唐书·杜佑传》。

认识①；以"撰述"与"记注"相区别，以"圆神""方智"定史学两大"宗门"②；倡言"史德"，发展了刘知幾"史才三长"，进而揭示了史学活动中的主体、客体之间的辩证关系③；强调"史意"的重要和"别识心裁"的创造精神④；阐述了中国史学的"通史家风"和史书体裁的辩证发展⑤；提出了知人论世的史学批评方法论⑥，反映出这些反省所达到的理论高度。但是，章学诚仍未摆脱以经释史的窠臼。清末，梁启超于1902年发表《新史学》，是为中国史学的第四次反省，这次反省一方面表现出对古代史学的全面清算的意向，另一方面表明了试图建立以近代进化论为历史理论体系的愿望。

1924年李大钊出版《史学要论》一书，标志着中国史学的第五次反省，这次反省同前几次反省有本质的不同，它的主要成就，是开辟了中国马克思主义史学发展的道路。从20世纪70年代末开始，中国史学进入了一个新的反省的时期，史学界对于怎样估计马克思主义史学发展中的成就和教训，怎样估价世界范围内出现的历史研究的新理论和新方法，怎样看待古代史学、近代史学与当代史学的关系，怎样认识历史科学在现实生活中的作用等问题，展开了热烈的讨论。这次反省在深度上和广度上都是前所未有的。史学上的这些反省活动，表明了历史学家对自己工作的科学价值的不断思考和追求。

在西方，从启蒙运动时期理性主义史学，到其后形成的实证主义史学和浪漫主义史学两大流派，再到马克思主义史学的产生，史学也经历了几次深刻的反省活动，这几次反省在其深刻性和广泛性上显示出不同于中国史学所经历的道路。20世纪后期东西方史学从"对抗"逐步走向"对话"，史学突破自身领域而同其他学科发生更加密切的联系，则标志着在全世界范围内正在兴起一次规模空前的史学反省活动。诚如巴勒克拉夫所说：

> 在这个比1940年以前的任何时候都更加自觉地依赖科学的世界上，历史研究之所以会出现革命性的进步，根本原因是科学的宇宙观对新一代历史学家产生的影响。
>
> ……另一个原因是，历史学家对待自己工作的态度无疑受到现代世界上流行的科学思想体系的深刻影响。新一代历史学家具备更加完整的

---

① 章学诚：《文史通义·易教上》。
② 章学诚：《文史通义·书教下》。
③ 章学诚：《文史通义·史德》。
④ 章学诚：《文史通义·家书二》《文史通义·书教下》。
⑤ 章学诚：《文史通义·申郑》《文史通义·释通》《文史通义·书教下》。
⑥ 章学诚：《文史通义·文德》。

基本科学的基础,他们与老一辈历史学家完全不同,愿意用科学的范畴进行思维。①

在这样一个世界性的史学反省中,中国历史学家从20世纪70年代末已开始逐步改变自我封闭的格局,以广阔的视野和更高的要求来审视与推进自身的工作。

历史学家对待自身工作的历史价值的认识,是历史学家之社会责任在认识上的又一表现。这一点,史学家历来是很重视的。司马谈认为:"孝,始于事亲,中于事君,终于立身;扬名于后世,以显父母,此孝之大也。"又说:"天下称周公,言其能论歌文、武之德,宣周、召之风,达大王、王季思虑,爰及公刘,以尊后稷也……今汉兴,海内一统,明主贤君,忠臣义士,予为太史而不论载,废天下之文,予甚惧焉。"司马谈临终时对司马迁讲的这番话,是把古代士人"事亲""事君""立身"同史学家的工作结合起来以估量这一工作的历史价值的,而周公则被认为是这方面的榜样。后来,司马迁以刑余之身著成《史记》,"藏之名山,传之其人,通邑大都,则仆偿前辱之责,虽万被戮,岂有悔哉!"②他写给友人的这些话,同司马谈的思想是一致的,而他提出的"藏之名山,传之其人,通邑大都"的认识,在中国史学上有更大的影响,历史学家的"名山"之业的传统盖发端于此。所谓"名山"之业的思想,是对于自身工作之历史价值的崇高信念和坚忍不拔的追求,同时也是对于后人的一种神圣的责任感。在史学家看来,"如文史不存,何以贻鉴今古?"③中国史学上有绵延不绝的纪传体史书和编年体史书及其他各种体裁史书,一方面同历代社会进步、政治状况、文化发展有关,另一方面也同历史学家的不废天下之史文的使命感有很大的关系。希罗多德极其诚挚地说道:他所以要把希波战争史的研究成果展示出来,"是为了保存人类的功业,使之不致由于年深日久而被人们遗忘,为了使希腊人和异邦人的那些值得赞叹的丰功伟绩不致失去它的光彩,特别是为了把他们发生纷争的原因记载下来"④。这种"为了保存人类的功业"使之不致被后人所遗忘的责任感,是中外历史学家的共同的气质,这无疑是历史学家的天职所决定的。正因为如此,历史学家对于自身工作之历史价值的认识,应当具有一种庄严的信念,就像修昔底德在谈到《伯罗奔尼撒战争史》一书时所说的那样:

> 我这部历史著作很可能读起来不引人入胜,因为书中缺少虚构的故事。

---

① 巴勒克拉夫:《当代史学主要趋势》,第327~329页。
② 以上所引均见《汉书·司马迁传》。
③ 《旧唐书·令狐德棻传》。
④ 希罗多德:《历史》上册,第1页。

但是那些想要清楚地了解过去所发生的事件和将来也会发生的类似的事件（因为人性总是人性）的人，认为我的著作还有一点益处的话，那么，我就心满意足了。我的著作不是只想迎合群众一时的嗜好，而是想垂诸永远的。①

在2500年后的今天，修昔底德的著作仍旧具有顽强的生命力而活在人们中间，说明历史学家对于自身工作之历史价值的深刻认识和崇高信念是多么可贵。

历史学家所从事的工作的社会价值、科学价值和历史价值不是相互割裂的，而是相互依存的。具体说来，历史研究成果的科学价值只有在其产生了一定的社会影响时，才真正获得了社会价值；而当它获得了社会价值时，它的科学上的作用才能得到完全的或比较完全的实现。从这个意义上说，历史研究成果的社会价值乃是检验其科学价值的重要的尺度。历史研究的目的是要通过揭示历史发展的过程和规律，正确总结历史经验（包括从事物质生产、政治活动和科学、文化、艺术、教育等方面的经验），启迪人们的智慧，有益于人们正确地认识现在、观察未来，自觉地从事历史创造活动。可见，历史学的社会价值是一个含义十分广泛的概念。由于社会生活的内容异常丰富，人们有着各方面的需求和爱好；历史学若能从积极的方面适应和满足那些同历史学有关的需求和爱好，影响着人们的社会生活从而推动着社会历史前进，那么它就获得了社会价值。这些需求和爱好，就其主要方面来说，一是生产活动（包括科学技术活动），二是政治活动，三是文化的创造和积累（包括思想、艺术、道德、伦理、风习等）。不论在哪一个方面，历史学若能起到某种程度的积极影响和推动作用，都应视为其社会价值的表现。在这个问题上，历史学家的眼光应当放得开阔一些，社会生活毕竟是历史学家汲取智慧和力量的源泉。

同时，我们也必须看到，历史学的社会价值既是一个现实的概念，又是一个历史的概念。这就是说，历史学的社会价值具有现实性的品格和历史性的品格。我们衡量历史研究成果的社会价值，当然要从现实的角度来考察，但也必须具有历史的眼光。在中外史学史上，有些历史研究成果，由于这样那样的原因，对当时的现实可能未曾直接发挥作用，但随着历史的发展，它对社会的作用日益显示出来；这样的历史研究成果，是通过它的历史价值的实现来获得社会价值或科学价值的。按照同样的道理，社会公众也应当以开阔的视野来看待历史学的社会价值，进而对历史学有正确的认识并积极地从中获得启迪和教益。历史学无疑是历史学家的事业，但从历史学的社会作用来看，它更是社会公众的事业，是"生人（民）之急务""国家之要道"②。因此，"如果一般人对于历史作为一门学科的

---

① 修昔底德：《伯罗奔尼撒战争史》上册，第18页。
② 刘知幾：《史通·史官建置》。

意义感到不解,历史学者至少应负部分责任。我们历史学者早该负责说明我们在做什么、如何做、为什么事值得去做"①。毋庸讳言,历史学者在这方面的责任同样是十分重大的。

历史学家的社会责任的实现,一方面取决于必要的社会条件,另一方面取决于历史学家的献身精神。一般地说,社会条件是历史学家无法选择的,而献身精神则主要在于历史学家本人的胆识和努力。这种胆识和努力的最突出的表现,是历史学家为坚持信史原则而付出的代价。历史学家的献身精神还表现在许多方面,如忍辱负重,甘守清贫,倾毕生精力著史,不畏惧世风的忌恨,敢于打破传统思想的批判意识等。尽管不同时代的历史学家在这些方面所表现出来的献身精神可能出于种种不同的原因,在今天看来也会有这样那样的局限性,但它们毕竟是一定历史时代的历史学家之崇高精神的具体反映。

司马迁在讲到他受腐刑而"重为天下观笑"但仍发愤著书的心情时写道:"所以隐忍苟活,函粪土之中而不辞者,恨私心有所不尽,鄙没世而文采不表于后也。"他以周文王、孔子、屈原、左丘明、孙膑、吕不韦、韩非等人的经历和撰述为例,说明:"大抵圣贤发愤之所为作也,此人皆意有所郁结,不得通其道,故述往事,思来者。"②这在中外史学史上,都可视为忍辱负重、不畏世风而终于成就"名山"之业的典范。司马迁以前人为榜样,确立了"述往事,思来者"的撰述目的,其实他自己的遭遇比起前人来是有过之无不及的。正因为有"太史公"精神,才有《史记》的问世并流传千古。

批判意识是史学家献身精神的又一重要表现。不论是对历史和现实的批判,还是对史学本身的批判,都要求历史学家具有足够的胆识。司马迁的《史记》以大量的篇幅和笔触涉及当时社会,用严肃的、批判的眼光审视现实社会生活的许多方面,包括经济、政治、法律、道德、人情世态、风习所尚等。他生活在汉武盛世,但却有一种深深的危机感,所以他得到的结论是"物盛而衰,固其变也"。班固批评他"是非颇谬于圣人",也有人把《史记》诋为"谤书",但司马迁的批判精神却历经岁月愈久而愈显出其光辉。同司马迁对现实的批判相对的,是李贽对历史的批判。由于他深感自己那些犀利的见解将为世俗所不容,故名其书为《藏书》和《焚书》,从中不难看出这位史学家的批判的精神和悲哀的心情。刘知幾的《史通》是中国古代史学批判的一面旗帜,而其锋芒所及则又不限于史家和史书。其《疑古》篇指出《春秋》记事有"十二未谕"、孟子以下诸人对《春秋》的评论有"五

---

① 乔伊斯·阿普比尔等:《历史的真相》,第8页。
② 见《汉书·司马迁传》。

虚美"等。刘知幾自谓其书云：

> 夫其为义也，有与夺焉，有褒贬焉，有鉴诫焉，有讽刺焉。其为贯穿者深矣，其为网罗者密矣，其所商略者远矣，其所发明者多矣。盖谈经者恶闻服、杜之嗤，论史者憎言班、马之失。而此书多讥往哲，喜述前非。获罪于时，固其宜矣。犹冀知音君子，时有观焉。尼父有言："罪我者《春秋》，知我者《春秋》。"抑斯之谓也。①

一方面自知将"获罪于时"，一方面又希望得到"知音君子"，这是具有批判精神的历史学家的共同的情趣和心态。《史通》撰成于唐中宗景龙四年（710年），在当时的世界史学上，这是绝无仅有的史学评论著作，其历史的价值与批判的精神具有同样重要的意义。刘知幾对史学的批判，以及后来章学诚对史学的批判，对中国史学的发展产生了非常重要的积极影响；但是，他们的史学批判受制于时代局限性，没有也不可能对原有史学进行改造而建立起新的史学。在批判旧史学中创建新的史学，这是由18世纪欧洲理性主义时代的历史学家和19世纪下半叶的马克思主义史学家们来完成的。历史学家的批判意识固然使他们付出了许多代价，但他们都以此推动了人类对于自身历史的正确认识的进程，从而也推动了史学工作的科学化进程。

同许多科学家一样，不少历史学家是在清贫和困苦中孜孜以求，完成自己的不朽之作的。他们为人类创造了辉煌的精神财富，但却不能享有与之相应的人类所创造的物质财富。历史学家在这方面所表现出来的献身精神举不胜举。这里，只要举出文艺复兴时期的一位思想巨人马基雅维里，就足以说明这个问题。1527年5月8日，发生了德国和西班牙军队进行"罗马洗劫"的重大事件，史称文艺复兴时期的终结。此后一个多月，马基雅维里悄然长逝，留下了贫困无依的妻儿。可是，他在去世前的十几年的贫困生活中，为世人写出了几部不朽的著作：《君主论》《李维史论》《兵法》《佛罗伦萨史》等。当代西方学术界把《君主论》列为影响世界历史进程的十六本书之一，其学术地位可谓高矣。人们可曾想到，这部历史名著却是马基雅维里在过着农民和樵夫生活的艰苦岁月中撰成的。他住在一个小小的村庄里，白天在农民当中劳动，黑夜单独"与古人晤对"，从事他的历史撰述工作。马基雅维里这样描述了自己的研究工作和精神境界：

> 黄昏时分，我就回家，回到我的书斋。在房门口，脱下了沾满尘土的白天工作服，换上朝服，整我威仪，进入古人所在的往昔的宫廷……在四个小时里，我毫不感到疲倦，我忘记了一切烦恼，我不怕穷，也不怕死，我完全被

---

① 刘知幾：《史通·自叙》。

古人迷住了。①

《君主论》正是他的村民生活和学者生活结合的第一部著作。值得注意的是，马基雅维里的"完全被古人迷住"并不是在发思古之幽情，而是为了要把这部著作献给当时意大利的新君主，希望他仍能够达到"伟大地位"，使意大利重新获得统一。中国史学家吴兢把毕生精力献给史学工作，甚至在"家贫不能具纸笔"的情况下，仍坚持修史②。清初，王夫之"窜自瑶峒，声影不出林莽"③，撰成名著《读通鉴论》。从吴兢的《贞观政要·序》和王夫之的《读通鉴论·叙论》中，可以看出他们同马基雅维里一样，都是热烈地关心着当代历史命运的史学家，这正是他们甘守清贫、献身史学的社会动力。历史学家为史学献身出于崇高的社会责任感，这是无法用他们从社会中所得到的物质报偿来衡量的，即使生活在现代社会的历史学家也是如此。美国历史学家李德在一篇演说中讲道："我们以自己得来不易的历史知识，在这种或那种方式下，换取三餐一宿以及些许（一般总是极其微少的）生活乐趣。"④这种情况恐怕还会继续下去，但是历史科学的发展却不会因此而停顿下来，这就是历史学家的献身精神的崇高之处。

历史学家的献身精神还表现在坚忍不拔的研究工作和撰述工作上，许多人为此献出了毕生的精力。

3. 历史学家的忧患意识与现实社会的历史前途

史学家的忧患意识是他们致力于历史研究和历史撰述的主观动因之一。"盛世修史"的情况在历史上固然出现过，如盛唐时期修前朝诸史、清乾嘉时期修史与考史之风。但是，一般说来，许多史家却是因时艰而撰史，突出地表现出对于时势的忧患和对于历史前途的关注。孔子、司马迁、班固、吴兢、杜佑、司马光、范祖禹、李焘、李心传、徐梦莘、谈迁、王夫之、魏源、梁廷枏、徐继畲、张穆、何秋涛、姚莹、王韬、黄遵宪、郭沫若、范文澜、吕振羽、翦伯赞、侯外庐等，都是如此。在中国历史上，还出现了一些著名的政论家、史论家，如陆贾、贾谊、晁错、魏徵、朱敬则、龚自珍等，他们的言论无不饱含着深刻的忧患意识。时隔千百年后，人们读到他们的论著，都会受到心灵的震动，陷入深深的沉思。可以这样说，史学家的忧患意识不仅渗透于中国史书之中，成为中国史学的优良传统之一，而且给

---

① 以上所引均见马基雅维里：《君主论》"译者序"，潘汉典译，商务印书馆，1985年。
② 《新唐书·吴兢传》。
③ 《清史稿·王夫之传》。
④ 李德：《历史学家的社会责任》，载《美国历史协会主席演说集》，第4页。

予中华民族的民族精神以积极的影响。正像鸦片战争前夕,著名的史论家、政论家、文章家和诗人龚自珍深深地感到社会的变动和读史的重要,结合当时世风大声呼吁的那样:"智者受三千年史氏之书,则能以良史之忧忧天下。"① 在他看来,史学遗产、"良史之忧"跟现实生活、国家和民族的前途与命运有极大的关系,是"智者"所必须重视的。他说的"智者"是指那些有紧迫时代感的人,同时也是具有丰富的历史知识和深刻的历史见解的人。"以良史之忧忧天下",这反映了龚自珍很高的精神境界和突出的时代意识,也说明了史学对于社会现实和历史前途的重要。

忧患意识是中国先民精神遗产的一个重要方面。孟子讨论治国、做人的问题时讲了这样一段话:"入则无法家拂士,出则无敌国外患者,国恒亡。然后知生于忧患而死于安乐也。"② 意思是说,一个国家,从内部看缺乏有法度的大臣和堪为辅弼的人才,从外部看没有足以与之抗衡的敌国和外患,一般说来容易遭到灭亡。正因为如此,人们也就懂得了生于忧患而死于安乐这个道理。"生于忧患,死于安乐"的名言,就是从这里来的。这句名言所包含的辩证思想和自警精神,经过长期的积淀,成为中国人的忧患意识的一个突出方面。

一个社会的进步和发展,总不能脱离社会各个阶层的人们的认识和实践。人民群众是推动社会前进的伟大力量,而那些站在历史潮流前头思考问题、密切关注国家、民族、社会前途和命运的人们的忧患意识和社会实践,对于社会的进步往往也起着至关重要的作用。

从史学家对于历史和现实的认识来看,常常反映出他们对于社会的前途和命运的忧患意识,这在很大程度上成为他们决心致力于历史撰述的一个思想基础。综括起来,这种忧患意识大致有四种情况。

第一种情况,是在盛世中看到危机,此即所谓居安思危。如司马迁父子撰述史书的最初动机,是出于对史职的忠诚和执著。这就是司马谈对司马迁说的一番话:"今汉兴,海内一统,明主贤君、忠臣死义之士,余为太史而弗论载,废天下之史文,余甚惧焉,汝其念哉!"③ 司马谈之所惧,是"废天下之史文"的问题;然而,当司马迁进入到具体的撰述之中的时候,他的思想已不只是集中在"史文"的问题上了,他对汉武帝统治下的社会前途表现出深深的忧虑。读《史记·平准书》可以看到在司马迁的史笔之下,极盛时期的汉武帝统治面临着许多新的问题,显示出作者的忧患意识是多么地深沉。司马迁当然要秉承父亲的遗志,着重

---

① 《乙丙之际箸议第九》,见《龚自珍全集》,第7页。
② 《孟子·告子下》。
③ 《史记·太史公自序》。

写出汉兴以来的"明主贤君、忠臣死义之士",可是当他考察汉武帝统治时期的社会历史时,他就不能只是赞扬和称颂了,他的严肃的史学家的批判之笔,也不能不时时触及汉武帝本人。这同巴尔扎克所写的《人间喜剧》有一定的相似之处:"当他让他所深切同情的那些贵族男女行动的时候,恰恰是这个时候,他的嘲笑空前尖刻,他的讽刺空前辛辣。"①我们只要读一读《史记·封禅书》,就会感到司马迁对汉武帝的嘲笑和讽刺是何等地尖锐与辛辣。这种嘲笑和讽刺,还表现在对"宗室有士公卿大夫以下,争于奢侈,室庐舆服僭于上,无限度"②的风气的深深忧虑。

司马迁处在西汉由鼎盛开始走向衰落的时期,深邃的历史眼光使他看到了这一变化,故而发出了"物盛而衰,固其变也"的感叹。唐代史家吴兢也有大致相仿的经历。吴兢生活在唐代武则天至唐玄宗时期,他目睹了唐代盛世即"开元盛世"的局面,同时也敏感地觉察到唐玄宗开元后期滋生起来的政治上的颓势。于是,他写出了著名的《贞观政要》一书。吴兢从玄宗时大臣源乾曜、张嘉贞任相职时"虑四维之不张,每克己励精,缅怀故实,未尝有乏"的做法中得到启发,认为唐太宗时期的"政化","良足可观,振古而来,未之有也",所以决心写一本反映唐太宗贞观年间政治统治面貌的专书。《贞观政要》10卷40篇,它的篇名包括:君道、政体;任贤、求谏、纳谏;君臣鉴戒、择官、封建;太子诸王定分、尊敬师傅、教戒太子诸王、规谏太子;仁义、忠义、孝友、公平、诚信;俭约、谦让、仁恻、慎所好、慎言语、杜谗邪、悔过、奢纵、贪鄙;崇儒学、文史、礼乐;务农、刑法、赦令、贡赋、辩兴亡;征伐、安边;行幸、畋猎、灾祥、慎终。仅仅这些篇目,人们不难窥见吴兢的撰述旨趣和他对于历史前途的忧虑。吴兢认为,此书"人伦之纪备矣,军国之政存焉",其义在于"惩劝"。吴兢对于此书在政治上的作用有充分的信心。他说:"庶乎有国有家者克遵前轨,择善而从,则可久之业益彰矣,可大之功尤著矣,岂必祖述尧、舜,宪章文、武而已哉!"③可见,史学家吴兢是讲求实际的:与其侈谈尧、舜、文(王)、武(王),不如就从学习本朝"贞观之治"做起。他的这种现实的态度,既是对唐太宗时"政化"的仰慕,又是出于对唐玄宗开元后期李林甫、杨国忠辈当政的忧虑。此书以《君道》开篇,以《慎终》结束,也反映出这位被当时人誉为董狐式的史学家的忧患意识。他在《上〈贞观政要〉表》中,把这种忧患意识表述得更加明显,他说:"望纡天鉴,择善而行,引而伸之,触类而长之……伏愿行之而有恒,思之而不倦,则贞观巍巍之化可得而致矣!"《贞观政要》这部书在晚唐以后的

---

① 见《马克思恩格斯选集》第4卷,人民出版社,1995年,第684页。
② 《史记·平准书》。
③ 以上所引均见吴兢:《贞观政要·序》。

历代政治生活中产生了一定的影响。唐宣宗是晚唐时期一位尚有作为的皇帝，史家对他有较好的评论。史载唐宣宗曾经"书《贞观政要》于屏风，每正色拱手而读之"①。辽、金、元三朝统治者，都曾把《贞观政要》译成本民族文字，作为政治教科书来读。

第二种情况，是在时势艰难的条件下表现出深刻的理性精神，运用丰富的历史知识、历史经验警醒人们避乱求治。《资治通鉴》产生于北宋，除了有史学本身发展的原因外，也还有时代的原因。北宋立国，积贫积弱，士大夫阶层的忧患意识显得格外突出。范仲淹在《岳阳楼记》中写的"先天下之忧而忧，后天下之乐而乐"，在当时和后世都有很大的影响，成为千古名句。王安石在《上皇帝万言书》中，道出了"四方有志之士，愿愿然常恐天下之久不安"的忧患意识。范、王二人成为北宋著名的政治改革家，决非偶然。司马光与王安石政见不合，但他们对时势和世事的忧虑，却并无二致。王安石变法，是为了改变北宋皇朝积贫积弱的局面；司马光撰《资治通鉴》，是希望北宋统治者"鉴稽古之盛德，跻无前之至治，俾四海群生，咸蒙其福"。在宋神宗统治时期，对现实的改革和对历史的借鉴是并行不悖的，这就是宋神宗既任用王安石变法，又慨然为司马光所撰写的史书作序，并赐名为《资治通鉴》的原因。从这里可以看出，史学家的忧患意识与政治家的忧患意识本是相通的。史学家范祖禹是司马光撰《资治通鉴》的助手之一，他著有《唐鉴》一书，是一部历史评论著作，全书12卷306篇。范祖禹在《唐鉴·序》中讲到唐代历史的经验教训和他撰写此书的目的时指出：

> 昔隋氏穷兵暴敛，害虐生民，其民不忍，共起而亡之。唐高祖以一旅之众，取关中，半岁而有天下，其成功如此之速者，因隋大坏故也。以治易乱，以宽易暴，天下之人归往而安息之。方其君明臣忠，外包四荒，下逮万物，此其所由兴也。其子孙忘前人之勤劳，天厌于上，人离于下，宇内圮裂，尺地不保，此其所由废也。其治未尝不由君子，其乱未尝不由小人，皆布在方策，显不可掩。然则今所宜监（鉴），莫近于唐。

他认为唐皇朝的兴废治乱之迹，对于北宋皇朝来说，是最切近的事情，所以提出"今所宜监，莫近于唐"的认识。这跟上述吴兢认识历史的方法有相似之处。范祖禹又略述北宋开国后百余年的历史，并不无深意地说："夫唐事已如彼，祖宗之成效如此。然则今当何监，不在唐乎！今当何法，不在祖宗乎！夫惟取监于唐，取法于祖宗，则永世保民之道也。"②忧患意识正寓于其深意之中。

---

① 《资治通鉴》卷二四八，唐宣宗大中二年。
② 范祖禹：《唐鉴》卷一二。

第三种情况,是在社会动荡、社会矛盾极为尖锐的环境下,殚精竭虑,寻求治国安邦之道。这可以追溯到春秋时代,孟子说:"世衰道微,邪说暴行有作,臣弑其君者有之,子弑其父者有之。孔子惧,作《春秋》。"①这其实就反映了孔子作《春秋》时的一种忧患意识。在战国以后的历史上,也有因朝代更迭、政治形势骤变激发了史学家的忧患意识,他们受着"伤时感事,忠愤所激"的政治、文化氛围的影响,矢志著书,以存信史,以寄忧思,以警时人与后人。南宋时期,史学家李焘撰《续资治通鉴长编》980 卷(今存 520 卷),徐梦莘撰《三朝北盟会编》250 卷,李心传撰《建炎以来系年要录》200 卷,都是属于两宋之际的本朝史,都是"忧世"、"泣血"之作。这个时期的另一位史学家袁枢,把编年体的《资治通鉴》创造性地改撰成纪事本末体的《通鉴纪事本末》,也寄寓了他的"爱君忧国之心,愤世疾邪之志"。故当时的诗人杨万里说:"今读子袁子此书,如生乎其时,亲见乎其事,使人喜,使人悲,使人鼓舞。未既,而继之以叹且泣也!"②这反映出史书所产生的社会影响,也折射出史学家的忧患意识的感染力。明末史学家谈迁著《国榷》一书,他对于明代社会前途的深深忧虑,积淀为后人对明代历史的严肃反省。明清之际的几位著名史学家黄宗羲、王夫之、顾炎武,都具有鲜明的历史批判精神和经世致用的史学思想,而忧患意识也是他们共同的特点。顾炎武在崇祯年间撰《天下郡国利病书》和《肇域志》,就是出于"感四国之多虞,耻经生之寡术"而作的③。《天下郡国利病书》备言地理条件跟社会经济发展的关系,也讲到朝廷、官府的赋税之重和民生的艰难,其忧心忡忡,渗透于字里行间。

以上所说的三种情况表明,史学家的忧患意识有一个共同的特点,它不是一时的激情迸发和慷慨陈词,而是建立在对史事的严肃审视与深沉思考基础上。为现实和未来提供的种种借鉴,是历史认识和现实判断的思想结晶。这种忧患意识深深地寓于对历史的描述和评论之中,是历史感与时代感的统一。因为有这样的特点,所以史学家所付出的是十几年、几十年以至毕生的心血。司马光在《进〈资治通鉴〉表》中说:"臣之精力,尽于此书"。李焘用 40 年时间撰成《续资治通鉴长编》,后人称赞他是"平生生死文字间"④。像这样的史学家,在中国史学史上还有许多。由此可见,史学家的忧患意识,可谓深邃而辽远。

第四种情况,是中国受到外国殖民主义、帝国主义侵略时,就愤然而起,以爱国自强、救亡图存为己任。1840 年爆发了鸦片战争,从此中国社会开始经历一

---

① 《孟子·滕文公下》。
② 杨万里:《通鉴纪事本末·序》。
③ 顾炎武:《天下郡国利病书序》,见《亭林文集》卷六。
④ 《宋史·李焘传》。

个极大的变化,中国史学也逐步走向近代。这个时期的史学家的忧患意识更加强烈、更加鲜明,这就是御侮自卫、救亡图强。关于边疆史地研究和外国史地研究,从两个互相区别又互相联系的方面,突出地反映了史学家的忧患意识。鸦片战争以前,已经有人着手研究边疆史地问题。鸦片战争以后,研究边疆史地的人逐渐多了起来,其中以张穆、何秋涛、姚莹最为知名,他们的共同特点是都具有民族危机的时代紧迫感。张穆的代表性著作是《蒙古游牧记》12 卷。此书以方域为骨骼,以史事为血肉,记述了内外蒙古自古代迄于清道光年间的地理沿革和重大的史事。作者自序说:"今之所述,因其部落而分纪之。首叙封爵、功勋,尊宠命也;继陈山川、城堡,志形胜也;终言会盟、贡道,贵朝宗也。详于四至、八道以及前代建置,所以缀古道今,稽史籍,明边防,成一家之言也。"全书以阐述内外蒙古与清皇朝的联系及其在边防上的重要为主旨,详载了土尔扈特部"走俄罗斯,屯牧额济勒河",在顺治、康熙年间"表贡不绝",并最终于乾隆三十六年(1771 年)在渥巴锡时"挈全部三万余户内附"的动人史实,突出地反映了作者的爱国思想。何秋涛的边疆史地研究着眼于中俄边界问题,他撰写的《朔方备乘》80 卷,是咸丰皇帝赐的书名。这本书的重要价值在于考察了东北、北方、西北的边疆沿革、攻守形势和中俄关系的历史。作者对自己的撰述有一个明确的认识:"边防之事,有备无患","哈萨克之外,惟俄罗斯为强国,然则边防所重,盖可以知矣夫";"西北塞防,乃国家根本"①。这样的认识贯穿于全书之中,反映出作者的深切忧虑、远见卓识和爱国思想。姚莹撰写的《康輶纪行》16 卷,是作者在四川任职并两度奉使入藏所撰札记汇编而成,对西藏的历史、地理、宗教、政治、戍守多有记载。姚莹曾在台湾率军抵御英军的入侵,故对于边防事务的重要性有深切的感受。《康輶纪行》反映了作者对外国侵略者尤其是对英国侵略者觊觎中国领土的敏感和忧虑,故书中对外国历史、地理、政治多有论述。作者批评清朝许多士大夫"骄傲自足,轻慢各种蛮夷,不加考究","坐井观天,视四裔如魑魅,暗昧无知,怀柔乏术,坐致其侵陵","拘迂之见,误天下国家","勤于小而忘其大,不亦舛哉!"他清醒地指出:"是彼外夷方孜孜勤求世务,而中华反茫昧自安,无怪为彼所讪笑轻玩,致启戎心也!"②姚莹对林则徐重视研究外国情况深致崇敬之情。他还衷心地提出自己的希望:"余于外夷之事,不敢惮烦。今老矣,愿有志君子为中国一雪此言也!"他的这些话,今天读来,仍然可以使人触摸到当时时代的脉搏,感受到作者忧虑的心境。

---

① 何秋涛:《朔方备乘》卷一一《北徼形势考》。
② 姚莹:《康輶纪行》卷一二《外夷留心中国文字》。

鸦片战争以后,中国史家关于边疆史地的研究与关于外国史地的研究大致是同步发展的,这都是当时的历史环境所促成的。林则徐在广州禁烟时,组织人们翻译英人慕瑞所著的《世界地理大全》,定名为《四洲志》。此书简略地介绍了30多个国家的地理、历史,有开启风气的作用。此后,魏源写出《海国图志》,王韬写出《普法战纪》《法国志略》,黄遵宪写出《日本国志》等外国史地著作。这些书在当时的中国尤其在当时的日本有重大的影响,标志着中国史家的外国史撰述开始走向世界的历程。魏源曾撰题为《道光洋艘征抚记》的长文,同稍后夏燮所著《中西纪事》一书,都有广泛的流传和影响。魏源撰写的《海国图志》100卷,以《四洲志》为基础,博采中外文献,尤其是最新的西人论著、图说,编撰成一部系统的世界史地及现状的著作。他在"叙"中指出此书同以往"海图之书"的区别是:"彼皆以中土人谈西洋,此则以西洋人谈西洋也",这是中国历史撰述上的一大变化。他还强调撰写此书,是"为以夷攻夷而作,为以夷款夷而作,为师夷长技以制夷而作"。《海国图志》的主旨在于"御侮",故开卷就是"筹海"之议:议守、议战、议款。魏源指出:"不能守,何以战?不能守,何以款?"这是把中国作为世界的一部分来看待中国生存的环境,是史家具有了世界眼光后而产生的一种新的忧患意识。王韬长期旅居香港,并游历英、法、俄、日等国,接受了西方资产阶级的社会思想,他晚年自谓"逍遥海外作鹏游,足遍东西历数洲"。在清末,他是一个罕见的"曾经沧海,遍览西学"的中国学人,这种经历使他有可能写出《法国志略》《普法战纪》《扶桑游记》《漫游随录》等多种著作。《法国志略》初为14卷,后重订增为24卷,它以纪事本末体、编年体、典制体相结合,记述了法国的历史、地理、现状,反映了资本主义制度在当时取得的进步,也反映了作者进步的历史观点和社会理想。王韬在重订本"序"中写道:"方今泰西诸国,智术日开,穷理尽性,务以富强其国;而我民人固陋自安,曾不知天壤间有瑰伟绝特之事,则人何以自奋,国何以自立哉!"这些话,表明了作者的世界眼光和对于国家、民族前途的忧虑。他在游历英国伦敦时赋诗云:"尚戴头颅思报国,犹余肝胆肯输人?""异国山川同日月,中原天地正风尘!"①这也反映出他的忧患意识。黄遵宪曾在日本、美国等国担任清朝的外交使臣,他撰写的《日本国志》40卷,以史志的体例写成,分为12目:国统、邻交、天文、地理、职官、食货、兵、刑法、学术、礼俗、物产、工艺。作者的"自叙"说:"日本士夫类能读中国之书,考中国之事,而中国士夫好谈古义,足以自封,于外事不屑措意,无论泰西,即日本与我仅隔一衣带水,击柝相闻,朝发可以夕至,亦视之若海外三神山,可望而不可即!"他撰《日本国志》,初意在于"网罗旧闻,参考新政",而后"及阅历日深,闻见日拓,颇悉穷变通久之理,及信

---

① 王韬:《漫游随录》卷二《伦敦小憩》。

其政从西法,革故取新,卓然能自树立"①。黄遵宪写日本国的历史,目的是对比中、日的现实,一方面表现他对于国事的忧虑,另一方面也为中国的维新呐喊。

从鸦片战争以后到五四运动以前,大凡有识之士都具有一种忧患意识。在史学家中这种有识之士很多,这里讲到的张穆、何秋涛、姚莹、魏源、王韬、黄遵宪等具有一定的代表性。古代史学家与近代史学家的忧患意识有很多共同之处,如对于国势的盛衰、社会的治乱、民生的休戚等,都深寄关切之情。但由于历史的巨大变动,时代条件有了新的因素,他们的忧患意识也显示出时代的特点而有所不同:古代史家的忧患意识,其核心问题一般是关系到皇朝的盛衰治乱;近代史家的忧患意识,其核心问题主要是关系到国家、民族的兴灭存亡。前者是皇朝意识占主导地位,后者是国家、民族意识占主导地位;前者主要是从中国历史来看待问题,后者则开始用世界眼光来看待问题。当然,两者之间也不是截然划分的,在皇朝意识当中包含着对于社会的关注;而国家、民族意识的确立也有一个逐步摆脱皇朝意识的过程。同样,世界眼光的扩大,也有一个从古代到近代的发展过程。这种情况都是由历史条件所决定的,都应当作历史主义的看待和评价,才能揭示其合理的内核和优良的传统。

通观中国历史和中国史学的发展,我们可以从中总结出这样一个认识:史学家所起的社会作用之一,是架设一座把过去、现在、未来连接起来的思想"桥梁"。史学家以其职业的责任感和执著的旨趣,立足现实,观察未来,在总结历史上治乱盛衰、得失成败的同时,憧憬着光明的前景,因而对于现实总觉得肩负着某种神圣的义务和责任,于是产生出一种独特的忧患意识,这种忧患意识既着眼于现实,又饱含着丰富的历史内涵。一般说来,"良史之忧"所忧之处,往往都是社会历史发展中的紧要问题;倘若这种"良史之忧"能够引起社会的重视,促使人们在认识上和思想上的提高,并最终转化为社会实践的具体步骤,那么这种"良史之忧"就成了社会进步潮流中一股汹涌澎湃的浪潮了。

当然,这里说的"良史之忧",关键在于"良史"。什么是"良史?"按照孔子的说法,春秋时期晋国史官董狐便是良史。孔子说的是对于历史记载的严肃态度。这里说的"良史之忧",不只是要有对于史事的严肃态度,还要有历史见识,要有对于现实的敏感和对于未来的关注。因此,所谓"良史",应有更广泛的含义。按照刘知幾和章学诚的说法,"良史"自应具有德、才、学、识,方能名实相符。从这一点来看,龚自珍提出的"以良史之忧忧天下"的认识,一方面是以独到见解深刻地揭示了史学对于社会进步的重要,另一方面也说明史家因肩负着神圣的社会责任而必须永不懈怠地提高自身的素养,从而在历史撰述中阐发出对于历史前

---

① 黄遵宪:《日本杂事诗·自序》。

途的卓识和信念。

第二节　历史学家个体与群体

1. 历史学家的独断之学

"独断之学",是指历史学家好学深思、富于学术个性和原创性、坚持独识卓见的专门之学。它既是有造诣的历史学家的重要素质与学风,也是东西方史学的优良传统。章学诚说:天下学术,"有比次之书,有独断之学,有考索之功"①。所谓比次之书,是指那些整齐故事、编次史实、叙述过程之作;所谓独断之学,则是发挥独特见解、阐明义理、自成一说的学问;所谓考索之功,即是历史学家钩稽疑难、辨惑求真的功夫。历来治学"高明者多独断之学,沉潜者尚考索之功"②。历史学家具有独断之学,才可不受流俗干扰、不被利欲所动,独立自主地对于历史做出深邃的判断,形成独特的学术风格与学说体系,乃至形成独树一帜的学派。章学诚说:坚持独断之学,"未有不孤行其意,虽使同侪争之而不疑,举世非之而不顾"③。这是历史学家坚持追求真理,大胆探索,不畏政治高压与意识形态围攻,不怕别人指摘的高尚品格和精神,也是历史学家正义感和良心的体现。

古今中外,大凡造诣较高的历史学家都具有独断之学的素养与风格。中国古代伟大的历史学家司马迁立志撰史,欲"究天人之际,通古今之变,成一家之言",正是其孤行其意,独断之学的体现。他不蹈袭前人史书(例如《春秋》《世本》《国语》《国策》)之旧辙,另辟蹊径,独创通史性"纪传体例"《史记》,从而奠定了中国"正史"的体例模式,垂二千余年未能改易。司马迁著史坚持"据事直书"的笔法,乃是其独断之学的又一特色。扬雄评价《史记》说:"其文直,其事核,不虚美,不隐恶。"④梁启超更从历史学本身的发展,评价了"据事直书"的历史地位,他说:"旧史官纪事实而无目的,孔(子)作《春秋》,时或为目的而牺牲事实。其怀抱深远之目的,而又忠勤于事实者,惟迁为兼之。"⑤班固虽然继承了《史记》的"纪传"体例,但是他"断代为史",改纪传体通史为纪传体断代史,为后代修前朝史提供了范例。《汉书》与《史记》相比,不但在体例上有因革,而且有创新,它创制了《史记》所没有的《食货志》《地理志》《艺文志》。这就是班固所具有的独断之学。

---

① ② ③　章学诚:《文史通义·答客问中》。
④　《汉书·司马迁传》。
⑤　梁启超:《中国历史研究法》第二章。

唐代史学家杜佑所撰《通典》，乃是我国古代第一部专记历代经济、政治、法律等典章制度的通史，它不只在历史编纂学上开创了"典制体"的史书新体例，而且开拓了系统研究制度文化的新风气、新途径、新方法，对于中国古代制度文化的史实编次与史料积累，做出了重大贡献。唐人刘知幾所撰《史通》，是中国古代第一部系统研究与反思中国史学的理论专著，它与清人章学诚所撰《文史通义》，被史学家们誉为中国古代最杰出的两部开风气的史学理论与史学方法专著。这两部书都从史学理论与史学方法角度系统反思与总结了中国史学发展的成就，开创了系统研究史学主体、增强史学家理论意识的新局面。但是，这两部书又各有特色，《史通》着眼"史法"，《文史通义》强调"史意"。刘知幾独断之学有两个特点："其一是史才论，其二是直笔论。从史学方法上说，史才论属于历史编撰学的范围；直笔论属于史料学的范围。"① 章学诚独断之学之特点在于"史意论"。所谓史意即史义，是一种"别识心裁"，通常称为史学思想、史学观念、史学理论。他提倡："载笔之士，有志《春秋》之业，固将惟义之求，其事与文，所以藉为存义之资也。"又说："作史贵知其义，非同于掌故，仅求事文之末也。""褒贬之意，默寓其中，乃立言之大者也。"②

西方史学也证明，任何有建树、有特色、有独特见解的史学，都是独断之学。古希腊著名史学家希罗多德所撰《希波战争史》（又作《历史》）、修昔底德所撰《伯罗奔尼撒战争史》，是古代西方史学最称得上是具有"独断之学"的著作。《希波战争史》是人类历史上第一部具有世界性的历史著作，他创造的编年方法和以历史事件为中心的历史叙述体，为西方的历史编纂学开辟了一个新领域，希罗多德因此在西方被称为"历史之父"。修昔底德在史学思想方面比希罗多德更向前发展了。他已经注意对历史现象进行合理的解释，力图寻找历史事件的因果关系，已经开始具有了历史进化论思想的萌芽。史学家们认为修昔底德是"科学和批判历史著作的奠基者"，"世界上第一位具有批判精神和求实态度的史学家"。文艺复兴以后，西方史学出现的两大流派：一派偏重考据，一派偏重叙事。前者可溯源于修昔底德，后者则上推于希罗多德，可见两位史学家对西方史学发展的巨大影响。20世纪蜚声全球的西方历史学家之一阿诺尔德·汤因比，在奥斯瓦尔德·施本格勒"文化形态学"基础上创立的"文化形态史观"，是颇具独断之学的历史理论。他批评那种把国家作为一个单位进行研究的方法，认为历史研究的最小单位是"文明"或称为"社会"，"文明"才是历史研究的真正对象，因而他把人类6000年的历史划分为20多种"文明"，进行有系统的研究。这种理论虽然遭

---

① 侯外庐主编：《中国思想通史》第4卷上册，第285页。
② 章学诚：《文史通义·言公上》。

受过批评,但是,大大推动了人类文明史的研究。

提倡历史学家独断之学,所针对的主要是历史学界太多千篇一律、人云亦云、缺乏创新、缺乏活力的现状,同时,也针对主观武断、故作惊世之语、哗众取宠、浮而不实的不良学风。真正的独断之学,需要经由长时间极为刻苦的研究,抉奥探幽,求真务实,终于能纠偏发微,引导人们对于历史的认识达到一个新的境界。王国维和陈寅恪是20世纪中国历史学家中形成独断之学的两位杰出代表人物。

王国维以古史新证名世,梁启超评价王国维《观堂集林》"几乎篇篇皆有新发明",而其"空前绝业"有二:一是"以今文创读殷墟书契,而因以是正商周间史迹及发现当时社会制度之特点";二是"创治宋元戏曲史","使乐剧成为专门之学"。其他如《水经注》校勘、蒙古史料校注,亦卓然"自成一家言"①。王国维之学无愧于独断之学。他之所以达到这一境界,是因为他坚持知识"必尽其真",道理"必求其是","凡吾智之不能通而吾心之不能安者,虽圣贤言之有所不信焉,虽圣贤行之有所不慊焉"②;同时,还因为他在古文字学、古器物学、古文献学和现代科学思想、科学研究方法方面都有极高的素养。据赵万里统计,王国维生前"手校手批书"有192种,其中多种且曾多次校读③。正是由于有着这样的科学精神、学识基础和刻苦严谨的学风,王国维在中国历史学界首先"取地下之实物与纸上之遗文互相释证","取异族之故书与吾国之旧籍互相补证",加上"取外来之观念与固有之材料互相参证",遂"转移一时之风气而示来者以轨则"④。

陈寅恪治史,早年在欧洲东方学已有成就的基础上,凭借其极为丰富的现代外语及古东方语言知识,运用历史语言比较法,研究古代东西方文化交流及各民族交往的历史;中年,继承与发展了宋代《资治通鉴》《续资治通鉴长编》《三朝北盟会编》《建炎以来系年要录》等书考异述史方法,专治中国中古史;晚年,通过史诗互证,用"新方法,新材料",展现明清之际社会风貌的变迁。陈寅恪在20世纪中国敦煌学、蒙古学、突厥学、西夏学等领域,筚路蓝缕,均有奠基之功。时人评价"在近代学术界,陈寅恪特别以渊博著称。从中国传统的观点说,他可以算是'通儒';从西方启蒙时代的标准说,他近于'百科全书派'……但是通观他毕生的著述,其主要贡献确是在史学方面"⑤。陈寅恪治史终成独断之学,首先因为他

---

① 梁启超:《国学论丛王静安先生纪念号序言》,载《国学论丛·王静安先生纪念号》;并见梁启超:《王静安先生墓前悼辞》,载《国学月报·王静安先生纪念号》。
② 王国维:《国学丛刊序》,载《国学丛刊》1911年第1期。
③ 赵万里:《王静安先生手校手批书目》,载《国学论丛·王静安先生纪念号》。
④ 陈寅恪:《王静安先生遗书序》,见《陈寅恪集·金明馆丛稿二编》,生活·读书·新知三联书店,2001年,第247~248页。
⑤ 余英时:《陈寅恪史学三变》,载《中国文化》第15、16期,1997年。

坚持"独立之精神,自由之思想"①。他曾自白:"寅恪平生治学,不甘逐队随人,而为牛后"②,决不人云亦云,随波逐流,而必排除各种外部压力的干扰,潜心钻研,以获得真知。以此,他说:"士之读书治学,盖将以脱心志于俗谛之桎梏,真理因得以发扬。"③然而,要真正坚持这样的精神,还必须在学术上有足够的修养;缺少这样的学识修养,则"独立之精神,自由之思想"便会落空。据陈寅恪史学的研究者统计,1928年的《忏悔灭罪金光明经冥报传跋》短短千字之文,除以敦煌写本、梵文原文和中译旧籍互勘外,还参考藏、蒙译本,与俄人所藏的突厥文本、德人拥有的吐蕃文断简、法人提及的东伊兰文残篇,以及东西洋学者的论析。一篇《李德裕贬死年月及归葬传说辨证》,所用材料有诗文集、墓志、史传、年谱、笔记、野乘和小说等7类40余种。一篇《天师道与海滨地域》,用文献资料近50种,其中正史13种,道佛典籍各5种。他晚年在双目失明情况下,耗时十年所撰《柳如是别传》,仅其中《复明运动》一章,所用素材即达310种以上,包括诗文集85种,史传23种,地方志24种,纪闻、纪略类19种,杂记、随笔类16种,丛话、野史类12种,年谱9种,实录4种,被评为"广种博采几乎已到了极限"④。陈寅恪如此纯熟自如地运用各种文字的文献进行考释疏解,又与其扎实的功底分不开。其弟子季羡林整理陈寅恪留学德国时的64册读书笔记,按其所用的文字分类,计有藏文13本,蒙文6本,突厥回鹘文14本,吐火罗文1本,西夏文2本,满文1本,朝鲜文1本,佉卢文2本,梵文、巴利文、耆那教10本,印地文2本,俄文、伊朗(古波斯文等)1本,希伯来文1本,柏拉图(实为东土耳其文)1本,等等⑤。于此可见他能熟练运用历史语言比较方法辨明历史真相,决非偶然。

真正能创立独断之学者,锲而不舍、一往无前追求真理的精神与毅力,坚实广博的知识基础,极其严谨极其务实极其认真极其细致的研究实践,缺一不可。古今中外,凡真正卓有建树者,概莫能外。

独断之学,对于原始资料,对于前人的研究成果都采取非常审慎的批判态度。批判态度,是为了发现资料本身以及前人研究中所存在的各种矛盾、各种问题,不如此,就不可能作新的探索,新的思考。但是,又必须非常审慎,因为自己的研究,只能在前人所已取得的成就基础上展开,更因为真理和谬误本来就只有相对的意义,"今天被认为是合乎真理的认识都有它隐蔽着的、以后会显露出来

---

① 陈寅恪:《王观堂先生纪念碑铭》,见《陈寅恪集·金明馆丛稿二编》,第246页。
② 陈寅恪:《朱延丰突厥通考序》,见氏著《寒柳堂集》,上海古籍出版社,1980年,第144页。
③ 陈寅恪:《金明馆丛稿二编》,上海古籍出版社,1980年,第218页。
④ 许冠三:《新史学九十年》上册,香港中文大学出版社,1986年,第240、247、249~250页。
⑤ 季羡林:《从学习笔记本看陈寅恪先生的治学范围和途径》,见《纪念陈寅恪教授国际学术讨论会文集》,中山大学出版社,1989年。

的错误的方面,同样,今天已经被认为是错误的认识也有它合乎真理的方面,因而它从前才被认为是合乎真理的"①。所以,真正的独断之学者,对于自己的研究结论,也同样持非常审慎的批判态度,终生都在继续探求,随时都在准备坚持真理,同时,又随时都在准备修正错误。而绝不是"老子天下第一",把自己当成真理的化身。

独断之学,还非常注意将自己的研究置于人类科学发展的总运动中,从其他各学科吸取养料,并以自己的研究成果接受其他各学科的切磋、锤炼与检验,而决不是孤立于其他各学科之外。法国年鉴学派第三代代表拉迪里(E. L. R. Ladurie,生于 1929 年)在《历史学家的思想和方法》一书中特别指出:"作为历史学家,我们是'前卫中的后卫'……我们历史学家在很大程度上得益于人口学、经济学,当然也包括计量经济学等计量科学分支所创造的财富。我们在不知羞耻地掠夺他们,但也在尽可能地做出回报。"他还特别警告说:"如果我们不……吸收最成熟经济学理论中的所有要素,法国历史研究的各个学派很快就会发现他们实际成了井底之蛙。"②对于其他各学科,也不例外。独断之学之所以能够确立,正是历史学家充分利用了现代科学发展的各种积极成果,真正站到了巨人的肩上。狭隘的自我封闭、自我膨胀,决不可能创立独断之学,而只能变成一只"井底之蛙"。

历史学家的独断之学,既是一种具有独特性、创新性的知识成果,更是一种治学的刚毅精神和独立自得的品格。造就独断之学,必须创造良好的学术环境,发扬学术个性,提倡和保护不同的学派、不同的理论体系自由争鸣,为历史学家将丰富的史料积累和独创性的思维品质密切结合为一体,提供空阔的学术自由空间。

2. 历史学家的群体之学

历史学的发展既需要历史学家个人艰苦努力,又需要与他人密切合作,形成群体之学。所谓历史学家的群体之学,包含着多层含义。首先,指史学家中专门从事资料编纂、资料考证、史事史实推求、史著撰述、史学批评等各有所长者通力合作,分工愈来愈精细的通史研究者、各分科研究者、各个案研究者互相配合、互相补充、互相切磋、互相支持;其次,指史学家与其他学科专家互相交流、互相渗透,取长补短,形成跨学科的新型研究组合;再次,是一批志同道合的历史学家,形成一个具有鲜明特色的学派,或者形成一个时间长短不等的研究集体,有计划、有组织地分工合作地去完成一项有相当规模的研究计划或专门课题。

---

① 恩格斯:《路德维希·费尔巴哈和德国古典哲学的终结》,《马克思恩格斯选集》第 4 卷,第 240 页。
② 拉迪里:《历史学家的思想和方法》,杨豫等译,上海人民出版社,2002 年,第 8~9、11 页。

历史学家的群体之学,是随着人类历史发展愈来愈复杂,人们对于自身历史认识越来越深化、史学的发展分工越来越细密及其社会性的越来越扩大而逐渐出现的。古代早期的史学成果,无论东方或西方,都是以私家著述而贡献于社会,例如中国的《春秋》(孔子修)、《左传》与《国语》(相传为左丘明撰)、《史记》(司马迁撰)、《汉书》(班固撰)等,西方的《历史:希腊波斯战争史》(希罗多德撰)、《伯罗奔尼撒战争史》(修昔底德撰)、《雅典政制》(亚里士多德撰)、《编年史》(塔西佗撰)等。据古代文献记载,中国学者组成群体有计划、有组织的研究与编撰史书,至少从战国时期吕不韦主持撰著《吕氏春秋》(又名《吕览》)已经开始。《史记·吕不韦传》云:

> 当是时,魏有信陵君,楚有春申君,赵有平原君,齐有孟尝君,皆下士喜宾客以相倾。吕不韦以秦之强,羞不如,亦招致士,厚遇之,至食客三千人。是时,诸侯多辩士,如荀卿之徒,著书布天下。吕不韦乃使其客人人著所闻,集论以为"八览""六论""十二纪",二十余万言。以为备天地万物古今之事,号曰《吕氏春秋》。

战国中后期,诸侯养士之风大兴,士人群体著书已成为可能。《史记》所谓"人人著所闻""集论"等,便是群体研究、群体著述的活动,主编即吕不韦。隋唐以后,历史学家群体修史,由朝廷直接组织。隋文帝开皇十三年(593年)朝廷曾下令严禁私家撰史,垄断著史。唐太宗贞观三年(629年)设史馆于禁中,决定由宰相监修国史。自此,中国古代在朝廷掌控下的历史学家群体撰史的组织形式基本固定下来。但这种群体修史,因监修官多,滥竽充数多,著述无主,条章靡立,所撰史书常常难以熔于一炉、浑然一体。

宋代,是中国古代史学最为发达的时代。如陈寅恪所说:"宋贤史学,古今罕匹"①,"中国史学莫盛于宋"②。司马光主持编撰的《资治通鉴》,被陈氏誉为"空前杰作"③。而这部著作的撰写,则为中国古代历史学家的群体之学树立了一个非常成功的典范。这部著作主修是司马光,协修是刘恕、刘攽、范祖禹。刘恕"专精史学","上自太史公所记,下至周显德末,纪传之外,至私记杂说,无所不览。上下数千载间,巨微之事,如指诸掌"④;刘攽,专擅汉史;范祖禹,则于唐史最为熟悉。《资治通鉴》的撰写,先由刘恕、刘攽、范祖禹三人分别撰写长编,刘攽负责

---

① 陈寅恪:《隋唐制度渊源略论稿·兵制章》,上海古籍出版社,1984年。
② 陈寅恪:《陈垣明季滇黔佛教考序》,见《金明馆丛稿二编》。
③ 陈寅恪:《唐代政治史述论稿·自序》,上海古籍出版社,1997年。
④ 《宋史·刘恕传》。

汉史长编,刘恕负责魏晋南北朝隋史长编,范祖禹负责唐史、五代史长编,将相关资料按照年月日顺序编次,凡遇年月事迹相抵触者,加以考订,说明取舍理由,作为附注,另由书吏抄录。最后由司马光就长编所载,考其同异,删其繁冗,修改润色,勒成定稿。如唐史长编原有六七百卷,司马光花了四年时间,将它删定为八十一卷。全书定稿,他花了十九年工夫,"研精极虑,穷竭所有,日力不足,继之以夜"①,将群体研究与他个人负责充分结合起来,完成了这部名垂千古的史著。

现代历史学家的群体研究,是适应现代学术发展的分化与综合的大趋势,建立在科学分工与真诚合作基础上的群体智慧优化的组合。这种组合通过多层次的各种合理的组织形式开展研究活动,借以快速的实现自己的研究目标与研究课题。历史学家的多层次弹性群体结构,大体可以从两个方面进行划分和认识:一方面是从社会的组织形式上看;另一方面是从研究内容和课题选择上看。历史学家群体研究的重要组织形式之一,是社会科学院及其领导下的研究所。史学家巴勒克拉夫在谈到科学院研究所的职能与特点时说:

> 这种组织形式的重点放在集体研究工作和整体探索上,由在一起紧密合作的历史学家来进行,并且定期向专家征询意见。这种趋势极为鲜明地概括了社会主义国家历史研究工作组织状况的特征。②

群体研究的组织形式除了全国与地方的社会科学院所属研究所之外,还有全国各高等院校的教研室与研究所(室),全国性或地区性的历史学会、各学科、各专业或专题研究会(例如各断代史研究会、各专门史研究会)等。历史学家通过这些组织形式结成规模不等的群体结构,组织与开展定期的或不定期的学术活动,进行学术交流,开展群体研究,承担和完成国家或地方或团体所委托的和自拟的课题任务。

成立于1884年的美国历史协会,至今已有130年历史,是世界上最有活力的一个历史学家的团体。协会一直使各领域各专业的历史学者都能聚集在一起,讨论、交流和发展友谊,于是成为整个美国史学界的代言人。协会成立后,就一直强调研究社会史、文化史、经济史及所谓普通老百姓的历史,强调新兴的社会科学对于历史研究的重要性。在推动美国历史教育、历史著作编纂与出版、历史研究信息交流、历史档案管理独立化等方面,美国历史协会作了大量卓有成效的工作③。英国、德国、法国等国类似的学术团体,在推动这些国家历史学发展

---

① 司马光:《资治通鉴·进书表》。
② 巴勒克拉夫:《当代史学主要趋势》,第318页。
③ 参见林克:《美国历史协会一百年:回顾与展望》,载《现代史学的挑战——美国历史协会主席演说集》,王建华等译,上海人民出版社,1990年,第452~474页。

方面,也发挥了同样的积极作用。

　　跨国或国际间的合作,是历史学家群体研究的最高组织形式。它有时由联合国教科文组织出面联合与协调不同国家的历史学家共同研究人类所普遍关注的历史课题,有时由不同国家的历史学会或有关高等学校、社会科学院研究所根据各自的研究重点与专长,进行跨国界的横向联合。近年来,对于各国科技史的研究、世界人口史的研究、东西方文化的比较研究等,多采取国际间合作的群体研究形式。

　　历史学家的多层次弹性群体结构,从研究内容和课题选择上还表现为按课题组织、按学科组织、跨学科与跨专业组织等。按课题组织历史学家进行研究,通常称为"课题组"。有时一个研究单位可以形成一个课题组,有时又可以不受单位与地区的限制组成一个专门性课题组。这种形式往往适合于比较专门性问题或比较具体的问题的研究,例如写一本专门性的书,组织某一专题的系列研究等。按学科组织历史学家进行研究,从研究内容来看,是比课题组较为宽广的一种形式。例如撰写一部中国通史或世界通史等教科书,研究某一个学科具有普遍性的问题等。著名的《剑桥世界史》,便是组织世界范围众多在各专门领域造诣很深的专家共同撰写。跨学科、跨专业组织历史学家进行群体研究,从研究的内容和所涉及的问题的广度来看,是比前两种形式更为宽广的一种形式。例如当前开展的文化史研究,就涉及很多学科与专业,写一部反映当代研究水平的文化史,必须组织跨学科、跨专业的历史学家群体,进行分工合作的研究,其中需要有研究哲学的、政治的、经济的、法律的、宗教的、艺术的、考古的,甚至还需要有研究科学技术的学者们的共同努力。由上海人民出版社于1999年出版的百卷本《中华文化通志》,连同《总目提要》,共101卷,便是集合全国200多位专家共同撰著而成。近年来所出版的众多历史学丛书、历史学大辞典等,也都是组织跨学科、跨专业的历史学家群体去完成的。

　　历史学家群体研究的优势不仅仅在于人数众多,更主要的是可以组成和发挥群体智慧优势。现代学术的发展,使学科和专业的分化越来越快,越来越细,就某一位历史学家的研究方向和重点来看,越来越偏狭,越来越集中,因而其知识结构也逐渐暴露出局限性、倾斜性,很难适应于完成那些比较复杂的综合性研究课题的要求。在这种形势下,许多历史学家的联合,组成有关交叉学科的多层次复合体,使历史学家之间,互利互补,取长补短,形成围绕某一学科方向、某一研究课题的包括各主要有关学科的综合性多维思维体系,就能够分工合作地去完成比较复杂而又有相当规模的研究课题。这种集中群体智慧优势的形式,也就是历史学家的优化组合,它的效用是任何优秀的历史学家个体所不能匹比的。例如由英国学者李约瑟博士组织撰著的多卷本《中国科学技术史》,由非洲史学家 J·泽博等教授受联合国教科文组织委托编撰的《非洲通史》等,都是反映当代较高水平的历史学群体研究的科学成果。近年来蜚声世界各国史坛、由英国著名史学家巴勒克拉夫组织编著的《当代史学主要趋势》,提供了现代史学家进行群体研究的典范。该书是作者1976年受联合国教科文组织的委托,在列宁格勒大学 I·科恩教授与哈佛大学 K·戴克教授的协作下,吸收了澳大利亚、比利时、智利、芬兰、匈牙利、印度、印度尼西亚、苏联、南斯拉夫等国史学家所提供的报告和资料,又经过集体讨论后而定稿的。《当代史学主要趋势》比较全面地概括了世界各国历史学发展的现状,对于世界各国史学的发展产生了实际的影响和作用。

跨多个学科形成新的研究组合,从而在历史学研究中作出卓越成绩的典范,当数法国年鉴学派。这一学派发端于德法边境的斯特拉斯堡大学,学派的两位开创者费弗尔和布洛赫发起组织综合研究讨论会,吸引了一批历史学家、经济学家、人类学家、心理学家、地理学家、社会学家参加,他们打破学科界限,从各个不同角度共同探究人类的总体史。1929年创办的《社会与经济史年鉴》刊物,成为发表他们成果的主要阵地;1946年,刊物名称改为《经济·社会·文明年鉴》,作者队伍超出法国范围,终于形成具有广泛的世界影响的新的学派。

由于历史的和管理的原因,历史学家的群体研究也存在某些弊病。刘知幾曾经批评官修史书:"每欲记一事,载一言,皆阁笔相视,含毫不断,故头白可期,而汗青无日。"又说:"史官记注,取禀监修……一国三公,适从何在?"①梁启超也说:"官撰、合撰之史,其最大流弊,则在著者无责任心。"②现代历史学家的群体研究也存责任心不强、质量欠缺之弊,然而主要问题还在于缺乏学术个性。如果有的历史学家的个人特殊见解,不适应群体环境,就有可能被埋没。在群体研究中,往往不能真正做到求同存异,经过集体讨论,常常使那些有价值的个人独特见解遭到厄运,因而形成的学术成果缺乏个性和创造。这些都是组织群体研究值得注意防止和解决的问题。

历史学家的群体研究必须以个体研究为基础。提倡群体研究,并不否定或排斥个体研究,相反对个体研究提出了更高的要求。因为参加群体研究的个体都要对群体负责,并且只有在取得群体和谐的条件下,各个历史学家才能分工合作地去完成一项共同的研究任务。如果没有踏实、认真的个体研究,就不能保证群体研究的顺利进行。这样一批历史学家结合成一个研究群体,才可能具有共同的研究旨趣和共同的思想基础,才可能为一个共同目标而努力。在组织群体

---

① 刘知幾:《史通·忤时》。
② 梁启超:《中国历史研究法》第二章。

研究过程中,既应注意发挥群体的整体智慧优势,又应注意和尊重个体的独断之学,尽最大努力把史学家个体有价值的独断之学吸收到群体著作中来,方能保证群体的智慧优势得到充分的发挥,把历史研究推向更高的水平。

第三节　历史科学的时代使命

1. 全球化现代化进程中史学发展的新趋向

上个世纪经历了两次世界大战、俄国革命与中国革命、第三世界众多国家的独立与解放这样激烈的震荡,现代化取向变成了人们普遍的选择。世界经济、政治、科学、技术、教育、文化日益紧密的联系,广泛的直接的世界联系成了越来越多民众生活的现实,经济全球化的趋向引发了一系列新的矛盾与冲突,同时,也有力地推动了人自身全面的发展。现代科学日新月异的成就及其在生产和生活实践中的普遍应用,促进了新型的知识结构与思维模式的形成。这一切,使历史学在全球范围内获得了空前的繁荣。正如英国爱丁堡大学历史学教授哈里·狄金森1980年在为巴勒克拉夫《当代史学主要趋势》一书所写的序言中所说:

> 近三十年来,世界各国的历史研究都有巨大的进展。这意味着当代历史学家对过去的了解超过了过去任何一代历史学家。但是,比历史知识的巨大增长更为重要的是学者们在如何对过去进行研究的方法和态度上发生了重大的革命。

从写序到现在,又已过去多年,狄金森这一基本估计已为越来越多的事实所进一步确证。

综观近半个世纪来世界范围内史学发展的状况,可以发现一系列迥然异于往昔的新的趋向。首先是对于历史学的重视,对于历史认识科学化的重视,大大超过了往昔。

现代化的发展,要求经济管理科学化、国家管理科学化、社会管理科学化,教育、文化等事业管理科学化。人们减少、控制甚至避免大规模动乱与冲突的希望,克服经济运行与社会生活中破坏性极大的无政府状态的要求,为使现实生活与未来社会的创造更多地受到人们自觉性支配的努力,使科学化倾向不断加强。而科学化的基本要求,就是正确了解历史与现状,以便使决策和管理建立在对实际情况全面深入正确了解的基础上。在宏观范围内规划社会经济的发展,确定国内稳定、健康、充满活力的政治秩序,积极妥善地处理各类国际关系,更需要对历史与现状所包含的矛盾、发展的内在规律与实际趋向有比较客观而准确的认识。这一切,为历史学的发展和历史认识科学化提供了强大而持久的动力。

20世纪上半叶,支配着历史学界的基本上还是19世纪盛极一时的实证主义。大多数历史学家以实证主义搜集和清理历史资料,以直觉解释历史。不少历史学家宣布自己是为了寻找过去真正发生过什么事情而研究过去,否认历史学有任何实际用途。他们强调历史过程的特殊性、个别性,不愿承认历史学的科学性质。当时,马克思主义史学已经诞生,但在世界范围内对广大职业历史学家影响还较有限。

马克思主义将历史看作追求自己目的的人的活动,是服从于一定规律的自然过程,历史研究必须从片面地重视政治事件的记述转向物质生产及社会与经济发展过程的研究,从专注于伟大人物的意向与行为转向重视人民群众和阶级的作用,以便逐步认识这些规律。近数十年来,由于马克思主义史学家在史学园地中辛勤耕耘,取得了举世瞩目的丰硕成果,更由于现代化进程的普遍需要,马克思主义的这些基本观点获得越来越多职业历史学家的认同,包括那些对马克思主义抱有怀疑和保留态度的历史学家,也承认马克思主义的胆识与智慧给了他们以启迪,激发了他们的创造力。

正是在这一形势下,尽管还有不少人株守传统史学,但越来越多的历史学家已不能容忍过去那种回避重大问题与总体问题,而满足于个别事件烦琐细节的考证与描述的倾向,强烈要求使历史成为科学,甚至成为人类科学中的科学,以服务于人类。法国年鉴学派的创始者马克·布洛赫在《为历史学辩护》中坚持认为历史学是人类的科学,是处于运动状态中的时代的人类科学;它不是个别人的科学或一般人的科学,而是社会的人的科学;以个别人物的行为连缀起来的历史可能不是科学,而以社会的人为研究对象的历史学则必定是科学的。布洛赫以此断言,历史学和社会学之间并没有真正的差别[1]。年鉴学派另一位创始者吕西安·费弗尔在《走向另一种历史学》中宣布,新的历史学关心的是属于人类、取决于人类、服务于人类的一切,它必须坚决克服那种把全部注意力都集中在一系列个别事件上并且企图用假设的因果关系链来解释它们的偏向[2]。年鉴学派的这些观点以及他们的史学研究实践,是当代史学发展中这一首要趋向的生动反映。

第二个新的趋向,是历史学家们为了使历史研究真正走向科学化,广泛地吸收了社会科学与行为科学的现代成果与研究方法,使历史研究与现代科学的进步紧密结合起来。

---

[1][2] 马克·布洛赫等:《年鉴史学论文集》,梁其海等译,台北远流出版公司,1989年。

在这一方面,成绩最为卓著的当数历史学与社会学的结合。这种结合,为历史学开辟了一系列新的研究领域,并为这些领域内历史认识科学化提供了可能。狭义的社会史,主要研究各种社会群体及其生活状况的历史,如社区史、工厂史、村庄史、企业史、家庭史、女性史、儿童史、教堂史、监狱史、农民史、游民史、手工业者史、知识阶层史等。广义的社会史,主要研究整个社会的结构与变迁过程,如人口及亲属结构、阶级划分和社会群体、社会波动与社会变迁、社会对抗与社会动员、城市和乡村、家庭与婚姻制度、生活方式与风俗习惯、社会控制与社会整合等。这些领域过去很少甚至完全没有进入历史研究的范围。尤其有意义的是这些研究普遍运用了结构与模型的方法,开拓了从个别过渡到一般、从个体过渡到整体、从单纯政治过渡到社会各种因素构成的系统、从静态过渡到动态的新的研究路径。结构—功能模型、冲突模型、均衡模型、社会控制模型等,使历史不再是一堆遗闻轶事的汇集,而是同社会学研究的对象一样可用严谨的科学方法加以分析。

历史学与经济学、人口学相结合,取得了同样可观的成就。人们不仅运用较之过去远为精密的统计分析方法,而且打破了传统史学中普遍运用的归纳方法,借用反应各种变量因素在特定条件下相互影响、相互作用的假设—演绎模式,来研究新出现的变量因素对整个历史进程的影响。历史学家研究经济发展史、人口史,都已开始懂得,根据含糊不清的数据和主观印象作出历史的结论,是不值得信任的。

历史学与心理学相结合,对历史上各个时代社会心理及杰出人物的心理进行剖析;历史学与文化人类学相结合,对各种文化形态、族类特征进行研究;历史学与现代信息论、控制论、系统论、模糊论相结合,对历史各层级的社会系统进行深入考察;如是等等,使历史学成为社会科学、人文科学及自然科学对于过去的投影。历史研究的中心终于从政治方面转到社会、经济、文化方面,从微观方面转到中观与宏观方面。

当代史学发展的第三个新趋向,是新技术、新手段、新工具的运用,使历史学所使用的历史资料从文字档案扩大到了人类所创造的一切,包括语言、文字、符号、音像,所有文物、遗迹,并大大开阔了整个历史研究的时空范围。考古技术的进步,使历史从五千年一下子扩大到了几十万年甚至成百万年,在空间上一下子扩大到了许多还没有文字或文字已经湮没的地域范围。也正因为有了这些工具和技术,人们才有可能驾驭如是丰富甚至可说是浩如烟海的历史资料,处理如是纷繁复杂的历史信息,作出科学的抽象与概括。广大地域史的研究,以及视整个世界为一个统一整体的世界史的研究,也到这时方才有真正的可能。

电子计算机的广泛应用,现代传播系统与传播工具的发达,使研究者不再有太多的困难便可获知全世界有关研究信息,利用分散于世界各地的原始资料与研究成果。比较史学在这一情况下于是应运而冲击国际史学界,成为一门显学。而比较史学的发展,则又动摇了传统史学中的地域中心论与正统模式论,使曾经产生极大影响的欧洲中心论和西方社会发展模式正统论逐渐为人们所抛弃。历史真正超越了地域性联系而形成了直接的全球性联系。现代化要求以世界所有地区所有民族的过去作为自己所要继承与利用的资源与遗产,而不是仅仅局限于移植和模仿西方这一特殊历史条件下的特殊创造物。于是,要求建立超越地区与民族界限的全球历史观成了不可遏止的潮流。

随着长期占据支配地位的欧洲中心论与西方模式正统论的破除,随着比较史学及全球历史观的发达,随着亚洲、非洲、拉丁美洲等过去很少问津的地区史学的兴盛,在当代史学界出现了极为生动而健康的多元化运动。人们一面承认历史的统一性与规律性,一面承认历史是由活生生的人出于各种不同的动机用各种不同的方式共同演出的戏剧,承认历史的多层次性、错综复杂性不是靠一个方位、一种观点、一种方法的观察就能全面了解,因而结成了各种群体、各种学派,从各个不同的方位、不同的观点,使用各种不同的工具和方法,对历史的各个不同的侧面、不同的层次进行观察。这些观察相互矛盾又相互补充,相互冲突又相互渗透,使整个历史学充满活力。它推动了历史研究的深化,有效地防止了僵化与教条化倾向的泛滥,为历史走向科学化及发挥它应有的社会效能提供了一个相当有力的保障。

当代世界范围内史学发展的第四个新趋向,是接受了现代科学的教育、获得了现代新技术训练、具有强烈的现代精神的新一代历史学家已经诞生,并正在茁壮地成长。由于史学研究课题的宏大、史料的丰富,大量问题的研究已不是个人所能承担,于是,一个个研究中心、研究组织如雨后春笋般建立起来,众多的历史学家和他们的助手集合在一起,开始像工业生产那样有组织、有规则地开展历史研究工作。历史学家们通过这些研究机构组成了一支浩浩荡荡的大军,为实现新史学所追求的目标,为将他们的研究成果转化为千百万群众及社会精英们的历史意识,提供了组织力量上的保证。现代传媒系统的高度发展,使历史学成果能传播于社会的不同区域、不同层次,也就为历史学家积极参与社会打开了通途。

回顾历史科学近半个世纪来在世界范围内发展的进程,不难看出,整个历史学正在经历着一场巨大的具有革命性意义的变化。新趋向虽然生机勃勃,充满朝气,但与在人们意识及历史研究中几乎已经定型的传统立场、传统观念、传统方法相比,它们还很稚嫩,自身还存在着许多混乱,还不足以取传统史学的支配地位而代之,于是"史学危机"一度成了世界范围内一种相当普遍的呼声。传统史学担心自己的支配地位被动摇而呼喊危机,新趋向则因为传统史学不足以承担时代使命而高呼危机。库恩《科学革命的结构》对于科学发展中的危机作过很有说服力的分析。他说,危机是新理论涌现之前一个专业显著不稳定的时期,这种不稳定来源于常规科学长期解不开它所应当解开的难题。它是现有规则失败,正在寻求新的规则的时期。由于危机,人们认识到了危机,才有新的创造。危机的意义就在于,它可以指示更换工具的时机已经到来。库恩的这些论点,适用于理解当代世界范围内出现的史学危机。一切危机都将会随着规范的新的"候补者"的出现,以及随后经由争论、竞赛、淘汰形成新的理论、新的规范、新的常规而结束。当代史学发展的前景将是如何呢?巴勒克拉夫《当代史学主要趋势》在结尾中指出:历史学家们短期内恐怕还可以舒舒服服地继续走老路,但是,从长远的观点来看,历史学家将要依据他同其他科学合作的情况以及他在利用过去的知识为构筑将来所作的贡献接受评判,历史学则将与之同时接受评判[①]。这不是耸人听闻,而是势所必然。

2. 当代中国历史科学的时代使命

当代中国史学的发展,从总的趋向来看,大体与世界范围内史学的发展同步。但是,由于中国史学先前所走过的路不同于一般国家,中国史学所面临的主要现实,是在一个小农社会传统仍然盘根错节的东方大国实现社会主义现代化,从传统的小农文明前进到社会主义现代文明。当代中国的历史科学必然要承担起有别于他国的时代使命,使自身的发展带上所独有的鲜明特色。

当代中国史学,在内地占据支配地位的是马克思主义史学。中国马克思主义史学形成于新民主主义革命时期。当时,为了推进无产阶级领导下的人民大众反对帝国主义、封建主义、官僚资本主义的斗争,马克思主义史学家们着重研究了封建主义经济剥削与政治压迫发展演变的历史过程,研究了帝国主义侵略中国以及他们同中国封建主义相结合的历史过程,同时,着重研究和歌颂了中国古代农民起义、农民战争和近代中国人民的反帝反封建斗争。在这一基础上,形成了我国马克思主义史学理论的基本结构和各种通史、专史的体系。我国马克思主义史学形成虽然时间不长,但由于集中自己的力量,解决了当时现实斗争最为迫切需要解决的问题,为中国革命的成功建立了功勋,因而迅速赢得了人们的信任与尊重。

然而,成功并不等于就没有弱点。实际上,中国马克思主义史学从它形成时开始,便存在着一系列弱点。

---

① 参见巴勒克拉夫:《当代史学主要趋势》,第343页。

首先，在基本理论上，受到了俄国式的马克思主义，特别是斯大林所解释的马克思主义（以《联共（布）党史简明教程》为代表的深深打着沙皇专制主义与俄国民粹主义烙印的马克思主义）的影响，没有重视深入而全面地研究马克思、恩格斯的整个学说，没有重视深入而全面地研究马克思主义发展史上各个不同派别的理论与观点，没有关注西方各发达国家马克思主义研究成果及其社会民主主义实践，更没有像马克思本人那样广泛吸收哲学、经济学、社会学、法学、文化人类学、心理学等新的科学成果，用以不断地充实和发展马克思主义的基本理论，致使产生了相当严重的公式化倾向。具体地说，将阶级斗争绝对化，将农民运动、农民战争、农民的均平思想理想化，就是这种倾向导致的结果。

其次，在历史构架、研究体系上过分单一化，表现为目标与行为的严重实用主义化的倾向。中国是一个历史悠久的大国，先前各个世代给现代留下了极为丰富的历史遗产，需要系统而全面地加以分析、总结；中国突破闭关自守状态以后，和世界发生了广泛联系，世界历史发展的全部遗产也应当认真地清理研究。先前由于战事倥偬，人们迫切地需要解决那些生死攸关的最紧急的问题，没有精力从容地去进行较少感情色彩的全面研究。后来，人为地将阶级斗争不断扩大化，更阻碍了人们客观地进行研究。而对这一弱点缺乏清醒的自我意识，则严重地限制了史学研究领域的扩大与历史研究重点的转移，妨碍从多方位、多角度对各个不同层次的问题展开实事求是的深入研究，结果，必然导致史学发展难以适应时代要求。

再次，在史学研究的学风与组织上，带有很深的行政权力支配的烙印，干扰了马克思主义历史学家个体及群体的独立研究、独立思考。由于政治权力过多地直接干预学术研究，错误地将马克思主义史学与非马克思主义史学的分歧和对立绝对化，以一概排斥的态度对待各种非马克思主义史学的研究方法、研究成果，对于马克思主义者在探索过程中可能出现的偏差，或尚未为人们所理解所接受的新思考，打击甚至更为激烈，结果，只能封闭自己，严重妨碍了马克思主义生气蓬勃的健康发展。

中国新民主主义革命取得胜利以后，大规模的社会动乱已告结束，经济建设、政治建设、文化建设、社会建设的普遍开展，要求在更为广大而全面的范围内了解中国和世界的历史与现状，向马克思主义史学提出了远比过去繁重而艰巨的任务。可是，在相当一段时间中，"左"的教条主义与阶级斗争严重扩大化极为严重地妨碍与伤害了整个历史学的发展。中国史学研究与世界史学界的联系被割断，与世界范围内史学发展的差距急剧扩大。特别是十年"文革"的社会大动乱中，史学倒退回一种"准巫术"，通过利用精选和作出特殊解释的历史来证明"救世主"一举手、一投足正决定着人类的命运，史学成了政治阴谋的工具。

中国马克思主义史学成长过程中出现的这些问题，正是中国社会大变动本身存在的问题的反映。近代以来中国社会大变动，从总体上剖析，既包含产生于传统的小农社会基础上的农民运动，又包含产生于现代工业与市场经济基础上的现代化运动。近代一次次席卷中国大地的农民运动、农民战争，承担了反对帝国主义与封建主义的使命，并成为这场斗争的主力军，但是，它奋斗的基本目标，仍然是确保小生产与自然经济的长久存在，使土地占有与财富分配均衡化，使广大农民和他们所依托的小农文明继续保持下去。为此，它也反对资本主义的发展，对现代市场经济与现代科学文化的发展也往往持怀疑态度。现代化运动代表着一种新的生产方式、一种新的文明，但是，它发端于西方殖民主义者对中国的入侵和血腥的殖民掠夺，中国自身的现代化，无论是移植西方资本主义模式，还是复制苏联社会主义模式，都是将资本的原始积累和产业革命结合于一体，并使负荷主要落在广大农民身上。结果，尽管它比旧式的小农文明先进，却与广大农民、广大农村以及传统农业处于对立地位。在反帝反封建和反对官僚资本主义的斗争中，这两大运动曾经并肩战斗，但由于基础不同，价值取向互相矛盾，两者不可避免地就要互相牵制，互相冲突。

中国共产党领导了一场波澜壮阔的现代农民战争，先夺取农村，再夺取城市，取得了新民主主义革命的胜利。这一次农村包围城市，是中国共产党领导广大农民，联合城市民族资产阶级与小资产阶级，联合广大知识分子，包围并打倒了帝国主义在华统治势力和中国地主阶级统治势力以及两者相结合而产生的官僚资本主义势力。

在取得新民主主义革命、建立了全国统一的政权并迅速恢复国民经济、实现国家政治稳定以后，由于对出现的一些新问题作出了过分严重的估计，更由于将农民运动理想化，急于一步建成社会主义理想社会，在中国90％以上的人口仍生活在农村，仍然保持着同古代差不多的生产方式与生活方式的条件下，依靠行政权力的支配作用，强行将农民组织成小生产共同体，对他们的土地和获得不久的生产自由进行了剥夺；接着，急急忙忙地在中国消灭资本主义，限制商品生产，并将广大知识分子视为中国资产阶级中与无产阶级较量的最后一支力量，将他们视作实施"无产阶级全面专政"的对象。这实际上是又一次农村包围城市。先是农业合作化，然后是资本主义工商业全部公私合营，思想上政治上展开反右斗争；再是农村人民公社化，然后在城市中批判资产阶级法权；接着是全国都要办成既学农又学工、学商、学兵，又批判资产阶级的大学校，开始了"文化大革命"。经过这样几个大回合，中国现代化进程出现了重大曲折。

马克思主义史学在现代中国的曲折命运，与现代中国社会这一总的运动紧紧结合在一起。它的形成、发展、创建功勋时期，是它致力于使农民运动与现代化运动相结合、进行反帝反封建斗争时期。而它困厄的时期,则是由于农民运动与社会主义现代化运动相对峙。

中国共产党十一届三中全会以来,我国已经开创了社会主义现代化建设的崭新局面。我国的历史科学也通过自身的反思以及同国际史学界的联系,开始其发展的一个新的时期。

社会主义现代化建设是一门科学。社会主义现代化经济建设,政治民主化建设,现代文化建设,现代化的人本身以及现代社会结构的建设,都是一门科学。既然是科学,就必须对于经济、政治、社会、文化,从微观到中观到宏观,从表象到全局到本质,有全面而深入的了解。诚然,社会科学可以承担起相当大一部分责任。但是,直接研究现状的许多门类的社会科学最大的缺陷是缺乏时间元,不能在人类社会发展的各个不同时期连续不断的变化中认清各种因素的动态格局,认识缺乏必要的深度。而历史学的发展,则可以使社会科学的这一根本缺陷得到弥补。正因为如此,发展历史科学,全面地了解中国国情与世界状况,使全部社会科学的研究从三维空间跨入由三维空间和一维时间构成的四维世界,成为现代化建设各项决策和整个国家与社会的管理走向科学化的重要认识基础。现实生活的需要和社会科学自身发展的内在机制,就这样把历史研究自身的科学化、现代化和社会化,提到了前所未有的地位。

中国是一个各地区、各方面发展极不平衡的国家。现代化运动在东南沿海和各主要交通要道沿线有了很大发展,广大内地、边陲与广大农村,传统社会的影响还极深。要使中国的现代化运动与农民运动互相衔接起来,从对抗走向互相推进,就必须对中国先前所有世代给中国的现实社会留下的全部遗产,包括国民自身的素质、精神,经济、政治、法律、文化、教育、社会等各种制度,传统的思维方式、行为模式,有具体而透彻的了解。要使中国能选择实现现代化的最优道路,还必须了解世界整个格局,系统研究其他国家如何从他们的历史实际出发开辟了他们各具特色的实现现代化之路,针对中国的国情与实际需要吸取别国有益的经验,避免重蹈别国所留下的覆辙。这就要求我国史学工作者非常自觉地根据我国社会主义现代化建设以及世界发展的需要,开辟新的更为广阔的研究领域,探索各种新问题,提出新的概念、新的范畴、新的理论,创建新的更加符合中国历史实际与世界历史实际的史学体系,开创我国历史科学发展的新局面。

由于过去史学研究同其他各种科学长期脱节,使史学自身苍白无力,也使其他各种科学成为跛足。当代中国史学需要以很大的注意力去研究先前几乎是空白的物质生产发展史、社会生活方式变迁史、各种层次的社会结构与社会组织演化史,各种形态、各个区域、各个特殊门类的文化沿革史,研究包括各个民族、各个国家、各个地区、各个阶级阶层、各个集团行业,各种社会群体人自身的经济状况、政治地位、文化品格、心态特征、精神素质形成发展演变史，重新估量先前曾经研究过但夹杂有不少偏见或片面性的社会经济史、政治史、阶级斗争史、革命史、政党史、法学史、思想史，所有这一切，都要求历史学要更自觉地与现代自然科学、现代人文科学、现代社会科学、现代管理科学、现代思维科学结成联盟，构成一系列历史学与这些科学互相结合、互相渗透的新的学科。这是历史科学自身健康发展的需要，也是其他各类科学健康发展的需要。

中国是一个传统的历史意识影响极为深广的国家。这种历史意识是在漫长的岁月中，在正统的官方史学和非正统的历史传说、历史故事的直接影响下，逐渐地形成和积淀、凝聚起来的。这种历史意识远不能说是科学的，或者说都是健康的。他们已经成了根深蒂固的国民精神素质的一部分。对这种历史意识缺乏自觉，使这种历史意识常常倒转过来支配人们的思想与行动。近百年来，一次次向传统复归，传统一次次压倒不成熟的现实，与这种历史意识不能说没有密切的关系。要实现中国的社会主义现代化，就必须造就具有社会主义现代化素质的人，而要造就这样的现代人，就必须改变传统的历史意识。当代中国历史科学所面临的又一个重大任务，就是通过将新的研究成果不断推向社会、推向全体社会成员，潜移默化地、持之以恒地努力改变人们传统的历史意识，吸引更多的人积极投入历史创造者的队伍。这个任务不能很好地解决，前两项任务的完成也将会落空。

古老的中国正在走向现代，封闭的中国正在走向世界，历史科学的当代发展要求同世界范围的史学建立更为密切的联系。中国历史科学应当对世界历史科学的发展有所贡献。同时，应当认真地从整个世界历史科学的发展中吸取营养来充实自己。当前，特别要加强马克思主义理论的研究，使唯物史观在现代社会与现代科学发展的基础上得到丰富和发展，同时，要重视国外新的史学理论、新的研究方法，在各个领域进行的新的探索。马克思主义史学同形形色色的妄自尊大、闭目塞听是不相容的，它有宏伟的襟怀与雄大的气度，欢迎各种不同派别在历史研究领域中辛勤耕耘所取得的一切成就。

新世纪到来之际，整个人类正面临一系列新的挑战。这些挑战，给我国历史学的发展提供了新的宏大空间，也提出了更为光荣而艰巨的时代使命。

挑战首先来自世界范围内的时代转换，这就是整个世界都在从农耕经济时代转向工业经济时代，并开始向知识经济时代转换。然而，在整个21世纪，地球上仍将继续是这三个经济时代并存，它们彼此渗透又互相冲突。不仅在不同国家、不同地区之间，在世界上大多数地方，在同一国家、同一地区内，这三个时代并存的格局在很长一段时间中，都将是无可回避的现实。如何协调好这三个时代,从而使转变更为有序,人类付出的成本较少而获得最大效益,就需要历史学对三个时代进行全方位的深入研究,对三个时代并存的总格局及其演变趋向进行全面的深入研究。

挑战又来自全球化进程中国家关系、民族关系的新演变。经济全球化是20世纪经济发展的一大重要成果。信息、资本、技术、物资、人才迅速而广泛的全球交流与流动,跨国企业的迅猛发展,金融、贸易以及其他经济活动经营与管理的国际化,国际分工与协作范围的扩大与不断向纵深拓展,凡此种种,已经使每一国家、每一民族、每一地区的发展,都不能超越经济全球化这一现实而孤立存在。数以百计的国际性机构,数以千计的国际性协定,不仅规范着人们的经济活动,而且规范或影响着人们的社会、政治、文化生活。这一趋势在21世纪必然会进一步增强,全球化的影响将在更广的范围内和更深的层次上表现出来。

全球化顺应了世界经济高度成长与持续发展的需要,也顺应了人们成为具有直接世界联系的人,从而将自己创造的成果贡献于全世界,并享用全世界物质生产、精神生产、制度生产成果的需要。然而,在这同时,它也引发了一系列新的矛盾与冲突,从而形成对新世纪人文发展新的严峻挑战。

问题首先出在全球化系发端于西方对世界的扩张与征服,在现今全球人类共同体中西方中心主义仍占据着优势地位,美国和其他发达国家凭借他们的实力,在全球化中不仅获得了特殊利益,甚至常常获得了霸权利益。美国哈佛大学肯尼迪学院院长约瑟夫·奈(J. S. Nye)在《重新界定美国国家利益》中指出:"当今的实力分布就像一个三维棋局。顶端的军事层面是单极的,美国远远超过其他所有的国家。中间的经济层面是多极的,美国、欧洲和日本占据了世界总产值的三分之二。而在底层有一个较为分散的力量结构,代表着一些跨国关系和政府无法控制的力量。"发表于美国《外交》杂志1999年7、8月号的这篇论文还指出:"另外需要引起注意的是'硬权力'(一国的经济和军事实力)和'软权力'(文化和意识形态的吸引力)的区别。每年有50万外国学生想到美国去留学,欧洲人和亚洲人喜欢看美国电影和电视……在信息时代,软权力正变得比以往任何时候都有影响力。"这硬、软两种实力以及由此形成的两种权力在国家和地区间配置极度不均衡状态,使全球化面临着深刻的危机,并不可避免地要引起弱势一方强烈的反弹。环绕"硬实力"或"硬权力",新世纪将会继续产生激烈的称霸与反称霸、控制与反控制、干涉与反干涉的斗争。而环绕"软实力"或"软权力",维护文化传统与摧毁文化传统的冲突,原教旨主义、意识形态性宗教、民族主义和西方中心主义的冲突,在新世纪可能会愈演愈烈。

全球化引发的另一大问题,是国家间边界的模糊与国家内认同度的降低。跨国公司的广泛渗透,在许多领域模糊了国家主权、领土与疆界传统的职能;国际机构与国际条约对于安全和利益所提供的保证,降低了国家维护正义、提供安全、保障利益的权威性。全球化时代,领土的大小在决定国家兴衰强弱中不再是十分重要的因素,利益的驱动常常会引诱富裕地区,占有特殊资源或其他优势的地区,为摆脱国内贫困地区或资源贫乏地区而对原先国家存在的合理性提出异议,转而要求自治,甚至走向分裂而自立一国。斯德哥尔摩国际和平研究所1999年的年度报告指出,现在世界上发生的武装冲突,十分之九是由国内问题引起。从1988年到1998年大规模冲突61场,其中3场是国家间冲突,其余都是国内冲突。世界上有数千个种族的、民族的、地域的、经济的、宗教的、语言的实体,一旦当它们对原先国家存在的合理性都作出否定的回答时,世界在全球化的同时就有可能陷入较20世纪更大的混乱。

这一挑战给历史学家提出了许多新的难题,可以说,都是先前历史学家所未碰到过的课题。历史学家有责任通过自己的研究,推动人们能够站在人类历史发展总进程的高度,正确认识和正确处理由全球化引发的种族的、民族的、地域的、经济的、宗教的、语言的、文化的等各种实体相互之间种种复杂的新关系,而不至于为短时间的局部的事变和利益引导到迷失前进的方向。

新世纪的挑战还在于,科学技术急速发展带来的人与自然的关系、人与人的关系以及人自身发展中各种关系的新演变。

20世纪最后二三十年以来,世界科学技术发展的速度惊人地加快。与此同时,自然资源、生态系统和外界环境的恶化却愈演愈烈。发达国家虽然已经非常关注本国资源的保护、生态与环境的改善,但是他们却将大量污染工业、严重破坏环境的垃圾转移到发展中国家去,并对许多发展中国家的资源进行极富破坏性的开发。他们尤其不愿将自己对自然资源的过度消耗降低下来,占全球26%的发达国家人口消耗的资源和能源超过全球总消耗量的80%。美国人口占全球人口的6%,所消耗的矿产资源占全球年产量的1/3。造成地球温室效应的二氧化碳排放量,发达国家的排放量占全球总排放量的75%以上,美国一国排放量就占全球总排放量的23%。他们为维护自身的既得利益,成为全球自然资源、生态与环境不断恶化的主要责任者。而许多发展中国家为加速现代化进程,仍重蹈发达国家早先的覆辙,不惜以牺牲自然资源、生态与环境为代价。由于发达国家占有并消耗了大量自然资源,这些发展中国家在利用自然资源、生态与环境时,基础与条件较之发达国家要更为困难,破坏性常常也更大。现代工业经济,使人类与自然的关系由先前农耕经济时代的顺应自然一变而为征服自然、控制自然和驾驭自然。追求效率第一,充分信任市场,牟取短期最大利益,鼓励了人们最大限度攫取自然资源、生态和环境给人们提供的经济效益,而不必为此承担相应的责任和修复、保护的义务。知识经济的发展,人对自然的疏离、异化或对立状态仍然没有改变,甚至在不少方面更为严重。

科学技术的迅猛发展,也深刻改变着人与人的关系。当今,由通讯和计算机的发展引发的信息革命正在席卷全球。具有空前普遍性的电脑语言正在突破现有各种语言的界限,将各种不同语系、语族的文化更方便地联系起来,促进它们相互之间的沟通与理解。但是,计算机网络一旦使数据库、数字化成为人们的活动中心,成为人们一种新的生存方式,就有可能使人被淹没于信息的洪流中,削弱人们的思考能力,以致最终成为符号系统的俘虏,丧失自我的主体性而为信息数据所左右。每个人所接收到的信息量空前扩大、空前迅速,但是,结局却可能是人们缺乏足够的时间与精力去对这些信息加以鉴别、筛选和分析,以致为大量虚假的信息所迷惑,所控制。而一些人则有可能利用信息遏制、信息封锁、信息威慑、信息垄断,把利益和权力更多地集中到自己手中。信息革命还使一大批从事劳动密集型产业的劳动者陷入"技术失业"而被边缘化,使极少数世界级富豪的财富超过数十个贫穷国家国民生产总值的总和。社会这种两极化,使各种利益群体特别是已经获取了巨大既得利益的社会群体,以自我为中心,为维护和扩展自身的利益而不惜损害他人的利益,这就加剧了不同民族、不同国家、不同地域之间经常不断的冲突,直至诉诸武力,进行局部战争。它还开启了人的贪欲无节制地释放出来的大门,开启了人的利己动机不断膨胀的大门,这又成为贫富两极化和各种社会群体之间利益冲突的一个重要基础。

科学技术的迅猛发展,还深刻地改变着人自身。由于受教育程度提高,知识更新加快,工作和社会需求不断变化,加上劳动时间缩短,寿命延长,身体更为健康,人们的休闲时间也迅速增多,因而有足够的时间与精力较大限度地拓展自我价值、发展内在潜能,对于文化提出空前丰富的、高水准的要求。人的自由全面发展首次有了实现的可能。与此同时,科学技术的发展,如生命科学、超级材料科学、新能源科学,不仅进一步改变了人类生老病死与衣食住行状况,而且可能改变人的全部伦理道德诉求。以生命科学而论,基因工程或遗传工程,可能使人类的生殖活动与性生活、夫妇关系、家庭生活分离开来;精子库、试管婴儿、优生优育、克隆技术,可能会完全改变现有的婚姻、亲子、家庭关系。在经济匮乏和政治权力为极少数人所专有的时代,人往往只是民族或家族宗法血缘网络中的一个中间环节,他们只是家庭人、村落人、政治人、单位人、集团人,基本上没有独立自主的个人的合法性基础。在经济上已经温饱、已臻富裕和政治上已有较多参与机会的时候,血缘人已经变为自由离开血缘群落的个人,政治人已经变为经济人,同时单位人、集团人已成为具有实实在在主体性的人,但是他们往往又陷入新的异化状态。

所有这一切,都要求历史学更多地关注人与自然关系发展演变的全过程,更多地关注人与人关系发展演变的全过程,更多地关注人的认知、情感、审美取向与能力发展演变的全过程。

人类所面临的这一系列挑战,正激励世界范围内历史的新的大发展。

中国今天正处于充满生机与活力的改革的黄金时代。由于中国特色社会主义已经进入了一个新的时代,这个新的时代给我们的历史研究提出了非常明确的新要求。

新时代,意味着中国已经确实基本告别了古代,告别了传统的农耕社会和游牧社会,进入了工业文明的时代,尽管这个工业文明还没有完全建成,还没有很成熟。一些地区还是初步的,东部、中部、西部大体上还是梯次式的,但总的来说已经跨进了工业文明时代;原先的农业文明在大部分地区已经告别了传统的牛、马和人去耕种土地的方式。中国工业文明固然还没有全部建成,还没有非常成熟,但是我们已经同时向信息文明开始跨越式的发展。在信息文明上面可以说我们和西方发达的国家几乎是同步发展,虽然起步稍微晚了一些,但是速度却是非常之快。这个时代最根本的特征,就是我们实际上已经在创建一种全新的文明,这个新的文明融新型农业文明、工业文明、信息文明、生态文明为一体,全面统筹,有序推进。这个全新的文明虽然刚刚诞生,其强大的生命力已经清晰呈现。

新时代要求对传统的农耕文明、游牧文明重新去研究,对中国现在正在发展、逐步成熟起来的工业文明认真去研究,对全新的、过去可能完全想象不到的、还有太多未知领域的信息文明花大力气去研究,对中国正在创立的全新文明作全方位的系统研究。文明史上的这一飞跃性的发展,不仅仅是物质生产方式发生巨大变化,社会的结构,人们的精神生产方式、思维方式、行为方式,人们的感情、意志、审美,都发生着非常大的变化。这一切都需要我们去研究。今天我们继续停留在农耕文明时代的认识水准当然是不行的,当我们站在超越农耕文明的新视角重新去研究它的时候,就会发现有很多新的东西值得思考。当通常的工业文明再提升一步,进入了马克思过去所讲的否定之否定的阶段,再重新认识当年的农耕文明又会有新的发现。每当新的文明取代旧的文明时,更多的是否定旧的文明,而当新的文明被一个更高的文明所取代时,人们又可以发现先前被取代的那些文明蕴藏有很多潜在的、富有活力的东西。我们对历史的研究,就这样不断地随着历史发展形成新的飞跃。

新时代,意味着中国已经走出了当年普遍贫困的时代,走出了仅仅能够求得生存的时代,走出了只满足于基本供应的时代,已经把人的全面发展提上了实际日程,对物质文明、精神文明、政治文明、社会文明、生态文明全面发展作出了明晰的规划和部署。共产主义最高的理想过去认为是公有制、计划经济、按需分配,其实马克思《资本论》第一卷中所讲的在生产全面社会化基础上重建个人所有制,真正的含义是每一个人都能够参与利用全世界物质生产、精神生产的各种生产资料,同时可以享受全世界物质生产、精神生产的各种成果来发展自己。这才是真正意义上的每一个人都成为全面自由发展的人。

在这样一个全新的历史阶段中,中国社会将会全面变化和革新。所有这些变化都要求我们对自己的历史,对历史给我们提供的全部条件和资源,认真地进行发掘和总结,重新审视并积极地加以利用。只有在这个基础上,我们的发展才有着真正稳定的根基,才有源源不竭的内生的动力。没有内生的动力,发展是不可能持久的,也不可能是很稳定的。这个内生的动力,非常依赖对历史经验的总结,对历史资源的发掘,对政治的、经济的、社会的、文化的各方面内在活力的激发。这样一个新时代,变化的广度、深度、幅度都太大了,需要我们一次又一次反复认真回顾过去,总结自己的历史,为新的时代向前发展提供它内在的动力、活力,以及丰厚的历史资源。

新时代到来,要求历史研究者必须把更多的眼光扩展到整个世界。

中国古代眼中的天下,基本上局限于亚洲大陆帕米尔高原以东地区。就全球而论,先前总的格局也是局限于一个区域一个区域的地域性联系。全球化的世界性联系,是西方在全球进行殖民扩张、完成资本原始积累并率先实现工业革命、开辟了世界市场的结果。中国没有参与世界体系形成的这一过程,而被抛到了世界性联系的边缘。

中国在列强鸦片、商品、炮舰联合攻击下被逼打开国门。中国所面对的世界秩序,由西方列强的霸权主义、弱肉强食的殖民主义所主导。被列强所宰割、所瓜分的深重危机笼罩着整个中国。为了中国的自主、自立、自强,一代又一代志士仁人奋起进行了艰苦卓绝的斗争。

在革命与战争年代,中国成长为亚洲民族解放运动的先锋和世界反法西斯战争坚强的东方堡垒;中华人民共和国建立以后,中国成为世界发展中国家的中流砥柱;经过改革开放近 40 年的辉煌发展,中国坚定不移地以人类命运共同体反对国际事务中的霸权主义,以不同文明等价共存、互尊互鉴反对弱肉强食的丛林法则,终于走出被动挨打、受人欺凌、任人宰割的地位,一步步成为新的世界秩序构建的重要参与者、推动者、倡导者。这是新时代的又一重要内涵。

正因为我们跟世界的联系范围从来没有像今天这么广大,也从来没有像今天这么深入,我们面临的问题从来没有像今天这么复杂,这就需要我们非常认真地去研究世界各国的历史,研究各个不同的国家、不同的文明、不同的地域的历史,研究整个世界作为一个世界体系的发生、发展、演变的历史。我们只有真正了解世界,了解世界产业革命的进程,了解世界金融、世界贸易、世界科技、世界宗教、世界文化，了解世界各个国家、各个地区，特别是影响力最大的几个国家，只有深入地、准确地了解他们的历史与现状，才能够做出比较正确的判断。我们制定政策和整个国际战略时，才能有一个坚实的基础，否则我们就不能够真正从世界的实际出发。这就决定了今天历史学的研究不仅要认真准确地研究中国自己的历史，更要深入仔细地研究世界各国的历史。不然中国人就没有办法和世界打交道。

我们国家世界史研究现在力量太薄弱。包括我国周围的国家，研究得也非常不够。所有的国家经济、政治、宗教、文化、历史、现状都不一样，我们不能用一个模式去对待这些国家。对各种不同的文明、不同的宗教信仰和生活习惯，必须有细致深入的了解和应有的尊重。在世界联系中，我们中国要真正走出去，改革开放的幅度进一步加大，真正做到大家互利双赢，将人类命运共同体落到实处，必须全面而真实地了解世界和所有不同的国家、不同的地区、不同的文明，这就必须极大地加强世界史的研究。要汇聚和培育一大批进行世界史研究的人才，不仅要通晓国外既有的各种研究成果，还要在掌握大量第一手资料的基础上，开展独立自主的研究，融中国于世界联系之中，用坚实有力的新的成果，在这一领域逐步获得具有影响力的话语权。

历史学研究的对象主要是过去，但是历史学选择什么样的课题、我们的重点放在哪里，新时代要求我们必须勇于面向未来，应对未来发展提出的各种挑战。历史学家必须有非常强烈的现实关怀，要关注中国自己的现实，关注世界今天的现实，历史学家选择研究课题的方向，必须和时代的发展紧密联系起来。历史学家研究的是过去，但是面对的是现实，面对的是未来。历史学有这样的责任，就是准确地揭示历史给我们所提供的全部条件，帮助人们充分利用历史遗留下来的各种资源，把握中国和世界变化的基本趋势和客观规律，协助人们思考在各种各样现有条件的限制下向未来发展的各种可能。

如果没有对于历史和现状真实的了解，就会对未来发展的取向做出误判。如果误判很严重，就必然会损害我们整个国家的利益，损害我们未来目标的实现。世界上几乎所有重大的事变，都包含极其复杂的历史的与现状的因素。没有真正的全局的了解，在许多具体的战略上就会产生失误，就容易顾此失彼。我们制定国内战略、国际战略都需要对世界的历史与现状有通盘的、深入的了解，需要对未来各种发展的可能性有足够的大局眼光、全局眼光，要了解事物之间怎样相互联系，它们将怎样此消彼长。只有如此，我们方才可以化自发为自觉，化被动为主动，化不利为有利，做出符合实际而又富有远见的正确决策，引导中国与世界沿着正确的道路朝着正确的方向前进。

中国虽然已经进入新时代，但我们现在的综合国力毕竟还属于一个发展中国家；我们进入了工业文明，但是工业文明的水准还不够高，现在整个经济发展战略已是努力发展成为一个高质量的工业文明，在这方面，我们还有相当长的一段艰难复杂的路要走。在信息文明方面我们和世界基本上是同步，但是真要走在世界的前列，同样还需要相当长一段时间。新时代要求我们必须有一个极其宏大的历史眼光，有一个极其坚实的世界历史研究基础，只有如此，我们才能够当各种突然事件发生时，心中有底气，思想有准备，才不会张皇失措，而能够防患于未然。

历史是人民创造的。新时代社会的全面发展，空前广泛地激发了人民的积极性和创造性，人民需要更加普遍而深入地了解历史，更加自觉而全面地运用历史所提供的各种资源，积极推进社会的全面革新、创造和发展。

现今信息革命的迅速进步，使历史学研究成果得以更便捷、更准确、更多样化地走进民众。同时，民众除去继续通过书本、实物了解历史外，得以利用互联网、大数据，较以往远为方便地获得各种原始资料，并能够较为仔细地辨析这些资料，还可发挥自己所长，发掘和提供许多新的材料。更重要的是，他们可以基于自己的社会实践，主动地、积极地参与历史著作的书写，对已有的各种成果进行评论，发表自己的意见。这样，历史研究就不再是少数学人所独有的事业，它必须在与公众广泛而有效的互动中检验和提升自身的科学性，扩大自身的影响力。这成为新时代历史学发展的一个重要特征。

正因为历史学在走向大众，大众浩浩荡荡地在走向历史学，历史研究就不仅要将已有的研究成果交给广大民众，更要帮助大众共同掌握正确认知历史的方法。要协助人们在历史资料搜集、整理、辨析上掌握正确的方法，要善于透过历史的个案认识历史的全貌，透过具体的事件了解历史的基本走向。历史学是一门非常综合的科学。马克思讲我们只知道一门科学，那就是历史学，包括自然史和人类史。回过头来，就要求我们研究历史时，应当对人类的各种知识，包括自然科学知识、人文科学知识、社会科学知识、技术科学知识、思维科学知识都有比较深入、综合的了解，要善于发挥自己专业之所长，避开自己知识结构之所短。

此外，必须坚持"信史立国"，要敢于面对真实，敢于揭示历史发展的客观真理。这是最重要的。历史学家和所有致力于了解历史真实情况的人所做的是科学研究。而进行科学研究，就要像马克思讲的，不畏艰险，在崎岖的山路上攀登。只有不畏艰险，才能登上顶峰。我们近代以来的历史，整个党的历史，整个世界社会主义运动的历史，整个中国从古代走到今天的历史，整个世界的历史，我们去研究时，都要具有为科学而献身的勇气，为真理而献身的精神。历史研究最终的目标就是要发现真理、研究真理、坚持真理。我想这是新时代历史学家最根本的一个责任，也是所有献身于历史学的历史研究者应该具备的素养。

当代中国史学将与全世界有志于史学大发展的同行一起,勇敢地迎接时代的挑战,努力探索,不断实践,积极开拓与前进。中国的历史科学工作者将通过自己艰苦的劳动,推动历史科学的新飞跃,以更多、更好的成果奉献给社会,奉献给人类,奉献给未来。社会、人民、未来在召唤着那些不畏劳苦沿着陡峭山路攀登的人,登上历史科学发展的光辉的新高峰。

参考书目

通　论
历史学的起源与目标

马克思、恩格斯:《德意志意识形态》,人民出版社,1961年。
马克思:《1844年经济学哲学手稿》,人民出版社,1985年。
马克思:《1857—1858年经济学手稿》,《马克思恩格斯全集》第46卷(上),人民出版社,1985年。
恩格斯:《路德维希·费尔巴哈与德国古典哲学的终结》,人民出版社,1997年。
黎澍主编:《马克思、恩格斯、列宁、斯大林论历史科学》,人民出版社,1975年。
黎澍、蒋大椿主编:《马克思、恩格斯论历史科学》,人民出版社,1988年。
刘知幾:《史通》,浦起龙释,上海书店出版社,1988年。
章学诚:《文史通义》,中华书局,1985年。
[日]浮田和民:《史学通论》,李浩生译,杭州合众译书局,1903年(该书另有多种译本,书名或与此同,或作《史学原论》)。
[美]鲁滨逊:《新史学》,何炳松译,商务印书馆,1923年;商务印书馆,1989年。
李大钊:《史学要论》,商务印书馆,1924年。并见《李大钊史学论集》,河北人民出版社,1984年;《李大钊文集》第4卷,人民出版社,1999年。
[法]朗格诺瓦等:《史学原论》,李思纯译,商务印书馆,1926年。
何炳松:《通史新义》,商务印书馆,1930年;上海书店,1992年。
吴贯因:《史之梯》,上海联合书店,1930年。
卢绍稷:《史学概要》,商务印书馆,1929年。

罗元鲲:《史学概要》,武昌亚新地学社,1931年。
周容:《史学通论》,开明书店,1933年。
[美]Scotte:《史学概论》,余楠秋等译,民智书局,1933年。
[美]班慈:《新史学与社会科学》,董之学译,商务印书馆,1933年。
胡哲敷:《史学概论》,中华书局,1935年。
李则纲:《史学通论》,商务印书馆,1935年。
杨鸿烈:《史学通论》,商务印书馆,1939年。
李宗侗:《史学概要》,台北正中书局,1968年。
葛懋春主编:《历史科学概论》,山东教育出版社,1983年。
白寿彝主编:《史学概论》,宁夏人民出版社,1983年。
田昌五等:《历史学概论》,河南人民出版社,1984年。
吴泽主编:《史学概论》,安徽人民出版社,1985年。
《中国史研究》编辑部:《基础历史学与应用历史学》,重庆出版社,1986年。
赵吉惠:《历史学概论》,三秦出版社,1986年。
姜义华等:《史学导论》,陕西人民教育出版社,1989年;台北水牛出版社,1992年。
张广智、张广勇:《史学:文化中的文化》,浙江人民出版社,1990年。
王正平:《史学理论与方法》,杭州大学出版社,1990年。
苏双碧:《历史科学的理论和方法》,上海人民出版社,1990年。
杜经国等:《历史学概论》,高等教育出版社,1990年。
陆象淦:《现代历史科学》,重庆出版社,1991年。
宁可等:《史学理论与方法》,中央广播电视大学出版社,1991年。
贾东海、郭卿友:《史学概论》,中央民族大学出版社,1992年。
孙恭恂:《历史学概论》,北京师范大学出版社,1995年。
杨豫、胡成:《历史学的思想和方法》,南京大学出版社,1996年。
瞿林东:《史学与史学评论》,安徽教育出版社,1998年。
李振宏:《历史学的理论与方法》,河南大学出版社,1999年。
黎澍:《历史文化》,重庆出版社,2001年。
蒯伯赞:《历史理念》,重庆出版社,2001年。
朱孝远:《史学的意蕴》,中国人民大学出版社,2002年。
葛剑雄、周筱赟:《历史学是什么?》,北京大学出版社,2002年。

历史认识的基本特征

田汝康等编:《现代西方史学流派文选》,上海人民出版社,1982年。

《现代西方历史哲学译文集》,张文杰等译,上海译文出版社,1984年。
何兆武编:《历史理论与史学理论——近现代西方史学著作选》,商务印书馆,1999年。
梁寒冰编:《历史学理论辑要》,中华书局,1982年。
张文杰编:《历史的话语:现代西方历史哲学译文集》,广西师范大学出版社,2002年。
[德]康德:《历史理性批判文集》,何兆武译,商务印书馆,1990年。
[德]威廉·狄尔泰:《历史中的意义》,艾彦等译,中国城市出版社,2001年。
李秋零:《德国哲人视野中的历史》,中国人民大学出版社,1999年。
[法]孔多塞:《人类精神进步史表纲要》,何兆武等译,生活·读书·新知三联书店,1998年。
[英]罗素:《论历史》,何兆武等译,生活·读书·新知三联书店,1991年。
[德]卡尔·雅斯贝斯:《历史的起源与目标》,魏楚雄译,华夏出版社,1989年。
[英]爱德华·霍列特·卡尔:《历史是什么?》,吴柱存译,商务印书馆,1981年。
[意]克罗齐:《历史学的理论与实际》,商务印书馆,1982年、1986年。
[英]柯林武德:《历史的观念》,何兆武等译,中国社会科学出版社,1986年;商务印书馆,1997年。
[德]亨利希·李凯尔特:《文化科学和自然科学》,涂纪亮译,商务印书馆,1986年。
[法]雷蒙·阿隆:《历史哲学入门》,[日]雾生和夫译,日本荒地出版社,1971年。
[美]哈多克:《历史思想导论》,王加年译,华夏出版社,1989年。
[日]石田一良:《文化史学:理论与方法》,王勇译,浙江人民出版社,1989年。
[法]拉迪里:《历史学家的思想和方法》,杨豫等译,上海人民出版社,2002年。
[俄]别尔嘉耶夫:《历史的意义》,张雅平译,学林出版社,2002年。
[英]伯克:《历史学与社会理论》,姚鹏译,上海人民出版社,2001年。
[英]埃西亚·柏林:《反潮流:观念史论文集》,冯克利译,译林出版社,2002年。
[法]哈布瓦赫:《论集体记忆》,毕然等译,上海人民出版社,2002年。
《现代史学的挑战——美国历史协会主席演说集》,王建华译,上海人民出版社,1990年。
[英]波普尔:《科学知识进化论》,纪树立编译,生活·读书·新知三联书店,1987年。
[英]波普尔:《科学发现的逻辑》,科学出版社,1986年。
[英]波普尔:《猜测与反驳——科学知识的增长》,傅季重等译,上海译文出版社,1986年。
[英]波普尔:《客观知识——一个进化论的研究》,舒炜光等译,上海译文出版社,

1987年。
［英］波普尔:《开放的社会及其敌人》第1、2卷,郑一明等译,中国社会科学出版社,1999年。
［英］波普尔:《历史主义贫困论》,何林、赵平译,中国社会科学出版社,1998年。
［克罗地亚］图季曼:《历史真相的泥淖》,达洲译,中央编译出版社,1998年。
［美］托马斯·库恩:《科学革命的结构》,李宝恒、纪树立译,上海科学技术出版社,1980年。
［美］托马斯·库恩:《必要的张力——科学的传统和变革论文选》,金吾伦等译,福建人民出版社,1981年。
［美］托马斯·科恩(库恩):《科学中的革命》,鲁旭东等译,商务印书馆,1999年。
江天骥主编:《科学哲学和科学方法论》,华夏出版社,1990年。
［俄］巴尔格:《历史学的范畴和方法》,莫润先等译,华夏出版社,1989年。
吴江:《历史辩证法论集》,人民出版社,1978年。
［英］麦克伦南:《马克思主义与历史学》,华夏出版社,1987年。
蒋大椿:《唯物史观与史学》,吉林教育出版社,1991年。
中国社会科学院历史研究所史学史研究室主编:《历史科学的反思》,中州古籍出版社,1987年。
《史学理论》丛书编辑部:《当代西方史学思想的困惑》,中国社会科学出版社,1991年。
《中国史研究》编辑部等编:《系统论与历史科学》,中州古籍出版社,1987年。
袁吉富:《历史认识的客观性问题研究》,北京大学出版社,2000年。

研究历史的主要方法

梁启超:《中国历史研究法》,上海古籍出版社,1987年。
梁启超:《中国历史研究法补编》,上海古籍出版社,1987年。
何炳松:《历史研究法》,商务印书馆,1927年。
［英］夫林:《历史研究法》,李树峻译,立达书局,1933年。
卫聚贤:《历史统计学》,商务印务馆,1935年。
姚永朴:《历史研究法》,商务印书馆,1938年。
杨鸿烈:《历史研究法》,商务印书馆,1939年。
蔡尚思:《中国历史新研究法》,中华书局,1940年。
陆懋德:《史学方法大纲》,独立出版社,1945年。
吕思勉:《历史研究法》,永祥印书馆,1945年;上海人民出版社,1981年。

许冠三:《史学与史学方法》上、下册,香港龙门书店,1958年。
钱穆:《中国历史研究法》,香港新民书局,1961年;生活·读书·新知三联书店,
 2001年。
李家祺:《历史纂述的方法》,台北商务印书馆,1970年。
王尔敏:《史学方法》,台北东华书局,1977年。
杜维运:《史学方法论》,台北三民书局,1986年。
杜维运、黄俊杰编:《史学方法论文集》,台北华世出版社,1979年。
李弘祺:《史学与史学方法论集》,台北食货出版社,1980年。
历史科学规划小组史学理论组编:《历史研究方法论集》,河南人民出版社,
 1987年。
赵吉惠:《历史学方法论》,四川人民出版社,1987年。
彭卫、孟庆顺:《历史学的视野——当代史学方法概述》,陕西人民出版社,
 1987年。
[俄]茹科夫:《历史方法论大纲》,王瓛译,上海译文出版社,1988年。
[波]托波尔斯基:《历史方法论》,张家哲等译,华夏出版社,1989年。
[法]勒高夫等主编:《史学研究的新问题新方法新对象》,郝名玮译,社会科学文
 献出版社,1988年。
王叔岷:《校雠学、校雠别录》,中华书局,2007年。
余嘉锡:《目录学发微》,中国人民大学出版社,2004年。
姚名达:《中国目录学史》,上海古籍出版社,2005年。
邓津、林肯主编:《定性研究》第1—4卷,风笑天等译,重庆大学出版社,2007年。
葛懋春、姜义华主编:《历史比较研究法》,山东教育出版社,1986年。
葛懋春、姜义华主编:《历史计量研究法》,山东教育出版社,1987年。
庞卓恒:《比较史学》,中国文化书院,1981年。
范达人:《当代比较史学》,北京大学出版社,1990年。
[俄]科瓦利琴科主编:《计量历史学》,闻一等译,四川人民出版社,1987年。
[英]弗拉德:《计量史学方法导论》,孙宽译,上海译文出版社,1997年。
金观涛、刘青峰:《论历史研究中的整体方法发展的哲学》,陕西科技出版社,
 1988年。
J.勒高夫等编:《新史学》,姚蒙等译,上海译文出版社,1989年。
彭卫:《历史的心镜》,河南人民出版社,1992年。
[英]史密斯:《历史社会学的兴起》,周辉荣等译,上海人民出版社,2000年。
[俄]米罗诺夫:《历史学家和数学》,华夏出版社,1991年。
[法]马克·布洛赫:《历史学家的技艺》,上海社会科学院出版社,1992年。

杨念群等:《新史学——多学科对话的图景》(上、下),中国人民大学出版社,2003年。

历史本体的探究

马克思:《1848年至1850年的法兰西阶级斗争》,《马克思恩格斯选集》第1卷,人民出版社,1995年。
马克思:《路易·波拿巴的雾月十八日》,《马克思恩格斯选集》第2卷,人民出版社,1995年。
马克思:《〈政治经济学批判〉序言》,《马克思恩格斯选集》第2卷,人民出版社,1995年。
马克思:《路易斯·亨·摩尔根〈古代社会〉一书摘要》,《马克思恩格斯全集》第45卷,人民出版社,1985年。
恩格斯:《德国农民战争》,《马克思恩格斯全集》第7卷,人民出版社,1959年。
恩格斯:《德国的革命和反革命》,《马克思恩格斯选集》第1卷,人民出版社,1995年。
恩格斯:《家庭、私有制和国家的起源》,《马克思恩格斯选集》第4卷,人民出版社,1995年。
恩格斯:《在马克思墓前的讲话》,《马克思恩格斯选集》第3卷,人民出版社,1995年。
列宁:《卡尔·马克思》,《列宁选集》第2卷,人民出版社,1995年。
[俄]普列汉诺夫:《论一元论历史观的发展》,《普列汉诺夫哲学著作选集》第1卷,生活·读书·新知三联书店,1959年。
[俄]普列汉诺夫:《论个人在历史上的作用问题》,《普列汉诺夫哲学著作选集》第2卷,生活·读书·新知三联书店,1961年。
[俄]布哈林:《历史唯物主义理论》,何国贤等译,人民出版社,1983年。
朱谦之:《历史哲学大纲》,民智书局,1933年。
[法]拉波播尔:《历史哲学》,青锐译,上海辛垦书店,1935年。
[德]黑格尔:《历史哲学》,王造时译,商务印书馆,1936年;生活·读书·新知三联书店,1956年;上海书店出版社,2001年。
常乃惪:《历史哲学概论》,商务印书馆,1944年。
翦伯赞:《历史哲学教程》,新知书店,1946年;北京大学出版社,1990年。
胡秋原:《历史哲学概论》,上海民主政治社,1948年。
牟宗三:《历史哲学》,高雄强生出版社,1955年。

［波］沙夫:《历史规律的客观性》,郑开骐等译,生活·读书·新知三联书店,1963年。
［美］德雷:《历史哲学》,王炜等译,生活·读书·新知三联书店,1988年。
佘树声:《历史哲学》,陕西人民出版社,1988年。
［英］沃尔什:《历史哲学·导论》,何兆武等译,社会科学文献出版社,1991年。
蒋荣昌:《历史哲学——关于历史生成的原则》,巴蜀书社,1992年。
韩震、孟鸣岐:《历史哲学:关于历史性概念的哲学阐释》,云南人民出版社,2002年。
［德］洛维特:《世界历史与救赎历史·历史哲学的神学前提》,李秋零等译,生活·读书·新知三联书店,2002年。
李泽厚:《历史本体论》,生活·读书·新知三联书店,2002年。
《历史研究》编辑部编:《建国以来史学理论问题讨论举要》,齐鲁书社,1983年。
林甘泉等:《中国古代史分期讨论五十年(1929—1979)》,上海人民出版社,1983年。
《关于社会历史发展动力问题论文选集》,求实出版社,1982年。
黎澍:《论历史的创造及其他》,湖南人民出版社,1988年。
［美］唐纳德·R.凯利:《多面的历史——从希罗多德到赫尔德的历史探询》,陈恒、宋立宏译,生活·读书·新知三联书店,2003年。
［德］斯宾格勒:《西方的没落》,齐世荣等译,商务印书馆,1963年。
［英］汤因比:《历史研究》上、中、下册,曹未风等译,上海人民出版社,1986年。
［英］汤因比:《文明经受着考验》,沈辉等译,浙江人民出版社,1988年。
［匈］卢卡奇:《历史与阶级意识》,王伟光等译,华夏出版社,1989年。
［匈］卢卡奇:《理性的毁灭》,王玖兴译,山东人民出版社,1988年。
洪汉鼎主编:《理解与解释——诠释学经典文选》,东方出版社,2001年。
倪梁康主编:《面对事实本身——现象学经典文选》,东方出版社,2000年。
上海社会科学院哲学研究所外国哲学研究室编:《法兰克福学派论著选辑》,商务印书馆,1998年。
［德］哈贝马斯:《交往与社会进化》,重庆出版社,1989年。
［德］哈贝马斯:《交往行动理论》,重庆出版社,1994年。
［德］哈贝马斯:《公共领域和结构转型》,学林出版社,1999年。
［美］列奥·施特劳斯:《自然权利与历史》,彭刚译,生活·读书·新知三联

书店,2003年。
王岳川、尚水编:《后现代主义文化与美学》,北京大学出版社,1992年。
[法]利奥塔尔:《后现代状况》,车槿山译,生活·读书·新知三联书店,
　　1997年。
[法]利奥塔尔:《后现代性与公正游戏——利奥塔尔访谈、书信录》,谈瀛洲
　　译,上海人民出版社,1997年。
[法]德利达:《一种疯狂守护着思想》,何佩群译,上海人民出版社,1997年。
[法]福柯:《规训与惩罚——监狱的诞生》,刘北成等译,生活·读书·新知
　　三联书店,2003年。
[法]福柯:《疯癫与文明——理性时代的疯癫史》,刘北成等译,生活·读书·新知
　　三联书店,2003年。
[法]福柯:《知识考古学》,谢强等译,生活·读书·新知三联书店,2003年。
[法]福柯:《权力的眼睛——福柯访谈录》,严锋译,上海人民出版社,1997年。
[美]罗蒂:《哲学与自然之镜》,生活·读书·新知三联书店,1997年。
[美]罗蒂:《后哲学文化》,上海译文出版社,1992年。
庄福临主编:《马克思主义史》第1~4卷,人民出版社,1996年。
刘放桐等:《新编现代西方哲学》,人民出版社,2001年。
俞吾金、陈学明:《国外马克思主义哲学流派新编·西方马克思主义卷》上、下册,
　　复旦大学出版社,2002年。

历史研究成果的社会表现形态

孔丘:《春秋》。
佚名:《世本》。
司马迁:《史记》。
班固:《汉书》。
杜佑:《通典》。
司马光:《资治通鉴》。
袁枢:《通鉴纪事本末》。
王夫之:《读通鉴论》。
钱大昕:《廿二史考异》。
谭其骧主编:《中国历史地图集》第1~8册,地图出版社,1982年至1987年。
蒋祖怡:《史学纂要》,正中书局,1944年。
钱穆:《中国史学名著》,台北三民书局,1973年;三联书店,2000年。

钱穆:《中国史学发微》,台北东大图书公司,1989年。
金毓黻:《中国史学史》,河北教育出版社,2000年。
朱杰勤:《中国古代史学史》,河南人民出版社,1980年。
刘节:《中国史学史稿》,中州书画社,1982年。
白寿彝:《中国史学史》第一册,上海人民出版社,1986年。
尹达主编:《中国史学发展史》,中州古籍出版社,1985年。
仓修良:《中国古代史学史简编》,黑龙江人民出版社,1983年。
李宗侗:《中国史学史》,中国友谊出版公司,1984年。
瞿林东:《中国史学史纲》,北京出版社,1999年;台湾五南图书出版公司,2002年。
吴怀祺:《中国史学思想史》,安徽人民出版社,1996年。
吴泽主编:《中国近代史学史》上、下册,江苏古籍出版社,1989年。
肖黎主编:《中国历史学四十年》,书目文献出版社,1989年。
许冠三:《新史学九十年》上、下册,香港中文大学出版社,1986年、1988年。
胡逢祥等:《中国近代史学思潮与流派》,华东师范大学出版社,1991年。
陈其泰:《中国近代史学的历程》,河南人民出版社,1994年。
马金科等:《中国近代史学发展叙论》,中国人民大学出版社,1994年。
张岂之等:《中国近代史学学术史》,中国社会科学出版社,1996年。
曹家齐:《顿挫中的嬗变:20世纪的中国历史学》,西苑出版社,2000年。
罗志田主编:《20世纪的中国:学术与社会·史学卷》上、下册,山东人民出版社,2001年。
王学典:《20世纪中国史学评论》,山东人民出版社,2002年。
[古希腊]希罗多德:《历史》,王以铸译,商务印书馆,1997年。
[古希腊]修昔底德:《伯罗奔尼撒战争史》上、下册,谢德风译,商务印书馆,1985年。
[古罗马]塔西佗:《编年史》上、下册,王以铸等译,商务印书馆,1981年。
[法]伏尔泰:《风俗论》上、中、下册,梁守锵译,商务印书馆,2000年。
[法]基佐:《法国文明史》第1～4卷,沅沚译,商务印书馆,1999年。
[美]摩尔根:《古代社会》上、下卷,杨东莼等译,商务印书馆,1997年。
[德]戚美尔曼:《伟大的德国农民战争》上、下册,北京编译社译,商务印书馆,1982年。
[法]费尔南·布罗代尔:《15至18世纪的物质文明、经济和资本主义》第1～3卷,顾良等译,生活·读书·新知三联书店,1992年。
[英]《新编剑桥世界近代史》,中国社会科学出版社,1988年。

[英]"剑桥中国史"(15卷),中国社会科学出版社,1985年至1998年。
郭圣铭:《西方史学史概要》,上海人民出版社,1983年。
孙秉莹:《欧洲近代史学史》,湖南人民出版社,1984年。
[俄]加尔金主编:《欧美近代现代史学史》上、下册,董进泉译,安徽教育出版社,1986年。
[英]杰弗里·巴勒克拉夫:《当代史学主要趋势》,上海译文出版社,1987年。
[美]汤普森:《历史著作史》上、下卷(1~4分册),谢德风译,商务印书馆,1988年、2001年。
[法]勒高夫主编:《新史学》,姚蒙译,上海译文出版社,1989年。
[美]伊格尔斯:《欧洲史学新方向》,赵世玲等译,华夏出版社,1989年。
[美]伊格尔斯:《历史研究国际手册》,陈海宏等译,华夏出版社,1989年。
宋瑞之等:《西方史学史纲》,河南人民出版社,1989年。
《史学理论》丛书编辑部:《八十年代的西方史学》,中国社会科学出版社,1990年。
中国留美历史学会编:《当代欧美史学评析》,人民出版社,1990年。
庞卓恒等:《西方新史学述评》,高等教育出版社,1992年。
徐浩等:《当代西方史学流派》,中国人民大学出版社,1996年。
张广智、张广勇:《现代西方史学》,复旦大学出版社,1996年。
[英]汤普逊:《过去的声音——口述史》,覃方明等译,辽宁教育出版社、牛津大学出版社,2000年。

历史学家的素养与时代使命

[美]沙耳菲尼米:《史学家与科学家》,周谦冲译,商务印书馆,1947年。
[英]霍布斯鲍姆:《史学家:历史神话的终结者》,马俊亚等译,上海人民出版社,2002年。
白寿彝:《白寿彝史学论集》上、下册,北京师范大学出版社,1994年。
陈清泉等编:《中国史学家评传》上、中、下册,中州古籍出版社,1985年。
中国历史文献研究会:《中国古代史学家传记选注》,岳麓书社,1984年。
刘乃和:《司马迁和〈史记〉》,北京出版社,1987年。
〔明〕马峦、〔清〕顾栋高:《司马光年谱》,中华书局,1990年。
袁英光:《新史学的开山:王国维评传》,上海人民出版社,1999年。
蒋天枢:《陈寅恪先生编年事辑》,上海古籍出版社,1997年。

林甘泉、黄烈主编:《郭沫若与中国史学》,中国社会科学出版社,1992年。
陈其泰:《范文澜学术思想评传》,北京图书馆出版社,2000年。
王学典:《翦伯赞学术思想评传》,北京图书馆出版社,2000年。
《黎澍纪念文集》编辑部编:《黎澍十年祭》,中国社会科学出版社,1998年。
葛剑雄:《悠悠长水——谭其骧前传、后传》,华东师范大学出版社,1997年、2000年。
余英时:《钱穆与中国文化》,远东出版社,1994年。
姜义华主编:《史魂——上海十大史学家》,上海辞书出版社,2002年。
张艳国主编:《史学家自述》,武汉出版社,1994年。
萧黎主编:《我的史学观》,广东人民出版社,1997年。
黄仁宇:《黄河青山——黄仁宇回忆录》,张逸安译,台北联经出版事业公司,2001年。
郭圣铭、王晴佳主编:《西方著名史学家评介》,华东师范大学出版社,1988年。
[英]乔治·皮博迪·古奇:《十九世纪历史学与历史学家》上、下册,耿淡如译,商务印书馆,1989年、1997年。

后　　记

　　本书作为国家教委确定的高等学校文科教材，初版于1989年，1990年增补参考书目后重印，至今已使用十多年。本书出版不久，台湾地区即引进版权，出了繁体字本，为一些大学选用为教材，至今也已十多年。早就计划修订，因几位作者分处东西南北，杂事又多，故延宕下来。今因本书已列入教育部"十五"国家级规划教材，承担此书出版事宜的复旦大学出版社又抓得很紧，一再催促，我们只好放下手中其他项目，对本书作了全面增补修订，作为新版问世。

　　与旧版相较，本书第一章与第四章几乎全部为新写；第五章第三节为新增，其他各章也有重要修订增补。此外，重编了参考书目。

　　参加1989年本书撰写的马雪萍同志因转而从事其他领域的教学与研究，无暇参加这一版修订工作，她原先撰写的部分，这一次由姜义华重新撰写。但新稿中仍吸取了马雪萍同志不少原先成果，谨此致谢。

　　特别高兴的是北京师范大学赵世瑜教授应邀专门为本书撰写了第一章第五节，为本书增色不少。

　　新版各章节撰写分工如下：

　　姜义华，撰写引言，第一章第一、二、三、四节，第二章，第四章，第六章第三节，第六章第二节一部分；

　　瞿林东，撰写第五章，第六章第一节；

　　赵吉惠，撰写第三章，第六章第二节大部分。

　　我们在1989年版"后记"中曾说过："本书的撰写宗旨是：力求以反映近十年来我国史学理论研究的最新成就，满足高等学校文科较高层次的史学理论教材的需要为目标，在借鉴目前国内已经出版的几种史学概论教材的优点的基础上,对古今中外史学发展中有关史学自身的重要问题作出理论概括,并希望在一些问题上能够提出一点新的看法。这是我们的设想和努力的目标。但是,由于我们学识水平和理论修养的局限以及时间的短促,本书势必还存在许多不足之处,缺点、错误亦在所难免。我们诚恳地希望能够得到史学界朋友和使用本书的同行及广大读者的批评、指正。"

从1989年到现在,无论是国内还是国外,史学都取得了许多令人瞩目的新成就。我们自己在这些年的教学与研究实践中,也有不少新的体会。在增补修订中,我们力图能够和读者一道更多地关注和更为积极地应对史学所面对的各种挑战。是否成功,同样恳切地期待使用本教材的同行及本书读者批评指正。

对所有热忱支持本书增补修订的同志,在此一并表示衷心的感谢。

著 者
2003年7月10日

修订本后记

本书在作为普通高等教育"十五"国家级规划教材出版时,作过若干修订。而这一次修订,主要是对第三章"研究历史的主要方法"作了较大调整与补充。由于这一章原撰写者赵吉惠教授已经于2007年4月21日不幸逝世,这部分修订工作由姜义华承担。在修订过程中,吸取了复旦大学历史学系陈新教授的部分研究成果,谨此致谢。

著　者

2009年6月25日

第三版后记

因为不少读者仍然认可本教材,应复旦大学出版社要求,略为增补,作为本书第三版。希望阅读和使用本教材者,继续给予指正。

著 者

2018 年 3 月 5 日

图书在版编目(CIP)数据

史学导论/姜义华,瞿林东著.—3版.—上海:复旦大学出版社,2018.5
ISBN 978-7-309-13672-2

Ⅰ.史… Ⅱ.①姜…②瞿… Ⅲ.史学-研究 Ⅳ.K0

中国版本图书馆 CIP 数据核字(2018)第 093447 号

史学导论(第三版)
姜义华 瞿林东 著
责任编辑/史立丽

复旦大学出版社有限公司出版发行
上海市国权路 579 号 邮编:200433
网址: fupnet@fudanpress.com   http://www.fudanpress.com
门市零售: 86-21-65642857   团体订购: 86-21-65118853
外埠邮购: 86-21-65109143   出版部电话: 86-21-65642845
杭州日报报业集团盛元印务有限公司

开本 787×960 1/16 印张 20.75 字数 365 千
2018 年 5 月第 3 版第 1 次印刷
印数 22 501—26 600

ISBN 978-7-309-13672-2/K·658
定价: 38.00 元

如有印装质量问题,请向复旦大学出版社有限公司出版部调换。
版权所有 侵权必究